Schloß Dyck heute

Brigitte Janssen/Walter Janssen

Burgen, Schlösser und Hofesfesten im Kreis Neuss

Schriftenreihe des Kreises Neuss
Nr. 10

Brigitte Janssen/Walter Janssen

Burgen, Schlösser und Hofesfesten im Kreis Neuss

Neuss 1980

CIP-Kurztitelaufnahme der Deutschen Bibliothek

Janssen, Brigitte:
Burgen, Schlösser und Hofesfesten im Kreis Neuss/
Brigitte Janssen; Walter Janssen.
[Hrsg.: Kreisverwaltung Neuss]. –
Neuss: Kreisverwaltung, 1980.
  (Schriftenreihe des Kreises Neuss; Nr. 10)
  ISBN 3-9800327-0-1

NE: Janssen, Walter:

INHALT

Vorwort der Verfasser 11

Einführung 13

1. Der Naturraum 16

2. Der Gang der Besiedlung 28

   2.1 Urgeschichte 28

   2.2 Römische Zeit 29

   2.3 Frühes Mittelalter 32

   2.4 Hohes Mittelalter 42

3. Historische Grundlagen 47

4. Burgentypen 64

5. Burgen im Kreis Neuss 79

   5.1 Niederungsburgen 79

      Husterknupp (81–90). Haus Meer (90–103). Fusseberg (103–106).
      Helpenstein (107–111). Erprather Burg (111). Haus Selikum (111–116). Alt-Wahlscheider
      Hof (116). Gubisrath (116). Neuenberg (116). Vanikum (118). Flaßrath) (118). Gohr (118).
      Liedberg (118–119).

   5.2 Wasserburgen 119

      5.2.1 Die großen Landesburgen 120
         Hülchrath (120–139). Zons (139–155). Neuss (155–160). Grevenbroich (160–165).

      5.2.2 Schlösser und schloßähnliche Anlagen 165
         Schloß Dyck (165–180). Haus Fürth (180–183). Haus Bontenbroich (183–185).
         Schloß Millendonk (185–192). Haus Neuenhoven (192–197). Gierath (198f.).
         Fleckenhaus zu Glehn (199). Haus Schlickum bei Glehn (199). Dyckhof in Büderich
         (199–203). Haus Noithausen (203–208). Burg Hackenbroich (208f). Burgen in Weve-
         linghoven (209–214). Haus Anstel (220). Muchhausen (220). Haus Leusch (220).

      5.2.3 Wasserburgen im Maison de plaisance-Stil 220
         Haus Horr (220–222). Haus Raedt (222–224). Das ehemalige Jagdhaus zu Grimling-
         hausen (224 und 227).

   5.3 Hofesfesten 227

   5.4 Höhenburgen 243
      Liedberg (243–254)

6. Verzeichnis der Abbildungen 255

7. Bildnachweise 262

8. Ausgewählte Literatur 263

9. Ortsregister 269

10. Listen zu den Abb. 10, 17, 30, 69 275

ZUM GELEIT

Mit der vorliegenden Veröffentlichung wird die „Schriftenreihe des Kreises Neuss" fortgesetzt und ein wesentlicher Beitrag zur Darstellung der Geschichte des hiesigen Raumes geleistet. Die bisher immer wieder beim Blick in die geschichtliche Vergangenheit unseres Kreises fühlbar gewordene Lücke wird damit ein Stück kleiner.

Für diese seit Jahren geplante Herausgabe eines umfassenden Verzeichnisses der im hiesigen Kreisgebiet vorhandenen Burgen und Schlösser mit einer eingehenden Darstellung ihrer Geschichte und baulichen Gestalt konnte als Autor Prof. Dr. Walter Janssen aus Bonn gewonnen werden, dem der Kreis bereits verschiedene bedeutende Veröffentlichungen verdankt und der

als hervorragender Sachkenner der Archäologie gilt. Den historischen Teil bearbeitete seine Frau, die Historikerin Brigitte Janssen.

In diesem Buch wird ein repräsentatives Gebiet des Niederrheins behandelt. Das Werk befaßt sich mit dem Naturraum und der Besiedlung im hiesigen Bereich als Voraussetzung für den Burgenbau sowie mit dessen historischer Grundlage und enthält eine katalogmäßige Abhandlung der einzelnen Objekte.

Dies läßt erwarten, daß das Buch nicht nur in unserem Kreis großen Anklang findet, sondern wegen der besonderen Bedeutung der verschiedenen Bauwerke auch weit über die Grenzen des Kreises Neuss hinaus Beachtung finden wird.

(Hoeren)
Landrat

(Dr. Edelmann)
Oberkreisdirektor

Mit dem vorliegenden Buch „Burgen, Schlösser und Hofesfesten im Kreis Neuss" findet ein Veröffentlichungsprojekt seinen Abschluß, das eine ungefähr fünfzehnjährige Vorgeschichte hat. Zu Anfang der sechziger Jahre plante der damalige Kreis Grevenbroich eine wissenschaftliche Veröffentlichung über die im Kreisgebiet so zahlreich und in vielfältigen Formen vorhandenen Burgen, Schlösser und Hofesfesten. Vorgesehen war, wie sich aus entsprechendem Schriftwechsel ergibt, keineswegs einer jener üblichen Bildbände ohne besondere Ansprüche an die Leser, sondern von Anfang an eine wissenschaftliche und gleichwohl allgemeinverständliche Darstellung des Themas. Dieser Aufgabenstellung entsprach es, wenn der Kreis Grevenbroich Dr. Hans Kisky, einen wissenschaftlichen Mitarbeiter des Landeskonservators Rheinland, als Autor gewinnen konnte. Kisky war zu jener Zeit bereits als wissenschaftlicher Autor von hohen Graden bekannt geworden, und zwar nicht zuletzt durch seine Bearbeitung der Burgen und Schlösser im Kreis Euskirchen, die im Jahre 1961 unter dem Titel „Burgen, Schlösser und Hofesfesten im Kreis Euskirchen", 2. Aufl. (Euskirchen 1961), erschienen war. Kiskys allzu früher Tod verhinderte es, daß der Arbeitsauftrag des damaligen Kreises Grevenbroich verwirklicht werden konnte. Wie Hans Kisky sich das zukünftige Buch gedacht hatte, läßt sich vor allem dem umfangreichen Bildmaterial entnehmen, das er bereits gesammelt hatte und das zum Teil in die vorliegende Publikation aufgenommen wurde. Schriftliche Aufzeichnungen des Bearbeiters liegen indessen nicht vor.

Wie bereits in seiner Veröffentlichung über die Burgen im Kreis Euskirchen sichtbar, beabsichtigte Hans Kisky offenkundig in erster Linie eine breitangelegte kunst- und baugeschichtliche Behandlung des Themas. Es steht dabei außer Frage, daß sich ihm in diesem Zusammenhang ganz neue und höchst interessante Ergebnisse aus der Sicht des Kunsthistorikers eröffnet hatten, wie sie sich beispielsweise in seiner Veröffentlichung über

Schloß Dyck in den Rheinischen Kunststätten (1967) abzeichnen. Von Kisky hätte man demnach eine kunst- und baugeschichtliche Behandlung des gestellten Themas erwarten dürfen, die in vielfacher Weise in Neuland führte. Durch seinen Tod aber wurde dieser Forschungsansatz verschüttet, denn keiner der nachfolgend beauftragten Autoren wäre in der Lage gewesen, die Arbeit in der von ihm vorgesehenen Weise fortzuführen.

Nach Kisky wurde Prof. Dr. Hugo Borger mit der Aufgabe betreut. Von ihm war eine Berücksichtigung auch der kunst- und baugeschichtlichen Aspekte zu erwarten. An der Verwirklichung hinderte ihn indessen der Umstand, daß er 1972 zum Direktor des Römisch-Germanischen Museums in Köln berufen wurde und damit anderen Aufgaben den Vorrang geben mußte. Zum Erscheinen der geplanten Veröffentlichung trug er aber insofern bei, als er 1972 dem Kreis Grevenbroich vorschlug, Prof. Dr. Walter Janssen, den Ausgräber der Niederungsburg Haus Meer bei Büderich, mit der Bearbeitung zu betrauen. Dies geschah, und das Ergebnis kann nunmehr, wenn auch später als ursprünglich vorgesehen, vorgelegt werden. Aus dem ehemaligen Kreis Grevenbroich ist durch die kommunale Neugliederung zum 1. 1. 1975 der Kreis Neuss hervorgegangen. Er hielt an dem Veröffentlichungsprojekt fest, drang jedoch darauf, daß das Kreisgebiet nunmehr in seiner neuen Form behandelt werde. Diese Umstellung auf ein neues Verwaltungsgebiet kostete zusätzliche Zeit.

Änderungen der ursprünglichen kunst- und baugeschichtlichen Konzeption ergaben sich zudem durch die fachliche Ausrichtung der Bearbeiter nach Kisky. Die Gewichte verschoben sich insofern, als dem Archäologen Walter Janssen, der aus der siedlungsarchäologisch bestimmten Schule Herbert Jankuhns in Göttingen stammt, vor allem die siedlungsgeschichtlichen und historischen Aspekte des Themas auffielen. Eine möglichst umfassende Bestimmung der naturräumlichen Faktoren, die zur Ausbildung der spezifisch niederrheinischen Burgenformen beitrugen, die

Einordnung der Burgen in siedlungsgeschichtliche Zusammenhänge, ihre Beziehung zu wirtschaftlichen Faktoren und die Interpretation der Burgen im Rahmen der allgemeinen Geschichte des Raumes stellen demnach Fragen dar, denen sich das vorliegende Buch vor allem widmet. Daß dabei kunsthistorische Aspekte trotz des Bemühens, sie einzubeziehen, gelegentlich einmal zu kurz kommen mögen, ist den Verfassern durchaus bewußt. Sie hielten es aber für richtiger, eigene Fragestellungen zu entwickeln, als den untauglichen Versuch zu unternehmen, eine Darstellung im vermuteten Sinn Hans Kiskys zu verfassen. Im Rahmen der erwähnten Fragestellungen war die Beiziehung eines Historikers zwingend erforderlich. Er wurde mit Brigitte Janssen gewonnen.

Wie weite Bereiche der Ur- und Frühgeschichte, so läßt sich auch das Thema der Burgen, Schlösser und Hofesfesten von der Sache her nicht auf einen administrativen Bezirk einengen. Die zu behandelnden Erscheinungen spielen sich ja nicht in kleinen Räumen ab, sondern erstrecken sich meist auf einen naturräumlich und historisch ähnlich strukturierten Großraum, wie ihn in unserem Falle der gesamte linke Niederrhein nördlich der Schiefergebirge darstellt. Eine Beschränkung auf einen Teilraum ist nur dort zulässig, wo dieses Teilgebiet in seiner speziellen Entwicklung Abbild des Großraumes ist. Und in diesem Sinne stellt der Kreis Neuss in der Tat einen für den gesamten linken Niederrhein exemplarischen Raum dar. Siedlung, Wirtschaft, historische Entwicklung und schließlich auch die Geschichte von Burgen, Schlössern und Hofesfesten bilden im Kreis Neuss einen repräsentativen Ausschnitt aus dem gesamten Niederrheingebiet. Das liegt nicht zuletzt darin begründet, daß der Kreis Neuss mit seinen verschiedenen naturräumlichen Teilgebieten an allen so verschiedenen Landschaftsformen des Niederrheins teilhat: an der Rheinaue so gut wie an den Lößgebieten und den Niederungen maasnaher Gebiete. Insofern dürfen die speziell für den Kreis Neuss vorgelegten Resultate in vielen Punkten auch allgemeine Gültigkeit beanspruchen.

Das vorliegende Buch versteht sich vor allem als siedlungskundliche und historische Studie zum Burgenthema. Archäologische Ergebnisse wurden nur dort zur Beweisführung herangezogen, wo sie von den Verfassern selbst erarbeitet wurden. Nicht berücksichtigt wurden Ergebnisse der zur Zeit in Bearbeitung befindlichen Archäologischen Landesaufnahme für den Kreis Neuss. Sie werden, wenn sie einmal für das Mittelalter im Druck vorliegen, sicher noch Veränderungen des hier gezeichneten Bildes in den Einzelzügen bewirken. Andererseits haben sich die Verfasser bemüht, die Burgenproblematik in den Rahmen einer modernen Burgenforschung für den Niederrhein zu stellen, wie er von historischer Seite namentlich durch jüngste Arbeiten von Wilhelm Janssen erarbeitet worden ist. Auch darin mag sich ausdrücken, daß das gestellte Thema in erster Linie als historisches Problem aufgefaßt wurde, wenn auch gelegentlich die Archäologie Hilfestellung geben mußte.

Es liegt den Verfassern daran, allen, die zum Entstehen des Werkes beigetragen haben, Dank zu sagen: posthum Hans Kisky, der aus dem Fundus des Landeskonservators Rheinland und aus eigenen Beständen Bildmaterial beisteuerte. Dem Krapohl-Verlag Hülchrath, der Firma Aero-Foto Schwarzer, Mönchengladbach, und der Kreisbildstelle Neuss verdanken die Autoren weiteres Bildmaterial. Frau Christel Blechschmidt (Göttingen) ist die Erstellung des Registers zu verdanken. Dem Rheinischen Landesmuseum Bonn und dem Landeskonservator Rheinland in Bonn danken die Verfasser für die Erlaubnis zur Publikation von Abbildungen aus Archiven und Veröffentlichungen. Herrn P. J. Tholen danken die Verfasser für die Erstellung zahlreicher Abbildungsvorlagen. Besonderen Dank wissen die Verfasser den parlamentarischen Vertretungen und der Verwaltung des Kreises Neuss, die von der Auftragserteilung an bis hin zum Druck das Werk ausdauernd und geduldig gefördert haben. Möge das Buch, aus öffentlichen Mitteln finanziert, von jenen angenommen werden, für die es in erster Linie bestimmt ist: von den Bürgern des Kreises Neuss und des Niederrheins allgemein.

Bonn, Dezember 1979   Die Verfasser

Der Kreis Neuss erstreckt sich am linken Niederrhein, etwa zwischen der nördlichen Stadtgrenze von Köln im Süden bis nach Krefeld im Norden und bis vor die Tore von Mönchengladbach im Westen. Seine einzige natürliche Grenze bildet im Osten der Rhein. Alle übrigen Grenzen des Kreises wurden vom Menschen geschaffen. Sie sind Ergebnisse einer langen historischen und politischen Entwicklung, die mit der kommunalen Neugliederung in Nordrhein-Westfalen vom 1. 1. 1975 einen Abschluß erreichte. Die wichtigste Änderung des Gebietsstandes im Kreis Neuss bestand darin, daß die ursprünglich kreisfreie Stadt Neuss dem Kreis eingegliedert und zum Sitz der Kreisverwaltung bestimmt wurde. Auf diese Weise erhielt der Kreis Neuss sein natürliches und historisches Zentrum zurück, und die alte Handelsstadt Neuss wurde ihrerseits wieder in ihr historisches Umland eingebettet.

Bestimmend für die landschaftliche Gliederung des Kreises Neuss ist die Erft mit ihren Zuflüssen. Sie gliedert den Kreis in einen östlichen, rheinnahen Teil und einen westlichen, dem niederrheinischen Flachland zuneigenden Teil. Von Südwesten nach Nordosten durchschneidet den Kreis die im Gelände kaum wahrnehmbare, aber dennoch landschaftsgeschichtlich und ökologisch bedeutsame Wasserscheide zwischen dem Rhein und seinen Zuflüssen im Osten und der Maas mit ihren Zubringern im Westen. Zwischen diesen beiden Gewässersystemen erstrecken sich teils fruchtbare, lößbedeckte Ackerbaugebiete, teils sandige Flachländer und Niederungen mit vernäßten Zonen.

Industrie und Landwirtschaft bestimmen heute gleichermaßen das wirtschaftliche Geschehen. Die Landwirtschaft ist nach wie vor an die entwaldeten, fruchtbaren Lößgebiete gebunden. Der Kreis Neuss ist einer der waldärmsten Kreise der gesamten Bundesrepublik Deutschland. Die Industrie des Kreises ist eingebunden in große, überregionale Zusammenhänge. Von den Niederlanden und Belgien, von der Nordseeküste mit den Häfen Antwerpen, Rotterdam, Amsterdam

zieht sich ein großes, von Chemie- und Schwerindustrie geprägtes Industrierevier nahezu ohne Unterbrechung rheinaufwärts bis in den Raum Köln. Nach Süden schließt sich, lediglich durch die reizvollen Erholungsgebiete des Mittelrheins unterbrochen, die Industriezone im Rhein-Main-Gebiet und am Oberrhein an. Der Kreis Neuss gewinnt so nach Norden und Süden Anschluß an einen industriellen Ballungsraum entlang der Rheinschiene und gehört damit zu den wirtschaftlich und sozial hochmodern organisierten Industriegebieten des westlichen Europa. Außerdem hat er teil am größten Braunkohlenrevier in der Bundesrepublik Deutschland, das sich im Städtedreieck Köln–Aachen–Neuss entwickelt hat und durch den Abbau von Braunkohle im Tagebauverfahren an wichtiger Stelle zur Energieversorgung beiträgt.

Der obertägige Abbau von Braunkohle gestaltet zugleich eine seit Jahrtausenden organisch gewachsene, historische Siedlungslandschaft von Grund auf neu. Altes verschwindet zunehmend. Neues entsteht innerhalb weniger Jahre. Es bleibt deshalb nur noch wenig Zeit für eine Bestandsaufnahme historisch gewachsenen Kulturgutes, ehe es den Erfordernissen der modernen Zeit weichen muß. Das vorliegende Buch versteht sich deshalb nicht zuletzt als eine solche Bestandsaufnahme für ein Teilgebiet der kulturgeschichtlichen Überlieferung dieses Raumes: für die Burgen, Schlösser und befestigten Höfe, wie sie sich bis heute in bedeutender Zahl im Kreis Neuss erhalten haben. Vielleicht bietet es darüber hinaus auch Ansatzpunkte für die Frage, wie der ohne Zweifel bestehende Konflikt zwischen dem öffentlichen Erfordernis einer gesicherten Energieversorgung und dem konkurrierenden öffentlichen Interesse der Bewahrung historischen Kulturgutes gelöst werden kann. Man wird sich fragen müssen, was von der breiten Überlieferung der Burgen und Schlösser im Kreis Neuss auch für die Zukunft der Erhaltung und Pflege wert ist.

Auf den ersten Blick mag es verwunderlich erscheinen, daß der Kreis Neuss zusammen mit

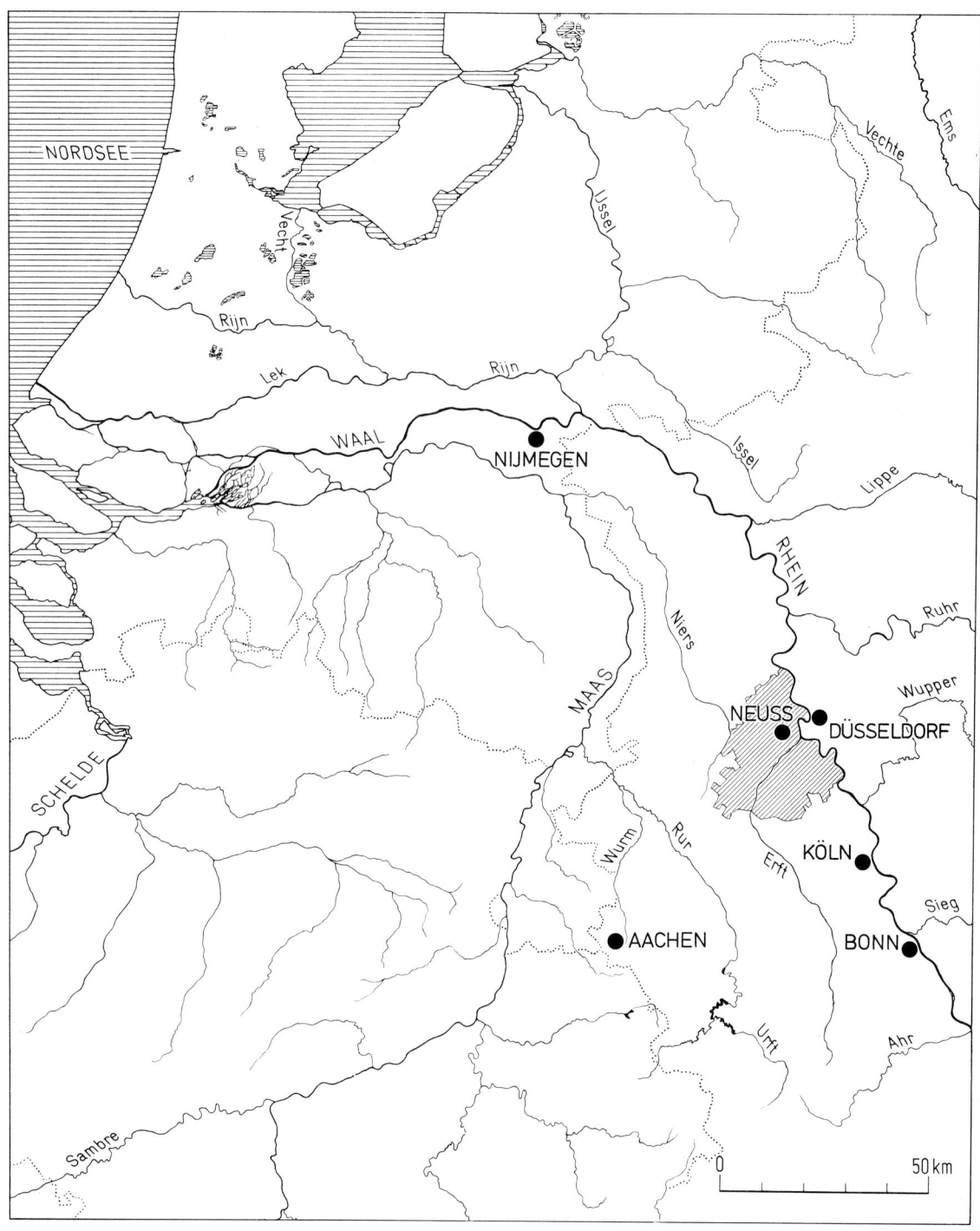

1 Der heutige Kreis Neuss nimmt einen guten Teil des Gebietes zwischen Niederrhein und unterer Maas ein. Im Westen überschreitet er nicht die Niersniederung; im Osten bildet der Rhein seine Grenze. Durch den Rhein blieb Neuss und sein Umland stets mit dem niederländischen Rheindelta einerseits und dem Mittelrheingebiet andererseits verbunden.

14

seinem südlichen Nachbarkreis, dem Erftkreis, zu den burgenreichsten Gebieten am Niederrhein gehört. Bietet er doch zunächst nur wenige natürliche Voraussetzungen für die Entstehung von Burgen, wie wir sie landläufig von den Höhen des Mittelrheins und der Mosel kennen. Dem ist entgegenzuhalten, daß die besonderen Landschaftsformen des Niederrheins zur Entstehung spezieller, dieser Landschaft weitgehend angepaßter Burgenformen geführt haben. Es muß deshalb im folgenden besonderer Wert darauf gelegt werden, die natürlichen Voraussetzungen für die Entstehung von Burgen im Kreis Neuss zu untersuchen und darzustellen. Bezeichnend für diese Zusammenhänge sind bereits die natürlichen Höhenverhältnisse im Kreisgebiet. Die Lößflächen der Gillbach im Süden erreichen bis 90 m Höhe ü. N. N. Wenig östlich davon, im Rheintal, herrschen Höhen zwischen 35 und 40 m ü. N. N. vor. Zwischen 45 und 50 m liegen die Höhen im unteren Erfttal. Das Flachland westlich davon wechselt zwischen 55 und 70 m ü. N. N. Auf 75 m steigt der Sandsteinhorst des Liedberges aus der Ebene auf. Gemessen an den Mittelgebirgslandschaften, wirken diese Unterschiede im Geländerelief eher bescheiden. Gleichwohl aber gewannen sie, wie noch auszuführen ist, für die Besiedlung des Landes und den Bau von Burgen erhebliche Bedeutung.

So sehr auch die moderne Zeit das Untersuchungsgebiet umgestaltet und total verändert haben mag – noch immer treten an vielen Stellen Elemente und Zeugnisse der Geschichte in der Landschaft hervor. Nicht nur die Lage und die Geschichte der teilweise sehr alten Siedlungen stellen solche historischen Elemente dar. In besonderer Weise gehören die Burgen als die Kristallisationspunkte politischer Macht in diesen Zusammenhang. In ihnen haben sich punktuell die politischen Strukturen vergangener Epochen bis in unsere Tage erhalten.

Burgen entstanden freilich zu keiner Zeit im leeren Raum. Sie waren stets bezogen auf die Besiedlung eines Gebietes, die sie zu schützen oder zu beherrschen hatten. Deshalb ist es unmöglich, die Burgen losgelöst von der Geschichte der Besiedlung eines Raumes zu betrachten. Burgengeschichte ist demnach zwangsläufig zu einem guten Stück auch Siedlungsgeschichte. Diese Siedlungsgeschichte der ur- und frühgeschichtlichen Epochen aber wird bestimmt von den Gegebenheiten der natürlichen Landschaft, mit denen sich die Siedler jeweils auseinanderzusetzen hatten. Dieser Sachverhalt unterscheidet die Epochen der Ur- und Frühgeschichte und das Mittelalter grundlegend von der Gegenwart: Heute nämlich ist es dem Menschen möglich, die vorgegebenen Faktoren der Landschaft mit Hilfe einer entwickelten Technik weitgehend auszuschalten, indem er einfach die von ihm gewünschte Landschaft künstlich gestaltet. Vergangene Epochen besaßen keine oder nur begrenzte Möglichkeiten, die natürliche Landschaft in größerem Maße umzugestalten. Sie mußten sich weitgehend auf die vorgegebenen Bedingungen des Naturraumes einstellen und sich im Grunde mit ihnen abfinden. Siedlung, Wirtschaft, gesellschaftliche und politische Verhältnisse hingen deshalb in weit höherem Maße von natürlichen Faktoren ab, als dies gegenwärtig der Fall ist. Deshalb lohnt es sich heute, den Zusammenhängen zwischen Siedlung und Burgenbau einerseits und den Gegebenheiten einer noch weitgehend intakt befindlichen natürlichen Umwelt andererseits nachzuspüren. Hier nehmen die Burgen einen ganz festen Platz ein, denn sie stellen gewissermaßen Landmarken dar, die die Aufteilung einer ursprünglich einheitlichen und unzersplitterten Landmasse in verschiedene Herrschaftsbereiche, Länder oder Territorien bezeichnen. Sie sind Zeugnisse von Zuständen, bei denen sich über die natürliche Landschaft eine vom Menschen geschaffene politische Struktur gelegt hat. Diese politische Struktur war nicht statisch, sondern veränderte sich von der Frühzeit bis ins späte Mittelalter ständig. Deshalb stellen die Burgen auch den Ausdruck der Wandlungen und Veränderungen politischer Einheiten innerhalb unseres Raumes dar.

1. Der Naturraum

In diesem Abschnitt soll der Versuch unternommen werden, die Grundzüge des Naturraumes im Kreis Neuss in ihrer Bedeutung für den Bau von Burgen zu umreißen. Das Thema führt in weit zurückliegende Abschnitte der Erd- und Landschaftsgeschichte unseres Raumes. Sie finden hier nur insoweit Berücksichtigung, als sie auf die Lage und die Gestaltung der mittelalterlichen Burgen im Kreis Neuss Einfluß gewonnen haben. Dabei ist von zwei feststehenden Tatsachen auszugehen. Die erste besteht in der Erkenntnis, daß die Landschaftsgestalt des Kreises Neuss vielfältigen und teilweise recht kurzfristigen Wandlungen unterworfen war. Abgesehen von den grundlegenden Veränderungen seit der industriellen Revolution ist festzustellen, daß bereits die mittelalterliche Siedlungslandschaft in vielen Punkten ganz anders ausgesehen hat als die frühneuzeitliche. Je weiter wir die Entwicklung in die älteren Abschnitte der Ur- und Frühgeschichte zurückverfolgen, um so größer wird der Abstand, der die Landschaftsgestalt vergangener Epochen von der neuzeitlichen trennt. Der Mensch der Jungsteinzeit bewegte sich im 5. und 4. vorchristlichen Jahrtausend mit Sicherheit in einer völlig andersartigen natürlichen Landschaft als der heutige, obgleich gewisse Grundvoraussetzungen der Landwirtschaft, etwa die Lößverbreitung, beiden Epochen gemeinsam sind.

Die zweite Tatsache, von der auszugehen ist, besteht in der Erkenntnis, daß die Landschaft, die der Mensch seit der Jungsteinzeit (Neolithikum) zum Siedeln vorfand, vielfältige Elemente enthält, die auch durch verschiedene Ursachen entstanden sind und unterschiedlichen Abschnitten der Landschaftsgeschichte angehören. Sehr alte Bestandteile der Landschaft, etwa der Sandsteinhorst des Liedberges, wechseln mit teilweise recht jungen Formen, wie etwa den verschiedenen Rheinläufen aus nacheiszeitlicher Zeit. So erkennen wir denn auch in der Geschichte der Landschaftsentwicklung wie im Tun des Menschen Beharrung und Wandel als die bestimmenden Kennzeichen.

Noch heute finden sich im Kreis Neuss Landschaftsformen, die bis ins Tertiär zurückreichen. Diese erdgeschichtlich relativ junge Phase ist etwa zwischen 50 Millionen und 5 Millionen Jahren vor unserer Zeitrechnung abgelaufen. Sie gliedert sich in mehrere Unterabschnitte, von denen einige für die Landschaftsentwicklung des Rheingebietes sehr bedeutsam wurden. Im sogenannten Oligozän, das etwa vor 38 Millionen Jahren begann, setzte eine allmähliche Absenkung des devonischen Untergrundes des niederrheinischen Beckens ein. Bis in die Gegend des heutigen Köln drang damals das Meer vor. Gleichzeitig hoben sich die Randzonen des neu entstandenen Meeresbeckens. Sie zerbrachen dabei in einzelne Bruchschollen. Das Becken selbst füllte sich im Laufe der Zeit mit den Ablagerungen des Meeres und der ihm zuströmenden Flüsse. Sedimentationen aus Sanden, Schluffen und Tonen entstanden auf diese Weise. Reste solcher Sedimentationsschichten haben sich im Kreis Neuss erhalten: im Nordwesten in dem Sandstein- und Quarzithorst des Liedberges, der ja im Mittelalter mehrfach Burgen als Standort diente; im Süden in der sogenannten Erftscholle.

Mehrfach wiederholten sich in der Folgezeit Vorgänge des Absinkens der Meeresküstenregion und damit verbunden die Bildung von Bruchlinien an den Rändern der Senkungszonen. Die Entstehung der Braunkohlenlager durch die Ablagerung von Torfen in den Sumpf- und Überschwemmungsgebieten des Miozän (seit etwa 26 Millionen Jahren vor unserer Zeitrechnung) gehört mit zu diesen Vorgängen. Den Absenkungen der Meeresregionen entsprechen im Binnenland Hebungen des Landes, in das sich die dem Meer zuströmenden Flüsse nunmehr tiefer eingraben mußten. Aus diesem Wechselspiel ging am Ende des Tertiärs, während des Pliozäns (seit etwa 7 Millionen Jahren vor unserer Zeitrechnung) die Landschaftsgestalt des Niederrheins in ihren Grundzügen hervor. Bereits damals gab es das Rhein-Gewässersystem und den Erftdurchbruch durch die Ville zwischen Grevenbroich und Bergheim. Der Rhein selbst pendelte noch zwischen der Ville im Westen und dem Westrand des Bergischen Landes im Osten. Er führte mächtige Ton-, Sand- und Schottermassen mit sich, die die sogenannte Mittelterrasse bilden.

Diese Landschaftsformen aber erhielten ihre für den nacheiszeitlichen Menschen so bedeutsame Prägung erst durch die Eiszeiten des Quartär-Zeitalters, das vor etwa 2 Millionen Jahren einsetzte und in dem sich die gesamte Entwicklung des urgeschichtlichen Menschen abspielte. Die letzte dieser Eiszeiten, die Würm- oder Weichsel-Kaltzeit (etwa von 70 000 bis 12 000 v. Chr.) brachte die Formierung der Niederterrasse des Rheines, einer siedlungsgeschichtlich sehr wichtigen Landschaftsform, sowie weitere massive Aufschotterungen des Rheintales. Ihr entstammen auch die Sand- und Tonablagerungen an beiden Rändern des Rheintales. Noch wichtiger aber war für die zukünftige Entwicklung der Menschheit ein weiteres Ereignis dieser geologischen Epoche: die Aufwehung von Löß, den der kalte Wind der Endeiszeit heranführte und der sich auf weiten Flächen der Kölner Bucht und des niederrheinischen Tieflandes absetzte. Diese Lößpakete bildeten die wichtigste Grundlage für die Entstehung der jungsteinzeitlichen (neolithischen) Ackerbaukulturen, für jene wirtschaftliche Umwälzung also, die in der Urgeschichtsforschung gelegentlich auch als neolithische Revolution bezeichnet wird. Ohne das Vorhandensein der ausgezeichneten Ackerböden auf der Grundlage des Lösses ist der Übergang von der Jäger- und Sammler-Kultur der Altsteinzeit (Paläolithikum) und der Mittelsteinzeit (Mesolithikum) zur Seßhaftigkeit der Jungsteinzeit (Neolithikum) mit dem Aufkommen des Hausbaues, der Zähmung von Haustieren und der Züchtung von Kulturpflanzen nicht denkbar. Alle diese Veränderungen vollzogen sich nach dem Abklingen der letzten Eiszeit auch im Kreise Neuss, der damit Anteil an einer großräumigen Kulturentwicklung gewinnt, die den gesamten mitteleuropäischen Raum umfaßte. Das Eiszeitalter innerhalb des Quartärs wird mit dem Fachausdruck „Pleistozän" bezeichnet. An dieses schließt sich der nacheiszeitliche Abschnitt des Quartärs, das Holozän, seit etwa 10 000 v. Chr. an. Innerhalb dieser Periode vollziehen sich die soeben beschriebenen ökonomischen und kulturellen Veränderungen im Übergangsbereich von der Altsteinzeit zur ackerbautreibenden Jungsteinzeit.

Der Rhein formt in dieser Zeit sein Hochwasserbett aus. Es ist gekennzeichnet durch die vielen Mäander und Schleifen, die bis vor die Rheinregulierungen der Neuzeit das Charakteristikum des Stromes ausmachten. Das Rheinbett selbst war keineswegs konstant. Sein Verlauf änderte sich bis in historische Epochen hinein fortlaufend. Es entstanden die vielen Altrheinläufe und Totarme des Rheins, die auch für Siedlung und Wirtschaft hohe Bedeutung erlangten. In diesen Abschnitt der Landschaftsentwicklung fiel auch die Ablagerung weiterer Sande, Lehme und Tone, welche die groben Schotter des Rheintales bald überdeckten. Regelrechte Sanddünen, wie im Kreis Neuss die Hannepütz Heide und die Roseller Heide, lagerten sich beiderseits des Rheinbettes an. In dazwischenliegenden Niederungen langsam fließender Gewässer setzt eine Torfbildung ein. Schließlich lagerten sich in den Tälern des Rheines und seiner Zuflüsse bis in historische Epochen hinein Bodenmassen ab, die infolge weitgehender Entwaldung der Hänge durch den ackerbautreibenden Menschen vom Regenwasser zu Tal geschwemmt wurden: Es entstanden die sogenannten Auelehme, die nun ihrerseits für nachfolgende Kulturgruppen in den Flußtälern selbst günstige Ackerböden abgaben. Die Bodenerosion von den Hängen ins Tal wurde aber überhaupt erstmalig dadurch möglich, daß der seßhaft gewordene Mensch der Jungsteinzeit damit begann, die Vegetationsdecke zwecks Gewinnung von Ackerland zu beseitigen. Durch Rodungen wurde der bis dahin dominierende Wald in ackerfähiges Land umgewandelt. So leitet der Beginn des Ackerbaues während der Jungsteinzeit zugleich eine entscheidende Phase der Landschaftsentwicklung und der Bodenbildung ein, die von der starken Mitwirkung des Menschen bei diesen Veränderungen gekennzeichnet ist. Auf diese Weise erklärt es sich auch, daß die Siedler der römischen Kaiserzeit und des frühen Mittelalters auf Ackerböden zurückgreifen konnten, die in der Zeit davor durch Abschwemmung von den entwaldeten Hängen entstanden waren.

Seit diesen frühesten Einwirkungen des Menschen auf die ihn umgebende natürliche Landschaft haben sich Zahl, Umfang und Tempo derartiger Eingriffe bis heute ständig gesteigert.

17

Nach den verschiedenen jungsteinzeitlichen Kulturen zwischen etwa 4800 und 1800 v. Chr. brachte vor allem die römische Epoche (etwa 50 v. bis um 450 n. Chr.) eine tiefgreifende Umgestaltung der Naturlandschaft. Mit den Römern fand am Rhein eine hochentwickelte, technisch fortgeschrittene Agrarwirtschaft Eingang, die von den mittelmeerischen Hochkulturen geprägt war. Sie führte zur intensiven Erschließung des Landes für Ackerbau und Viehwirtschaft, was mit weitgehender Entwaldung der günstigen Böden gleichzusetzen ist. Die römischen Villae rusticae übernahmen zugleich die Aufgabe, die in den Militärlagern und Städten am Rhein zusammengeballte Bevölkerung aus Überschüssen der landwirtschaftlichen Produktion zu ernähren.

Das frühe Mittelalter bedeutete dagegen einen Abbruch der intensiven römerzeitlichen Besiedlung und Agrarwirtschaft. Im Zuge der fränkischen Neubesiedlung des Landes während des 5.–7. Jahrh. n. Chr. wurden zunächst nur Teilgebiete des einstigen römerzeitlichen Siedlungs- und Wirtschaftslandes neu okkupiert und kultiviert. Voraussetzung für diese Neusiedlung war das Roden großer Waldflächen, die sich seit dem Ende der römischen Zivilisation entwickelt hatten und die teilweise sogar bis in die Neuzeit hinein noch Bestand haben. Auch im Kreis Neuss gibt es derartige nachrömische Großwälder, z. B. den Huvil-Wald, den Chorbusch, den Sitroth-Wald u. a. Rodung und Landausbau setzten erst seit dem 9./10. Jahrh. ein und erreichten während des 12./13. Jahrh. ihren Höhepunkt. Den Umfang ehemaliger Großwälder kann man mit Hilfe von Flur- und Siedlungsnamen, die Rodung anzeigen, teilweise eingrenzen. Nach der Jungsteinzeit und der römischen Epoche erlebt der Raum links des Rheines erstmalig im hohen Mittelalter wieder eine intensive Landerschließung und -umgestaltung. Von ihr künden die zahlreichen Ortsnamen des Kreises Neuss, deren Bestandteile Rodungstätigkeit andeuten.

Von der spätmittelalterlichen Wüstungsperiode, einem großmaßstäblichen Verlust an Siedlungen und landwirtschaftlich kultivierten Flächen, blieb auch der Kreis Neuss wie seine Nachbargebiete nicht verschont. Vielfältige Ursachen wirkten zusammen, als es zu dieser einschneidenden Rückentwicklung von Siedlung und Wirtschaft während des 14. und 15. Jahrh. kam.

Bis zum Beginn des industriellen Zeitalters erlebte der Kreis Neuss keine tiefen Einschnitte seiner Landschaftsentwicklung mehr. Erst das Zeitalter der Industrialisierung brachte wieder Umwälzungen. Sie bestanden nicht nur in der Ausdehnung der Städte durch Bevölkerungswachstum und -zuzug, sondern auch in der Inanspruchnahme großer Flächen als Standorte für Industriebetriebe und für den Braunkohlentagebau. Hand in Hand gingen damit der Ausbau der Verkehrswege, die Regulierung des Rheins und seiner Zuflüsse, vor allem der wegen ihrer gefährlichen Hochwässer unberechenbaren Erft, und schließlich die Verlegung von Flüssen und die Absenkung des Grundwasserspiegels im Zuge des Braunkohlentagebaues. Zusammengenommen veränderten diese tiefen Eingriffe des modernen Menschen in die natürliche und in die historische Landschaft des Kreises Neuss seine Umwelt so stark, daß ältere Landschaftszustände dahinter kaum noch zu erahnen sind. Die Wissenschaft muß heute schon subtile Methoden anwenden, um ältere Stufen der Landschaftsentwicklung zu erkennen. Archäologie, Bodenkunde und Geologie wirken daran ebenso mit, wie die Paläo-Ethno-Botanik, die den Versuch unternimmt, die Vegetation vergangener Epochen zu untersuchen. Betroffen ist selbstverständlich auch der Historiker, der anhand älterer Kartenwerke Kenntnisse zur Geschichte der Natur- und Kulturlandschaft während älterer Epochen beisteuern kann. So entsteht im Zusammenwirken einer ganzen Reihe von wissenschaftlichen Disziplinen schließlich trotz der enormen Veränderungen der Landschaft im industriellen Zeitalter doch noch ein halbwegs brauchbares Bild von der Geschichte der Kulturlandschaft, das für siedlungsgeschichtliche Untersuchungen allgemein und für burgkundliche Forschungen im besonderen unentbehrlich ist.

Fragt man nach den bleibenden Elementen der natürlichen und später der vom Menschen gestalteten Landschaft, so sind in erster Linie die Gewässersysteme zu erwähnen. Zwar wurden, wie schon erwähnt, im Kreis Neuss auch Flüsse verlegt, wie etwa die Erft, doch änderten sich damit noch nicht die Gewässersysteme als ganze. Die Flüsse des Kreises Neuss gehören dem Rhein-Maas-Stromsystem an. Die Niers und ihre Zuflüsse Trietbach und Jüchener Bach fließen zur

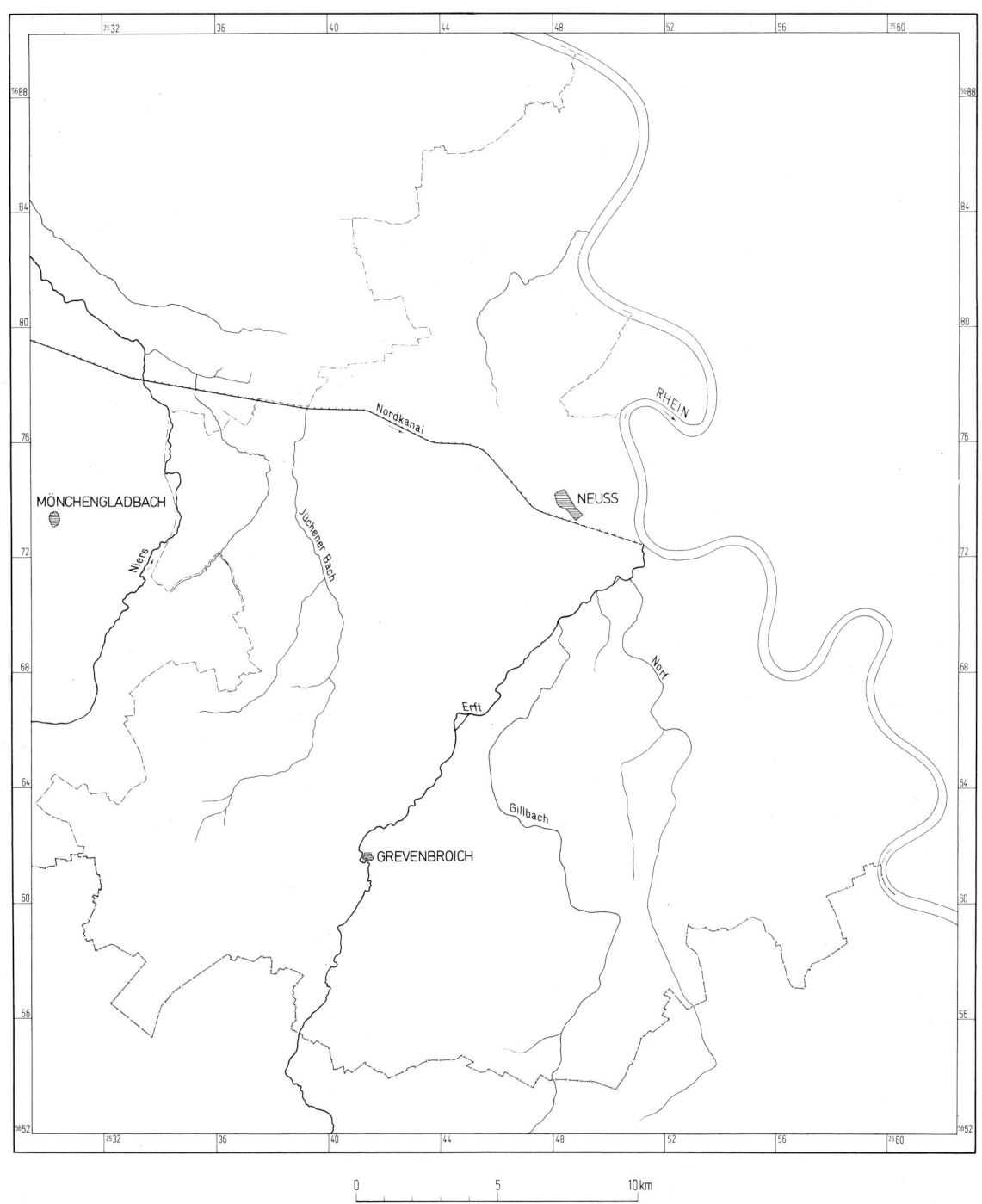

2 Im Kreis Neuss tritt die Wasserscheide zwischen Rhein-Erft-Gewässersystem im Osten und Niers-Maas-Gewässersystem im Westen deutlich in Erscheinung. Die flache Landbrücke zwischen beiden wurde in der Zeit Napoleons I. durch den sog. Nordkanal überbrückt, der einen Schiffahrtsweg zwischen Rhein und Maas herstellen sollte.

Maas, mit der sie durch die Rur verbunden sind. Die Erft hingegen mit ihrem einzigen östlichen Zufluß im Kreisgebiet, dem Gillbach, strebt dem Rhein zu. Zwischen den beiden Systemen verläuft die im Gelände kaum sichtbar ausgeprägte Wasserscheide, die sich vom westlichen Erftufer über Holzheim, dann nach Nordwesten abbiegend, über die Jackerather Lößplatte zur Niers erstreckt. Relativ spät erst ist versucht worden, diese flache Wasserscheide zu überwinden und die beiden schiffbaren Flüsse Rhein und Maas miteinander durch Kanäle zu verbinden, wie dies etwa durch den Nordkanal gedacht war. Durch das ganze Mittelalter hindurch behielten diese beiden Gewässersysteme ihre eigene Bedeutung unabhängig voneinander. Beide erlangten aber auch schnell für die Ansiedlung früher Burgen Bedeutung, denen sie natürlichen Schutz durch das Wasser verliehen.

Nicht weniger dauerhaft sind die Wirkungen, die für Siedlung und Landwirtschaft von der Verbreitung der Lößböden ausgingen. Sie änderten sich im Laufe der Jahrhunderte und Jahrtausende nicht, so daß in Mittelalter und Neuzeit die Lößplatten zugleich die Verbreitungsgebiete hervorragender Ackerböden darstellten. Allerdings war der Mensch in urgeschichtlicher Zeit noch nicht in dem Maße fähig, schwere und schwerste Ackerböden zu kultivieren, wie das heute mit modernen Ackergeräten möglich ist. Seine technischen Hilfsmittel im Bereich des Ackerbaues waren verhältnismäßig bescheiden und unterentwickelt, so daß er sich zunächst auf die Bewirtschaftung leichterer, aber gleichwohl fruchtbarer Böden beschränken mußte. Die schwersten Ackerböden dürften erst in der Neuzeit unter den Pflug gekommen sein.

Berücksichtigen wir nun die Grundbedingungen der Gewässersysteme und der Lößverbreitung im Kreis Neuss, so lassen sich drei Teillandschaften unterscheiden, die für Siedlung und Wirtschaft hohe Bedeutung besitzen:

Im Osten liegt das Gebiet zwischen dem Rhein und der östlichen Abbruchkante der Gillbach-Lößplatte auf der Linie Stommeln-Norf (Abb. 2.3). Es handelt sich um die Niederterrasse des gegenwärtigen Rheins sowie um ältere Rheinläufe, die sich zum Teil noch in der Niederung des Chorbusches östlich der Abbruchkante im Gelände erhalten haben und die heute Wald

tragen. Auf der Niederterrasse ist es zum Teil zu kräftigen Ablagerungen von Auelehmen gekommen, die ihrerseits schon frühmittelalterliche Besiedlung zur Folge hatten, wie dies etwa durch den Ort Nievenheim angedeutet wird.

In der Mitte des Kreises Neuss erstreckt sich die Gillbach-Lößplatte, benannt nach dem sie von Süden nach Norden durchschneidenden Gillbach. Er grub sich zum Teil tief in die fruchtbaren Lößpakete dieser Landschaft ein. Frühmittelalterliche Besiedlung auf Teilflächen dieses Gebietes ergibt sich einerseits aus den nachweisbaren fränkischen Reihengräber-Friedhöfen, andererseits aus dem Umstand, daß das Gillgebiet im 9./10. Jahrh. als eigener Gau erscheint und somit als alte siedlungsgeschichtliche und politische Einheit angesprochen werden darf (Abb. 15). Es sei jedoch festgehalten, daß das Gillgebiet nicht überall bereits frühmittelalterlich besiedelt war. Es bestanden hier die schon erwähnten großen Wälder, und es gibt auch eine große Zahl von Ortsnamen, die erst der hochmittelalterlichen Rodungsperiode entstammen. In diesem Raum ist also scharf zwischen merowingisch-karolingischer Altsiedlung und hochmittelalterlichem Landausbau zu unterscheiden.

Im Westen des Kreises Neuss dehnen sich schließlich die weiten Gebiete zwischen Erft und Niers (Abb. 2.3). Sie sind, was die Böden angeht, nicht einheitlich strukturiert. In einem etwa 5–10 km breiten Streifen westlich der Erft gibt es noch fruchtbare Lößböden, z. B. im Gebiet Holzheim–Hemmerden–Jüchen–Garzweiler. An sie schließen sich nach Nordwesten und Norden sandige leichte Böden an, vor allem westlich des Jüchener Baches, wo die Lößböden nur noch inselhaft vorkommen und die Sandböden dominieren. Ähnliche Verhältnisse kennzeichnen auch den äußersten Norden des Kreises im Raume Meerbusch, wo Löß- oder Lehmböden nur selten rein, jedoch meist vermischt mit Sandern und Kiesböden erscheinen.

Damit sind drei wichtige Siedlungs- und Wirtschaftsräume des Kreises Neuss bezeichnet. Sie spielen in allen ur- und frühgeschichtlichen Epochen wie auch im Mittelalter ihre Rolle als Räume verdichteter ländlicher Besiedlung. In den gleichen Gebieten aber konzentrieren sich auch die Burgen des Mittelalters. Zu den drei genannten Gebieten tritt als vierte Raumeinheit das Stadtge-

3 Geologische Formationen im Kreis Neuss.

Der Kreis Neuss wird von wenigen, aber sehr ausgeprägten Bodenarten bestimmt, deren Grundlagen die in Abb. 3 dargestellte geologische Situation bildet. Zwischen Rhein und Norfbach liegen gute Lößböden. In der alten Rheinniederung entlang des Norfbaches und im Chorbusch finden sich versumpfte, teilweise moorige Sedimentationsböden. Zwischen Gill und Erfttalung dominieren fruchtbare Lößböden verschiedener Qualitäten. Die versumpfte Erftniederung bot keine ackerfähigen Böden, dafür aber gutes Weideland. Das Gebiet zwischen Erft und Niers ist im Süden durch Lößböden, weiter nördlich durch Sandböden gekennzeichnet. Der Norden und Nordwesten des Kreises ist nördlich der Höhe von Holzheim durch Löß- und Lehminseln in vorwiegend sandigem Gebiet charakterisiert. Die leichten Sandböden tragen weithin Heide und Heidewälder.

21

biet Neuss. Seine Geschichte hebt sich von der des umgebenden Landes insofern scharf ab, als sich die römische Truppe bereits in der Zeit der Okkupation des Rheinlandes für das Mündungsgebiet der Erft in den Rhein als Standort eines Legionslagers entschied (Anfang 1. Jahrh. n. Chr.). Diese maßgeblich von naturräumlichen Faktoren bestimmte Platzwahl der römischen Truppe am Rhein stellte den wichtigsten und einen bis heute wirksamen Akt der Siedlungsgeschichte des Neusser Raumes dar; denn der römische Militärstützpunkt Neuss-Novaesium zog nicht nur römerzeitliche stadtähnliche Ansiedlungen nach sich, sondern darauf aufbauend auch die gesamte mittelalterliche Stadtentwicklung. Mit einem Schlage war die Landschaft an der unteren Erft der ausschließlich ländlichen Existenzform entrissen und auf einen zentralen militärischen und später städtischen Mittelpunkt hin orientiert. Mag auch das Mittelalter in diesem Gebiet neue Territorialgrenzen geschaffen haben – der enge Bezug aller wirtschaftlichen, siedlungsmäßigen und verkehrsmäßigen Kräfte des Umlandes auf die Stadt Neuss blieb für die weitere Entwicklung in Mittelalter und Neuzeit bestimmend. Dies wird sich auch in der Funktion der Burgen des Kreises Neuss ausdrücken, wie noch zu zeigen ist.

Die drei siedlungsfreundlichen Landschaften des Kreises Neuss werden durch breite Flußlandschaften voneinander geschieden, die nur an wenigen Stellen durch Furten oder seit römischer Zeit auch durch Brücken überquert werden konnten. Diese Niederungs- und Flußlandschaften waren zunächst nicht siedlungsgünstig und wurden erst im Laufe späterer Landkultivierung besiedelt und für die Agrarwirtschaft erschlossen.

Im O s t e n dürfte der Rhein der römischen Periode und des Mittelalters ein siedlungsfeindlicher Faktor ersten Ranges gewesen sein. Wir können uns das heute kaum noch vorstellen, weil er seit etwa 100 Jahren allmählich in ein festes Bett gezwungen wurde und damit seine urwüchsige Kraft, immer neue Läufe zu wählen, eingebüßt hat. Wie sehr noch das Mittelalter Rheinlauf-Verlagerungen gekannt hat, beweisen die Verhältnisse im Gebiet von Zons und Haus Bürgel. Das spätrömische Kastell Haus Bürgel, heute rechtsrheinisch bei Monheim-Baumberg gelegen, wurde noch bis um 1370 östlich von einer Rheinschleife umschlungen. Es war der Mittelpunkt

einer sehr alten Pfarrei, zu der u. a. auch die Martinskapelle zu Zons gehörte. Erst etwa seit 1370 grub sich der Rhein ein neues Bett zwischen den beiden Orten hindurch. Er zerschnitt die alte Raumeinheit Bürgel-Zons, und Haus Bürgel liegt seitdem rechts des Rheins (Abb. 4).

Die unmittelbare Rheinaue also entfällt als altes Siedlungs- und Ackerland, wenn auch andererseits nicht zu verkennen ist, daß sich römische wie mittelalterliche Siedlungen häufig nahe an den Strom heranwagten. Sie besetzten meist aus der Rheinniederung herausragende, geringfügig höher gelegene Sand- oder Lehminseln, beliebt waren auch die hochgelegenen Ufer der Prallhänge älterer Rheinläufe, auf denen sie wenigstens vor den durchschnittlichen Hochwässern geschützt waren. Diese rheinnahen Siedlungsplätze gewannen einerseits durch ihre Nähe zum Strom günstige Hafenplätze, wie dies beispielsweise in Zons und Neuss der Fall ist; andererseits waren sie an die dicht am westlichen Rheinufer entlang verlaufende römische Straße von Basel über Mainz nach Köln und nach Xanten angeschlossen, die auch durch das ganze Mittelalter hindurch im Raum zwischen Köln und Neuss ihre überregionale Bedeutung behielt. Diese Römerstraße überquerte bei Grimlinghausen über eine römische Brücke die Erft. Diese Brücke, ein Viadukt, überspannte mit zahlreichen Bögen das gesamte Erftmündungsgebiet und führte ursprünglich zum römischen Lager Novaesium, später zur mittelalterlichen Stadt Neuss. Sie ist auf frühneuzeitlichen Abbildungen dargestellt und wurde erst 1586 durch spanische Truppen zerstört. Bis dahin bewältigte sie den gesamten Landverkehr auf dem linken Rheinufer. Außer ihrer günstigen Verkehrslage im Verhältnis zu den Landwegen und dem bestimmenden Wasserweg, dem Rhein, gewannen die ländlichen Siedlungen unmittelbar am Rheinufer besondere Bedeutung durch die in ihnen blühende Fischerei. Sie ist seit altersher bezeugt und bildete bis in vorindustrielle Zeit hinein einen wichtigen Wirtschaftsfaktor. Während des gesamten Mittelalters versorgte sie in der Fastenzeit die geistlichen Institute und die Bevölkerung mit der nötigen Fischnahrung. Erst die Verschmutzung der Gewässer in modernster Zeit brachte diesen Wirtschaftszweig zum Erliegen. Das E r f t t a l durchschneidet die Mitte des Kreises Neuss etwa in Südwest-Nordost-Richtung. Es

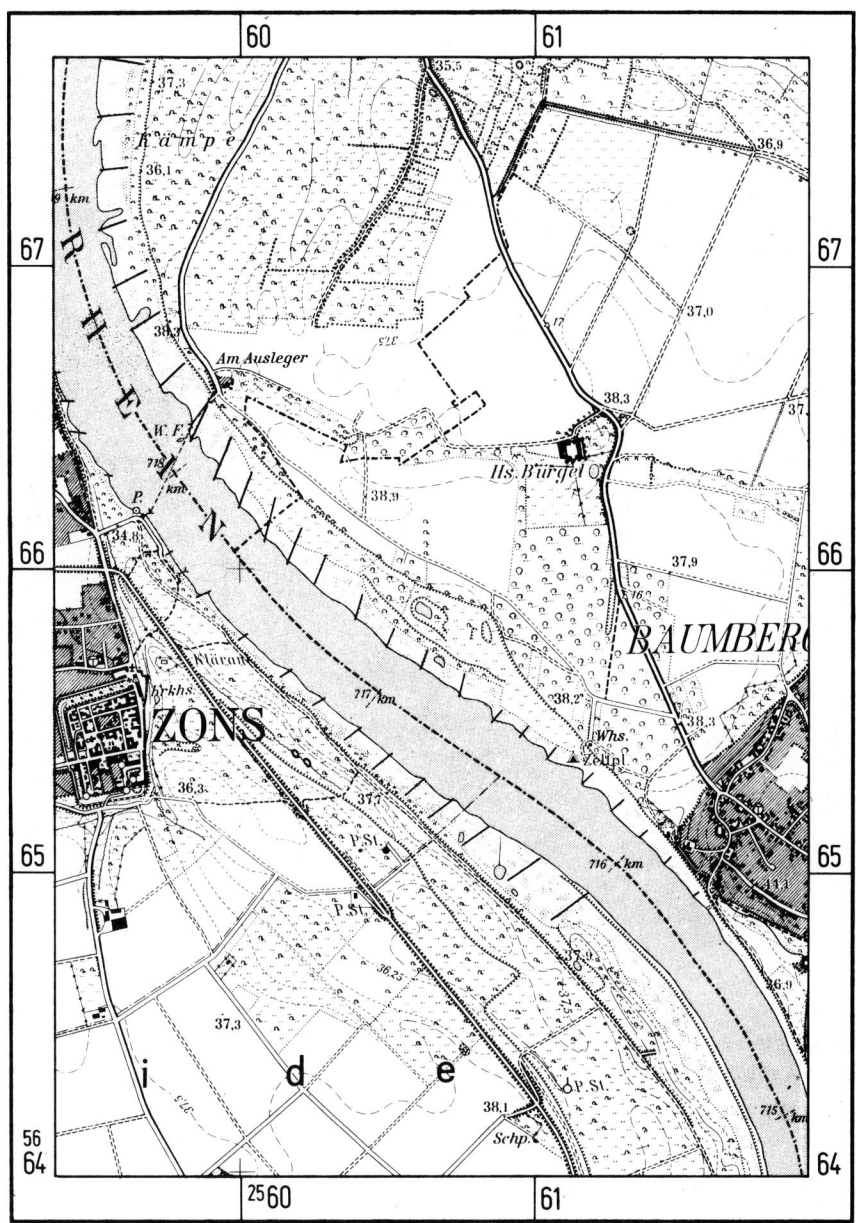

4   Die Lage des spätrömischen Kastells Haus Bürgel (nach: Der niedergermanische Limes [1974] S. 149, Bild 56).

bildet einen 1 bis 3 km breiten Graben, in dem sich der Fluß mäandrierend bewegte. Gefürchtete Hochwässer der Erft hat es immer wieder gegeben. Sie riefen teilweise verheerende Überflutungen und Zerstörungen hervor, denen der Mensch der urgeschichtlichen Zeit und des Mittelalters mehr oder weniger hilflos ausgeliefert war. Die Niederung der Erft, die durch moderne Eingriffe stark umgestaltet und mit Pappeln künstlich bewaldet ist, wird man sich auch für ältere Abschnitte als waldreiches Gebiet vorzustellen haben, in dem Eichen-Erlen-Mischgehölze domi-

nierten. Hier zu siedeln hieß, wie in den großen Wäldern der Löß- und Sanderplatten, zu roden. Deshalb erscheinen Rodungsnamen und Ortsnamen, die eine Urbarmachung von Niederung anzeigen, gerade auch im Erfttal selbst, wie etwa Grevenbroich, Münchrath und andere (Abb. 17).

Im Westen schließlich strebt die Niers in trägem Lauf der Rur zu. Versumpfte Gebiete an der unteren Niers und am Jüchener Bach müssen heute, in der Landschaft nur noch in Resten kenntlich, besonders geschützt werden, um nicht

5 Die Ruine der Kapelle in Haus Bürgel, um 1900. Wiedergegeben mit Genehmigung von Heinrich Kirberg, Monheim.

völlig kultiviert und aufgesiedelt zu werden. Das Mittelalter brachte an den flachen Talrändern dieser Flüsse zahlreiche Orte der hochmittelalterlichen Rodungsperiode hervor, z. B. Wickrath, Rheydt, Korschenbroich, Kleinenbroich (Abb. 2.17). Siedeln bedeutete hier ähnlich wie an der Erft Urbarmachung von Sümpfen und Niederungen und Rodung des Niederungswaldes. Hier wie dort steht dieser Kolonisationsprozeß aber nicht am Anfang des mittelalterlichen Besiedlungsganges, sondern er vollzieht sich erst, nachdem in den günstigen Siedlungslagen die merowingisch-karolingische Altsiedlung fest verwurzelt war und nach Ausdehnung in bisher siedlungsleere oder siedlungsverdünnte Räume drängte. Es wird zu zeigen sein, daß in diese Expansionsphase der Besiedlung zugleich auch eine entscheidende Phase des Burgenbaus im Kreis Neuss fällt.

Damit sind die wichtigsten naturräumlichen und siedlungsgenetischen Voraussetzungen des Kreises Neuss für Siedlung und Burgenbau dargestellt. Für frühe Besiedlung eigneten sich vor allem die Lößgebiete und die leichteren Sandböden zwischen den großen Flußlandschaften. Es läßt sich beobachten, daß der urgeschichtliche Mensch seit der Jungsteinzeit vor allem die leichten Lößböden und nicht allzu flüchtige Sandböden für den Ackerbau bevorzugte. Schwerste Lehm- und Lößböden hingegen sparte er von der ackerbaulichen Nutzung aus, weil seine vergleichsweise einfache, ja primitive Agrartechnik, die nur den Hakenpflug kannte, auf diesen Böden versagte. Erst die römische Zeit mit ihrer fortgeschrittenen Agrartechnik, vielleicht auch in Kenntnis des Streichbrettpfluges, der Schollen abzuheben und zu wenden vermochte, bemächtigte sich dann der schweren Böden. Dafür sprechen die Dichte und die gleichmäßige Verbreitung der römischen Villae rusticae in unserem Gebiet.

Im frühen Mittelalter spielten sich die Besiedlungsvorgänge ab, welche in mancher Beziehung Zustände hervorbrachten, wie sie auch aus der urgeschichtlichen Zeit bekannt sind. Nicht die

24

6   Heutiges Landschaftsbild an der Erft im Süden von Neuss, unweit der Erprather Burg bei Neuss-Weckhoven.

schwersten Böden wurden zuerst in Besitz genommen, sondern die mittelschweren bis leichten
Löß- und Sandböden. Vor allem erschlossen die
fränkischen Siedler, die seit dem Ende des 5.
Jahrh. und während des 6. Jahrh. in zunehmender
Zahl ins Land kamen, nicht die gesamten Siedlungsflächen der römischen Zeit. Sie ließen sich
vielmehr an ausgewählten Plätzen nieder, wo die
natürlichen Voraussetzungen am besten ihrer angestammten Wirtschaftsweise entsprachen. Diese
war nicht nur vom Ackerbau, sondern in hohem
Maße auch von der Viehhaltung bestimmt, auf die
man durch gewässernahe Ansiedlung Rücksicht
zu nehmen hatte. Die Tatsache, daß die Franken
das einst römisch besiedelte Gebiet links des
Rheins zunächst nur auswahlweise, in Ausschnit-
ten wiederbesiedelten, kann nicht genug unter-
strichen werden. Sie bedeutet einerseits, daß die
Zahl der fränkischen Neuankömmlinge relativ
begrenzt gewesen sein muß. Zum anderen aber
ergeben sich daraus große unbesiedelte Freiflächen während des frühen Mittelalters, die für

nachfolgende Siedlungs- und Rodungsperioden
offenblieben und die tatsächlich auch erst später
erschlossen und aufgesiedelt wurden. Die damit
gegebene zeitliche Staffelung der Besiedlungsvorgänge im Kreis Neuss gewann auch für den Bau
von Burgen Bedeutung. Die Burgen erscheinen
nicht zu Anfang des Mittelalters, sondern erst in
späteren Abschnitten der mittelalterlichen Entwicklung.

Lage und Form der Ansiedlungen im Kreis
Neuss spiegeln noch heute die starke Rücksicht-
nahme der Siedler auf die natürlichen Voraussetzungen des Siedlungslandes. Die fruchtbaren
Lößplatten boten die besten Voraussetzungen für
die Entstehung geschlossener großer Bauerndör-
fer, deren hohes Alter meist schon daran kenntlich
ist, daß sie im Zentrum umfangreicher rundlich
ausgebildeter Gemarkungen liegen. Diese Bau-
erndörfer erscheinen entweder in den Quellmul-
den der Lößgebiete, wie etwa im Falle von Jüchen, Hemmerden, Garzweiler, oder aber an kleinen Bächen, die im Lößgebiet selbst entspringen

25

7a   Landschaftbild am Rhein nördlich Neuss: Schloß Meer bei Büderich vor der Zerstörung.

und die sich teilweise tief in die mächtigen Löß-schichten eingegraben haben. Tiefe Talein-schnitte solcher Bäche gestatteten oft nur die Ent-stehung langgestreckter Straßendörfer, wie sie am Kelzenbach mit Rath und Kelzenberg, am Gill-bach mit Nettesheim, Butzheim, Hoeningen, Evinghoven, am Elsbach mit Elfgen und am Jü-chener Bach mit Aldenhoven und Scherfhausen gegeben sind.

Daneben gibt es eine Gruppe von Siedlungen in Randlage von natürlichen Bruchkanten des Geländes. Hier traten aus den geologischen For-mationen wasserführende Schichten an die Ober-fläche aus, die für die Siedlungen günstige Was-serverhältnisse schufen. Diesem Lagetyp entspre-chen etwa Broich und Gohr an der Bruchkante der Gillbach-Lößplatte zur Niederung der Alt-rheinläufe, ferner Holzbüttgen am Bruchrand der Nordkanalniederung. Siedlungen dieses Typs ge-winnen einerseits Anteil an der fruchtbaren Löß-platte im Westen und andererseits an den wasser-reichen Niederungen des Altrheinlaufgebietes.

Mit dem soeben behandelten Lagetyp nicht zu verwechseln sind Siedlungen am Rande der Fluß-ufer. Sie besetzen entweder die höher gelegenen Abschnitte der Talhänge, wie etwa Gustorf, Gin-dorf oder Kapellen an der Erft. Andere Siedlungs-plätze wiederum liegen oben auf den Hochufern der Flußtäler, wie Wevelinghoven an der Erft oder Wickrath an der Niers oder aber Dormagen und Neuss am Rhein.

Die dargestellten Lagetypen von Siedlungen weisen sämtlich starke Bezüge zu den Gewässern auf. Diese ergeben sich einerseits aus der bedeu-tenden Rolle der Viehwirtschaft, die in bestimm-ten Abschnitten der Ur- und Frühgeschichte die Ackerwirtschaft übertroffen haben dürfte. Als drittes Element tritt zu diesen beiden Wirtschafts-zweigen der Fischfang hinzu, der namentlich im Mittelalter für die Ernährung der breiten Masse der Bevölkerung unentbehrlich war. An die Ge-wässer gebunden sind auch die frühesten Burgen und Befestigungen des Kreises Neuss. Das Kreis-gebiet hält, abgesehen vom Liedberg, von Natur

26

aus keine steilaufragenden Höhen und Berge für Burgen bereit, wie dies etwa am Mittelrhein oder an der Mosel der Fall ist. Vorgegebene natürliche Verhältnisse führten am Niederrhein allgemein und im Kreis Neuss im besonderen zur Verwirklichung eines Burgentyps, der speziell auf die Ei-

genschaften einer an Ebenen und Niederungen reichen Landschaft hin konzipiert ist. Es handelt sich um die Niederungsburgen oder Motten, die Wasserburgen, die Schlösser und die wasserumgebenen festen Höfe.

7b   Die Wüstung Rüblinghoven bei Norf aus der Luft. Das Gelände des karolingisch bezeugten Ortes erbrachte karolingische und hochmittelalterliche Keramik. Sichtbar blieben im Luftbild bis heute die verfüllten Gräben einer zweiteiligen Wasserburg.
Luftbild: Rheinisches Landesmuseum Bonn.
Freigegeben: Reg.-Präs. Düsseldorf Nr. 16/25/3262.

2. Der Gang der Besiedlung

Im ersten Kapitel sind die naturräumlichen Voraussetzungen dargestellt worden, die für den Gang der Siedlungsgeschichte und den Bau von Burgen von grundlegender Bedeutung waren. Siedlung und Burgenbau werden erst dann verständlich, wenn man ihre Abhängigkeit von den jeweiligen, oft auf kleinem Raum wechselnden Naturverhältnissen versteht. In diesem Kapitel wird der Versuch unternommen, den Gang der Besiedlung im Kreis Neuss und seinen randlichen Nachbargebieten in kurzer Form zu skizzieren. Dies geschieht nach den verschiedenen Epochen der Ur- und Frühgeschichte und des Mittelalters. Soweit es sich um urgeschichtliche Epochen handelt, erhält vor allem die Archäologie das Wort. Sie ist es, die aufgrund ihrer Ausgrabungen und Funde Hinweise auf Siedlungsplätze in den verschiedenen urgeschichtlichen Epochen liefern kann. Spätestens seit der römischen Epoche aber beteiligen sich noch eine ganze Reihe weiterer Wissenschaften an der Erforschung der Siedlungsgeschichte. Historikern stehen vor allem die Aussagen römischer Autoren über die Verhältnisse am Rhein zur Verfügung. Ortsnamenforscher können sich häufig der recht alten, auf die keltische oder römische Zeit zurückführenden Ortsnamen bedienen, um Alter und Entstehung der Siedlungen zu beleuchten. Hinzu kommen Erkenntnisse der Paläo-Ethno-Botanik. Diese Wissenschaft wird seit einigen Jahren bei allen Ausgrabungen zu Hilfe gerufen. Ihre Fachleute entnehmen aus Siedlungen und Gruben winzig kleine, aber gleichwohl bis heute erhaltene botanische Proben, Pollen von Pflanzen oder pflanzliche Großreste wie Blätter, Stengel, Blüten, Körner von Feldfrüchten u. a. m., die über die Art und die Anzahl der Wild- und Kulturpflanzen auf einem Siedlungsplatz oder in seiner Umgebung Auskunft geben. Schon heute ist es bis zu einem gewissen Grade möglich, die Vegetation im näheren Umkreis urgeschichtlicher Siedlungsplätze oder mittelalterlicher Burgen weitgehend zu rekonstruieren und Hinweise auf die Kulturtätigkeit des urgeschichtlichen Menschen zu gewin-

nen. Mit besonderem Erfolg wurde diese Forschungsmethode bei der Erforschung der frühmittelalterlichen Niederungsburg Haus Meer bei Büderich angewandt. Sie erweist damit ihre Tragfähigkeit auch im Rahmen der modernen Burgenforschung.

So setzt sich das Bild von der Siedlungsgeschichte eines Raumes aus vielen Einzelinformationen façettenartig zusammen und gewinnt allmählich große und zusammenhängende Züge. Hier sind diese Ergebnisse nur insoweit zu berücksichtigen, als sie für das Thema der Burgen von Bedeutung sind.

2.1 Urgeschichte

Einigkeit herrscht heute darüber, daß die Jungsteinzeit (Neolithikum) in Mitteleuropa zwischen etwa 5000 und 1800 v. Chr. die erste umfassende ständige Besiedlung gebracht hat. Das gilt auch für das hier zur Diskussion stehende Gebiet des Kreises Neuss. Vielfältige Einzel- und Siedlungsfunde belegen das. In der Epoche vor dem Neolithikum berührten alt- und mittelsteinzeitliche Jäger- und Sammlergruppen diesen Raum. Menschengruppen dieser Epochen durchstreiften, noch längst nicht seßhaft, die Weiten Mitteleuropas, stets dem jagdbaren Wild folgend. Die Erschließung durch Ackerbau, Viehwirtschaft und Züchtung von Pflanzen in Verbindung mit der Seßhaftwerdung der Siedlung vollzog sich erst in der Jungsteinzeit. Damit verbunden waren weiträumige Rodungen des bis dahin vorherrschenden Waldes, die sich auch in den Pollenablagerungen alter Fundplätze nachweisen lassen. Sehr deutlich tritt im Neolithikum die Abnahme der Baumpollen zugunsten der Nichtbaumpollen, also zugunsten der Wiesen und Kulturpflanzen, in Erscheinung. Die nachfolgenden urgeschichtlichen Metallzeiten, die Bronzezeit (etwa 1800 bis 800/700 v. Chr.) und die vorchristliche Eisenzeit (etwa 800/700 v. Chr. bis um Chr. Geb.), brachten mit Sicherheit andere Siedlungsbilder als das Neolithikum hervor, ohne daß wir diese Verhältnisse im einzelnen bis ins letzte durchleuchten können.

Die Bronzezeit ist durch einen starken Rückgang der Fundmenge im Vergleich zur Jungsteinzeit gekennzeichnet, und es fragt sich, ob diese Erscheinung lediglich durch mangelnde archäologische Kenntnis zustande gekommen ist, oder ob sich dahinter eine tatsächliche Verminderung der Siedlungsplätze verbirgt. Fundplätze der vorchristlichen Eisenzeit lassen in der Regel keine räumliche und zeitliche Verbindung mit denen der Bronzezeit erkennen. In dieser Periode entwickelte sich wiederum ein andersartiges Siedlungsbild, das in starkem Maße durch das Vorherrschen der Viehwirtschaft auf ausgedehnten Weideflächen gekennzeichnet ist. Erst die Ankunft der Römer um die Mitte des 1. vorchristlichen Jahrhunderts schuf grundsätzliche Veränderungen dieses altüberkommenen Siedlungsbildes.

2.2 Römische Zeit

Die Okkupation des linken Rheinufers durch die Römer stellt einen bis heute wirksamen Wendepunkt in der Siedlungsgeschichte des Rheingebietes dar. Knapp fünf Jahrhunderte, von etwa 50 v. Chr. bis um 450 n. Chr., bestimmten Siedlung, Wirtschaft, Verwaltung und Zivilisation der Römer die historische Entwicklung unseres Raumes. Er bildet ein Teilstück des riesigen römischen Reiches und zugleich einer Grenzprovinz, die in der mittleren Kaiserzeit Germania inferior (Niedergermanien), in der Spätantike Germania secunda genannt wurde. In diesem Raum gestaltete vor allem das Militär mit seinen vielfältigen Einrichtungen viele Lebensbereiche. Am Rhein selbst lagen seine Garnisonen, die Lager der römischen Truppe. Aus der Frühzeit kennt man das Legionslager in Neuss (Novaesium) und das Auxiliarkastell von Moers-Asberg (Asciburgium), die bereits in augustisch-tiberischer Zeit vorhanden waren. Im Laufe der Zeit kamen dazu neue Lager und Siedlungen, so vor allem in der Zeit des Kaisers Claudius (41 bis 54 n. Chr.) die Auxiliarkastelle Rheinhausen-Werthausen, Krefeld-Gellep (Gelduba), Grimlinghausen-Reckberg und Dormagen (Durnomagus). In der Zeit Kaiser Konstantins des Großen (Alleinherrscher 325 bis 337 n. Chr.) entstand schließlich das spätrömische Kastell Haus Bürgel bei Monheim, das heute durch Rheinlaufverlagerungen auf das rechte Ufer des Stromes geraten ist. In spätrömischer Zeit war es eingefügt in die Kette der linksrheinischen Militärkastelle. Mit den Frankeneinfällen um 260 n. Chr. hatte der römische Limes am Rhein seine bis dahin ernsteste Bewährungsprobe zu bestehen. Die Wucht dieser Einfälle war so groß, daß die Zerstörung vieler dieser Kastelle und Siedlungen durch die germanischen Eindringlinge nicht zu verhindern war. Erst allmählich entstand, nachdem die Germanen militärisch besiegt und vertrieben worden waren, unter den Kaisern Diokletian (284 bis 305) und Konstantin I. (305 bis 337) die spätrömische Form des Limes in der Germania secunda. In Benutzung waren seit dem Ende des 3. Jahrhunderts und während des 4. Jahrhunderts noch Asberg-Asciburgium, Gellep-Gelduba, Neuss-Novaesium und das in konstantinischer Zeit neu errichtete Kastell Haus Bürgel.

Auf das Militär und seine Erfordernisse war die gesamte Infrastruktur der Provinzen am Rhein bezogen. Straßen und Verkehrswege aller Art dienten vor allem militärischen Zwecken. Sie wurden teilweise vom Militär erbaut, unterhalten und gesichert und orientierten sich in ihrem Verlauf auf die Militärlager als Zielpunkte. Der Rhein selbst als wichtige Verkehrsader für den militärischen und zivilen Verkehr stand in der Obhut der römischen Flotte, die die Häfen bei den Militärlagern als Stützpunkte benutzte. Zugleich bildete er die Grenze gegen das freie Germanien. Die guten Ackerböden bedeckte ein dichtes Netz von ländlichen Siedlungen in Form geschlossener Kleinsiedlungen (Vici) oder der Einzelhöfe (Villae rusticae). Im Raum Neuss gibt es Hinweise darauf, daß die im Legionslager stationierte Truppe sich selbst in der Agrarwirtschaft engagierte und wahrscheinlich in einem eigenen Legionsterritorium landwirtschaftliches Nutzland bewirtschaftete.

Die ländlichen Siedlungen produzierten dank der fortgeschrittenen römischen Agrartechnik erhebliche Überschüsse an landwirtschaftlichen Erzeugnissen, aus denen die Truppen am Rhein, aber auch die im Umkreis der Militärlager angesiedelte zivile Bevölkerung und die Städte ernährt werden konnten. Zwar bedeuteten die Frankeneinfälle der Zeit um 260 eine ernste Bedrohung für Truppe und Zivilbevölkerung am Rhein; für viele militärische Anlagen und zivile Siedlungen brachten sie zwar das Ende, nicht aber für die römische Herrschaft am Rhein insgesamt. Im

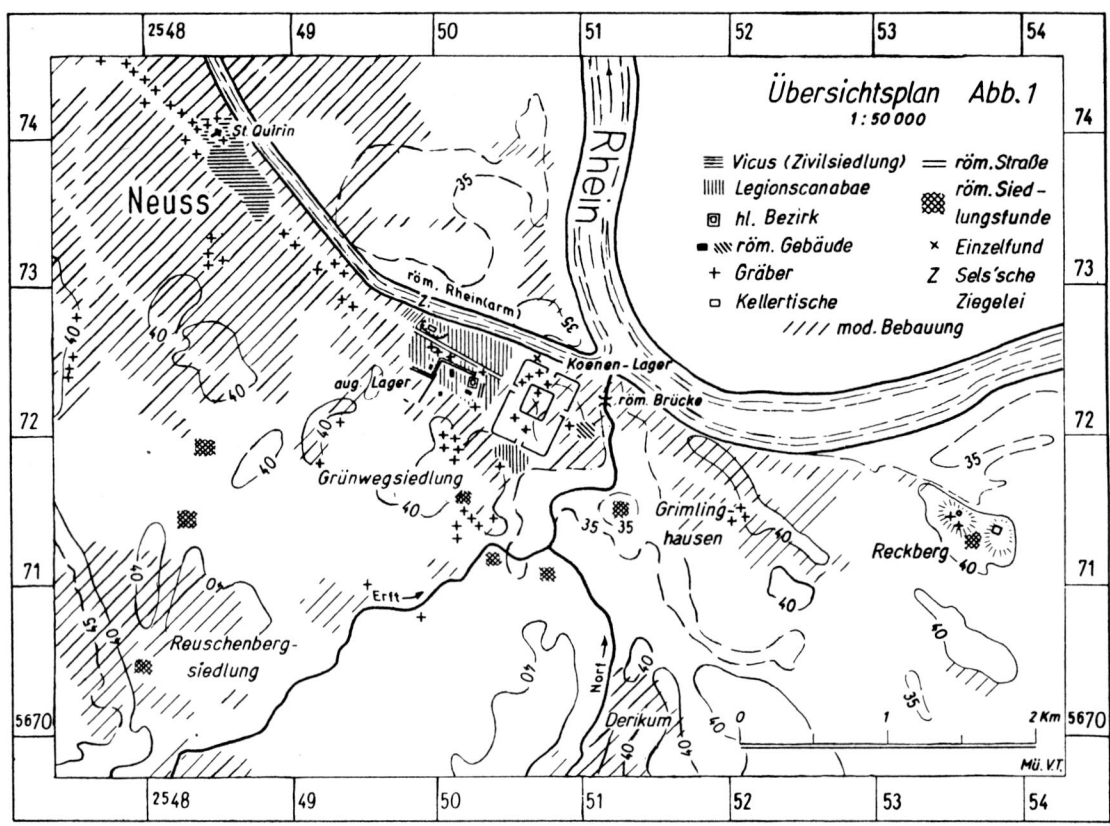

8 Die Topographie des römischen Neuss (nach: H. v. Petrikovits, Novaesium [1957] S. 8).

Raum Bergheim ließ sich zeigen, wie mit der Stabilisierung des römischen Limes unter Diokletian und Konstantin I. eine neue Blüte von Siedlung und Wirtschaft eingeleitet wurde, in deren Verlauf allenthalben auf dem Lande neue Siedlungen gegründet wurden. Andere, wenn auch wenige Siedlungen, überstanden sogar den großen Germaneneinbruch in der 2. Hälfte des 3. Jahrh. Ähnliche Verhältnisse sind auch für das unmittelbar nördlich benachbarte Kreisgebiet Neuss vorauszusetzen. Im großen und ganzen dauerte die militärische Herrschaft Roms am Rhein allgemein und so auch im Raum Neuss durch das gesamte 4. Jahrh. bis in den Beginn des 5. Jahrh. Ähnliches ist auch für die zivilen Siedlungen in vielen Fällen festzustellen.

Zu allen Zeiten kennzeichnete die römische Siedlung in diesem Raum eine starke kolonisatorische Kraft. Nicht nur die guten und besten Böden wurden bewirtschaftet, sondern ebenso auch weniger günstige Lagen wie etwa die Zone der Altrheinläufe am Ostrand der Gillbach-Lößplatte, wo sich viele römische Siedlungsfund-

plätze zeigen. Man wird bessere klimatische Verhältnisse während der römischen Epoche in Rechnung zu stellen haben, wenn man diese heute versumpften und siedlungsfeindlichen Regionen auf ihre Besiedlungsfähigkeit in älterer Zeit überprüft. Im ganzen gesehen bescherte die römische Epoche dem Neusser Raum einen hervorragenden Stand der Besiedlung und eine intensive wirtschaftliche Erschließung, wie sie zu keiner Zeit davor erreicht war und auch lange Zeit danach nicht wieder erreicht wurde. Wenn man so will, entstanden auch die ersten Burgen in römischer Zeit. Die römische Reichsverteidigung entwickelte, je nach den jeweiligen Verteidigungszielen, eine Fülle verschiedener Typen von Wehranlagen. Stadtsiedlungen wie Köln (CCAA = Colonia Claudia Ara Agrippinensium) oder Xanten (CVT = Colonia Ulpia Traiana) erhielten starke Mauerumwehrungen, deren Vorbilder gewiß in den Befestigungen römischer Militärlager zu suchen sind. Unter letzteren beobachten wir verschiedene Formen, je nach Größe, Funktion und militärischer Einheit. Die Spätantike baute klei-

30

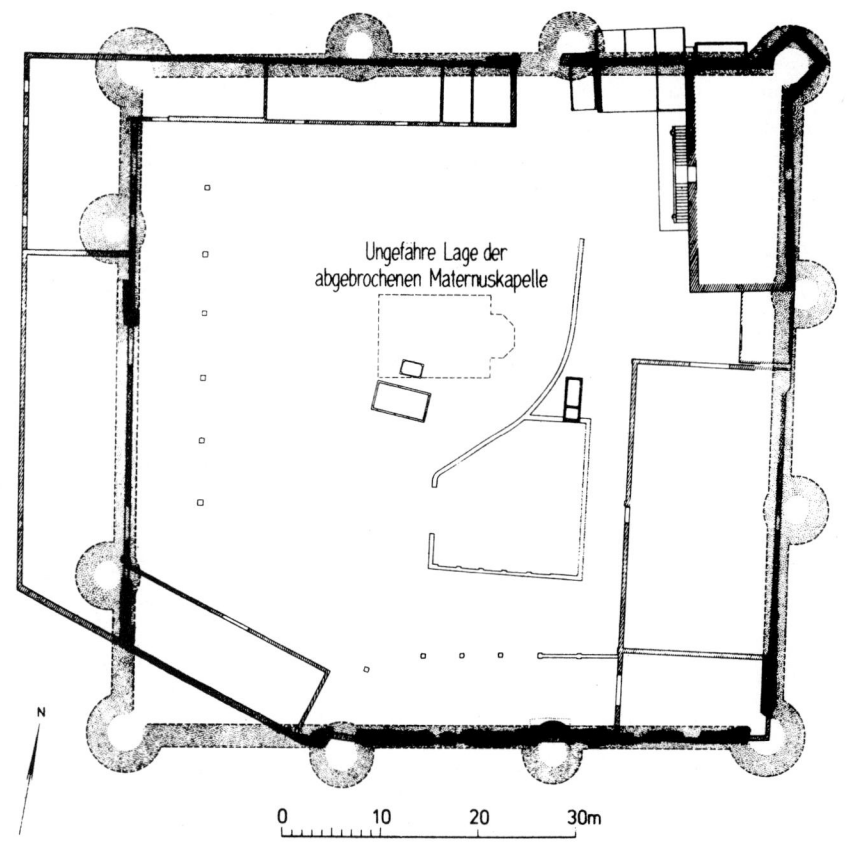

Ungefähre Lage der
abgebrochenen Maternuskapelle

N

0   10   20   30m

9   Plan des konstantinischen Kastells Haus Bürgel (nach W. Haberey, Bonner Jahrb. 157, 1957, S. 299).

nere, aber sehr stark mit Mauern und vorspringenden Türmen bewehrte Kastelle, wie Haus Bürgel oder Deutz-Divitia. Straßen, wichtige Siedlungen oder gar Villae rusticae fanden besonderen Schutz durch kleine Turmbefestigungen, die sog. Burgi. Eine solche Anlage darf auf dem Reckberg südlich von Neuss bei Grimlingshausen vermutet werden. Es ist bis heute noch nicht hinreichend untersucht worden, in welcher Weise diese Burgi, deren äußeres Erscheinungsbild ja in vielfacher Hinsicht den mittelalterlichen Turmhügelburgen entspricht, als Vorbild für das mittelalterliche Befestigungswesen gewirkt haben. Zur Zeit stellt die Burgenforschung die von Carl Schuchhardt aufgestellte These, die mittelalterlichen Burgtürme seien direkt von den römischen abzuleiten, wieder in Frage.

Weiter im Innern des römischen Imperiums, in den gallischen Provinzen, gibt es Belege dafür, daß römische Befestigungen und unter ihnen auch römische Türme in Stadtumwehrungen während der Normanneneinfälle um 880 instandgesetzt und erfolgreich wiederbenutzt wurden. Von hier

ist es nur noch ein kleiner Schritt zur Errichtung neuer Türme und Wehranlagen nach dem Vorbild der noch aufrechtstehenden römischen Anlagen. Für das Rheingebiet ist die Wiederverwendung römischer Wehranlagen, z. B. des Legionslagers von Bonn oder der Stadtumwehrung von Köln, im Zeitalter der Normanneneinfälle archäologisch nachgewiesen. Auch historische Zeugnisse deuten darauf hin. Wenn auch hier mancher Einzelbeweis noch ausstehen mag, so sind doch Zusammenhänge zwischen der römerzeitlichen Wehrtechnik und Befestigungskunst und der mittelalterlichen als sicher vorauszusetzen. Deshalb dürfen die römischen Verhältnisse in einer auf die mittelalterlichen Burgen gerichteten Darstellung nicht außer acht gelassen werden.

Vergleicht man die römische Epoche und das Mittelalter miteinander, so fällt im Hinblick auf die Wehranlagen allerdings ein gravierender Unterschied ins Auge. Die römischen Wehranlagen entstanden innerhalb eines politisch einheitlich strukturierten Reiches, das in allen seinen Provinzen einem einheitlichen politischen und militärischen Willen gehorchte. Maß und Ziel aller Verteidigungsanlagen bestimmte der Kaiser, der sich einer reichseinheitlichen militärischen Verwaltungsorganisation bediente. Aus diesem Grunde finden sich die erwähnten römischen Wehranlagen in ähnlicher Form in allen Teilen des Imperiums und in immer ähnlichen Formen wieder. Mögen auch lokale Verhältnisse und Erfordernisse zu Änderungen vorgegebener Schemata geführt haben – im Grundsatz erscheinen doch immer wieder die gleichen oder doch sehr ähnlichen Anlagen in verschiedenen Teilen des riesigen Imperiums. Es ist deshalb der provinzialrömischen Archäologie von jeher möglich gewesen, zur Erforschung der römischen Wehranlagen am Rhein Parallelen aus anderen Teilen des Reiches, aus Nordafrika oder Britannien, aus Gallien oder Syrien heranzuziehen und ihre oft durch schlechte Erhaltung bedingten lückenhaften Kenntnisse über die Wehranlagen am Rhein durch andernorts gewonnene Ergebnisse zu ergänzen. Analogieschlüsse sind hier nicht nur erlaubt, sondern, wegen der großen Einheitlichkeit des Wehrbaus im gesamten römischen Reich, geradezu notwendig. Anders verhält es sich im Mittelalter. Eine der vielfältigen Konsequenzen aus dem Untergang des römischen Reiches während des 5. Jahrh. n. Chr. besteht im Zerfall eines politisch und militärisch einheitlich durchgebildeten Großreiches in verschiedene und sehr unterschiedlich geformte Teilreiche und Nachfolgestaaten. Jedes dieser Gebiete entwickelte seine eigenen politischen und militärischen Einrichtungen, und so kann auf diesem Hintergrund gar nicht erwartet werden, daß Wehranlagen und Burgen in den verschiedenen Teilgebieten des einstigen römischen Reiches sich von gleichen Grundlagen entwickelten und gleiche Erscheinungen hervorbrachten. In diesem Sinne geht die Entwicklung der mittelalterlichen Burg von Anfang an in den Nachfolgestaaten des ehemaligen römischen Reiches einen sehr verschiedenartigen Gang, der von vornherein auf Vielheit der Formen und Besonderheiten der Lösungen des Befestigungsproblems angelegt ist.

2.3 Frühes Mittelalter

Einigkeit besteht heute in der Forschung darüber, daß das Eindringen germanischer, in unserem Raum fränkischer Siedler in linksrheinische Gebiete ein langfristiger Prozeß war, der bereits im 4. Jahrh. n. Chr. einsetzte. Damals erlaubten die Römer fränkischen Volksteilen, sich linksrheinisch anzusiedeln. Germanische Krieger waren als Soldaten des römischen Heeres willkommen. An besonderen Grabausstattungen mit Waffen und kerbschnittverzierten Trachtbestandteilen und Gürtelgarnituren sind diese Germanen im römischen Militärdienst auch am Rhein, ebenso wie im heutigen Belgien oder in Nordfrankreich kenntlich. Bis zu einem gewissen Grad füllten diese Volksteile die romanische Bevölkerung der rheinnahen Provinzen, die teilweise nach den Frankeneinfällen des 3. Jahrh. in die Provinzen des Reichsinnern abgewandert war, wieder auf. Man muß mit romanisch-germanischer Mischbevölkerung in weiten Teilen des Reiches rechnen. Germanische Funde dieser Zeit sind am Niederrhein, vor allem in Krefeld-Gellep, in Dormagen, in Katzem b. Erkelenz, in Köln, in Übach-Palenberg und in Bonn nachzuweisen. Für den Raum Neuss dürfen wir ähnliche Verhältnisse voraussetzen.

Diese frühe germanische Einwanderung des 4. Jahrh. wirkte sich indessen nicht im Sinne einer Besiedlungskontinuität zwischen dem 4. und dem späten 5. Jahrh. n. Chr. aus. Es ist festzustellen, daß gegen Ende des 4. Jahrh. und zu Beginn des 5. Jahrh. alle ländlichen Siedlungen links des Rheines sowie die dazugehörigen Gräberfelder abbrechen. Lediglich bei oder in den befestigten römischen Plätzen wie Gellep-Gelduba, Köln und Bonn sowie auf breiter Grundlage im Moselland gibt es Anzeichen für eine begrenzte Fortdauer romanischer Bevölkerung bis zur Ankunft der neuen fränkischen Einwandererwelle der 2. Hälfte des 5. Jahrh. Über Neuss in dieser Zeit ist wenig bekannt, doch gibt die Tatsache zu denken, daß das Gelände der römischen Militärlager offenbar aufgegeben wurde und die Entwicklung zur mittelalterlichen Stadt weiter nördlich, im Bereich des Münsters St. Quirin neu ansetzte. Hier gab es in römischer Zeit ein Gräberfeld sowie eine zivile Siedlung. Aus dem Gräberfeld entwickelten sich die Vorgängerbauten des Münsters als christliche Kultbauten, sog. Cellae memoriae. Aus diesen wiederum gingen die frühen Kirchen, vor allem das Münster St. Quirin als Coemeterial-Kirche hervor. Von der räumlichen Verlagerung des antiken Schwerpunktes her gesehen, deutet wenig auf kontinuierliche Besiedlung in Neuss während des 5. Jahrh. hin, wenn auch nicht übersehen werden darf, daß die spätantike und die frühmittelalterlich-fränkische Bevölkerung, die auf den Gräberfeldern um das Münster St. Quirin zweifelsfrei nachgewiesen werden kann, ja in unmittelbarer Nähe zu den Grabstätten gewohnt haben muß. Hier bleibt noch vieles zu klären. Für das flache Land außerhalb der römischen Städte und der Militärlager ist als erwiesen anzusehen, daß alle römischen Siedlungsplätze und Gräberfelder abbrechen und in Zukunft unbesiedelt liegenblieben. Die seit der 2. Hälfte des 5. Jahrh. n. Chr. und in zunehmender Zahl im 6. Jahrh. anhand ihrer Gräberfelder nachweisbaren Franken hingegen siedelten an neu ausgewählten Siedlungsplätzen. Nirgends griffen sie römerzeitliche Ortslagen wieder auf, es sei denn, daß sie römische Trümmerstellen zur Anlage ihrer Gräberfelder verwandten, wie im Falle des römischen Gutshofes von Köln-Müngersdorf.

Es wurde bereits oben darauf hingewiesen, daß die fränkischen Neusiedler nur Teile ehemaligen römischen Provinzialbodens zur Siedlung auswählten. Ihre Zahl war anfänglich offensichtlich nicht sehr groß. Erst im Laufe des 6. Jahrh. nahm sie zu, vielleicht durch weitere Zuwanderung aus den Gebieten östlich des Rheines, sicher auch durch eine natürliche Bevölkerungsexpansion, die sich in steigenden Belegungsziffern der Gräberfelder während der 2. Hälfte des 6. Jahrh. und im 7. Jahrh. widerspiegelt. In Abb. 10 sind die archäologischen Fundplätze der Merowinger- und frühen Karolingerzeit zusammengestellt. Fränkische Gräberfelder finden sich in Neuss selbst, und zwar nordwestlich des Münsters, ferner in Kaarst, Norf, Dormagen, Worringen, Oekoven, Butzheim, Rommerskirchen, Frimmersdorf und, knapp südlich der Kreisgrenze gelegen, in Stommeln und Pulheim. Nach Lage und Ortsnamentyp dürfen auch in folgenden weiteren Orten fränkische Grab- oder Siedlungsfunde erwartet werden, wenn sie auch bislang nicht zutage getreten sind: Holzheim, Quinheim-Grimlinghausen, Nievenheim, Sinnersdorf, Gohr, Hoeningen, Frixheim, Nettesheim, Hemmerden, Jüchen, Gustorf, vielleicht auch in Büderich, Büttgen, Glehn und bei Haus Bürgel. Hier sind die archäologischen Erkenntnisse noch recht lückenhaft, doch kann sich das in der Zukunft ändern. Mancher neue Aufschluß zu diesen Fragen wird von der in Arbeit befindlichen archäologischen Landesaufnahme für den Kreis Neuss zu erwarten sein.

Die Verteilung der fränkischen Gräberfelder läßt aber bereits beim gegenwärtigen Forschungsstand, der sicher noch unvollkommen ist, erkennen, daß das westliche Kreisgebiet, der Raum zwischen Erft und Niers, recht spärlich besetzt ist. In diesem Gebiet stellen fränkische Funde abgesehen von Kaarst eine Rarität dar, und man wird dementsprechend auch davon ausgehen dürfen, daß weite Teile dieses Gebietes von fränkischer Altbesiedlung nicht erfaßt wurden. Sie blieben bis zum Zeitalter der hochmittelalterlichen Rodungen weitgehend unberührt. Diese Erkenntnis deckt sich mit den Verhältnissen im Raum Mönchengladbach-Rheydt und im nördlich anschließenden Kreis Viersen, für den schon vor Jahren im Rahmen einer archäologischen Landesaufnahme eine auffallende Armut an fränkischen Funden bemerkt wurde. Im Kreis Neuss konzentrieren sich fränkische Funde in drei Landschaften: einmal unmittelbar am Rhein entlang der nach wie vor in Benutzung befindlichen Römerstraße von Köln nach Neuss. In Dormagen reizte wahrscheinlich die Umgebung des noch in Resten vorhandenen römischen Kastells fränkische Neusiedler zur Niederlassung. Weiterhin reihen sich fränkische Funde am Ostrand der Gillbach-Lößplatte, und zwar unmittelbar an ihrem Abbruch gegen die eiszeitlichen Altrheinläufe. Gute Ackerböden einerseits und die Nähe ausgedehnter Weidegründe in der östlich anschließenden Niederung andererseits waren hier maßgebend.

Die dritte Zone fränkischer Siedlungen erstreckte sich schließlich entlang der Erft, und zwar auf höhergelegenen Lagen wie in Frimmersdorf und dem knapp jenseits der Kreisgrenze gelegenen Morken mit seinem bekannten Grab eines fränkischen Herrn. Die eigentliche Gillbach-Landschaft selbst und der Raum westlich der Erft bleiben hingegen weitgehend frei von fränkischer Besiedlung. Deutlich wird hier das Auswählen der fränkischen Siedler sichtbar. Das Zeugnis der Ortsnamen bestätigt und ergänzt die archäologischen Befunde. Fränkische Funde erscheinen häufig an Plätzen mit gallo-römischen Altnamen (Neuss-Novaesium, Dormagen-Durnomagus, Kaarst), weiterhin in den Namen auf -heim (Butzheim, Pulheim), -dorf (Frimmersdorf) oder aber

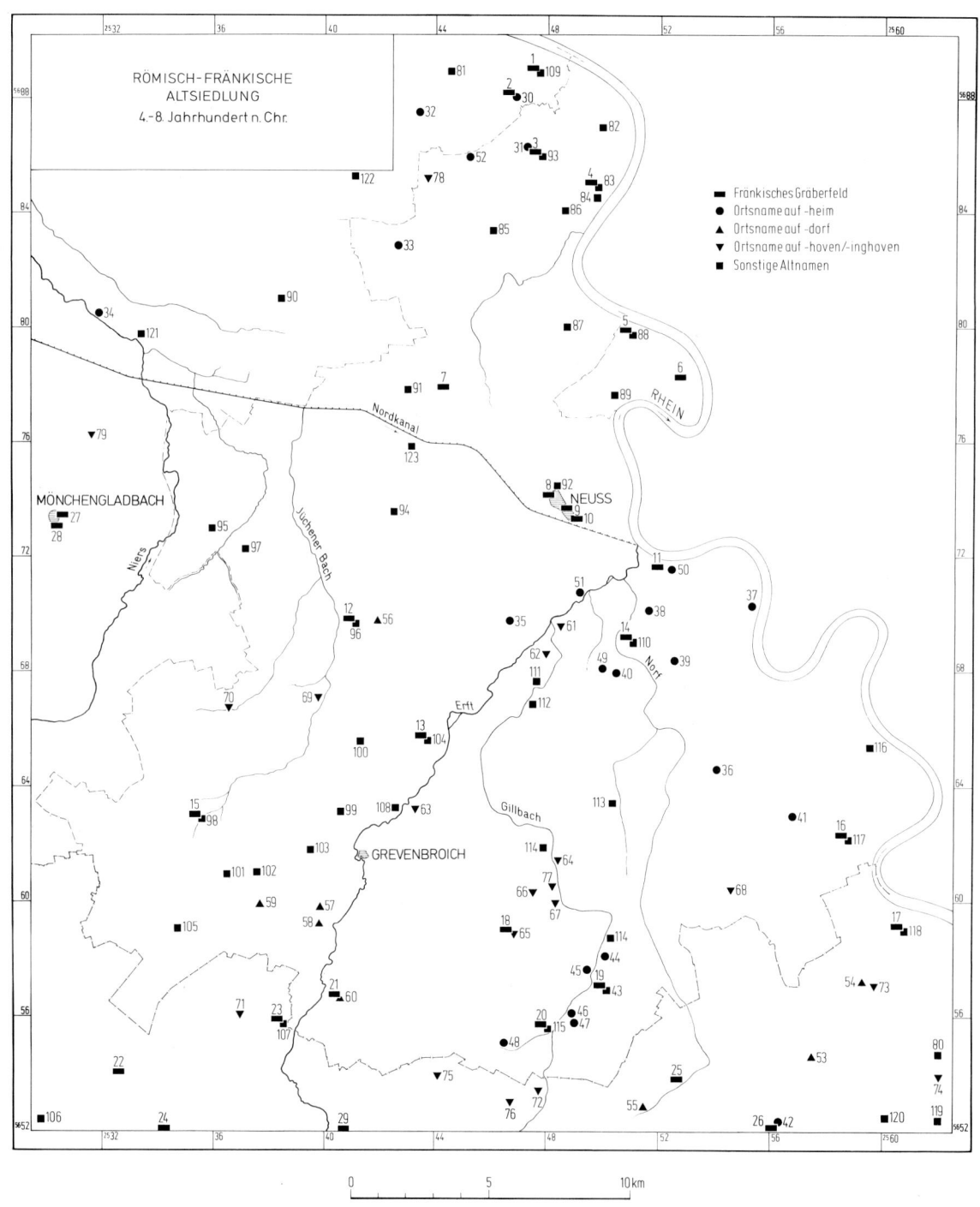

RÖMISCH-FRÄNKISCHE ALTSIEDLUNG
4.-8. Jahrhundert n. Chr.

■ Fränkisches Gräberfeld
● Ortsname auf -heim
▲ Ortsname auf -dorf
▼ Ortsname auf -hoven/-inghoven
■ Sonstige Altnamen

MÖNCHENGLADBACH

NEUSS

GREVENBROICH

RHEIN

Nordkanal

Niers

Juchener Bach

Erft

Nort

Gillbach

0   5   10 km

10   Römisch-fränkische Altsiedlung im Kreis Neuss, 4. bis 8. Jahrhundert n. Chr.

Die merowingisch-karolingische Altsiedlung im Kreis Neuss läßt sich auf Grund der Verbreitung der merowingischen Gräber-felder, der überkommenen Altnamen bei den Ortsnamen und der fränkischen Ortsnamen ermitteln. Deutlich heben sich Ballungszentren fränkisch-karolingischer Besiedlung heraus, so im Raum Neuss und im Gebiet von Rommerskirchen. Ihnen stehen verdünnte Gebiete oder Leerzonen gegenüber, die bis in karolingische Zeit hinein mit Wald bedeckt waren (Abb. 18) und die dem hochmittelalterlichen Rodungs- und Kolonisationsbewegungen offenstanden.

11   Grabbeigaben aus dem Grab eines fränkischen Herren in Morken, Kreis Bergheim/Erft. Um 600 n. Chr. Neuaufstellung des
     Grabfundes im Rheinischen Landesmuseum Bonn (1978).

12 Die Grabausstattung einer vornehmen fränkischen Frau aus Rommerskirchen, Kreis Neuss: Goldblattkreuz, Floral- und
Rosettenfibeln, Kette mit almandinverzierten Goldanhängern (frühes 8. Jahrhundert n. Chr.).

bei anderen für alt gehaltenen Ortsnamen (Norf, Morken, Stommeln, Rommerskirchen). Umgekehrt müssen natürlich nicht alle Orte mit Namen auf -heim und -dorf zwangsläufig fränkischen Ursprungs sein, weil Ortsnamen diesen Typs auch in nachfränkischer Zeit noch verwendet wurden. Schließlich ist noch der Wechsel von ursprünglich sehr alten Ortsnamen zu jüngeren in Rechnung zu stellen, so daß vielleicht fränkische Altsiedlung durch den Wandel zu jüngeren Namen verdeckt ist.

Im übrigen ist im Kreis Neuss während des frühen Mittelalters mit dem Bestehen großer Wälder zu rechnen. Sie bildeten sich in nachrömischer Zeit, als ehemals besiedeltes und bewirtschaftetes Land aus der Nutzung entlassen wurde. Später finden sich in diesen großen Wäldern die Siedlungskammern aus der ersten fränkischen Landnahmezeit. Dabei fällt es auf, daß das Gebiet der sumpfigen Altrheinläufe nun im Gegensatz zur römischen Periode nicht mehr besiedelt war (Abb. 14.15). Erst östlich der breiten Zone der Altrheinläufe, auf der etwas höher gelegenen Fläche der Niederterrasse, liegen Orte wie Nievenheim, ein Ort, der durch die Zufälligkeit früherer Urkundenüberlieferung bereits am Ende des 8. Jahrh. und zu Beginn des 9. Jahrh. mehrfach urkundlich belegt ist. Im 9. Jahrh. werden öfters Orte als *in Pago Nivanheim* gelegen bezeichnet. Um Nievenheim herum finden sich ausschließlich Orte, deren Namen auf die spätere Zeit der Rodungen hinweisen: Delrath, Ückerath, Straberg. Auch Zons am Rhein muß zu den fränkischen Altsiedlungen gehört haben. Im Almosenverzeichnis des Kölner Erzbischofs Kunibert aus dem 7. Jahrh., das allerdings erst in einer Aufzeichnung des 12. Jahrh. überliefert ist, wird Zons als Besitzung des Klosters St. Lupus in Köln unter dem Namen *Zůnizo* oder *Zůneze* genannt. Fränkische Grabfunde weist der durch vielfältige römische Funde ausgezeichnete Platz Dormagen auf. Der Ortsname selbst ist gallo-römischen Ursprungs, wie wir bereits sahen. Ob sich allerdings die fränkischen Funde lückenlos an die aus spätrömischer Zeit stammenden anschließen lassen, kann man zur Zeit noch nicht beurteilen.

Ob in Worringen ohne Unterbrechung von römischer zu fränkischer Zeit gesiedelt wurde, ist bisher nicht ganz geklärt. Doch muß man wohl dieses Gebiet von Nievenheim, Zons, Dormagen und Worringen zum fränkischen Altsiedelgebiet des Kreises Neuss rechnen. Es sind jene Orte, die im Zuge der ehemaligen römischen Straße längs des Rheines schon früh erschlossen waren. Um sie herum erstreckte sich im Norden der große Stüttger Wald, im Westen und Süden das Gohr-Bruch, das sich schon durch seinen Namen (Chor = Gohr = Sumpf) als feuchter Niederungswald ausweist. Reste dieses Waldes mit dem Mittelpunkt des Klosters Knechtsteden finden sich in dem heutigen Staatsforst, der in seinem südlichen Teil Chorbusch den alten Namen bewahrt hat.

Ihre westliche Begrenzung finden diese Waldgebiete wiederum an einer vorgeprägten natürlichen Leitlinie, die auch die Altrheinläufe begrenzt. Es ist der Rand der stark ausgeprägten Mittelterrasse. Wie am Rhein selbst, so reihen sich auch hier auf der Mittelterrasse fränkische Altsiedlungen entlang einer für römisch gehaltenen Straße, die zumindest in der Merowingerzeit noch benutzbar gewesen sein muß. Die Altsiedlungen sind hier Stommeln (Erftkreis), Rommerskirchen (Kr. Neuss). Unter der Pfarrkirche von Rommerskirchen wurden die Überreste einer älteren Holzkirche und Teile eines fränkischen Reihengräberfriedhofes aus dem 7. Jahrh. mit der Bestattung einer vornehmen Frau vorgefunden. In dem vornehmen Frauengrab wurde reicher Goldschmuck geborgen. In Rommerskirchen brachten die Ausgrabungen den Beweis, daß die Ansiedlung erheblich älter ist, als ihre Ersterwähnung von 1106 als *Rumeschirche* in der schriftlichen Überlieferung andeutet. Zu diesen Altsiedlungen gehören weiterhin Vanikum, Nettesheim-Butzheim (letzteres 962 erst erwähnt als *Budichim*), Frixheim, Hoeningen, Gohr. Der heutige Ortsteil Anstel, der mit Frixheim zu einem Doppelort zusammengewachsen ist, mag vielleicht zu einer Ausbausiedlung gehören, die von Frixheim her angelegt wurde; denn Ort und Burg *Anstele* entstanden erst 1134 an einer Furt der Gillbach und wurden später zum kurkölnischen Rittersitz. Von hier greift die Besiedlung, wahrscheinlich noch in spätfränkischer Zeit, nach Westen auf die weiten Lößplatten aus. Die Namen verraten hohes Alter, das sie in spätfränkische Zeit zurückweist. Sozusagen in der zweiten Reihe dieser Siedlungslinie folgen dann Hüchelhoven, unmittelbar südlich der Kreisgrenze gelegen, Oekoven, Evinghoven, Widdeshoven und als am weitesten

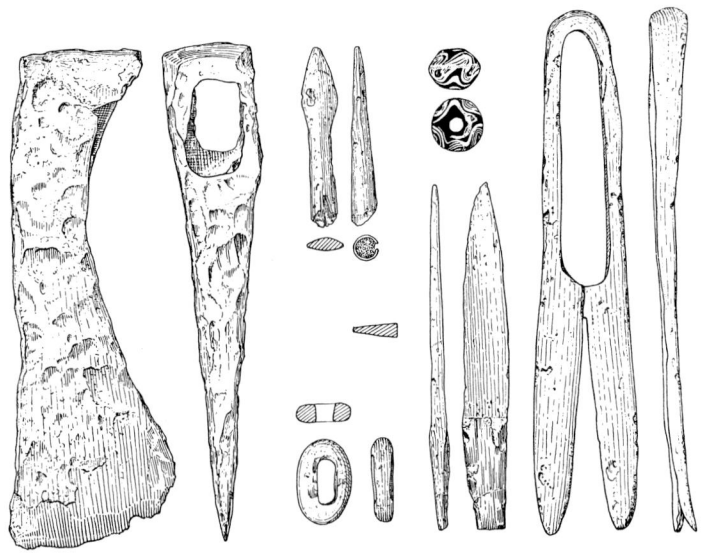

13a   Fränkisches Gräberfeld von Kaarst, Kreis Neuss. Inventar von Grab 10 (nach: J. Brandt, Archäologisches Korrespondenzbl. 8, 1978, Heft 2, S. 146, Abb. 1).

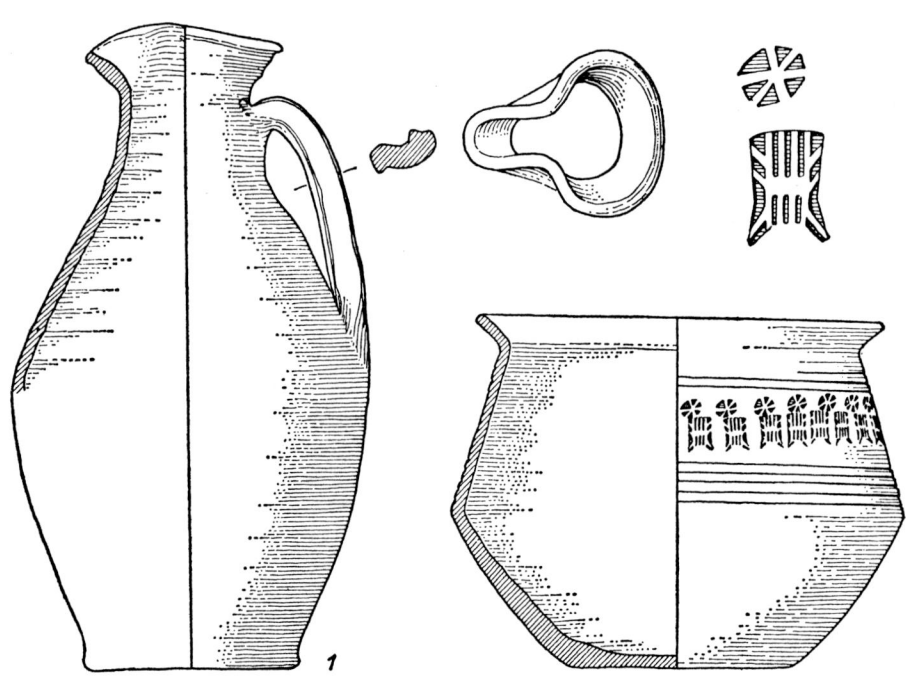

13b   Fränkisches Gräberfeld von Kaarst, Kreis Neuss, Inventar der Gräber 1–3 (nach: Bonner Jahrb. 159, 1959, S. 442, Abb. 58).

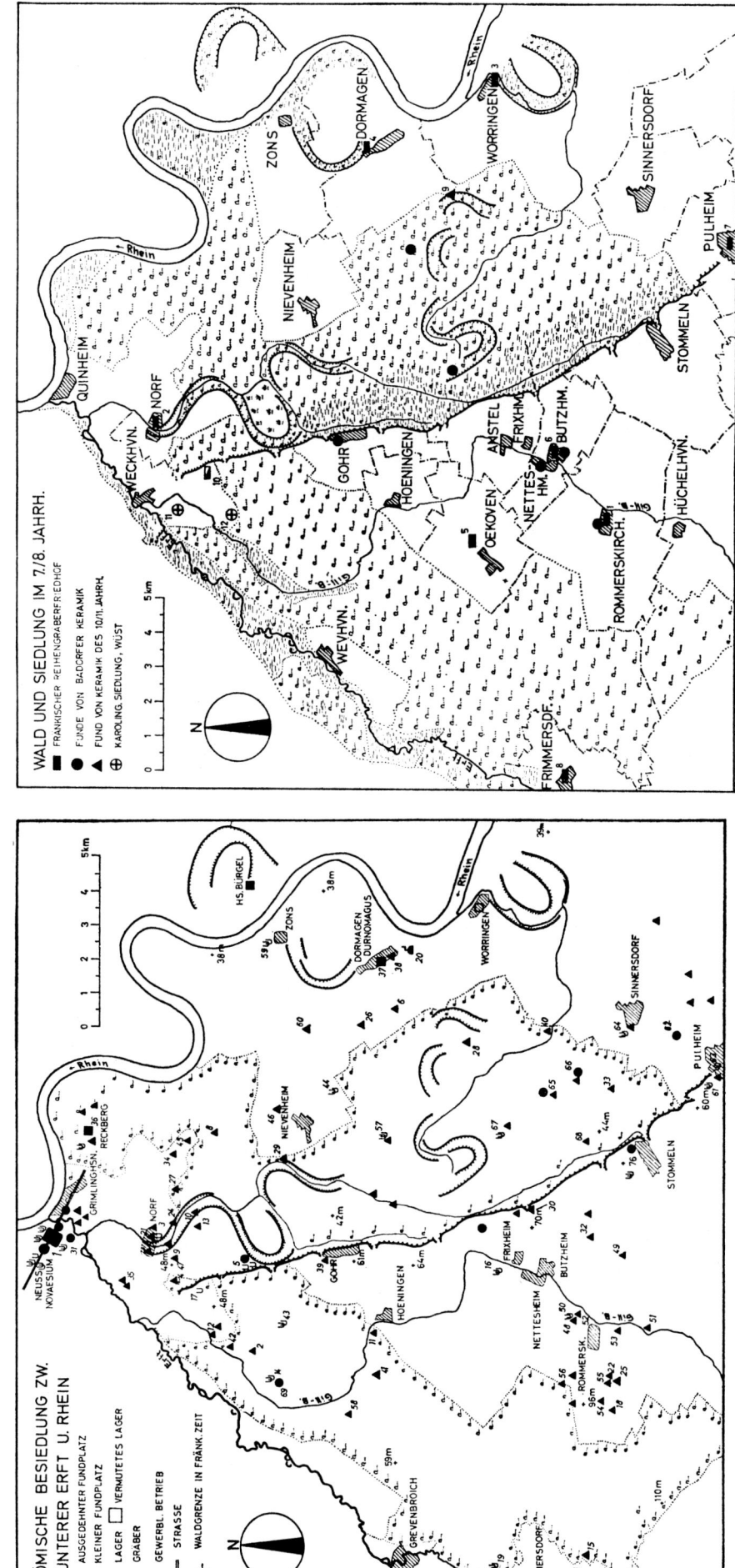

WALD UND SIEDLUNG IM 7./8. JAHRH.

■ FRÄNKISCHER REIHENGRÄBERFRIEDHOF
● FUNDE VON BAUERFER KERAMIK
▲ FUND VON KERAMIK DES 10./11. JAHRH.
⊕ KAROLING. SIEDLUNG, WÜST

15 Wald und Siedlung im Raum südlich Neuss zwischen Rhein und Erft im 7. und 8. Jahrhundert
(nach: Festschr. Edith Ennen [1972] S. 297).

RÖMISCHE BESIEDLUNG ZW.
UNTERER ERFT U. RHEIN

● AUSGEDEHNTER FUNDPLATZ
▲ KLEINER FUNDPLATZ
■ LAGER □ VERMUTETES LAGER
▲ GRÄBER
⨆ GEWERBL. BETRIEB
— STRASSE
∿∿ WALDGRENZE IN FRÄNK. ZEIT

14 Römische Besiedlung im Raum südlich Neuss zwischen Erft und Rhein
(nach: Festschr. Edith Ennen [1972] S. 294).

39

im Westen gelegener Ort Wevelinghoven, dessen katholische Pfarrkirche St. Martin in die fränkische Zeit hineinweist.

Nördlich von Anstel zwischen Gohrbruch im Osten und Gillbach im Westen erstreckte sich ein weites Waldgebiet, für das die Namen Sitroth und Huvil überliefert sind. Die Höveler Höfe und der Sittarder Hof erinnern noch an diese Wälder. Da es sich hier nicht um Sumpfwald oder Niederungswald, sondern um Wald auf besten Ackerböden handelte, setzte auch hier die Rodungstätigkeit verhältnismäßig früh, vielleicht schon Ende des 8. Jahrh., ein. Die Erweiterung des Siedlungsraumes nahm ihren Ausgang vor allem vom alten Siedlungsgebiet am Zusammenfluß von Gillbach und Erft, also vom Gebiet um Rüblinghoven, einem später wüst gewordenen Ort (Abb. 7 b), und von Wehl. Man rodete so lange in den Wald hinein, bis er völlig beseitigt war. Über Holzheim bestehen gewisse Unsicherheiten. Einerseits läßt der Ortsname auf -heim es zu, daß dieser Ort bereits der Merowingerzeit angehört, andererseits kann nicht ausgeschlossen werden, daß er zu den frühen Rodungen des 8. Jahrh. gehört, die teilweise auf fiskalischem Besitz stattfanden. Ganz in der Nähe von Holzheim, in dem heute wüsten Rüblinghoven, in *Hrodbertinga hova* im Gau Nievenheim, wurden im Jahre 817 zwei Morgen Land verkauft; im Jahre 818 wurden drei Morgen Ackerland bei Rüblinghoven und ebensoviel bei Wehl, damals *ueldi* genannt, an die Abtei Werden verschenkt. Von Rüblinghoven-Wehl ausgehend, wurde Neukirchen Zentrum eines Ausbaugebietes, das durch die Namen Lohhof, Lübisrath, Gubisrath, Ramrath, Norbisrath, Hülchrath als ehemaliges Waldgebiet gekennzeichnet ist. Allerdings wird man die Rodungen mit Ortsnamen auf -rath nicht mehr dem 8. und 9. Jahrh. sondern eher dem 10. Jahrh. zuzuweisen haben.

Die übrigen Gebiete, vor allem ein breiter Geländestreifen auf dem Ostufer der Erft, waren in dieser Zeit noch mit Wald bedeckt, abgesehen von den beiden frühen Siedlungsmittelpunkten Frimmersdorf und Weckhoven im Erfttal. In unmittelbarer Nähe von Frimmersdorf lag die Burg Husterknupp, der Stammsitz der Grafen von Hochstaden, die im Jahre 1080 erstmalig erwähnt werden. Dieser Platz wurde durch Ausgrabungen des Rheinischen Landesmuseums Bonn besonders gut untersucht. Man fand eine vierperiodige Anlage, die mit einer Siedlung des ausgehenden 9. oder der 1. Hälfte des 10. Jahrh. beginnt, über der sich dann später in drei Entwicklungsstadien eine Niederungsburg vom Typ der Motten entwickelte. Ein Siedlungsbeginn im 10. Jahrh. ist also an diesem Platz mit Sicherheit nachzuweisen. Für spätmerowingisch-karolingische Zeit ist davon auszugehen, daß im mittleren Erftbogen, etwa von Bedburg im Süden bis in die Gegend von Barrenstein im Norden, ein geschlossener großer Wald existierte, für den der Name Grevenforst erst aus späterer Zeit, nämlich aus dem Jahre 1281 überliefert ist. Schon Ende des 13. Jahrh. waren von diesem großen Wald nur noch geringe Reste südlich von Neurath vorhanden. Heute ist von ihm nichts mehr erhalten. Es ist jener Raum, in dem der Braunkohlentagebau einen seiner Schwerpunkte gefunden hat. Das Erfttal selbst stellte bis ins 19. Jahrh. hinein ein bedeutendes Siedlungshindernis dar. Es war stark versumpft und konnte nur an wenigen Stellen überquert werden. Lediglich nördlich von Wevelinghoven boten sich bessere Siedlungsbedingungen. Daß sich die Stadt Grevenbroich, die in die Erftaue selbst hineingebaut war, im Laufe der Zeit gut entwickeln konnte, mag u. a. auch daran gelegen haben, daß sie an einem Übergang über die Erft lag, wo das Herzogtum Jülich einen Vorposten gegen Kurköln erlangen konnte. Diese strategisch wichtige Position wurde durch die starke Burg Grevenbroich gesichert. Es sind also an dieser Stelle eindeutig politische Gründe, die die von der Natur her gegebenen ungünstigen Siedlungsbedingungen im Laufe der Zeit überspielten.

Westlich der Erft lag der ausgedehnte Hamarithi-Wald. Er reichte etwa von Elfgen im Süden bis nach Büttgen-Neuss. Nur der alte Ort Hemmerden bewahrte den Namen bis in unsere Tage. An den Rändern dieses Waldgebietes liegen die Orte Jüchen, Büttgen und Glehn. Im Ortsnamen Jüchen lebt vielleicht ein römisch-keltisches Wort *Jucundiacum* fort, das 866 als *Jochunda* in einer Schenkung an die Abtei Prüm erwähnt wird. Allerdings ist die römisch-keltische Form *Jucundiacum* nur erschlossen und nicht durch Urkunden überliefert. Büttgen wird erstmals in der Vita Sancti Ludgeri im 9. Jahrh. als *Budica* erwähnt. Glehn, das im 12. Jahrh. als *Glene* genannt ist, überliefert in seinem Namen wohl die alte Form des Baches, an dem es liegt und der heute den Namen Jüchener Bach trägt.

Nördlich von Büttgen in Richtung Büderich erstreckte sich der Karlsforst. Sein Name lebt vielleicht noch in dem Ortsnamen Kaarst fort. Das hohe Alter unterstreicht die Martinskirche von Kaarst, die zu den wichtigsten frühen Kirchen im Kreis Neuss gehört. Westlich von Kaarst und dem Raum Büderich-Meerbusch haben sich Reste des alten Karlsforstes bis heute erhalten. Ob ein fränkisches Reihengräberfeld, das etwa 2,5 km nordöstlich von Kaarst auf einer Autobahntrasse ausgegraben wurde, zu Kaarst gehört, erscheint wegen des großen geographischen Abstandes zweifelhaft. Zu diesem Gräberfeld wird man wahrscheinlich eher eine weitere fränkische Siedlung in seiner unmittelbaren Nähe als Bezugspunkt anzusetzen haben (Abb. 13 a und b).

Die Bruchlandschaft der Niersniederung und des Trietbaches ist heute nur noch in Resten erhalten. Auf einem erhöhten Gelände innerhalb dieses Bruchgebietes liegt das Dorf Korschenbroich. Sein Name deutet an, daß diese Siedlung nicht zu den Altsiedlungen unseres Gebietes gehört. Der ursprüngliche Name des Dorfes wird 1127 als *Crismeke* und 1237 als *Kirsmik* überliefert. Am Oberlauf der Niers bezeugt der 867 zum erstenmal erwähnte Ortsname Wanlo die Existenz von Wald. Der Namensbestandteil -loh deutet ihn an. Aus früher Rodungstätigkeit ist hier auch der Ort Kuckum hervorgegangen, wobei vielleicht der alte Ort Jüchen als Ausgangspunkt der Rodungstätigkeit anzusehen ist.

Fassen wir das Ergebnis des siedlungskundlichen Überblickes in allgemeiner Form zusammen. Es hat sich ergeben, daß in günstigen Siedlungslagen des Kreises Neuss in mannigfacher Form fränkische Altsiedlung nachzuweisen ist. Der Nachweis wird entweder durch das Auftreten fränkischer Funde, insbesondere fränkischer Reihengräberfelder, weiterhin aber auch durch das Erscheinen typisch fränkischer Ortsnamenformen wie etwa der Ortsnamen auf -heim und -dorf geführt.

Fragen wir nunmehr nach den sozialen Verhältnissen bei den Franken des 6. und 7. Jahrh., die ja für das Problem der frühen Burgen erhebliches Gewicht erhalten. Die ältere Forschung war geneigt, die Franken wie andere germanische Stämme für ein Volk von gleichen und freien Bauern ohne tiefgreifende soziale Unterschiede zu halten. Man nahm an, es habe eine einheitliche große Schicht freier Leute gegeben, die lediglich von ihren Königen beherrscht worden seien. Dieses Bild von den germanischen „Gemeinfreien" ist in neuerer Zeit, vor allem durch die archäologische Forschung, erheblich korrigiert worden. Die Archäologie konnte zeigen, daß in der Grabausstattung der Franken gewichtige Unterschiede zutagetreten, was die Zahl und die Qualität der mitgegebenen Beigaben angeht. Das Umland von Krefeld, Neuss und Köln steuerte zu dieser Frage wichtige Befunde bei. Abgesehen davon, daß unter dem Kölner Dom reich ausgestattete Gräber einer vornehmen, vielleicht sogar königlichen Sippe vorgefunden wurden, traten in Morken das reich ausgestattete Grab eines fränkischen Herrn und in Rommerskirchen ein mit wertvollem Goldschmuck versehenes Grab einer vornehmen fränkischen Frau zutage, die sich durch das mitgegebene, auf der Kleidung aufgenähte Goldblattkreuz als Christin zu erkennen gibt. In diese Reihe gehören auch das fürstliche Frankengrab aus dem Gräberfeld von Krefeld-Gellep. Reich ausgestattete Gräber dieser Art dokumentieren zweifelsfrei, daß die fränkische Gesellschaft eine recht differenzierte soziale Gliederung gekannt hat. Es kann keine Rede von einer freien und gleichen Bevölkerung bei den Franken sein. Die reich ausgestatteten Gräber unter dem Kölner Dom und das fürstliche Grab aus Krefeld-Gellep bezeichnen die Spitze einer stark gegliederten sozialen Pyramide. Morken und Rommerskirchen belegen einen landsässigen Stand vornehmer Herren, für die man vielleicht den später gebräuchlichen historischen Begriff eines ländlichen Adels verwenden könnte. Für unser Thema ergibt sich daraus zwangsläufig die Frage, wo die Sitze dieser in ihren reichen Gräbern faßbaren Herrenschicht gelegen haben und wie sie gebaut und ausgestattet waren. Zu dieser Frage vermag die Archäologie beim gegenwärtigen Forschungsstand so gut wie nichts beizutragen, denn sie hat bisher keinen der zugehörigen herrschaftlichen Wohnsitze der Franken ausgraben können. Grundsätzlich kämen dafür durchaus Burgen oder irgendeine Form wehrhafter Anlagen in Betracht. In Süddeutschland und im hessischen Raum gelang es der Archäologie in jüngster Zeit, eine Gruppe von Burgen des 4.–7. Jahrh. n.

Chr. nachzuweisen, die sich als Sitze germanischer Herren und Fürsten interpretieren lassen. Unglücklicherweise fehlen bisher am Niederrhein alle diesbezüglichen Hinweise. Wir kennen bis heute keine merowingerzeitlichen Burgen in diesem Gebiet. Es kann sich dabei jedoch durchaus um eine Forschungslücke handeln.

Für die Frage nach den Burgen in der Merowingerzeit sind allerdings noch andere Faktoren zu berücksichtigen. Zumindest für Köln und Gellep ist die enge geographische Bindung der vornehmen fränkischen Gräber an fortbestehende und vielleicht fortbenutzte Wehranlagen der Römerzeit typisch. In Köln existierte die römische Stadtumwehrung bis weit ins Mittelalter hinein. In Gellep müssen die Überreste des dortigen Auxiliar-Kastells noch lange sichtbar und benutzbar gewesen sein. Die Weiterbenutzung dieser Plätze durch die Franken, und zwar durch deren führende politische Schicht, scheint mehr denn je unbezweifelbar, selbst wenn die Frage einer kontinuierlichen ununterbrochenen Benutzung dieser Plätze seit der Spätantike heute noch manche Probleme aufgibt. In Rommerskirchen und Morken bestanden keine römischen Befestigungen, die weiterbenutzt werden konnten. Hier siedelten die Franken ohne Bezug auf römische Wehranlagen ganz neu, wenn auch zivile Siedlungsplätze, wie etwa die römischen Villae rusticae, in nächster Nähe nachzuweisen sind. Die fränkische Herrenschicht, die in den reich ausgestatteten Gräbern faßbar wird, dürfte hier also eigene und neue Höfe erbaut und bewirtschaftet haben. Einige Forscher sind der Auffassung, dieser in ländlichen Siedlungen ansässige Herrenstand habe in den großen Herrenhöfen, Fronhöfen oder kircheneigenen Großhöfen gelebt, die man aus hoch- und spätmittelalterlichen Urkundenquellen oder aber aus der nachmittelalterlichen Topographie dieser Dörfer kennt. Diese These bedeutet, daß man das Alter dieser Höfe aus dem späten Mittelalter bis in die fränkische Zeit zurückprojiziert und eine kontinuierliche Besiedlung der Höfe seit der Merowingerzeit unterstellt. Bedenkt man aber, daß zwischen der historischen Bezeugung dieser großen Höfe und ihrem vermuteten fränkischen Ursprung 700 oder in manchen Fällen gar 1000 Jahre liegen, so wird man eine solche These mit Vorsicht betrachten müssen. Um sie zum gesicherten wissenschaftlichen Ergebnis werden zu lassen, be-

dürfte es des archäologischen Nachweises, daß die Fron- und Großhöfe des Mittelalters tatsächlich bis in die Merowingerzeit zurückreichen. Unglücklicherweise erschwert die heutige Bebauung der Hofareale und der mittelalterlichen Dorfkerne diesen Nachweis. Die jetzt bestehenden Bauten erlauben es häufig nicht, archäologische Untersuchungen vorzunehmen. Auch ist sicher, daß die mittelalterliche und neuzeitliche Bebauung dieser Hofareale ältere Schichten und Befunde, die bis in die Merowingerzeit zurückreichen könnten, weitgehend zerstört hat. Das Problem ist also nach wie vor offen, und man kann nur hoffen, daß der fortschreitende Braunkohlenabbau einmal die Möglichkeit bietet, eine Siedlung, bei der fränkischer Ursprung vermutet werden muß, vollständig archäologisch zu untersuchen. Die Archäologie gewinnt jedenfalls durch die großen Bodenaufschlüsse im Zuge des Braunkohlenabbaus die einmalige Chance, diese Kernfrage der merowingerzeitlichen Archäologie in Angriff zu nehmen.

Solange derartige Forschungen noch nicht durchgeführt worden sind, müssen wir davon ausgehen, daß die fränkischen Siedler am Niederrhein, obgleich sozial stark differenziert, keinen Burgenbau im größeren Umfange betrieben haben. Wo römerzeitliche Befestigungen noch bestanden, wurden sie zweifellos in Zeiten der Gefahr als Zufluchtstätten benutzt. Der Antrieb, eigene Befestigungen zu errichten, ist in der Merowingerzeit, soweit wir bis heute sehen, nirgends sichtbar.

2.4 Hohes Mittelalter

Der Kreis Neuss bietet dank seiner differenzierten Landschaftsgestalt die Möglichkeit, den Gang der Besiedlung auch für die verschiedenen Abschnitte des hohen und späten Mittelalters bis in die Einzelheiten hinein zu verfolgen. Vom Auswahlcharakter der fränkischen Siedlung war bereits die Rede. Die fränkische Landnahme des 5. bis 7. Jahrh. brachte eine ganze Reihe von Siedlungskammern hervor, die teilweise miteinander zusammenhingen, teilweise aber auch isoliert in sonst unbesiedeltem Land lagen oder in die Wälder hinein vordrangen. An diese erste Besiedlungsphase schließt sich die mittelalterliche Rodungsperiode des 10. bis 12. Jahrh. an. Archäologisch ist sie schwer nachzuweisen, weil seit etwa 680/700 n. Chr. die Beigabensitte in den fränkischen Reihengräberfeldern erlischt. Diese wichtige archäologische Quellengruppe entfällt damit für die nachfolgende Zeit völlig, und es ist verhältnismäßig schwierig, den Beginn der Besiedlung eines Platzes auf diesem Wege nachzuweisen. Um den Gang der Besiedlung vom Ende der fränkischen Zeit bis ins hohe Mittelalter beleuchten zu können, ist die Forschung also auf andere Quellen angewiesen. Sie kann einerseits auf die nicht allzu reichlich vorhandenen Siedlungsfunde, die die Archäologie sammelt, zurückgreifen; andererseits sind aber historische Quellen, Erwähnung in Urkunden und Akten, und nicht zuletzt die Ortsnamen von höchstem Wert für die Siedlungsforschung. Seit der Karolingerzeit nehmen die Erwähnungen von Orten des Kreises Neuss in der schriftlichen Überlieferung zu, so daß viele Siedlungen mit historischen Daten verbunden werden können. Diese Erwähnungen in den Urkunden bezeugen die Siedlungen in der Regel als bereits bestehend. Damit ist noch kein Hinweis auf den Zeitpunkt ihrer Gründung gegeben, der teilweise wesentlich früher als die urkundliche Erstbezeugung liegen dürfte.

Es wurde bereits ausgeführt, daß schon in spätmerowingischer und frühkarolingischer Zeit Rodungen im Bereich der Großwälder stattfanden. Das Ziel dieses Landausbaus bestand darin, neues Siedlungs- und Ackerland zu gewinnen. Im 7. Jahrh. läßt sich vor allem durch die ansteigenden Belegungsziffern auf den fränkischen Reihengräberfeldern eine starke Bevölkerungszunahme nachweisen. Sie zwang dazu, die Siedlungsflächen auszuweiten und neue Siedlungen anzulegen. Das geschah zweifellos anfänglich noch auf jenen Böden, die sich am besten für den Ackerbau eigneten, also im Bereich der Lößplatten des Kreises Neuss. Zunächst verschwanden dort die Wälder, z. B. der Sitroth- und der Huvilwald, der Hamarithiwald und das Waldgebiet um Jüchen. Noch hielt sich die Rodungstätigkeit jedoch im Bereich der fränkischen Altsiedlungsgebiete.

Neue Rodungen, die das gesamte Landschaftsbild zu verändern begannen, setzten im 10. Jahrh. ein (Abb. 17). Diesen Landausbau kann man an den typischen Ortsnamen sowie auch an einigen archäologischen Hinweisen fassen. Die Siedlungen der Rodungsperiode werden durch die Grundwörter auf -roth, -scheidt, -bach/-born/-au, -burg/-berg/-stein, -hausen, -broich und -feld ge-

kennzeichnet. Wie die Grundwörter -broich, -bach/-born/-au verraten, bewegten sich die Rodungen nunmehr auch von den höher gelegenen Lößböden hinab in die feuchten und sumpfigen Aue- und Niederungswälder. Brüche und Sümpfe im Bereich von Erft, Niers, Gillbach und der Altrheinzone wurden nunmehr urbar gemacht. Namen wie Hackenbroich, Broich, Grevenbroich belegen das. Die Siedlungsexpansion des 10. bis 12. Jahrh. trägt im Kreis Neuss deshalb nicht nur Züge einer reinen Rodungsperiode, sondern ist zugleich auch eine Periode intensiver Kolonisation in Niederungs- und Flußgebieten, die von ihrer natürlichen Ausstattung her zunächst nicht zu den siedlungsgünstigen Räumen zählten. Um hier siedeln zu können, waren sicherlich wasserbautechnische Kenntnisse erforderlich, die man bereits für diese Zeit voraussetzen muß. Ob hier vielleicht die Erfahrungen von zugewanderten Siedlern aus den niederländischen Küstengebieten eine Rolle gespielt haben, läßt sich nicht beweisen. Den Neusiedlern zwischen etwa 800 und 1000 mag jedenfalls zugute gekommen sein, daß das Klima in diesem Zeitabschnitt relativ gut war und für die Karolingerzeit ein Ansteigen der durchschnittlichen Jahrestemperatur mit sich gebracht hatte. Das bedeutete zugleich eine abnehmende durchschnittliche Niederschlagsmenge und damit eine relative Trockenperiode, auch innerhalb der Sumpfgebiete. Erst gegen Ende dieses Zeitabschnittes um das Jahr 1000 verkehrt sich diese Klimaentwicklung allmählich in ihr Gegenteil. Sie steuert auf eine hochmittelalterliche Klimaverschlechterung zu, die während des 12. bis 14. Jahrhunderts deutlich in Erscheinung tritt. Diese äußert sich in einem Absinken der durchschnittlichen Jahrestemperatur und im gleichzeitigen Ansteigen der Regenmengen. Die großräumige Umgestaltung des Siedlungsraumes durch den Menschen vom 9. bis 11. Jahrh. wurde jedenfalls durch relativ günstige Klimaverhältnisse erleichtert.

Kartiert man die Ortsnamen der nachkarolingischen Rodungs- und Kolonisationsperiode, so ergibt sich ein recht charakteristisches Verbreitungsbild (Abb. 17). Ein Vergleich mit der Karte der fränkischen Altsiedlung und ihrer spätmerowinger- u. karolingerzeitlichen Ausbauphase mit den Namen auf -hoven (Abb. 10.15) zeigt, daß die Ortsnamen der Rodungs- und Ausbaupe-

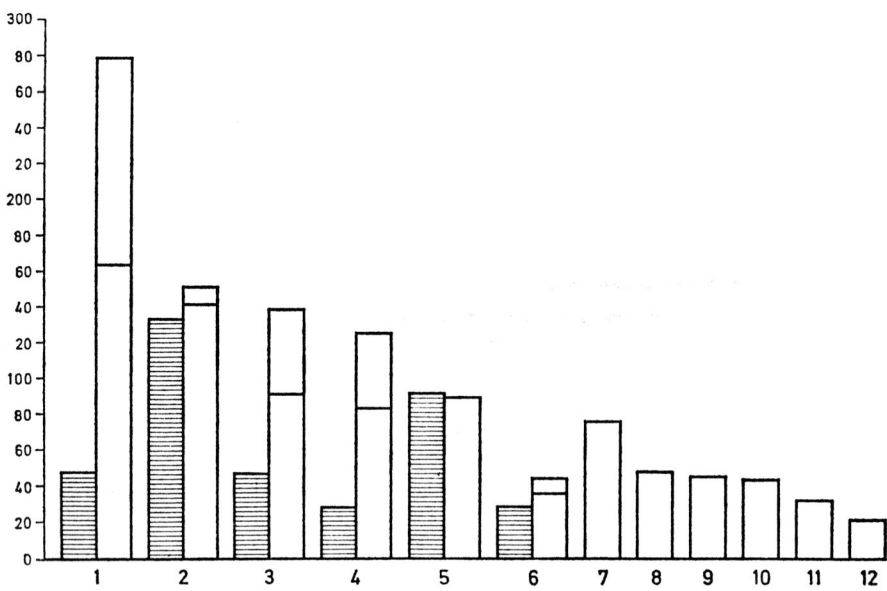

16 Durchschnittliche Bevölkerungszahlen für das 6. Jahrhundert n. Chr. (schraffiert) und das 7. Jahrhundert n. Chr. mit eingetragenen Mittelwerten. Die Ziffern geben die Fundorte der maßgebenden Gräberfelder der Merowingerzeit an: 1 Hailfingen/Württ. 2 Köln-Junkersdorf. 3 Herten. 4 Bülach. 5 Marktoberdorf. 6 Köln-Müngersdorf. 7 Grimmelshofen. 8 Pulling. 9 Eisenach b. Trier. 10 Beggingen-Löbern. 11 Lörrach-Stetten. 12 Basel (nach: Hoops, Reallexikon d. german. Altertumskde., 2. Aufl., hrsg. v. H. Jankuhn u. a., Bd. 2 [1976] S. 350, Abb. 73).

riode der nachkarolingischen Zeit Freiräume ausfüllen, die die fränkische Altsiedlung noch nicht besetzt hatte. Ortsnamen auf -rath, -bach, -broich, -scheid, -berg, -hausen dringen einerseits zwischen ältere Ortsnamen vor und füllen die freigebliebenen Räume innerhalb der Altsiedlung; andererseits nehmen sie bislang leergebliebene, größere, zusammenhängende Gebiete in Anspruch. Das ist deutlich zwischen Erft und Niers zu beobachten, wo nur wenig fränkische Siedlung nachzuweisen ist. Statt dessen erscheinen dort Rodungsnamen in großer Zahl. Von Herrath, Beckrath, Wickrath im Westen über Kamphausen, Kelzenberg, Rath, Wallrath, Rubbelrath zieht sich das Verbreitungsgebiet der Rodungs- und Kolonisationsnamen im Norden bis nach Kleinenbroich, Raderbroich, Herzbroich und im Norden bis Röckrath, Grefrath, Osterath. Nicht nur in großen Zügen, sondern bis hinein in die kleinräumige Gliederung des Siedlungsbestandes lassen sich Einzelheiten des Landausbaues verfolgen, wie etwa im Gebiet der oberen Niers, südlich von Mönchengladbach-Rheydt. Die ältesten Sied-

lungen in diesem Abschnitt des Nierslaufes sind Wickrath und Wanlo. Beide geben sich durch ihr Grundwort als Rodungssiedlungen zu erkennen. Südöstlich davon, jenseits der Niers, auf der Höhe, liegt Wickrathberg. Es braucht nicht wesentlich später entstanden zu sein, als Wickrath selbst, setzt allerdings das Bestehen von Wickrath schon voraus. Nach Südwesten schließen sich in den Erkelenzer Raum hinein noch andere Siedlungen mit Ortsnamen auf -rath an. Sie dürften etwa gleich alt sein. Hier war also bereits im 10. Jahrh. waldfreies Land. Nördlich und westlich von Wickrath dagegen gab es noch ausgedehnte Wälder. Ihre Rodung wurde mit den Orten Wickrathhahn und Buchholz in Angriff genommen. Im Ortsnamen Wickrathhahn treten die Namensbestandteile zweier zeitlich auseinanderliegender Rodungsperioden mit den typischen Endungen auf -rath und -hahn (-hagen) miteinander vereinigt auf. Wickrathhahn entstand mit Sicherheit ein bis zwei Jahrhunderte später als Wickrath. Es gehört in die Landausbauphase des 12./13. Jahrhunderts. In und um Wickrath lassen sich also drei

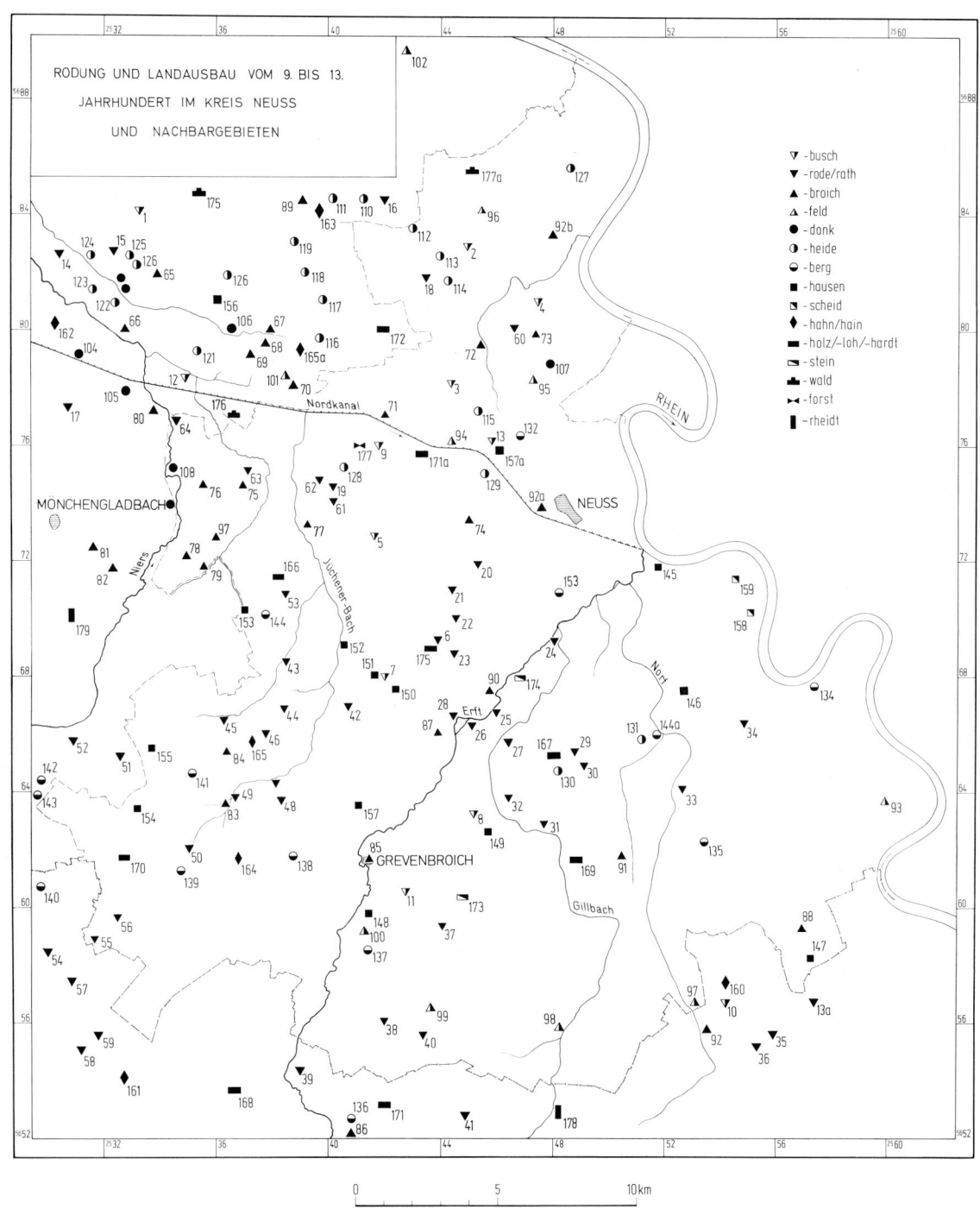

-busch
-rode/rath
-broich
-feld
-donk
-heide
-berg
-hausen
-scheid
-hahn/hain
-holz/-loh/-hardt
-stein
-wald
-forst
-rheidt

RHEIN

NEUSS

MÖNCHENGLADBACH

Nordkanal

Niers

Juchener Bach

Erft

Nord

GREVENBROICH

Gillbach

0   5   10 km

17   Rodung und Landausbau im Kreis Neuss vom 9.–13. Jahrhundert.

Die Rodungen des 9.–13 Jahrhunderts sind an der Verbreitung der charakteristischen Ortsnamen kenntlich. Ein Vergleich mit der fränkisch-karolingischen Altsiedlung (Abb. 10) zeigt, daß Altsiedlung und Rodungssiedlung im Kreis Neuss einander ausschließen. Die hochmittelalterlichen Rodungen erfaßten einerseits noch siedlungsfreie Teile der Löß- und Sanderplatten, andererseits die Fluß- und Bachniederungen, wo die Ortsnamen auf -broich ein umfangreiches Kolonisationswerk bezeugen. Die hochmittelalterlichen Rodungen im Kreis Neuss sind Teil einer umfangreichen Binnenkolonisation im fränkischen Altsiedelland links des Niederrheins.

45

zeitlich verschiedene Ausbaustufen nachweisen:

a) Wickrath und andere Ortsnamen auf -rath belegen die Rodungsperiode des 10. Jahrh.

b) Wickrathberg und andere Ortsnamen auf -berg bezeugen eine daran anschließende erste Ausbaustufe.

c) Wickrathhahn und Buchholz charakterisieren die zweite Ausbaustufe des 12. und 13. Jahrh.

So ist es heute bereits möglich, durch sorgfältige Analysen der kleinräumigen Siedlungsstruktur innerhalb der Rodungs- und Kolonisationsperiode verschiedene Stufen des Landausbaues zu unterscheiden. In ähnlicher Weise sind auch die Ortsnamenpaare Büttgen-Holzbüttgen, Glehn-Lüttenglehn oder Fürth-Fürtherberg zu verstehen. Gelegentlich weisen auch spätbegründete Einzelhöfe in ihrem Namen noch Bezüge zu den Siedlungen auf, von denen aus ihre Gründung durchgeführt wurde, wie etwa in den Beispielen Norf-Norferhof, Oekoven-Oekoverhof, Derikum-Derikumerhof. Eine sorgfältige Analyse der historischen Quellen dürfte für manche der genannten Beispiele auch die entsprechenden historischen Nachweise für derartige Ortsnamenfamilien, hinter denen sich Landausbauvorgänge verbergen, möglich machen.

Die Archäologie kann Vorgänge dieser Art nur dort nachweisen, wo ausreichende Fundbestände vorliegen. Für den Kreis Neuss ist dies der Fall, weil in ihm eine archäologische Landesaufnahme durchgeführt wurde, die sämtliche faßbaren Funde zusammengestellt hat. Ihren Ergebnissen

soll an dieser Stelle nicht vorgegriffen werden. Als Beispiel für ihre Arbeitsweise sei lediglich die Gemarkung der beiden vom Braunkohlentagebau bedrohten Siedlungen Elfgen und Belmen erwähnt. In beiden Gemarkungen förderte die archäologische Landesaufnahme zahlreiche früh- und hochmittelalterliche Siedlungskerne zutage, die später wieder aufgegeben wurden. Den offenbar recht kleinräumigen Siedlungen der Rodungsperioden des frühen und hohen Mittelalters war in diesem Gebiet kein dauerhafter Bestand beschieden. Sie wurden später wieder wüst, und lediglich die beiden Ortskerne Elfgen und Belmen selbst überlebten bis ins Mittelalter und die Neuzeit.

Fränkische Altsiedlung einerseits und Rodungs- und Kolonisationssiedlung des hohen Mittelalters andererseits schließen sich, wie der Vergleich der Abb. 10 und 17 zeigt, räumlich weitgehend aus. Im Bereich der fränkischen Altsiedlung waren, wie bereits ausgeführt, keine gleichzeitigen Burgen nachzuweisen. Daraus ergibt sich, daß die meisten mittelalterlichen Burgen dort entstanden sind, wo die hochmittelalterliche Rodungs- und Kolonisationsphase ihren Höhepunkt erlebte. Offensichtlich, so will es nach der siedlungsgeschichtlichen Analyse scheinen, sind die mittelalterlichen Burgen unseres Gebietes nicht an die fränkische Altsiedlung, sondern an die Ausbausiedlung der darauffolgenden Abschnitte des Mittelalters gebunden. Es wird im folgenden zu untersuchen sein, ob dieser Eindruck zu Recht besteht.

46

3. Historische Grundlagen

Landnahme, Siedlung, Rodung, Agrarwirtschaft, Verkehrswege machen die erdgebundenen, die unmittelbar mit Land und Leuten verbundenen Grundlagen der historischen Entwicklung eines Raumes aus. Auf sie gründen sich alle höheren und kompliziert organisierten Lebensbereiche wie Wirtschaft, politische Gliederung, Verfassung, Rechtsordnung, religiöse Ordnungen, geistige Vorstellungswelt usw. Bei einigen dieser geistigen Lebensordnungen verwischte sich im Laufe der Zeit der ursprünglich sehr enge Zusammenhang mit den dinglichen Lebensverhältnissen der Menschen auf dem Lande, besonders, wenn sie, wie Verfassung oder Religion, Tendenzen zur Abstraktion Raum gaben. Andere Bereiche aber blieben stets sehr eng auf Land und Leute bezogen, wie etwa die politische Ordnung eines Raumes, die sich ohne die landeskundlichen Grundlagen kaum verstehen läßt. Ihr wollen wir uns jetzt zuwenden und versuchen, den Wechselbeziehungen zwischen politischer Gliederung im Kreis Neuss und mittelalterlichem Burgenbau nachzugehen.

Im Verlaufe des 5. Jahrh. und zu Beginn des 6. Jahrh. ließen sich, wie wir sahen, fränkische Siedler links des Rheines auf ehemaligem römischem Reichsboden nieder. Sie brauchten sich nicht mehr, wie ihre Vorläufer des 3. und 4. Jahrh., den politischen, wirtschaftlichen und geistigen Ordnungen der römischen Provinzen anzugleichen oder unterzuordnen; sie gestalteten vielmehr ihre politischen Verhältnisse nach eigenen Vorstellungen selbständig. Das römische Imperium hatte aufgehört zu existieren. Soweit wir heute sehen, waren die fränkischen Einwanderer zunächst in Kleinkönigreichen organisiert, die zumindest teilweise auf Wander- und Landnahmegemeinschaften zurückzuführen sind. Der fränkische Siedlungsraum umfaßte Nordfrankreich, das heutige Belgien, die Niederlande bis in das Rheinmündungsgebiet und das Rheinland. Das Nebeneinander kleiner politischer Gebilde führte zweifellos zu ständigen Auseinandersetzungen. Zu den großen politischen Leistungen Chlodwigs (482–511),

des ersten christlichen Königs der Franken, gehört die Beseitigung dieser kleinen Königreiche und ihre Verschmelzung zu einem einzigen fränkischen Großreich. Daß Chlodwig dabei auch vor sehr zweifelhaften Methoden wie dem politischen Mord selbst an Verwandten nicht zurückschreckte, läßt sich gut am Beispiel der Rheinfranken oder ripuarischen Franken zeigen. Sie siedelten in einem weiten Gürtel um die alte römische Metropole Köln, in einem Gebiet, das in den Quellen auch als *Francia Rinensis* bezeichnet wird. Sie wurden von einer eigenen fränkischen Königssippe beherrscht, die in Köln residierte. Chlodwig, der soeben die Westgoten besiegt und Teile ihres Gebietes dem fränkischen Reich einverleibt hatte (507), stiftete Chloderich, den Sohn des in Köln regierenden Königs Sigibert, dazu an, seinen Vater im Schlaf zu ermorden. Noch bevor Chloderich seine zuvor bekundete Absicht, einen Teil der väterlichen Herrschaft dem Chlodwig zu überlassen, verwirklichen konnte, traf auch ihn, wie den Vater, die Hand des Meuchelmörders. Diese Ereignisse müssen sich zwischen 509 und 511 abgespielt haben. Sie endeten damit, daß das gesamte Gebiet der fränkischen Königssippe von Köln dem Reich des Chlodwig einverleibt wurde. Die Herrschaft des in Paris residierenden Chlodwig reichte damit bis an den Nieder- und Mittelrhein und umfaßte zweifellos auch einen schmalen rechtsrheinischen Gebietsstreifen, soweit dieser fränkisch besiedelt war. Hauptort dieses hinzuerworbenen Gebietes war nach wie vor die alte Civitas Coloniensis, zu der auch der Raum Neuss gehörte. Seit der Einverleibung der rheinischen Franken in das Großreich Chlodwigs nahm das Rheinland innerhalb des fränkischen Gesamtreiches die Stellung eines Randgebietes ein, das relativ weit von den politischen Machtzentren des 6. und 7. Jahrh. im nordfranzösisch-belgischen Kernland entfernt lag. Erst im Zuge der Verlagerung der politischen Macht nach Osten unter den ersten Karolingern änderte sich das: das Rheingebiet wurde zum Kernraum des karolingischen Universalreiches.

Die vier Söhne des Chlodwig teilten nach dessen Tod (511/512) das fränkische Reich unter sich auf. Sie behandelten es wie das persönliche Eigentum der Königssippe, das nach dem bei den Franken geltenden Recht im Erbfall zu teilen war. Den Osten, Austrasien genannt, erhielt Theuderich. Ihm fielen außer dem rechtsrheinischen Gebietsstreifen die ehemaligen römischen Provinzen Belgica I (Hauptort Trier), Germania prima (Mainz) und Germania secunda (Köln), ferner die Civitates (Städte) Reims, Châlons und Basel mit ihrem Umland zu. Nach mehrfachen Teilungen und Wiedervereinigungen des Reiches unter den Nachfolgern Chlodwigs während des späteren 6. und des 7. Jahrh. wurde das Rheingebiet im Jahre 751 Teil des Reiches des ersten Königs aus dem Hause der Karolinger. Diese Familie, im Gebiet um Metz und an der mittleren Mosel reich begütert, hatte bereits seit dem ausgehenden 7. Jahrh. über das Amt des Hausmeiers (Majordomus) ihren politischen Aufstieg vorbereitet, so daß die Absetzung des letzten Merowingerkönigs Childerich III. und ihr Griff nach der Königswürde um die Mitte des 8. Jahrh. nur die Konsequenz der voraufgegangenen politischen Entwicklung darstellten.

Parallel dazu verlagerte sich der politische Schwerpunkt des Frankenreiches von nun an ständig weiter nach Osten, weil die Karolinger vor allem in Austrasien reich begütert waren und dort ihren politischen Rückhalt fanden. Unter Kaiser Karl dem Großen (768–814) rückte das Rheingebiet selbst ins Zentrum des Reiches. Aachen, Heristal an der Maas, Diedenhofen an der mittleren Mosel und Ingelheim am Rhein gehörten in dieser Zeit zu den meistbesuchten Pfalzen. Die häufigen Besuche des Kaisers in diesen Pfalzen unterstreichen das politische Gewicht, welches das Rhein-Mosel-Maas-Gebiet um diese Zeit erlangt hatte. Es wäre falsch, die karolingischen Pfalzen dieses Raumes für befestigte Zentren zu halten. Ausgrabungen in Aachen und Ingelheim ergaben, daß diese beiden Pfalzen nicht befestigt waren. Deutlich bestimmen hier die Repräsentationsbauten der kaiserlichen Hofhaltung die gesamten Anlagen.

Obgleich nicht Köln, sondern das etwas weiter vom Rhein entfernte Aachen zum bevorzugten Aufenthaltsort des Kaisers und damit zu einem Machtzentrum geworden war, dürfte die politi-

sche Ausstrahlung, die von dieser Residenz des Kaisers ausging, auch in das hier zu behandelnde Gebiet gereicht haben. Karl der Große verstand seine Herrschaft als Wiederbelebung des Reiches der Römer. Diese *Renovatio Imperii* war der politische Zentralbegriff, unter dem sich seine Herrschaft charakterisieren läßt. Dazu gehörte auch die Befriedung des Reiches in allen seinen Teilen und an den Grenzen und die feste Bindung aller Machtträger an das karolingische Königtum. Eine neue *Pax Augusta* gehörte zum politischen Programm Karls, und sie blieb nicht nur Programm, sondern sie wurde auch weitgehend im Reichsinnern verwirklicht. Krieg wurde fast nur an den Grenzen des Reiches geführt, so unter anderem im Norden gegen Dänen und Slawen und im Osten gegen die Sachsen, die östlichen Nachbarn der Franken am Rhein. Die Einbeziehung des Sachsenlandes durch die Sachsenkriege (772–804) brachte für die Franken am Rhein mannigfache neue Aufgaben mit sich. Die rheinischen Franken verschlossen sich ihnen nicht; denn die Erschließung des neugewonnenen Gebietes durch Siedlung, Wirtschaft und Mission nahm in immer neuen Ansätzen ihren Ausgang vom Rhein.

Bereits unter dem Kölner Bischof Kunibert (7. Jahrh.) gab es intensive Beziehungen zwischen dem fränkischen Rheinland und dem sächsischen Westfalen, wie die frühen Beziehungen der Kölner Kirche zu Soest und neuere archäologische Frankenfunde in Westfalen erkennen lassen. Die Gründung des Klosters Werden bei Essen im Jahre 796 und die nur wenig spätere Gründung des Stiftes Essen (850), beide an der Grenze zum Sachsenland gelegen, belebten diese alten Verbindungen neu. Liudger, der Gründer von Werden, ein friesischer Priester, seit 805 Bischof von Münster mitten im Sachsenland, begründete die Stiftskirche von Werden als Eigenkirche auf eigenem Grund und Boden. Nicht nur die Liudger-Sippe selbst, sondern auch andere adelige fränkische Familien, von denen einzelne Persönlichkeiten auch aus den historischen Quellen bekannt sind, statteten das neue Stift reich mit Schenkungen an Land und Leuten aus. Viele dieser Liegenschaften sind links des Rheins, im Gebiet des heutigen Kreises Neuss zu lokalisieren, wie etwa die Zuwendungen von Sigwin, des Gilbert Sohn, an Werden in Rüblinghoven, im Walde Sitroth und

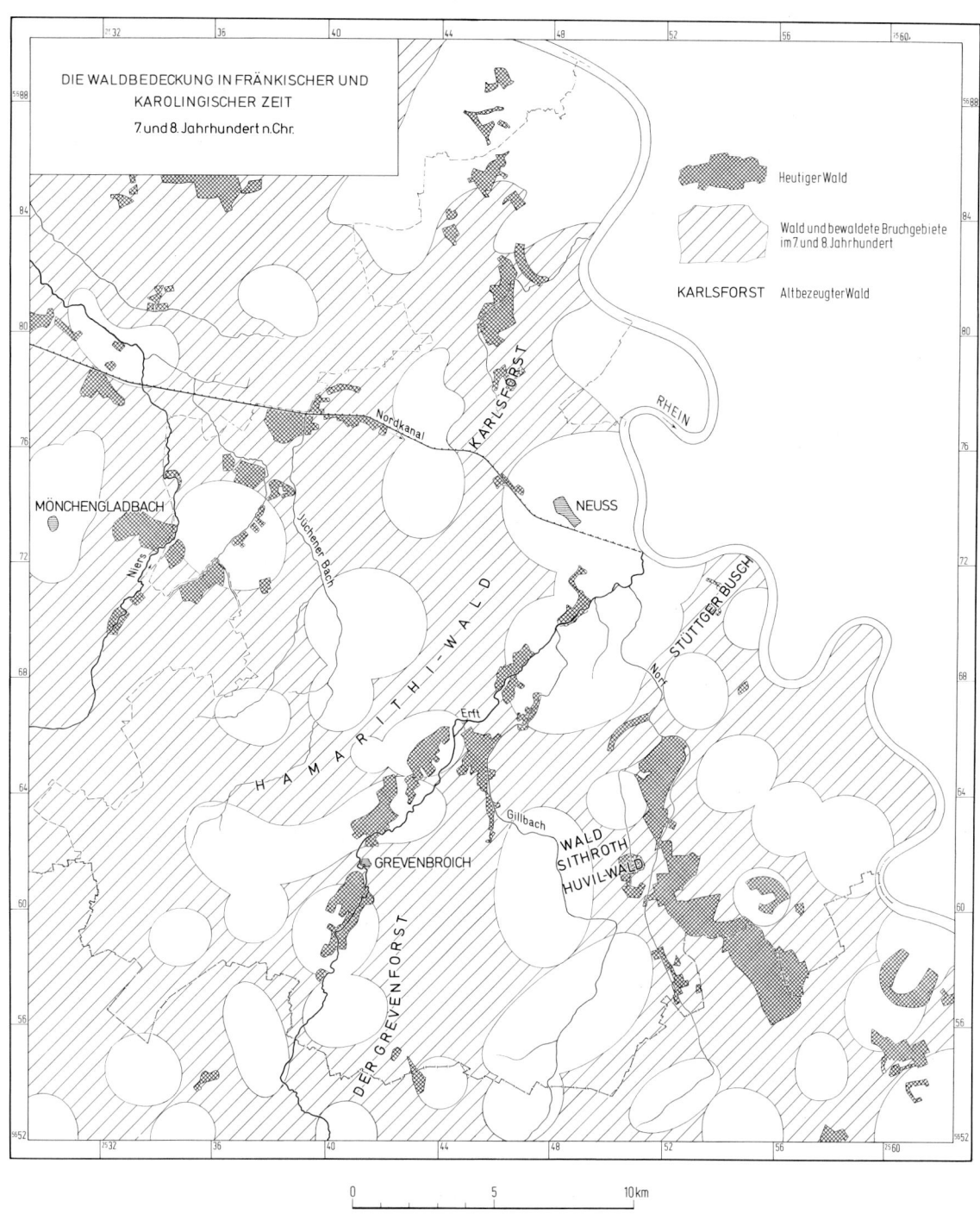

Legend (in map):

Heutiger Wald

Wald und bewaldete Bruchgebiete im 7. und 8. Jahrhundert

KARLSFORST Altbezeugter Wald

DIE WALDBEDECKUNG IN FRÄNKISCHER UND KAROLINGISCHER ZEIT

7. und 8. Jahrhundert n. Chr.

Map labels: MÖNCHENGLADBACH, KARLSFORST, Nordkanal, RHEIN, NEUSS, Niers, Jüchener Bach, HAMARITHI-WALD, STUTTGER BUSCH, Erft, Gillbach, GREVENBROICH, WALD SITHROTH, HUVIL-WALD, DER GREVENFORST

0   5   10 km

18   Die Waldbedeckung in fränkischer und karolingischer Zeit im Kreis Neuss, 7. und 8. Jahrhundert n. Chr.

Große geschlossene Wälder sind für das frühe und hohe Mittelalter im Kreis Neuss historisch bezeugt. Sie bilden einen scharfen Kontrast zu dem heute fast vollständig entwaldeten Kreis. Im 8. Jahrhundert, das durch die Karte Abb. 18 repräsentiert wird, müssen alle nicht von der merowingisch-karolingischen Altsiedlung (Abb. 10) erfaßten Gebiete als bewaldet beurteilt werden. In diesen Wäldern entfaltet sich im hohen Mittelalter die große Rodungsbewegung (Abb. 17).

Huuil (793). Amulrich, ein anderer Grundbesitzer an der Erft, schenkt Werden nicht nur Reliquien, sondern den heute nicht mehr bestehenden Ort *Ad Crucem* an der Erft und Rechte im Walde Sitroth an der Erft (796). Der edle Franke Theganbald übergibt 796 dem Liudger-Stift zu Werden einen Teil seines Erbes in Fischlaken an der Ruhr. Der Ausstellungsort dieser Urkunde aber ist *ad crucem in pago niuanheim*, ein Platz im heutigen Kreis Neuss, der vielleicht mit dem Wohnsitz des Theganbald identisch ist. 801 verkauft ein gewisser Betto dem Abt Liudger Besitz in Holzheim im Gau Nievenheim. 802 verkauft Folcrada, die Schwester des Hemming, einen Acker an der Erft nahe bei *Ad Crucem*. Immer wieder erhält Werden in der Folgezeit Besitz an der Erft, im Gau Nievenheim, im Gebiet von Wehl und Rüblinghoven. Diese Besitzübertragungen bezeugen für das Ende des 8. Jahrh. und den Beginn des 9. Jahrh. eine an der unteren Erft begüterte Schicht reicher und sicher auch adeliger Franken, die willens und in der Lage waren, das neubegründete Stift Werden reich auszustatten. Es muß sich um die gleichen Leute handeln, die zu jener Zeit Träger ausgedehnter Rodungen im Erftgebiet waren, denn unter den geschenkten Gütern werden mehrfach auch Rodungen erwähnt. Zugleich haben wir in dieser karolingischen Schicht landsässigen Adels jene Leute vor uns, denen in spätkarolingischer Zeit Aufgaben der Landsicherung und des Burgenbaus zufielen. Weiter noch als im Falle von Werden reichen die Ursprünge des zweiten wichtigen Stiftes im Neusser Raum zurück. Um 690 schenkte die Gemahlin Pippins des Mittleren, Plektrudis, die spätere Insel Kaiserswerth dem Suitbert, damit er auf diesem Besitzkomplex ein Kloster gründe. Es entstand zwischen 695 und 700 und erhielt, außer fernliegenden Besitzungen, vor allem Schenkungen aus seiner näheren Umgebung, z. B. aus dem Raum Büderich.

Mit Werden und Kaiserswerth verbindet sich in besonderer Weise die Frage nach dem Beginn des Burgenbaus am Niederrhein. Denn oberhalb des Liudger-Stiftes zu Werden liegt hoch auf dem sog. Pastoratsberg eine doppelte frühgeschichtliche Ringwallanlage, von der zumindest die südliche Alteburg in spätfränkische Zeit (7./8. Jahrh.) datiert werden kann. Das Kloster Werden wurde also an einer strategisch besonders wichtigen Stelle gegründet, an der bereits eine als Flucht-

burg für die Klosterleute nutzbare, befestigte, weiträumige Ringwallanlage bestand. Sie hatte von alters her zugleich als Sicherung des Ruhrübergangs in Werden gedient, der nunmehr von dem Stift beherrscht wurde. Wenn man den bisherigen Datierungen der ältesten in der Alteburg auf dem Pastoratsberg gefundenen Keramik glauben will – sie wird ins 7. Jahrh. datiert –, dann müßte diese weiträumige Befestigung bereits vor dem Kloster dagewesen sein. Das Liudger-Kloster hingegen wäre dann mit Absicht unterhalb der bereits bestehenden Befestigung errichtet worden, ihre Funktion als Fluchtburg mit Vorbedacht ausnutzend. In diesem Falle bliebe allerdings die Frage zu prüfen, welche Aufgabe die spätmerowingische Befestigung vor Begründung des Klosters erfüllt haben mag. Man müßte wohl eine fränkische Ansiedlung der gleichen Zeit zu Füßen der Burg im Tal der Ruhr voraussetzen, deren Bewohnern diese frühe Anlage zum Schutz gedient haben mag. In diesem Punkte bleiben in Essen-Werden noch eine Reihe von Fragen offen.

Eine recht ähnliche Konstellation von Befestigung auf dem Berg und früher Klostergründung im Tal findet sich in Bad Münstereifel. Auf den Höhen östlich der Stadt ist ein spätmerowingisch-karolingischer Ringwall, die Alteburg bei Münstereifel, nachgewiesen. Zu ihren Füßen entstand im Tal der oberen Erft eine Siedlung der gleichen Zeit, von der aber wenig bekannt ist. Innerhalb dieser Siedlung wurde dann um 800 das Stift St. Chrysanthus und Daria begründet, in dessen Vorfeld sich bald eine Kaufleutesiedlung entwickelte. Sie erhielt Ende des 9. Jahrh. durch ein Privileg König Zwentibolds Marktrecht. Stift und Siedlung aber blieben bis ins hohe Mittelalter durch den Ringwall auf der Höhe gesichert, der neben karolingerzeitlichen Funden auch jüngeres Material des 11./12. Jahrh. erbrachte.

Auch im Zusammenhang mit dem Suitbert-Kloster auf der Insel Kaiserswerth spielt eine frühe Burg eine Rolle. Bereits im 8. Jahrh. muß neben dem Kloster eine Königsburg bestanden haben, die nach der Zerstörung Kaiserswerths durch die Sachsen im Jahre 778 und durch die Normannen 880 zur Zeit Kaiser Heinrichs II. (1002–1024) zu einer befestigten Pfalz ausgebaut wurde.

Spätmerowingisch-karolingische Höhenbefestigungen vom Ringwall-Typus finden sich schließlich auch auf dem Petersberg oberhalb von

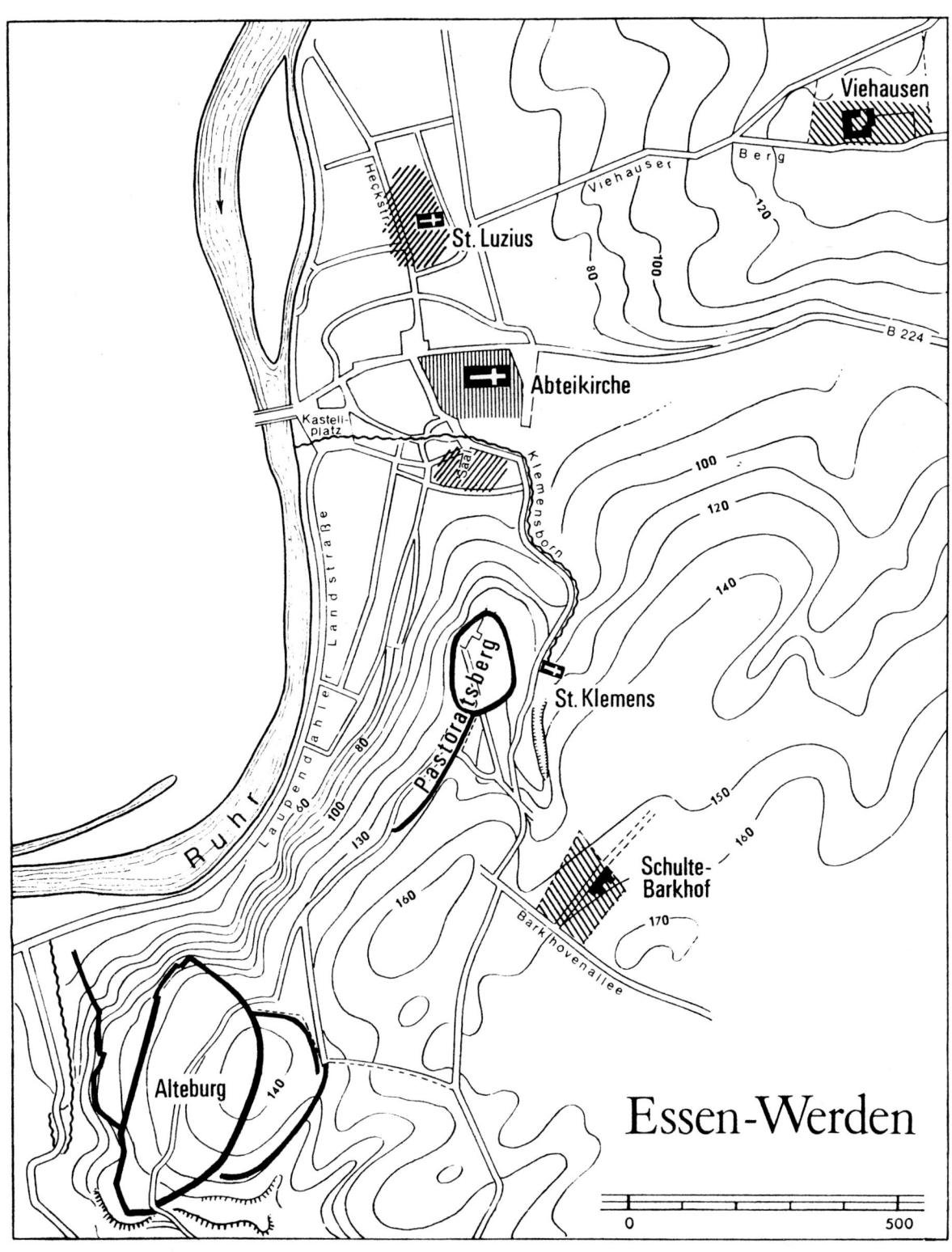

19 Frühmittelalterliche Ringwälle und Topographie von Essen-Werden (nach: Führer zu vor- und frühgeschichtlichen Denkmälern, hrsg. v. Röm.-German. Zentralmus. Mainz, Bd. 15 [1969] S. 170).

Königswinter; auch hier spielt ein frühes Kloster im Zusammenhang mit der Burg eine Rolle. In neuesten Grabungen konnte eine weitere spätmerowingisch-karolingisch benutzte Höhenburg vom Ringwalltypus auch im westlichen Rheinland bei Schevenhütte-Stolberg, Kr. Aachen, nachgewiesen werden. Schließlich weisen entsprechende Keramikfunde auf karolingerzeitliche Benutzung des Ringwalles auf dem Kartsteinfelsen bei Weyer, Gem. Mechernich, Kr. Euskirchen, hin. Die genannten Beispiele belegen, daß der nachrömische Burgenbau in spätmerowingisch-karolingischer Zeit neu einsetzte, wobei nicht in jedem Fall eine Verbindung von Burg und frühem Kloster gegeben zu sein brauchte. Es ist zu erwarten, daß sich das Netz dieser Anlagen bei fortschreitender Forschung weiter verdichten wird. Karolingerzeitliche Burgen bestanden ferner in Duisburg, wo eine Königspfalz lag, weiter in Schloß Broich bei Mülheim an der Ruhr, ferner gegenüber von Bonn in Schwarzrheindorf.

Der Beginn des Burgenbaus reicht im Rheinland also, wie wir sehen, in spätmerowingische und karolingische Zeit zurück. Vorherrschend sind offenbar zwei Burgentypen: einerseits die weiträumigen Ringwälle auf Bergeshöhen – andererseits die räumlich nicht zu umfangreichen Burgen vom Typ Broich, Duisburg, Schwarzrheindorf. Zu diesen beiden Gruppen treten die in der Karolingerzeit instandgesetzten und wiederbenutzten römischen Befestigungen, z. B. die Bonnburg in Bonn, das ehemalige Legionslager der römischen Truppe, oder die Stadtumwehrungen von Köln, Trier, Mainz, Jülich, Bitburg usw.

Die Bedeutung der spätmerowingisch-karolingischen Burgen und Befestigungen läßt sich keineswegs allein aus den politischen Umwälzungen und Unsicherheiten nach dem Ableben Karls des Großen (814) erklären, wie dies immer wieder versucht wird. Viele dieser Anlagen sind älter als dieses Datum und verlangen nach anderen Interpretationen. Die Notwendigkeit solcher Burgen ergibt sich vielmehr aus den siedlungsmäßigen, verwaltungstechnischen und politischen Zuständen des 7./8. Jahrhunderts, und der Burgenforscher ist hier in jedem Fall zu besonders sorgfältiger Einzelanalyse aufgerufen.

Nach dem Ableben Karls bereitete die Nachfolge seines Sohnes Ludwig zunächst keine Schwierigkeiten. Im weiteren Verlauf seiner Regierung vermochte er aber nur noch mit Mühe, die Einheit des Reiches gegenüber den auseinanderstrebenden Interessen seiner Söhne zu bewahren. Als Ludwig der Fromme 840 starb, brach unter den Enkeln Karls des Großen der Streit um das Erbe aus. Auch zu jener Zeit betrachtete man das Reich wie in der Merowingerzeit als Eigengut der herrschenden Familie. Eine Aufteilung der riesigen Erbmasse unter den Erbberechtigten entsprach deshalb nur den herrschenden Rechtsauffassungen. Obgleich der Gedanke eines einheitlichen Universalreiches zu jener Zeit durchaus lebendig war, kam es zum Teilungsvertrag von Verdun (843). Grundlage für diese Teilung war eine systematische Bestandsaufnahme des Reiches durch 300 Kommissare, die sicherstellen sollte, daß keiner der Partner wirtschaftlich benachteiligt wurde. Als Ergebnis des Teilungsvertrages von Verdun entstand zwischen einem westlichen Reichsteil, der Karl dem Kahlen zufiel, und einem östlichen mit Sachsen, Thüringen, Hessen, Alamannien und Bayern, das Ludwig der Deutsche erhielt, ein Mittelreich, Lotharingien genannt. Es reichte von den Gestaden des Mittelmeeres bis zu den Küsten der Nordsee und umfaßte unter anderem so verschiedene Landschaften wie Norditalien mit der Lombardei, die Rhônemündung mit der Provence, Burgund bis an den Oberrhein, Lotharingien, einen breiten Gebietsstreifen von westlich der Maas bis an den Rhein mit den Städten Cambrai, Verdun, Lüttich, Aachen, Köln; im Norden schloß es Friesland ein. Bis 870 gehörte das Rheinland am Mittel- und Unterlauf des Stromes zu diesem Reich Lotharingien.

Im Jahre 870 wurde auch dieses Mittelreich im Teilungsvertrag von Meersen geteilt. Diesmal wurden auch sprachliche Grenzen bei der Teilung berücksichtigt: Köln, Trier, Aachen, Metz, Utrecht, Straßburg und Basel kamen zum Ostreich. Nach dem Tode des Herrschers im Ostreich, Ludwigs des Deutschen (876), versuchte sein Bruder Karl der Kahle (843–877), mit Gewalt die Reichseinheit wiederherzustellen. Er scheiterte in der Schlacht von Andernach 876. Die Trennung der beiden Reiche vertiefte sich hinfort mehr und mehr. Der Teil des lotharingischen Reiches, der 870 zum Westreich geschlagen worden war, kam in einem neuerlichen Teilungsvertrag, dem von Ribemont (880), ebenfalls an das Ostreich, so daß nunmehr das gesamte lotharingische Mittelreich mit dem Ostreich verbunden war. Sehr haltbar war diese Verbindung indessen nicht, denn in Lothringen, wie das neue Stammesherzogtum nun hieß, blieb der Gedanke an die frühere Einheit des Karolingerreiches und der Loyalität gegenüber dem angestammten karolingischen Herrscherhaus stets lebendig. Als 911 der letzte erbberechtigte Karolinger im Ostreich, Ludwig das Kind, ohne Erben verstarb, gingen die Lothringer sogleich zum Westreich über, weil dort noch das angestammte karolingische Herrscherhaus regierte. Der Rhein wurde damals wieder zum Grenzfluß zwischen dem westlichen und dem östlichen Reich der Franken. Diese politische Grenzfunktion des Stromes symbolisierte dann im Jahre 921 das Treffen der beiden Herrscher inmitten des Flusses auf einem Schiff. Karl der Einfältige, der karolingische *rex Francorum occidentalium* und der Sachse Heinrich I. als *rex Francorum orientalium*, schworen bei dieser Gelegenheit einander Treue und Freundschaft. Das Treffen sollte den beiderseitigen Besitzstand garantieren, blieb jedoch ohne tiefere Wirkung, weil die Zugehörigkeit Lothringens ungeklärt war.

König Heinrich I. dachte wahrscheinlich zu keiner Zeit daran, auf das einst zum Ostreich gehörende Lothringen zu verzichten. Zweimal zog er durch das Gebiet zwischen Rhein und Mosel und verheerte es. Im Jahre 925 gliederte er es mit Gewalt wieder seinem Reiche an. Der lothringische Herzog Giselbert unterwarf sich und heiratete die Tochter König Heinrichs I. Obgleich Heinrichs Sohn, Otto I. (936–973), noch mehrfach um Lothringen kämpfen mußte, blieb das Herzogtum hinfort beim Reich der Deutschen. In der Folgezeit traten indessen starke Unterschiede zwischen dem nördlichen und dem südlichen Teil Lothringens, zwischen Oberlothringen und Niederlothringen auf. Im Jahre 959 setzte Erzbischof Bruno von Köln, der Bruder Kaiser Ottos I., in Oberlothringen einen Grafen Friedrich ein, vielleicht als seinen Stellvertreter in seiner Eigenschaft als Herzog von Lothringen. Oberlothringen umfaßte um jene Zeit etwa das Erzbistum Trier, also das Gebiet an der mittleren Mosel. Auch weiter im Norden begründete Erzbischof Bruno in Form der „niederen Mark" ein stärkeres politisches Gebilde, das wohl zur Grenzsicherung nach Westen bestimmt war. Zu ihm

gehörten die heutigen Niederlande, Belgien ohne französisch Flandern und Luxemburg und schließlich auch das Niederrheingebiet. Von einer regelrechten Teilung der beiden lothringischen Landschaften kann zu jener Zeit noch nicht gesprochen werden. Sie wurde erst im Jahre 1044 vollzogen. Niederlothringen wurde dabei in erhöhtem Maße zur politischen Einflußzone des Kölner Erzbischofs, der hinfort seinen Einfluß auf die politische Entwicklung am Niederrhein bestimmend geltend machte. Gegenüber der wachsenden Macht des Kölner Erzbistums, das sich bald selbst zu einem Territorium zu entwickeln begann, trat die Bedeutung des niederlothringischen Herzogsamtes zunehmend zurück, bis es schließlich zu einem relativ bedeutungslosen Titel der Grafen von Brabant und Limburg herabsank.

Zur gleichen Zeit aber hatten sich zu beiden Seiten dieses ethnischen und kulturellen Mischgebietes zwei neue Großstaaten konstituiert, von denen die weitere Geschichte Mitteleuropas entscheidend geprägt werden sollte: Frankreich und Deutschland. Für Jahrhunderte wurde das Rhein-Maas-Gebiet damit zu einem Raum, in dem die Spannungen zwischen den beiden Staaten unmittelbar aufeinandertrafen und zu einem Ausgleich drängten. Auch auf diesem besonderen Hintergrund sollte die Frage der mittelalterlichen Burgen am Rhein betrachtet werden.

Die politische Geschichte des Rheingebietes in nachkarolingischer Zeit wird bis in alle Einzelheiten hinein in der im Erscheinen begriffenen „Rheinischen Geschichte" behandelt, so daß sie hier nicht weiter dargestellt zu werden braucht. Für die Entstehung der mittelalterlichen Burgen erlangt vor allem der Zeitabschnitt vom 10. bis zum 12. Jahrh. Bedeutung. Er wird charakterisiert durch den allmählichen Verfall der zentralen Königsgewalt in Deutschland und den Aufstieg der Territorialfürsten innerhalb des Reiches. Auf diese im Gang befindliche verfassungsgeschichtliche Entwicklung trafen militärische Bedrohungen des Reiches von außen her. Unter ihnen wurden am Ende des 9. Jahrh. vor allem die Einfälle der Normannen in weite Teile Westeuropas bedeutsam. Um die Mitte des 10. Jahrh. steigerten sich dann die Ungarneinfälle zu einer erheblichen Bedrohung. Beide Phasen äußerer Bedrohung werden noch heute von weiten Teilen der archäologischen Burgenforschung als unmittelbare Ursache für die Entstehung von Burgen angesehen, eine These, die wohl nur zum Teil richtig ist. Die Normanneneinfälle suchten in starkem Maße Ende des 9. Jahrh. auch das Rheinland heim. Die westeuropäischen Flüsse aufwärts fahrend, überfielen diese höchst mobilen Räuber binnenländische Handelsplätze wie Neuss, Köln, Bonn und Trier. Paris wurde mehrfach von Normannen belagert. Auf einer Insel bei Neuss sollen sie einen Winter überdauert haben. Vielfach erwiesen sich die noch intakt befindlichen römerzeitlichen Wehranlagen als bester Schutz gegen die Invasoren, so etwa in Köln, Bonn und Trier. Es bedurfte in den meisten Fällen nur einiger Instandsetzungsarbeiten, um diese alten Anlagen wieder voll funktionsfähig zu machen.

Die Abwehr dieser Überfälle und Gefahren wurde überall, wo die Quellen nähere Einblicke gestatten, von lokalen Machtträgern organisiert. In den alten Römerstädten waren es vor allem die Bischöfe, die den Abwehrkampf in vorderster Front leiteten. Längst hatte sich für die unmittelbar Bedrohten erwiesen, daß das Königtum nicht in der Lage war, die Gefahren dauerhaft zu bannen, seit König Karl III., der Dicke, das Wohlwollen der Normannen durch Tribute hatte erkaufen müssen. Die Unfähigkeit dieses Königs angesichts der äußeren Bedrohung führte schließlich zu seiner Absetzung auf dem Reichstag von Tribur. Erst seinem tüchtigen Nachfolger Arnulf von Kärnten (887–899) gelang 891 der Sieg von Löwen an der Dyle, der die Normannengefahr für das Ostreich endgültig bannte.

Nicht geringere Gefahren brachten die Vorstöße der Ungarn mit sich. Sie bedrohten nicht etwa nur den Südosten des Reiches, sondern erfaßten weite Teile Sachsens, das östliche Frankreich und das Rhein-Main-Gebiet. Am Rhein sollen die Ungarn bis Ingelheim gelangt sein. Wenn man einer aus der Zeit um 1100 verfaßten schriftlichen Überlieferung glauben darf, durchzogen Ungarn sogar den Neusser Raum. In der Historia Fundationis des Münsters St. Vitus zu Mönchengladbach wird nämlich berichtet, eine um 800 begründete Kirche sei 954 von den Ungarn zerstört worden. Im Jahre 974 wurde an dieser Stelle durch den Kölner Erzbischof Gero ein Kloster mit einer Kirche gegründet, wobei man die Ruinen der älteren Kirche gesehen haben will.

Unter Hinweis auf die Burgenpolitik Heinrichs I. (919–936) wird von der Burgenforschung deshalb auch ein guter Teil der frühen Burgen am Rhein mit den Ungarnzügen verknüpft. Recht einseitig wird die äußere Bedrohung durch Normannen und Ungarn zur wichtigsten und direkten Ursache für den Burgenbau erklärt. Sowohl die Entstehung der Niederungsburgen vom Typ der Motten als auch die Entstehung der Höhenburgen vom Typ der Ringwälle und Abschnittsbefestigungen in den Rheinischen Schiefergebirgen wird kausal mit diesen politisch-militärischen Verwicklungen in Verbindung gebracht. Das Zeitalter der normannischen und der ungarischen Bedrohung galt diesen Forschern als direkte Ursache für den Beginn des mittelalterlichen Burgenbaus. Diese auf den ersten Blick sehr einleuchtende These bedarf im Lichte neuerer historischer und archäologischer Forschungsergebnisse einer Überprüfung. Zunächst sind einige Tatsachen festzustellen:

a) Beide Gruppen, Normannen und Ungarn, bewegten sich bei ihren militärischen Operationen in leicht zugänglichen Offenlandschaften. Die Normannen waren auf die natürlichen Leitlinien der Flüsse angewiesen. Von ihren Schiffen aus führten sie ihre blitzartigen Angriffe aus. Die Ungarn bevorzugten Gelände, die der Bewegung mit Reitern günstig waren, also waldfreie Offenlandschaften und Talungen.

Die auf den Bergeshöhen der Rheinischen Schiefergebirge, weitab von den blühenden Altsiedlungslandschaften vorkommenden Burgen vom Ringwalltypus aber lagen im Verhältnis zu den beschriebenen Voraussetzungen der Angreifer weitab vom Ort des Geschehens. Selbst als Fluchtburgen waren sie den unmittelbar bedrohten Rheintalbewohnern wegen ihrer weiten Entfernung im Falle akuter Gefahr so gut wie unerreichbar.

b) Im Rheintal selbst erfüllten, wie bereits früher angedeutet, die schnell wieder reparierten römischen Befestigungen hinreichend den Zweck, größere Menschenmengen zu sichern und gegen die Überraschungsangriffe der Normannen zu verteidigen, wie das Beispiel Bonn lehrt. Der Befestigungstyp der Rheinniederung während des 9./10. Jahrh. war also die überkommene Römerfestung und nicht der

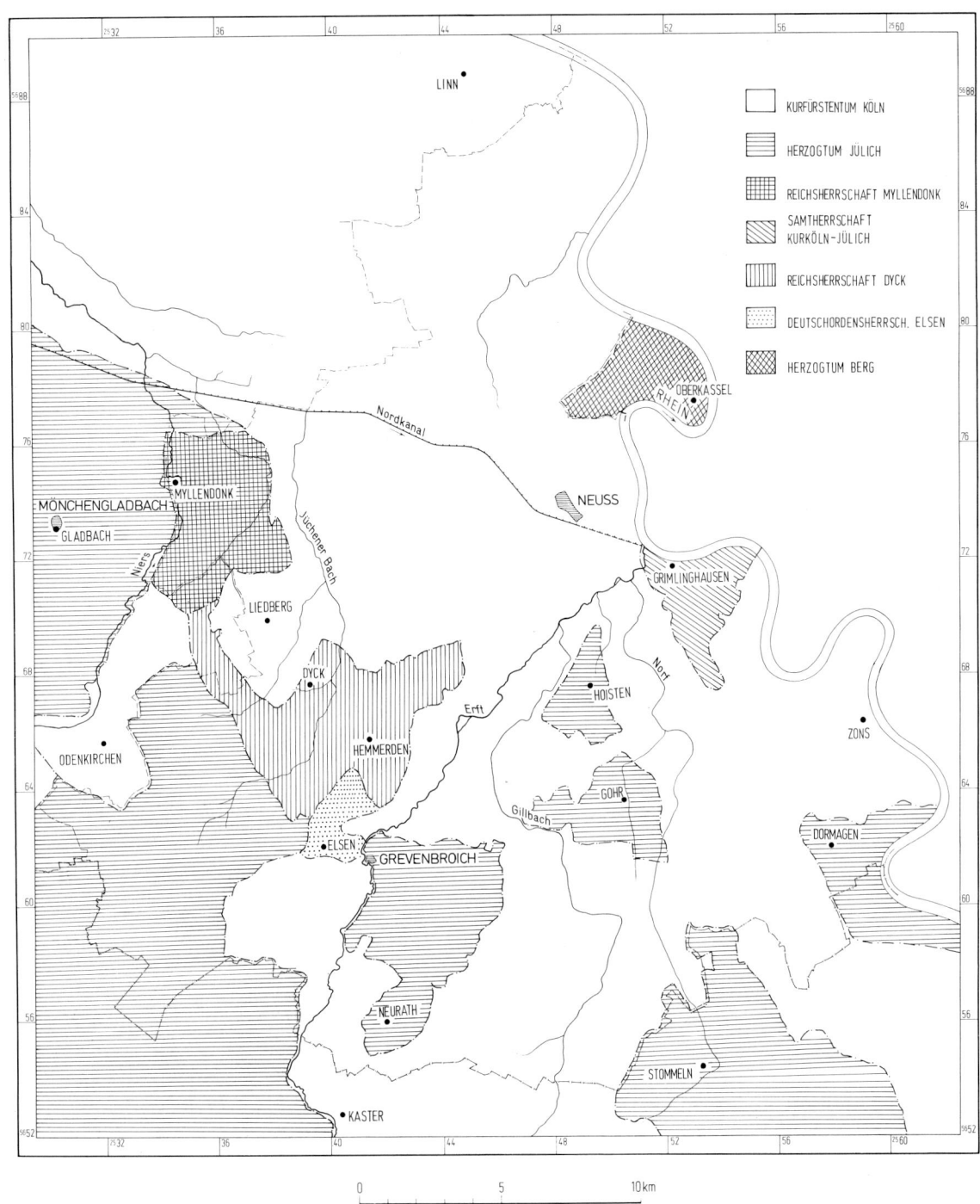

KURFÜRSTENTUM KÖLN

HERZOGTUM JÜLICH

REICHSHERRSCHAFT MYLLENDONK

SAMTHERRSCHAFT
KURKÖLN–JÜLICH

REICHSHERRSCHAFT DYCK

DEUTSCHORDENSHERRSCH. ELSEN

HERZOGTUM BERG

20   Die territoriale Gliederung des Kreises Neuss im Spätmittelalter.

Im Kreis Neuss stoßen zwei mittelalterliche Territorien aufeinander: Der größte Teil des Kreisgebietes gehörte zum ehemaligen
Kölner Kurstaat, der mit seinen Landesburgen Kaster, Zons, Neuss und Linn das linke Rheinufer fest in seinem Griff hielt.
Daneben aber gibt es einzelne Gebiete, die dem Herzogtum Jülich zugehörten. Weit nach Osten vorgeschoben ist die jülichsche
Landesburg Grevenbroich, mit deren Umland sich Jülich an der unteren Erft festsetzte. Bis zum Ende des alten Reiches konnten
sich die Reichsherrschaften Dyck und Millendonk als selbständige politische Einheiten erhalten. Einen besonderen Status nahm
auch die Deutschordensherrschaft Elsen ein. Über das Gebiet von Grimlinghausen herrschten Kurköln und Jülich gemeinsam.

entlegene Ringwall. Das ergibt sich deutlich aus einer Kartierung dieser Befestigungstypen, die M. Müller-Wille vor einiger Zeit vorgenommen hat.

c) Ein großer Teil sowohl der Ringwälle als auch der Niederungsburgen (Motten) entstand, nach den archäologischen Funden zu urteilen, nicht im Zeitalter der Normannenvorstöße, sondern weit später. Spätkarolingische Funde lassen die meisten Ringwälle vermissen, und auch auf den Niederungsburgen gehören sie zu den Seltenheiten, wie die Verhältnisse auf dem gut untersuchten Husterknupp bei Frimmersdorf ja beweisen. Statt dessen erbrachten viele Burgen der beiden genannten Typen mittelalterliche Keramik des ausgehenden 11. und des 12. Jahrh., die zweifellos einen Schwerpunkt ihrer Benutzung anzeigt.

Damit ist sicher, daß diese Burgen nicht mehr mit den Normannen- oder Ungarneinfällen zu tun haben können. Ihre Erklärung muß zwangsläufig innerhalb anderer politischer Entwicklungen gesucht werden.

Mit dieser Auffassung wird erstmalig nach langer Zeit der Befangenheit in traditionellen Thesen der Burgenforschung der Blick frei für eine differenzierte Betrachtung des Burgenproblems am Niederrhein.

d) Noch ein letzter, besonders die Niederungsburgen (Motten) betreffender Aspekt ist hier zu erwähnen. Um größere Bevölkerungsmengen vor Ungarn und Normannen schützen zu können, waren die räumlich weit ausgelegten Römerbefestigungen gerade recht. Sie erlaubten es, daß sich große Bevölkerungsmassen hinter den noch stehenden Mauern verschanzen und selbst verteidigen konnten. Die räumlich sehr eng gestalteten Niederungsburgen vermochten einen solchen kollektiven Schutz der Bevölkerung vor feindlichen Angriffen nicht zu gewährleisten. Künstlich aufgeschütteter Burghügel und davor liegende Vorburg mit dem Wirtschaftshof sind zusammengenommen so klein gebaut, daß auf ihnen bestenfalls eine adelige Sippe mit ihrer *familia* Platz und Schutz finden konnte. Bewohner des Umlandes hingegen fanden hier keinen Raum und blieben den Angreifern schutzlos ausgeliefert. Aus dem Gesagten folgt, daß Ringwall-Burgen und Niederungsburgen aus chro-

nologischen Gründen und im Hinblick auf ihre Funktionen nicht nur für die Normannenbekämpfung unbedeutend, sondern sogar völlig ungeeignet waren. Auch der immer wieder zitierte Bericht des St. Galler Mönchs Ekkehart über einen Ungarnüberfall auf das Kloster St. Gallen, vor dem die Mönche auf eine ringwallähnliche Befestigung oberhalb des Klosters flüchten, beweist in diesem Zusammenhang nichts, denn der Bericht geht nicht etwa davon aus, daß die Bergbefestigung etwa speziell gegen die Ungarn errichtet worden sei. Sie war in unmittelbarer Nähe des Klosters vorhanden und offenkundig auch funktionsfähig und konnte gegen jedweden Angreifer verwendet werden. Analog dazu dürften sämtliche am mittleren und niederen Rhein nachweisbaren Burgen und Befestigungen anderen Ursachen und Zwecken ihre Entstehung verdanken. Normannen und Ungarn hätten sich im Zuge ihrer blitzartigen Überfälle geradezu in die Wälder des Rheinischen Schiefergebirges verirren müssen, um eines Ringwalles ansichtig zu werden, oder sie hätten von Hunderten Niederungsburgen im Rheinland eine nach der anderen belagern und ausräuchern müssen, um dort das zu rauben, was man an anderer Stelle viel leichter haben konnte.

Umgekehrt wäre die Anlage ortsgebundener Wehranlagen angesichts der hohen Mobilität des Feindes das falscheste aller möglichen Abwehrmittel gewesen; denn eine solche Verteidigungstaktik verzichtet von vornherein auf die Möglichkeit, den Feind auf der Flucht zu verfolgen. Gerade dies aber erwies sich als notwendig, wenn man der Normannenplage Herr werden wollte: Man mußte sich dazu verstehen, sich der Kampfesweise der Angreifer weitmöglichst anzupassen, und das bedeutete nicht etwa einen Bau von ortsfesten Burgen, sondern die Aufstellung von Reitereinheiten und von beweglichen Schiffstruppen. Wenn somit die alte These von ursächlichen Zusammenhängen zwischen Normannen- und Ungarngefahr und dem Bau von Burgen mehr und mehr ins Wanken gerät, so soll auf der anderen Seite auch nicht übersehen werden, daß die Polemik und Propaganda, mit denen vornehmlich Schriftquellen aus der Feder von Geistlichen über diese Ereignisse berichten, mit dazu beigetragen haben mögen, daß selbst der moderne Historiker und erst recht der Archäologe geneigt sind, die

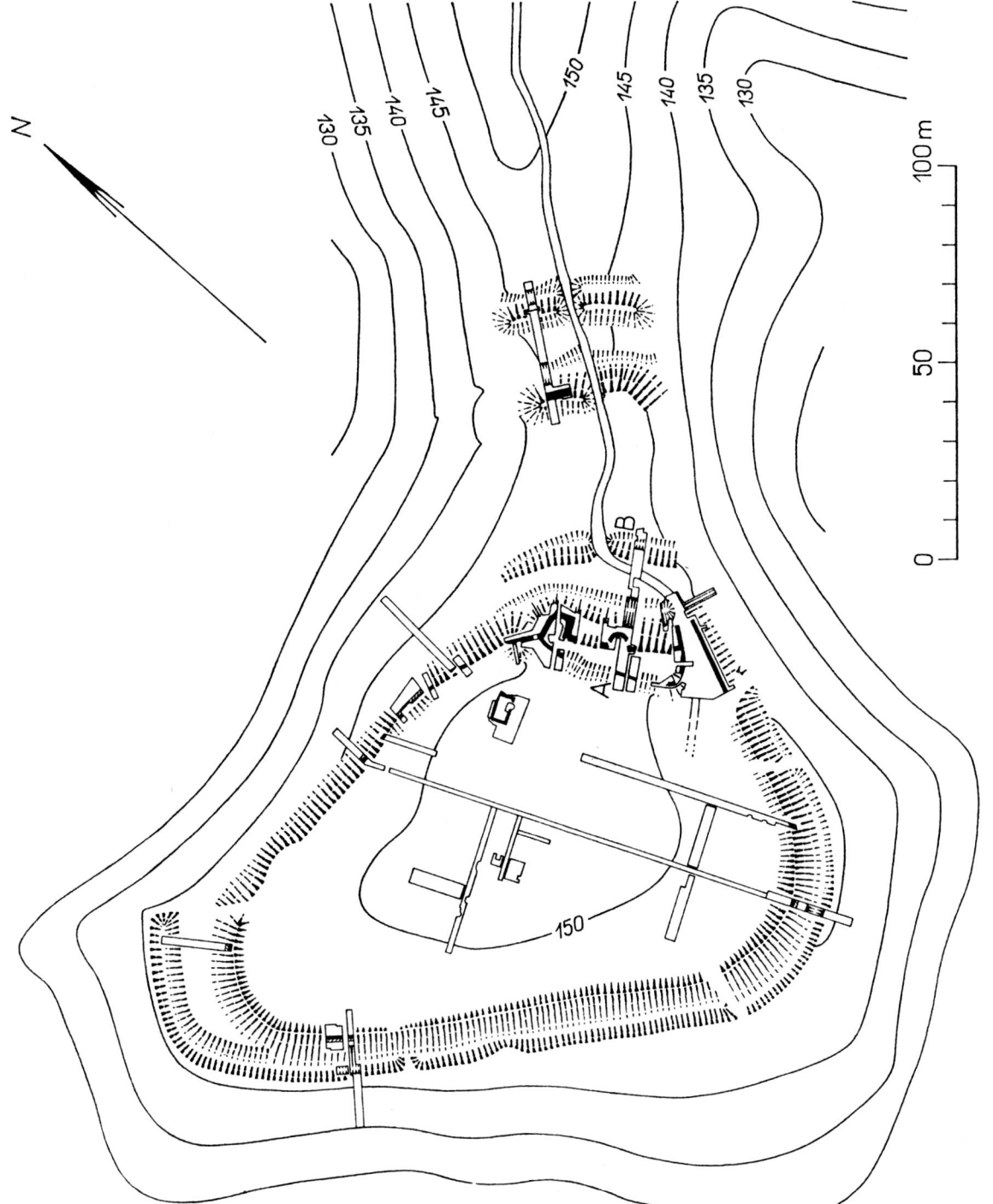

21 Plan der Rennenburg bei Winterscheid, Rhein-Sieg-Kreis, typisches Beispiel eines mittelalterlichen Ringwalls in Spornlage, 11.-/12. Jahrhundert (nach: Bonner Jahrb. 160, 1960, S. 363, Abb. 1).

Bedeutung dieser doch sehr flüchtigen und kurzfristigen Begebenheiten für die allgemeine historische Entwicklung und den Bau von Burgen stark zu überschätzen. Archäologen, die auch heute noch an der Normannenthese im Hinblick auf die Entstehung der mitteleuropäischen Burg festhalten, drohen noch immer, ein Opfer dieser etwas einseitigen Betrachtungsweise zu werden.

Die politische Schwäche der beiden Herzogtümer Ober- und Niederlothringen im 10. und 11. Jahrh. sowie des Königtums begünstigte es zweifellos, daß allenthalben im Gebiet zwischen Rhein und Maas kleine Adelsherrschaften entstehen konnten. Sie wurden von teilweise nur lokal begüterten Dynastenfamilien beherrscht, und aus der großen Zahl der ursprünglich vorhandenen freiadeligen Dynastenherrschaften stieg eine kleine Gruppe im hohen und späten Mittelalter auch zur Territorialherrschaft auf, wie das Beispiel der Grafen von Jülich, Geldern, Kleve, Berg, Luxemburg, Verdun und anderer zeigt. Vor allem aber kam, wie wir bereits sahen, die Schwäche Lothringens direkt dem politischen Aufstieg der alten Bistümer am Rhein, Köln, Trier, Mainz, zur Landesherrschaft zugute. Ein guter Teil der Rechte und Befugnisse, die diese geistlichen Kurfürsten für ihre Territorien zu erwerben vermochten, entstammte der Erbmasse der verfallenden lothringischen Herzogtümer. Die aus diesen Vorgängen resultierende, schon früh am Rhein sichtbar werdende politische Zersplitterung wurde zusätzlich noch durch die geographischen Unterschiede der deutschen Länder am Rhein gefördert. Nie wieder wurden, wie in der Karolingerzeit, später alle Landschaften am mittleren und niederen Rhein unter einer Herrschaft vereinigt, zumal auch der Präsenz des Königtums unmittelbar am Rhein keine Dauer beschieden war.

Reichsgut hatte es am Rhein im größeren Maße zur Karolingerzeit gegeben. Dann aber wurde es zunehmend entfremdet; es ging in andere Hände über. Die Könige aus dem salischen Hause (1024–1125) versuchten allerdings, diese verhängnisvolle Entwicklung aufzuhalten. Sie brachten ihrerseits größere Mengen am Rhein gelegenen Hausgutes als Reichsgut in die Herrschaft ein und betätigten sich selbst am Rhein in vielfältiger Weise als Burgenbauer, um die Interessen des Reiches in diesem Raum zu wahren. Doch die reiche Königsgutlandschaft der salischen Zeit zer-

fiel, und wiederum gingen zahlreiche Besitzungen des Königs oder des Reiches am Rhein in fremde Hände über. Nicht zuletzt auch aus diesen Quellen nährte sich der Prozeß der Bildung von Territorien am Rhein, und die an andere Herren übergegangenen Reichsburgen unterstützten ihn zusätzlich.

Diese politische Zersplitterung hatte zwangsläufig zur Folge, daß das alte Regal des Burgenbaus, das, wie Quellen aus dem Westteil des Karolingerreiches bezeugen, ursprünglich dem König vorbehalten war, im Laufe der Zeit durchbrochen und schließlich ganz außer Kraft gesetzt wurde. Zwar galt dieses Vorrecht des Königtums auch in späterer Zeit weiter, doch gingen in der Praxis die lokalen Machtträger und später die Landesherren ihrerseits dazu über, Burgen zu errichten. Der Zweck dieser Burgen liegt auf der Hand: Sie dienten dem Erwerb, dem Erhalt und der Erweiterung von politischer Macht im Rahmen der entstehenden Territorialherrschaft.

Auf dem Gebiet des heutigen Kreises Neuss begegnen uns vor allem zwei wichtige niederrheinische Territorien mit ihren Gebieten: das Kurfürstentum Köln und die Grafschaft, seit dem 14. Jahrh., das Herzogtum Jülich (Abb. 20). Die Gebiete dieser Territorien lagen nun nicht etwa säuberlich voneinander geschieden in geschlossenen Landkomplexen nebeneinander. Vielmehr durchdrangen sie einander vielfach, bildeten Inseln innerhalb fremden Territoriums, Enklaven, Exklaven. Für den modernen Menschen, der in geschlossenen Nationalstaaten oder flächenhaften Verwaltungsgebieten zu denken gewöhnt ist, bedeutet es eine ungewohnte Vorstellung, verschiedene „Staaten" bunt miteinander gemischt und einander durchdringend vorzufinden. Leicht ist aber auch einzusehen, daß sich diese Streubesitzungen nur schwer zusammenfassen und zu einem ganzheitlichen Territorium verbinden ließen. Um diesen Streubesitz dauerhaft beim Territorium zu erhalten, war nicht nur eine funktionierende Administration, sondern vor allem der Bau von Burgen erforderlich. Immer wieder läßt sich beobachten, wie Kurköln und Jülich einander mit Hilfe starker Burgen und Landesfesten in Schach zu halten versuchten. Wiederholt auch zog die neuerrichtete Burg des einen Landesherren sogleich die Gegenburg des anderen nach sich.

Der Besitz des Kölner Kurstaates erstreckte

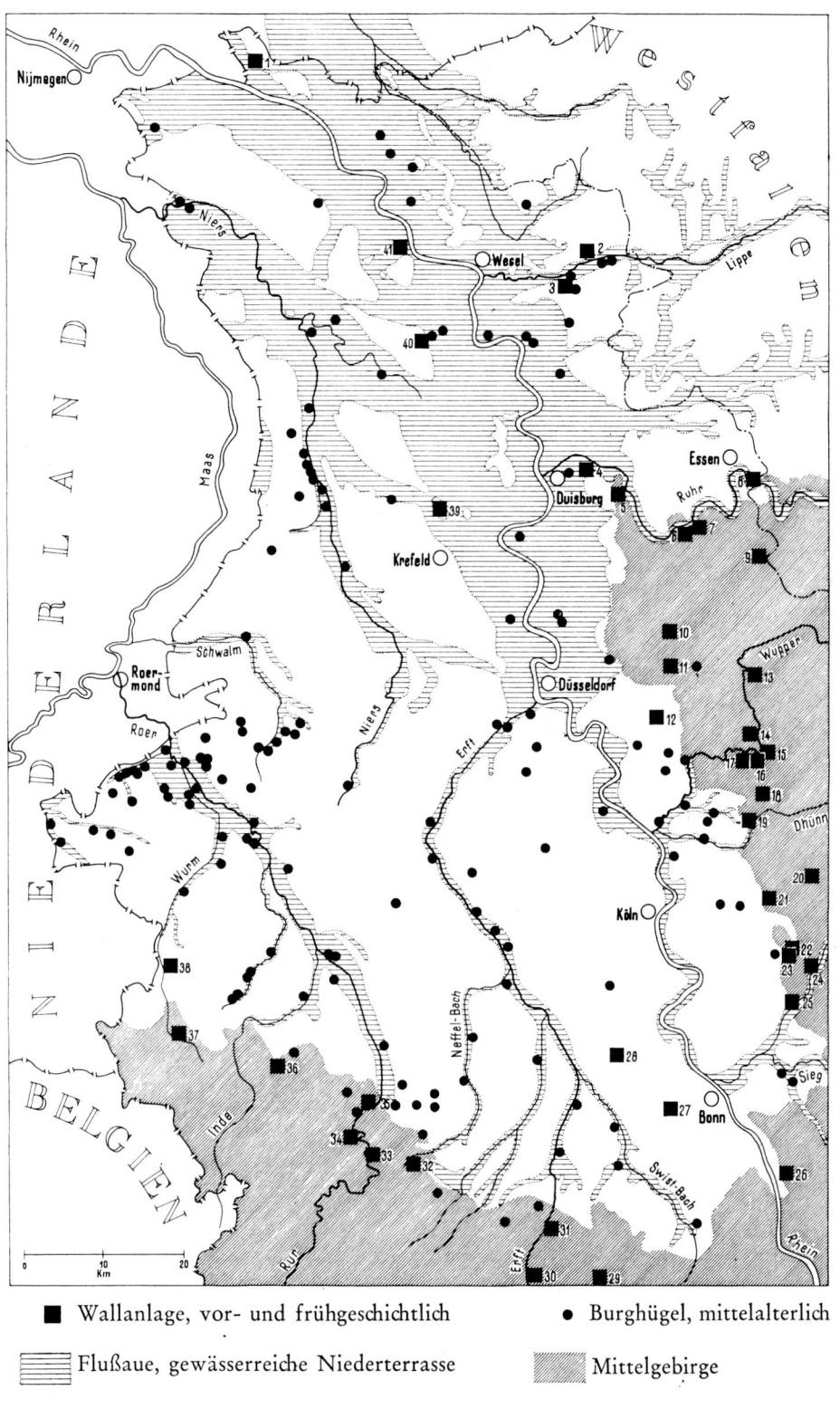

Wehranlagen am Niederrhein.

22 Verbreitung früh- und hochmittelalterlicher Höhenburgen und Niederungsburgen am Niederrhein (nach: M. Müller-Wille,
Führer zu vor- und frühgeschichtlichen Denkmälern, hrsg. v. Röm.-German. Zentralmus. Mainz, Bd. 15 [1969] S. 55).

sich zwischen Köln und Neuss vorwiegend unmittelbar am Rhein entlang. Zum ältesten Kölner Besitz zählte im Norden z. B. das Amt Kempen. Weiter südlich folgte, ebenfalls Altbesitz, die Stadt Neuss mit ihrem Umland. Auch Zons gehörte zum alten Besitz Kölns, ebenso wie weiter südlich das Amt Königsdorf mit der Abtei Brauweiler. Diese zunächst noch sehr versprengten und durch fremde Territorien voneinander getrennten Gebiete wuchsen durch den Erwerb der Grafschaft Hülchrath unter Erzbischof Walram von Jülich (gest. 1349) zusammen. Diese Grafschaft schloß im Nordwesten an die Stadt Köln an, die sich im 13. Jahrh. endgültig von der Herrschaft des Stadt- und Territorialherrn freigemacht hatte. Über Worringen – Hackenbroich – Nievenheim – Straberg – Hülchrath – Norf erreichte die Grafschaft Hülchrath Neuss. Rommerskirchen, Butzheim, Frimmersdorf, Gustorf, Fürth und Wevelinghoven gehörten ihr ebenfalls an. Im Norden kam um die gleiche Zeit das Amt Liedberg an Kurköln, und zwar mit Oedt, Anrath, Schiefbahn, Büttgen, Liedberg, Kaarst, Giesenkirchen. Bis um 1450 erwarb Kurköln die Ämter Linn und Uerdingen von Bockum im Norden bis Meer und Büderich im Süden, schließlich die Ämter Odenkirchen und Holzheim. Diese kurkölnischen Gebiete durchdrangen Besitzungen der Grafen bzw. Herzöge von Jülich: Dormagen und das Amt Bergheim mit Stommeln und Pulheim. Das Amt Grevenbroich kam bis 1328 an Jülich, wie auch das Jülichsche Amt Kaster mit Jüchen, Otzenrath, Holzweiler, Garzweiler. Kaster selbst rechnete zum Altbesitz Jülichs. Erwerbungen bis zum Beginn des 15. Jahrh. waren Gohr, Hoisten und Grimlinghausen. Kurköln und Jülich wurden damit zu den beiden wichtigsten, miteinander rivalisierenden politischen Kräften im Gebiet des heutigen Kreises Neuss. Im Zusammenhang mit der Entstehung von Burgen bleibt noch ein weiterer Aspekt der nachkarolingischen Entwicklung zu erörtern: der allmähliche Wandel der inneren Verfassung des Reiches von der späten Karolingerzeit bis zu den Staufern. Am frühesten ist, wie wir sahen, der König selbst als Burgenbauer greifbar. Wilhelm Janssen hat unlängst darauf hingewiesen, daß vor dem Jahre 1000 lediglich die festen Plätze der Römerzeit als „castra" oder „castella" bezeichnet werden: Andernach, Deutz, Jülich, Neuss, Nimwegen und

Zülpich. Von diesen geben nur Andernach, Bonn, Nimwegen und vielleicht Zülpich unmittelbare Verbindungen mit dem Königtum zu erkennen, sei es, daß an diesen Orten Fisci oder aber Königsgut und Pfalzen nachzuweisen sind. In der ersten Hälfte des 11. Jahrh. erscheinen dann in den Quellen die Tomburg am Nordrand der Eifel und Siegburg auf einem vulkanisch entstandenen Berg im Siegtal. Dazu kommen zur gleichen Zeit etliche Burgen, die im Zusammenhang mit den Auseinandersetzungen um das Stift Elten am Niederrhein erwähnt werden: Elten, Aspel, Heimbach, Gennep, Uplage und Monterberg. 1085 werden im Selfkant Heinsberg und Wassenberg erwähnt.

Die Inhaber von Burgen dieser frühen Schicht sind sämtlich Mitglieder der hochadeligen Reichsaristokratie, was sich z. B. für Elten, die Tomburg, Siegburg und Heimbach am Vorhandensein entsprechender fürstlicher Familien deutlich machen läßt. Der gleichen zeitlichen Schicht gehört aber auch die Ende des 11. Jahrh. erstmalig erwähnte Burg des Erzbischofs von Köln zu Neuss an.

Mit dem 12. und 13. Jahrh. läuft eine neue Periode in der Überlieferung von Burgen ab. In den Quellen erscheinen nunmehr zahlreiche Burgen des rheinischen Dynastenadels: Ahr (1121), die alte Burg Berg (1133), die neue Burg Berg (1160), Geldern (1237), Hardt (1166), Hochstaden (1205), Jülich (1114 oder 1239), Kleve (1145), Liedberg (1166), Meer (1164), Müllenark (1168/ 90), Randerath (1157), Saffenberg (1110), Dyck (1094). Die Namen von Inhabern dieser Burgen erscheinen meist schon 50 Jahre früher in den Schriftquellen, die Burgen selbst etwas später. Sicher wird man nicht fehlgehen, wenn man in den meisten Fällen das Bestehen der Burgen bereits zur Zeit der Ersterwähnung des Geschlechternamens voraussetzt. Im großen und ganzen aber ist, wie Wilhelm Janssen ausführt, davon auszugehen, daß die Entstehung der meisten Burgen dieser Schicht nicht allzu lange vor ihrem Auftreten in den schriftlichen Überlieferungen anzusetzen ist. Wir haben es also mit einer breiten Burgenschicht rheinischer Dynasten zu tun, die sich besonders im 12. Jahrh. reich entfaltet. Auf die Geschichte des Neusser Raumes wirkten aus dieser Dynastenschicht vor allem die Familien Hochstaden, Liedberg, Meer und Dyck ein.

Schenkt man den Erzählungen des Alpert von

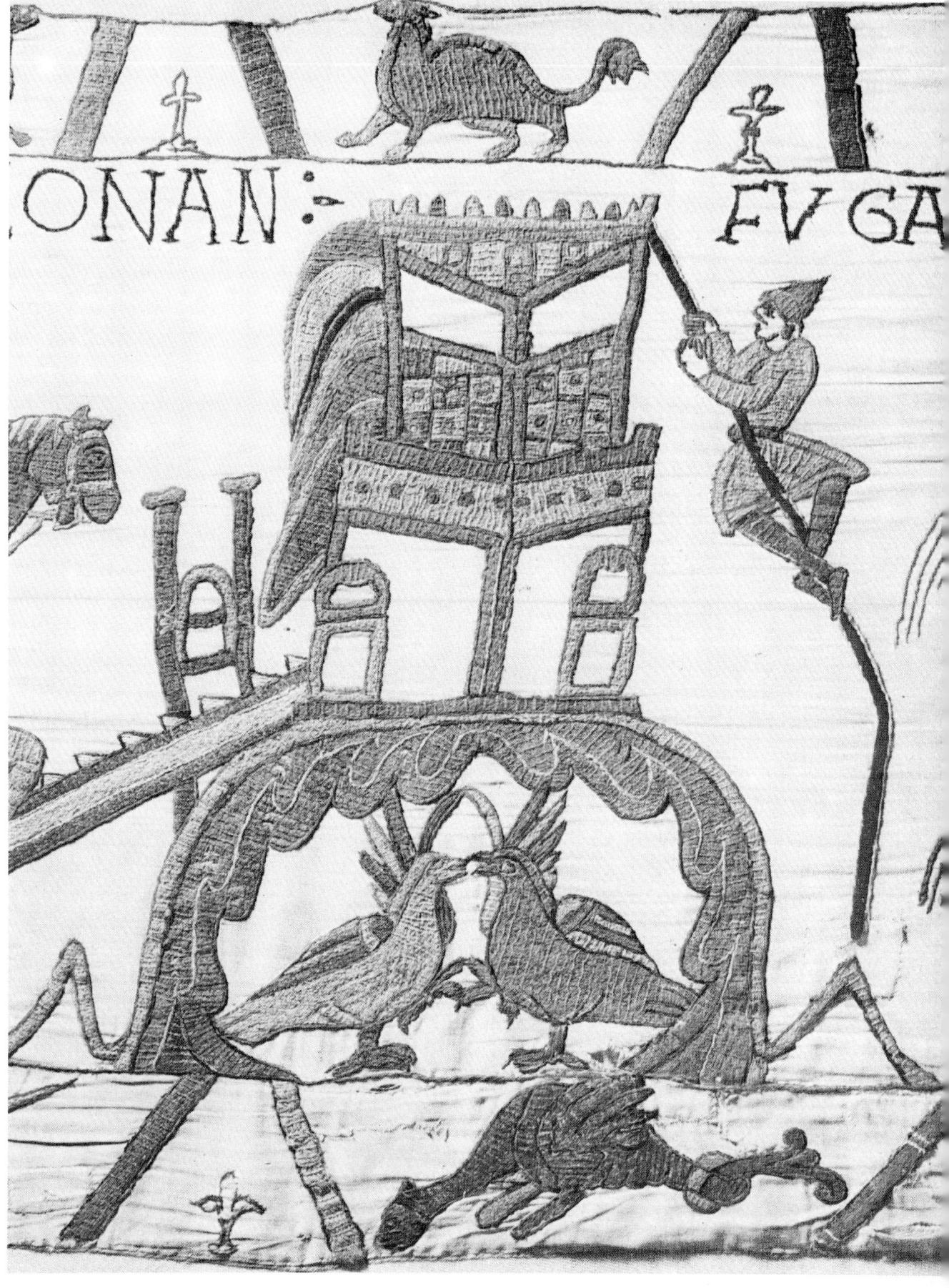

23 Der Teppich von Bayeux, entstanden um 1080. Darstellung einer Niederungsburg (Motte) mit Burghügel,
Zugbrücke und Burgturm.

Metz in seiner Schrift *De diversitate temporum* aus der Zeit um 1020 Glauben, so war die Zeit des beginnenden 11. Jahrh. angefüllt von den großen Adelsfehden am Niederrhein. Die jeweiligen Kontrahenten belagerten sich gegenseitig in ihren Burgen, die damals bereits selbstverständliches Mittel zur Selbstbehauptung waren. Nur, wer Burgen besaß, vermochte, die eigene Herrschaft dauerhaft zu bewahren und zu sichern. Für diese Zeit hat Alpert von Metz auch das Aussehen einer dieser Burgen näher beschrieben. Er schildert eine Burg auf dem Monterberg, die aus einem künstlich aufgeschütteten Hügel bestand. Zweifellos bezieht er sich mit seiner Darstellung auf den damals bereits lebendigen Typ der Niederungsburg mit künstlich aufgeschüttetem Burghügel (Motte) und vorgelagerter Vorburg mit Wirtschaftshof, wie er dann vor allem im 12. Jahrh. im Rheinland allenthalben auftrat.

Die Berichte Alperts von Metz werfen zugleich ein charakteristisches Licht auf die Entstehung der frühen Burgen am Rhein. Nicht äußere Feinde zwangen dazu, sie zu errichten, sondern der Kampf der führenden Dynastengeschlechter des Landes untereinander erweist sich als das primäre Antriebsmoment für den Burgenbau. Solange diese Auseinandersetzungen weder durch eine starke zentrale Königsmacht noch durch voll entwickelte und durchgebildete Territorialherren unterdrückt werden konnten, bestand ein politisches und militärisches Machtvakuum, das zur Errichtung zahlreicher lokaler kleiner Machtzentren mit Burgen als Mittelpunkt geradezu herausforderte. Diese besondere Phase in der Verfassungsentwicklung des Reiches, in der die Macht des Königtums bereits geschwunden, an ihre Stelle aber noch keine neue Territorialbildung getreten war, war nur für kurze Zeit im 11. und 12. Jahrh. gegeben. Diese Periode ist es auch, die im Rheinland massenhaft Burgen hervorbrachte.

An diese zweite Entwicklungsphase des Burgenbaus im Rheinland schließt sich eine dritte an. Viele der oben genannten Dynastenfamilien starben im hohen Mittelalter im Mannesstamm aus. Ihre Besitzungen gingen entweder in die Hand der Kirche, etwa in Form geistlicher Stiftungen wie im Falle von Haus Meer, oder aber in den Besitz der aufstrebenden Territorialstaaten über. Bezeichnend für die zweite Möglichkeit ist die sog. Hochstadensche Erbschaft von 1246, die das

Erzstift Köln antrat und in der ein umfangreicher Güterkomplex derer von Are-Hochstaden und Hardt aus der Hand rheinischer Dynasten in die des Territorialherren wechselte. Nur wenige der alten Dynastenherrschaften überdauerten diesen Prozeß als selbständige Herrschaftsbezirke, wie etwa die Grafschaft Hülchrath, die erst relativ spät (1. Hälfte 14. Jahrh.) an Kurköln gelangte. Wo die Territorialherrschaft Burgen nicht auf dem Erbwege direkt in die Hand bekam, versuchte sie, und zwar mit Erfolg, die Burgen anderer Herrschaftsträger mit Hilfe des Offenhausrechtes unter ihre Kontrolle zu bringen.

Ein drittes Mittel auf dem Wege zur Territorialherrschaft bestand schließlich in dem von den Territorialherren selbst getragenen Burgenbau: Es entstanden die großen Landesburgen der Territorialherren, die allein von ihrer baulichen Gestaltung her alles bis dahin Dagewesene hinter sich ließen. Speziell Kurköln und Jülich, die im Neusser Gebiet so eng aufeinandertrafen, schufen eine Reihe von landesherrlichen Zwingburgen und Festen, deren Funktionen klar zutage treten: sie dienten der Sicherung und Erweiterung der Territorien, zur Bewahrung der fürstlichen Herrschaft gegenüber den Untertanen und zur Errichtung einer funktionstüchtigen Verwaltungsstruktur der Landesherrschaft, durch welche eine umfassende Herrschaft des Territorialherren überhaupt erst möglich wurde. Klassische Beispiele für Landesburgen dieser Art sind die kurkölnischen Burgen von Zons, Lechenich und Zülpich, die jülichschen Burgen von Kaster, Grevenbroich, Münstereifel, Nideggen und Jülich. Der Landesherr wird somit, ähnlich dem König der karolingischen Epoche, zum alleinigen Herrn über die Burgen. Sorgfältig wacht er, wie aus zahlreichen Quellen ersichtlich, darüber, daß er auf dem Wege des Offenhausrechtes auch fremde Burgen kontrolliert. Peinlich genau werden auch die Befugnisse burgenbauender Adeliger innerhalb der Territorien abgesteckt: Genaue Vorschriften legen Größe und Ausstattung ihrer Burgen so fest, daß diese Anlagen nie zu einer Gefahr von innen für die Landesherrschaft werden können.

Im Vergleich zu anderen deutschen Landschaften, etwa zu Südwestdeutschland, weist diese Entwicklung am Niederrhein durchaus ihre eigenen Züge auf. Im deutschen Südwesten war das Königtum seit jeher verhältnismäßig stark begütert. In der Stauferzeit akkumulierte sich der Reichsbesitz in diesem Gebiet. Zur Verwaltung dieses Reichsbesitzes, unter dem sich auch zahlreiche Burgen befanden, zogen die Staufer die Reichsministerialität heran, die in hohem Grade die Interessen des Reiches zu ihren eigenen machte. So finden sich in Südwestdeutschland zahlreiche Reichsburgen in der Hand solcher staufischer Reichsministerialen. Anders am Niederrhein: In diesem Gebiet war, wie bereits ausgeführt wurde, so gut wie kein Reichsgut vorhanden. Der Prozeß der Territorialbildung stieß hier also nicht auf gewachsene Rechte des Reiches, sondern konnte sich ungehemmt von übergeordneten Interessen entfalten. Eine Schicht von Reichsministerialen gab es hier nicht. Ministeriale finden sich vielmehr in den Territorien selbst, sei es, daß sie als Lehnsträger des Landesherren Burgen besaßen, sei es, daß sie als landesherrliche Beamte solche für den Landesherrn verwalteten. So gab es vom späten 12. Jahrh. an am Niederrhein, abgesehen von den Pfalzorten Nimwegen, Kaiserswerth und Duisburg, keine Burgen mehr, die nicht direkt oder indirekt in der Hand der Territorialherrschaft waren.

In der Hand des Landesherren wurde die Burg um diese Zeit auch zum Instrument der Herrschaft über die Städte. Einzig Köln hatte es vermocht, sich während des 13. Jahrh. von der Beherrschung durch den Landesherren freizumachen und zur städtischen Selbstverwaltung ohne Dominanz durch den Territorialherren vorzustoßen. Der Erzbischof mußte aus der Stadt weichen und seine Burgen und Residenzen in ihrem Umland errichten. Alle anderen Mittel- und Kleinstädte des Niederrheins hingegen blieben innerhalb der Landesherrschaft. Auf diese Weise erhielten Andernach, Liedberg, Zons, Hülchrath, Linn, Bedburg, Neuss und viele andere ihre landesherr-

lichen Burgen. Ähnliches ist für Jülich zu beobachten, z. B. in Kaster, Grevenbroich, Münstereifel usw. Wo nicht schon alte Burgen vorhanden waren, erbauten die Landesherren, vor allem im 14. Jahrh., neue und stärkere Anlagen, wie in Andernach, Zons, Lechenich, Zülpich, Münstereifel. Entsprechend dem Selbstverständnis der Landesherrschaft wurden diese neuen Burgen nicht nur gegen das die Städte umgebende Land, sondern ebenso auch gegen das Innere der Städte befestigt und besonders abgesichert. Sehr zum Mißfallen der Bürgerschaften eröffnete sich der Landesherr von seinen Stadtburgen nicht nur zum Stadtinnern, sondern auch nach außen zum flachen Land einen Ausgang aus der Burg, wie etwa in Lechenich und Zons. Stadt und Land waren damit aus der Perspektive des Landesherren gleichgeschaltet: beide beherbergten nurmehr Untertanen des zentralistisch organisierten spätmittelalterlichen Territorialstaates, und von den städtischen Freiheiten und Sonderrechten im Vergleich zum flachen Land war kaum noch etwas übriggeblieben.

Im Schicksal der Burgen am Niederrhein spiegelt sich somit ein Grundzug der allgemeinen Verfassungsentwicklung. Angeregt durch die Entwicklung in einigen nordwesteuropäischen Territorien, z. B. in der Grafschaft Flandern, und sicher auch beeinflußt durch die Herausbildung des zentralistischen westeuropäischen Einheitsstaates nach französischem Vorbild erreichen die Territorien am Niederrhein relativ früh auch ihrerseits das Stadium des zentralistisch verwalteten Flächenstaates, in dem alle anderen politischen Gruppen, Geistlichkeit, Adel, Bürgerschaft, Landgemeinde, den Zielen des Territorialstaates untergeordnet und somit auch gleichgeordnet wurden.

4. Burgentypen

In der Burgenforschung hat es nicht an Versuchen gefehlt, die Entwicklungsgeschichte der Burgen mit Hilfe einer Burgentypologie zu schreiben. Man nahm an, die verschiedenen Zeitalter hätten jeweils charakteristische Burgenformen hervorgebracht, und es werde deshalb möglich sein, das Alter von Burgen allein auf Grund ihres unverwechselbaren, eben typischen Erscheinungsbildes zu bestimmen. Dieser Weg ist nur bedingt gangbar; denn es hat sich inzwischen herausgestellt, daß bestimmte Eigenschaften und Bauformen von Burgen verhältnismäßig zeitunabhängig erscheinen. Sie sind primär durch die immer wiederkehrenden Grundvoraussetzungen des Geländereliefs, andererseits durch gleichbleibende Zweckbestimmungen der Burgen bedingt. Das zeigt sich beispielsweise daran, daß der Typus der auf einem Bergsporn gelegenen Abschnittsbefestigung von der Jungsteinzeit an durch nahezu alle nachfolgenden Perioden bis in römische Zeit, bis ins frühe Mittelalter und sogar noch bis zu den in Stein ausgebauten Burgen der Stauferzeit vertreten ist. Wollte man einen gegen ein Tal vorspringenden Bergsporn zu einer Befestigung ausbauen, so blieb zu allen Zeiten eigentlich nur die Möglichkeit, den Bergsporn rückwärtig durch geeignete Befestigungseinrichtungen, etwa Gräben, Wälle, Palisaden, Mauern, abzuschneiden und die Flanken des Spornes entsprechend zu bewehren. Andererseits gibt es durchaus gravierende Unterschiede zwischen einigen wenigen Grundtypen von Burgen. Sie sollen im folgenden in allgemeiner Form beschrieben werden.

Da am Niederrhein allgemein und speziell im Kreis Neuss hohe Berge fehlen, wandte sich das Sinnen der Burgenbauer von Anfang an dem Ziel zu, Burgenformen zu entwickeln, die der vorgegebenen Landschaft weitgehend angepaßt waren und die natürliche Schutzmöglichkeiten des Geländes in größtmöglichem Umfange ausnutzen. Wie die frühen Burgen der Karolingerzeit in Kaiserswerth oder Duisburg im einzelnen ausgesehen haben, ist kaum bekannt. Lediglich in Schloß Broich in Mülheim an der Ruhr gelang es der

Wissenschaft, mit Hilfe von Ausgrabungen das Aussehen einer spätkarolingischen Dynastenburg zu untersuchen. Die erste Anlage des späten 9. Jahrh. bestand aus einer kleinräumigen Burg von etwa 40 × 40 m, die von einer Befestigungsmauer eingefaßt wurde. In der Mitte der etwa U-förmigen Anlage erhob sich ein fester Turm, am Rand standen mehrere große und kleine Gebäude, unter ihnen ein ausgedehnter saalartiger Bau. An den Turm angelehnt lag nach Nordwesten der Hauptsaal. Im ganzen ist die Burg als Stützpunkt einer Dynastenfamilie ausgelegt und nicht zur Beherbergung größerer Bevölkerungsgruppen gedacht gewesen. Der Ausgräber, G. Binding, datiert diese erste Phase der Burg in die Zeit der normannischen Einfälle am Ende des 9. Jahrh. und bringt ihre Entstehung auch kausal mit diesen Ereignissen in Verbindung. Ob es auch sonst am Niederrhein Burgen dieser Art gegeben hat, ist unbekannt. Es kann deshalb vorerst auch nicht davon ausgegangen werden, daß die früheste Phase von Schloß Broich einen allgemein verbreiteten Typus des ausgehenden 9. Jahrh. darstellt.

Besser unterrichtet sind wir hingegen über einen zahlenmäßig sehr stark am Niederrhein vertretenen Burgentyp, die Niederungsburgen, Burghügel oder Motten. Da die spätmerowingisch-karolingischen Ringwälle, von denen oben die Rede war, am Niederrhein bisher nicht bekannt geworden sind und in dieser Form auch nicht erwartet werden können, stellen die Motten den eigentlichen und charakteristischen frühen Burgentyp dieses Raumes dar. Zwei archäologisch gut untersuchte Beispiele geben uns heute Aufschlüsse über die Entstehungsgeschichte und die Bauformen dieser Burgen. Es sind die Niederungsburgen Husterknupp bei Frimmersdorf im Tal der Erft und Haus Meer bei Kloster Meer in Büderich. An beiden Plätzen führte das Rheinische Landesmuseum Bonn umfangreiche Ausgrabungen durch. Sie erbrachten weitgehend übereinstimmende Resultate, so daß die Befunde von beiden Plätzen mit guten Gründen verallgemeinert werden dürfen.

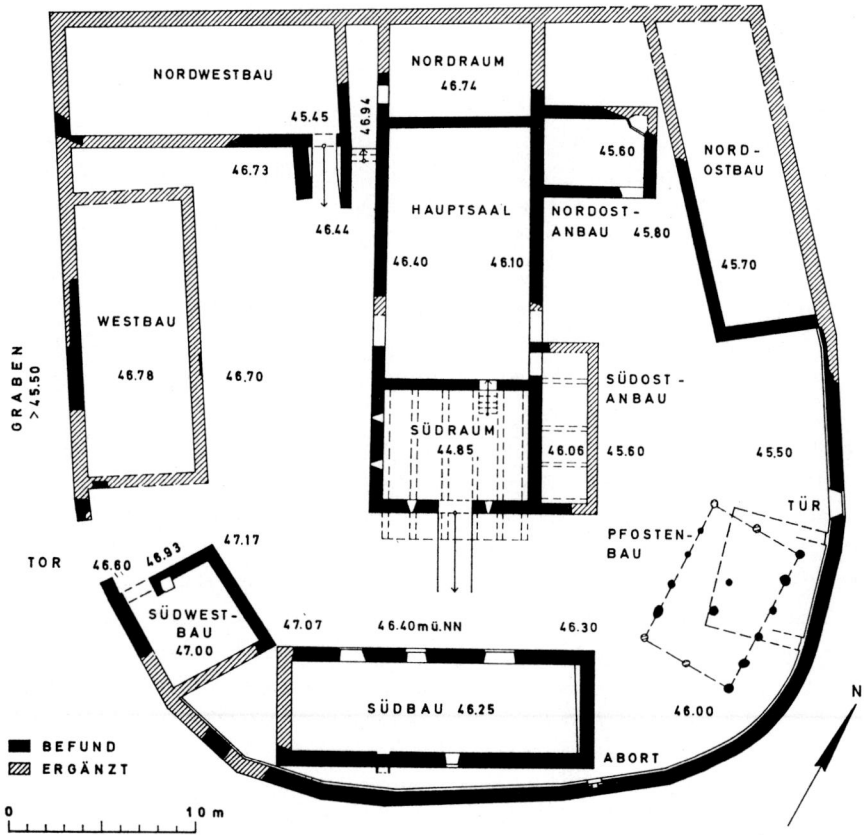

NORDWESTBAU 45.45 46.94 NORDRAUM 46.74 45.60 NORD-OSTBAU

46.73 HAUPTSAAL NORDOST-ANBAU 45.80

46.44 46.40 46.10 45.70

GRABEN >45.50 WESTBAU 46.78 46.70

SÜDOST-ANBAU

SÜDRAUM 44.85 46.06 45.60 45.50

TÜR

TOR 46.60 46.93 47.17 PFOSTEN-BAU

SÜDWEST-BAU 47.00 47.07 46.40 m ü. NN 46.30

SÜDBAU 46.25 46.00

ABORT N

BEFUND
ERGÄNZT

0   10 m

24 Schloß Broich in Mülheim/Ruhr. Grundriß der karolingischen Anlage (nach: G. Binding, Die spätkarolingische Burg Broich [1969] S. 9, Abb. 5).

In ihrem jüngsten Erscheinungsbild stellten beide Niederungsburgen zweiteilige Anlagen dar. Der künstlich aufgeschüttete Burghügel mit dem Wehrturm auf seiner Kuppe und kreisrundem Befestigungsgraben bildete die Hauptburg. Ihr vorgelagert, mit eigenem Wassergraben umgeben, ebenfalls auf künstlich erhöhtem Baugrund, lag die Vorburg. In ihr stand der Wirtschaftshof des adeligen Burgherren, der zugleich die wirtschaftliche Grundlage seiner Herrschaft bildete. Diese Zweiteiligkeit der Motten gehört zu den Charakteristika des Typs ebenso dazu, wie die enge Anbindung der gesamten Anlage an ein nahes natürliches Gewässer, beim Husterknupp an die Erft, in Haus Meer an einen alten Rheinarm. Auf diese Weise war es möglich, das Wasser aus den Flüssen in die Grabensysteme der Burg einzuleiten und einen natürlichen Schutz zu gewährleisten. Sowohl beim Husterknupp als auch in Haus Meer zeigte sich jedoch im Verlauf der Ausgrabungen, daß das Stadium der zweiteiligen Motte jeweils nur das jüngste Entwicklungsbild der Anlagen darstellte. Dieser Phase gingen in beiden

Fällen mehrere frühere Entwicklungsstufen voraus, deren jeweils älteste in einer zu ebener Erde gelegenen, ebenfalls mit Wassergräben umwehrten Flachsiedlung bestand. Diese Flachsiedlungen, vollständig in Holz erbaut, reichen in beiden Fällen bis an den Beginn des 10. Jahrh., vielleicht sogar an das Ende des 9. Jahrh. zurück. Nicht das voll entwickelte Stadium der Motte, sondern einfachere Siedlungs- und Befestigungsformen gewinnen, wenn die Hinweise auf das Ende des 9. Jahrh. nicht trügen, Anschluß an die Phase der Normanneneinfälle. Nicht die Burgenformen der Motte, sondern ihre Vorgänger in Form befestigter Siedlungen in Niederungsgebieten können also bestenfalls als direkte Konsequenzen der Normanneneinfälle angesprochen werden.

Auf dem Husterknupp geht die Entwicklung zur Motte über ein Zwischenstadium, das der Kernmotte aus dem Ende des 10. Jahrh., zur Hochmotte, die um 1100 vorhanden ist und die, versehen mit einer Vorburg, bis zur Zerstörung der Burg an der Wende vom 12. zum 13. Jahrh. Bestand hatte. Ähnliche Entwicklungsphasen können in Haus Meer nachgewiesen werden. Darauf ist weiter unten bei der Behandlung der Burgen im einzelnen noch zurückzukommen.

Sowohl beim Husterknupp als auch in Haus Meer sind altfreie Adelsfamilien Inhaber und wahrscheinlich auch Erbauer dieser Anlagen: dort die Familie derer von Hochstaden, hier die der Herren von Meer, die mit den Herren von Are verwandt waren und deren letzter männlicher Sproß um die Mitte des 12. Jahrh. auf einem Feldzug in Italien verstarb. M. Müller-Wille wies in seiner Zusammenstellung der niederrheinischen Burghügel nach, daß es ursprünglich Hunderte dieser Anlagen gegeben hat. Sie reihten sich wie die Perlen an einer Kette in den Tälern der niederrheinischen Flüsse Rhein, Niers, Erft. Allein die große Zahl dieser frühen Dynastensitze weist darauf hin, daß wir als Inhaber dieser Burgen den landsässigen Adel der nachkarolingischen Zeit sehen dürfen, der zwischen dem 10. und 12. Jahrh. als selbstverständliches Recht den Burgenbau für sich in Anspruch nahm. Nach dem Rechtsempfinden ihrer Zeit stützten sich diese Dynasten auf die Burgen vom Mottentypus, um ihren Besitz zu erwerben, zu sichern und zu erweitern. Dazu gehörte auch, für die Familie und die unmittelbar abhängigen Leute den Schutz gegen fremde Angriffe zu gewährleisten. Zugleich standen diese frühen Dynasten in ihrer Wirtschaftsweise noch dem Bauerntum recht nahe: die Wirtschaftshöfe in den Vorburgen beweisen das. Außerdem darf davon ausgegangen werden, daß diese Herren in der näheren Umgebung ihrer Burgen noch über weitere Güter und Höfe verfügten, die sich oft zu beträchtlichen Besitzkomplexen anhäuften. Ein solcher adeliger Besitzkomplex mit einer frühen Burg im Zentrum wird z. B. in der Ausstattung des 1167 aus der Erbmasse der Grafen von Meer begründeten Klosters Meer sichtbar. Nach dem kinderlosen Tod des Grafen Theoderich, des letzten männlichen Mitgliedes dieser Familie, ging er in kirchliche Hand über, und zwar in Form einer Familienstiftung an die Kirche, wobei die überlebende Mutter des Erblassers, Hildegund, zugleich die erste Äbtissin des neuen Klosters wurde.

Mit dem Vordringen hunderter von Motten in die Auewälder der niederrheinischen Flüsse hinein entsteht nicht nur ein neuer, landschaftsgebundener Burgentypus, bei dem es lediglich darum ging, die natürlichen Gewässer für Verteidigungszwecke nutzbar zu machen. Da die meisten dieser Burgen in den Vorburgen über Wirtschaftshöfe verfügten, denen sich in nächster Umgebung weitere Höfe zugesellten, war mit diesen Burgengründungen auch ein großangelegtes Kolonisationswerk in den niederrheinischen Flußniederungen verbunden. Bereits die befestigten Flachsiedlungen unter den Motten, später dann die zweiteiligen Motten selbst, wurden, wie man am Husterknupp und in Haus Meer studieren kann, unter beträchtlichem materiellen und baulichen Aufwand und unter ausgesprochen widrigen äußeren Naturvoraussetzungen erbaut. Mag auch das Sicherheitsbedürfnis der Burgenbauer der wichtigste Antrieb gewesen sein, so darf andererseits nicht verkannt werden, daß die Errichtung von Wirtschaftshöfen in den Niederungsgebieten selbst, also in den Vorburgen, die Absicht widerspiegelt, in diesen Gebieten dauerhaft ansässig zu werden. Die niederrheinischen Flußniederungen werden so mit Hilfe der Motten als Siedlungs- und Wirtschaftsraum entdeckt und in Kultur genommen. Zum ersten Male seit dem Ende der römischen Periode erlangen sie damit im Gesamtrahmen der ländlichen Besiedlung wieder eine eigene Funktion für Siedlung und Wirtschaft. Wäre es lediglich um die Sicherheitsinteressen der Leute in diesem Gebiet gegangen, so hätte man diese, ähnlich wie bei den als Fluchtburgen genutzten Ringwällen auf den Bergen, durch Fluchtburgen in der Niederung gewährleisten können, die man nur im Falle der Gefahr, also gelegentlich und nicht ständig, aufsuchte. Bei den Motten aber handelt es sich um die ersten ständig bewohnten Burgen, in denen sich militärische und zivile, d. h. ökonomische Erfordernisse, zu einer sinnvollen Einheit verbanden. Die Massenhaftigkeit ihres Vorkommens in immer der gleichen Doppelfunktion als Wehranlage und Wirtschaftseinheit rechtfertigt es, die Niederungsburgen auch als Teil des großen Landausbauvorgangs zu verstehen, der zwischen dem 10. und 13. Jahrh. in allen Teilen des Niederrheins stattfand und der außerhalb der Flußniederungen in den Rodungssiedlungen mit Namen auf -rath seinen Ausdruck fand. Wir gehen noch einen Schritt weiter und vermuten in den Besitzern der Niederungsburgen zugleich auch die Träger des Landausbaus in den benachbarten trockenen Gebieten mit guter Bodenausstattung. Vorerst läßt sich dies noch nicht beweisen, doch deuten die Besitzverhältnisse der Grafen von Meer, wie wir sie zum Zeitpunkt des Übergangs an die Kirche erkennen, durchaus auf solche Zusammenhänge hin.

Ob alle Niederungsburgen am Niederrhein über ältere Entwicklungsstadien in Form von Flachsiedlungen verfügen und bis an die Wende vom 9. zum 10. Jahrh. zurückreichen, ist vorerst noch unbekannt. Sicher war die zweiteilige Motte zeitweilig auch die Modeform einer Burg am Niederrhein schlechthin. In ihrer baulichen Gestalt blieb sie auch nicht auf dem Stand der Holzbautechnik der Frühzeit stehen. Ende des 12. Jahrh. und im 13. Jahrh. kommt es zur Übertragung von Holzbauten in die immer mehr vordringende Steinbauweise. An die Stelle von Holzpalisaden treten Mauern; die Holztürme werden durch steinerne Donjons ersetzt. In der Vorburg werden steinerne Gehöfte errichtet. Die im 11. Jahrh. noch ganz in Holz erbaute Motte, wie wir sie vielfältig von dem um 1080 entstandenen Teppich von Bayeux kennen, verwandelt sich auch am Niederrhein zur vollentwickelten Steinburg, wie wir sie etwa aus Linn, Hülchrath, Dyck, Hardtburg bei Euskirchen, Kaster und an anderen Orten kennen.

Bevor wir in der Darstellung der rheinischen Burgentypen fortfahren, sei noch kurz auf den in der Burgenforschung üblichen Fachausdruck „Motte" für die Niederungsburgen eingegangen. Er leitet sich vom französischen Wort „la motte" für „Hügel, Berg" her und ist auch in den englischen Sprachgebrauch übergegangen, wie der Begriff des „motte-and-bailey castle" für „Niederungsburg mit Vorburg" zeigt. Im Zentrum dieser Begriffsbildung steht also stets der von den mittelalterlichen Burgenbauern künstlich aufgeschüttete Burghügel der Niederungsburgen, auf dem in der Regel der hölzerne oder steinerne Burgturm oder Donjon stand.

Viele Niederungsburgen, unter ihnen auch der Husterknupp und Haus Meer, wurden aufgegeben, noch ehe sie in das Stadium des Ausbaus in Stein eintraten. Es deutet einiges darauf hin, daß die Niederungsburgen vom Motten-Typ seit dem 13. Jahrh. unmodern wurden. Entweder wurden sie in Stein ausgebaut und bei dieser Gelegenheit auch fortifikatorisch erweitert und modernisiert,

oder sie gingen unter. Verfallene Anlagen dieser Art sind im Kreis Neuss Gut Neuenberg, Alt-Wahlscheiderhof, der Fusseberg und Gut Hombroich. In diesen Fällen wurde der Burghügel aufgegeben; die Vorburg mit dem Wirtschaftshof hingegen blieb bis in die Neuzeit in kontinuierlicher Benutzung. Bei anderen Anlagen wurden Haupt- und Vorburg zugleich aufgelassen. Alte Karten, wie die zu Beginn des 19. Jahrh. von französischen und preußischen Landmessern aufgenommene sog. Tranchot-Karte, zeigen noch an vielen Stellen Befestigungen und Niederungsburgen, von denen heute keine Reste mehr erhalten sind.

Die im hohen Mittelalter nicht aufgelassenen Niederungsburgen fanden über mehrere Stadien des Um- und Ausbaus den Weg in die neue Zeit des späten Mittelalters mit seinen besonderen Anforderungen an Burgen. Sie wurden den veränderten Bedürfnissen der neuartigen Militärtechnik angepaßt, die mit dem 13. Jahrh. in zunehmendem Maße auch im westlichen Deutschland Eingang gefunden hatte. Im Kreis Neuss ist Schloß Hülchrath die einzige Festungsanlage, die, ähnlich wie Burg Linn in Krefeld, eine ununterbrochene Bauentwicklung vom Stadium der Hochmotte bis zur voll ausgebauten Landesfeste aufweist. Auf dem Liedberg scheinen sich ähnliche Vorgänge abgespielt zu haben, doch liegt die Entwicklung dort nicht so klar vor Augen. Zons hingegen trägt alle Merkmale einer Gründung aus der Spätzeit. Den Ausgangspunkt bildet hier ein Tafelgut des Kölner Erzbischofs, also ein Gutshof, dessen genaue Lage heute niemand mehr kennt. Bereits zu diesem Tafelgut muß aber eine Burg gehört haben, die 1288 im Zusammenhang mit der Schlacht von Worringen zerstört wurde.

Hülchrath und Zons lassen erkennen, in welche Richtung die Entwicklung der Burgen im späten Mittelalter verlief: die W a s s e r b u r g ist die neue Burgenform, vornehmlich seit dem 13. Jahrh. Man findet sie um diese Zeit am Niederrhein ebenso wie in den Niederlanden, wo der neue Typus der Wasserburg vielleicht noch früher Eingang gefunden hatte, als weiter im Binnenland. Verbunden war mit der Entwicklung des neuen Burgentyps noch eine Änderung, ohne die viele Wasserburgen gar nicht verständlich sind: die Entdeckung des Backsteins als eines auch im Befestigungsbau gut anwendbaren Baumaterials.

Es mag auf den ersten Blick so scheinen, als handele es sich bei diesen Neuerungen lediglich um Veränderungen im Bereich der Burgenarchitektur. Aber dieser Eindruck berücksichtigt nicht die geistigen Wandlungen, die in jener Zeit Platz griffen und, wie viele andere Lebensgebiete auch, den Burgenbau zutiefst beeinflußten. Während des 11. Jahrh. erlebte das Abendland eine unerhörte Steigerung seiner Religiosität, die sich gegen Ende des Jahrhunderts im ersten Kreuzzug zur Befreiung der heiligen Stätten der Christenheit im Heiligen Land (1096–1099) nach außen Luft machte. Heere aus allen Staaten Europas und ungezählte Pilgerscharen machten sich in diesem und in den folgenden Kreuzzügen auf den Weg ins Heilige Land. Allen kriegerischen Begegnungen mit der fremden Welt des Orients zum Trotz blieb diese tausendfache Berührung der abendländischen Welt mit der des Ostens nicht ohne tiefe Wirkungen auf das Lebensgefühl und den Lebenszuschnitt jener, die an einem der Kreuzzüge teilgenommen hatten. Denn es war nicht nur zu kriegerischen Begegnungen mit den Feinden gekommen. Fremde Völker, Rassen und Religionen, staatliche und wirtschaftliche Ordnungen waren in das Gesichtsfeld der Abendländer getreten. In der Architektur und damit auch im Burgenbau lernte man neue Formen und Möglichkeiten kennen. Taktik und Strategie der Kriegführung orientierten sich weitgehend an orientalischen Vorbildern. Neue Kampftechniken gewannen nunmehr auch im Abendland selbst an Bedeutung. Ab etwa 1200 fand die Armbrust in Mitteleuropa Eingang und verdrängte mehr und mehr die überkommene Waffe Bogen und Pfeil. Mit der Armbrust konnte man den Geschossen ein Vielfaches an Durchschlagskraft verleihen. Belagerungsmaschinen erschienen in Mitteleuropa während des 13. Jahrh. besonders zahlreich, und es ist so gut wie sicher, daß gerade auch auf diesem Gebiet manches orientalische Vorbild kopiert wurde.

Solche Einflüsse machen sich vor allem auf dem Gebiet der ballistischen Waffen bemerkbar, mit deren Hilfe man nunmehr gerade kleinen Burgen recht nahe auf den Leib zu rücken vermochte. Die waffentechnischen Neuerungen, die im Anschluß an die Erfahrungen während der Kreuzzüge in Mitteleuropa Eingang fanden, veränderten den Verteidigungswert vieler traditioneller Burgen von Grund auf. Eine Verstärkung vor allem der Außenwehrungen erwies sich als dringend nötig. Je weittragender die Belagerungs- und Angriffswaffen wurden, desto mehr mußte ein Burgherr auch darauf bedacht sein, den Abstand zwischen dem potentiellen Angreifer und seiner eigenen Burg zu vergrößern. So suchte man vor allem, durch vorgelagerte Bastionen, Bermen und Glacis dieses Ziel zu erreichen. Außerdem kam runden, halbrunden oder viereckigen Türmen, die vor die Umfassungsmauern der Burgen traten, besondere Bedeutung zu. Sie ermöglichten es, Feinde, die bis unmittelbar vor die Umfassungsmauern der Burgen gelangt waren, wie es im Winter bei zugefrorenen Wassergräben schon einmal geschehen konnte, von den Flanken her zu bekämpfen. Türme wurden zu den vielleicht wichtigsten Einzelelementen der weitausgelegten Wasserburgen des hohen und späten Mittelalters. Sie erscheinen vor allem an den Ecken von Vor- und Hauptburgen, weiterhin aber auch innerhalb der Umfassungsmauern vor Vor- und Hauptburg, wobei die Abstände dieser Türme häufig recht sorgfältig, entsprechend der jeweiligen Waffentechnik, bemessen wurden.

Mit diesen Neuerungen im Befestigungs- und Militärwesen treffen um die gleiche Zeit andere Tendenzen zusammen, die das Gesicht der Burgen verändern. Lange genug hatten sich die Eigentümer von Burgen des Motten-Typus damit zufriedengegeben, in unbequemen, engen, fensterlosen, schwer heizbaren, relativ primitiven Wohntürmen zu leben. Diese noch bis weit ins 12. Jahrh. vorherrschende Wohnweise in den Donjons der Motten hatte sich im 13. Jahrh. überlebt. Die Bedürfnisse des täglichen Lebens und der adeligen Repräsentation waren, nicht zuletzt auf Grund von Erfahrungen in fernen Ländern, erheblich gestiegen. An die Stelle des ursprünglich vorherrschenden beengten Donjons trat zunehmend der räumlich viel weiter ausgelegte, meist mehrgeschossige Palas, ein repräsentativer Bau, in dem sowohl repräsentative Veranstaltungen als auch Wohnfunktionen leicht untergebracht werden konnten. Vorbild für diese Entwicklung dürfte wiederum Nordwesteuropa gewesen sein. In dem 1180 vom Grafen von Flandern neu erbauten Château-à-motte zu Gent, dem sog. Gravensteen, dominiert der riesige Palas über alle anderen Bauten. Er tritt zugleich an die Stelle eines

25   Der Teppich von Bayeux, entstanden um 1080. Darstellung der Niederungsburg (Motte) von Bayeux/Normandie.

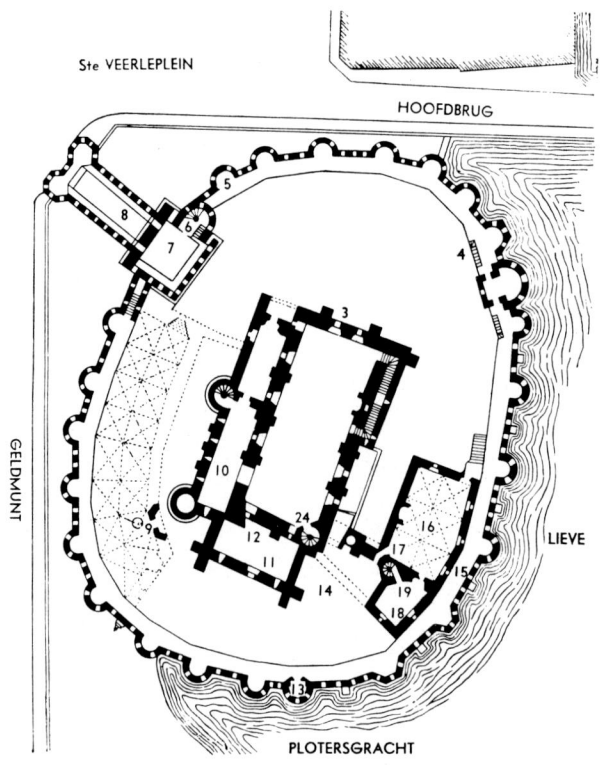

26 Die Burg der Grafen von Flandern zu Gent, der sog. „Gravensteen". Gesamtplan der Anlage um 1080
(nach: Château Gaillard I [1964] S. 164, Fig. A).

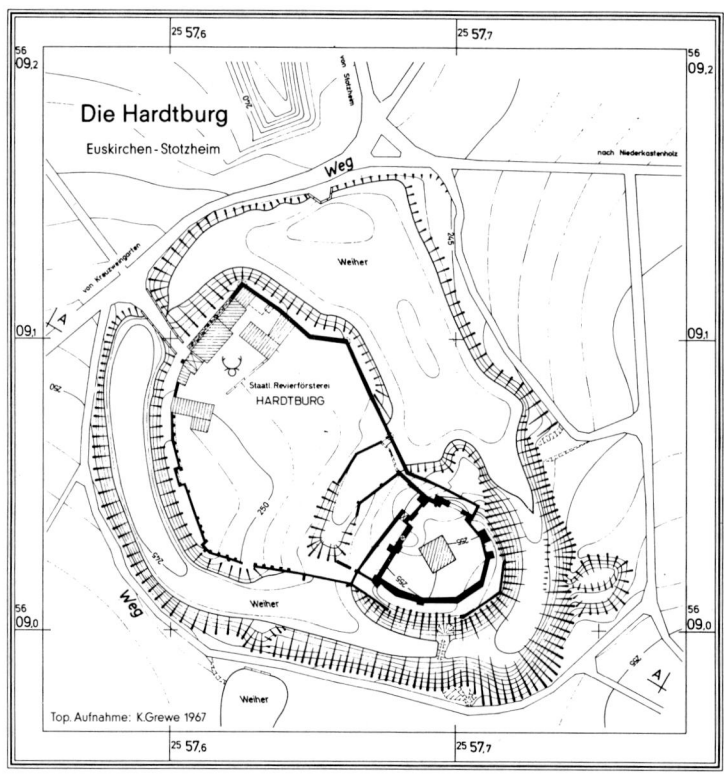

27 Die Hardtburg bei Stotzheim, Kreis Euskirchen, eine der besterhaltenen Motten im Rheinland.
Lageplan des heutigen Zustandes.

älteren Donjons, der bis dahin Kernstück dieser Motte gewesen war. So findet in die bauliche Gestaltung der mittelalterlichen Burg gegen Ende des 12. Jahrh. ein neues, gesteigertes Lebensgefühl Eingang, das sich nicht nur im persönlichen Sicherheitsbedürfnis des Burginhabers erfüllt, sondern sich darüber hinaus auch im Streben nach adeliger Selbstdarstellung und Repräsentation äußert. Von nun an sind die Burgen nicht mehr allein dem Sicherheitszweck und ihrer wirtschaftlichen Funktion verhaftet, sondern sie werden in höherem Maße als je zuvor zum Statussymbol einer im Umbruch begriffenen mittelalterlichen Gesellschaft. Aus dem Heiligen Land gelangte auch der regelmäßige Grundriß der Burgen nach Mitteleuropa. In Deutschland sind Burgen, die einem streng quadratischen oder sonst regelmäßigen Grundriß folgen, verhältnismäßig selten. In den westeuropäischen Staaten hingegen gehören sie zum alltäglichen Bild der Burgenlandschaft jener Tage. Im normannischen Süditalien, in der Schweiz, in Frankreich, in den Niederlanden und in England werden die Wasserburgen möglichst quadratisch oder rechteckig gebaut. Das Kastell südlicher Prägung gibt um jene Zeit das Vorbild für die Burgen nördlich der Alpen ab. Beispiele dafür finden sich auch am Niederrhein, etwa in der Burg Oedt, Kr. Viersen, die einem solchen regelmäßigen Baumuster folgt.

So erweisen sich für den Umbruch von der relativ primitiven Burg des Motten-Typs zur vollentwickelten zweiteiligen Wasserburgen im Grunde zwei in die gleiche Richtung weisende Tendenzen als grundlegend: Es waren einerseits Veränderungen der Militärtechnik und andererseits gesteigerte zivilisatorische Ansprüche der burgensässigen Schicht, die auf die bauliche Gestalt der Burgen einwirkten.

Dazu kommen Wandlungen in den zum Burgenbau bevorzugten Baumaterialien. Die Burgen des Motten-Typs bedienten sich im wesentlichen der seit urgeschichtlicher Zeit immer wieder im Befestigungswesen verwandten Materialien Holz und Erde. Aus Erde baute man die Wälle und die Burghügel; Holz verwandte man für die Bauten in der Vorburg, also den Wirtschaftshof, und den Burgturm auf dem Burghügel. Der Teppich von Bayeux bezeugt diese Bauweise in wünschenswerter Deutlichkeit. Während des 12. Jahrh. ist dann ein Übergang zur Steinbauweise zu beobachten.

Beim Husterknupp verzichteten die Eigentümer der Burg darauf, diese sozusagen in Stein „zu übersetzen". Sie errichteten unweit der alten Burg Husterknupp eine neue, repräsentative Anlage mit großem Palas in Backsteinbauweise. In Oedt wurde die regelmäßige quadratische Burg mit den vier runden Ecktürmen von Anfang an in Backstein erbaut. Backstein bestimmte den gesamten niederländischen Burgenbau des 13. Jahrh. Er kam vor allem in jenen Gebieten zum Tragen, die von Natur aus steinarm waren, also in den fruchtbaren Lößregionen und in den Niederungen im Nordwesten Europas, fern von den Steinvorkommen des Mittelgebirgsraumes. Zeugen der massenhaften Herstellung von Backsteinen zu Bauzwecken sind nicht nur die erhaltenen profanen und religiösen Bauten selbst, sondern auch die zu Hunderten im Gelände noch heute vorhandenen Feldbrand-Ziegelöfen. Wo andererseits geeignetes Steinmaterial verhältnismäßig leicht zugänglich war, griffen die Burgenbauer auch auf dieses zurück. Das war einerseits in den noch stehenden Ruinen römischer Bauten möglich, aus denen jeder nur brauchbare Stein ausgebrochen und neu verwendet wurde. Römische Ziegel, aber auch Natursteine wie Tuffe, Basalt, Trachyt und Kalksinter aus den römischen Wasserleitungen fanden während des 12. Jahrh. in besonderem Maße eine Wiederverwendung in mittelalterlichen Bauten. Schließlich griff man in jener Zeit auf die alten Steinbrüche der römischen Zeit zurück. Der Drachenfels und die Brüche links des Rheins im Drachenfelser Ländchen erlebten eine neue Blüte. Aus ihnen speisten sich nicht nur die großen Kirchenbauten wie der Kölner Dom, sondern auch der Burgenbau. Im frühen 13. Jahrh. wurde der Basalt als Baumaterial neu entdeckt. Er findet sich an so wichtigen Burgen wie der pfalzgräflichen Burg auf dem Tomberg (Tomburg) oder in der Erzbischöflichen Burg im Norden von Neuss, die unlängst in geringen Resten noch lokalisiert werden konnte. Im 14. Jahrh. verwandte man Basalt, in Zons im Verband mit Ziegel- und Fachwerkbauweise. So treten Backstein einerseits und wiederentdeckte Natursteine andererseits während des 13. Jahrh. verstärkt in das Blickfeld von Baumeistern, die sich mit der Errichtung von Burgen befassen müssen. Sie erweitern gegenüber dem traditionellen Holzbau die architektonischen und fortifikatorischen Möglichkeiten ganz erheblich.

71

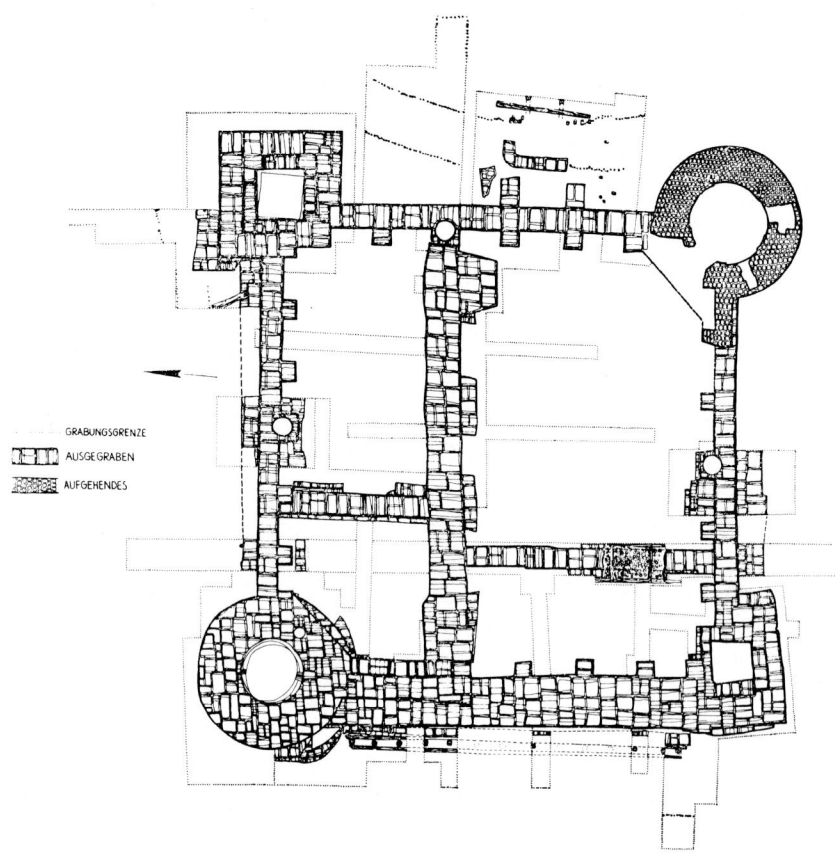

GRABUNGSGRENZE

AUSGEGRABEN

AUFGEHENDES

28 Burg Uda in Oedt, Kreis Viersen, Grundriß des 14. Jahrhunderts (nach: Kirche und Burg in der Archäologie des Rheinlandes [1962] S. 173).

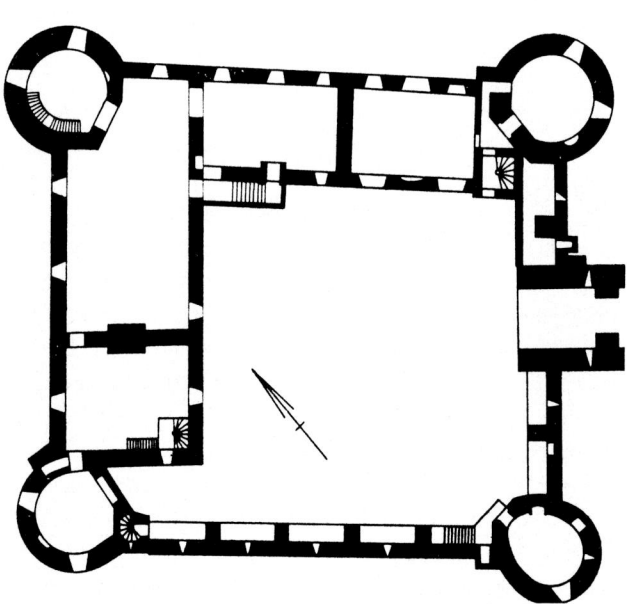

29 Burg Medemblik/Niederlande, Grundriß aus dem Ende des 13. Jahrhunderts (nach: J. G. N. Renaud, Berichten van de rijksdienst 23, 1973, S. 456, Fig. 20).

72

Gleichwohl sollte nicht vergessen werden, daß sich Rudimente des überkommenen Holzbaus in Form der Fachwerkbauweise auch im Rheinland noch lange hielten. An mittelalterlichen Bürgerhäusern in Köln oder, heute noch erhalten, in Monschau, läßt sich beobachten, wie auf ein Steinfundament oder gar steinernes Erdgeschoß ein Fachwerkbau aufgesetzt wird. Ähnliches ist im Burgenbau sichtbar. Für den Kampfwert von Burgen hatte diese Mischbauweise natürlich Folgen, wie ein Beispiel zeigen mag. Im Jahre 1460 beschoß die Stadt Köln das rechts des Rheins gelegene Haus Rott bei Sieglar, unweit Troisdorf an der Sieg. Sie setzte dabei das „neue große Pulvergeschütz" ein. Schon beim zweiten Treffer durchschlug eine große Steinkugel das ganze Haus, was nur möglich war, wenn die Obergeschosse des festen Turmes aus Fachwerk und nur das Untergeschoß in der heute noch an Trümmern erkennbaren Mauertechnik von quarzitischen Sandsteinen mit eingeschossenen Geröll-Lagen aufgeführt waren. Eine starke Explosion zerriß den ganzen Turm. Die Wirkung des Beschusses von Haus Rott war bei den Zeitgenossen dieses Ereignisses jedenfalls ungewöhnlich stark.

Stein- und Ziegelbauweise verbanden sich durch das ganze Mittelalter hindurch bis in die frühe Neuzeit. Die Fachwerkbauweise blieb als kostensparende und einfachere Bauweise auch auf Burgen immer üblich. Sehr deutlich unterschieden Burgenbauer zwischen jenen Burgteilen, die dem Feind unmittelbar gegenüberstanden und solchen, die nur im Innern der Burgen lagen. Für die weniger gefährdeten Teile der Burg war stets der Fachwerkbau zugelassen, so etwa für Wehrgänge und Innenbauten an Stadtmauern oder innerhalb von Burgmauern, wie wir sie etwa heute noch in Zons vorfinden.

Wir haben bereits erwähnt, daß die Burg im späten Mittelalter auch zum Statussymbol wurde. Dies galt selbst noch für jene Zeit, in der der Landesherr praktisch vollständig über das Recht zum Burgenbau verfügte, andererseits aber auch der Besitz einer Burg zur Teilnahme am Landtag berechtigte. Mit der Burg verbanden sich somit Kriterien der sozialen Geltung, die den Burgherrn überhaupt erst zu dem machten, was er sein wollte: landtagsfähig. Georg Droege hat auf diese besonderen Zusammenhänge zwischen Burgenbau und verfassungsmäßiger Stellung des Burgin-

habers aufmerksam gemacht. In ähnliche Richtung zielten Vorstellungen des 14. und 15. Jahrh. darüber, was denn eigentlich unter einer Burg zu verstehen sei. Für den Hof Selikum nahe Neuss wurde 1422 dem Pächter aufgetragen, er habe einen *berchfrit von ses stilen* zu errichten und außer den Hofgebäuden und Zäunen auch die vorhandenen oder zu bauenden Brücken des Hofes instandzuhalten. Das dafür notwendige Holz sollten ihm die bischöflichen Waldungen um Erprath und Büttgen liefern. In der nächsten überlieferten Verpachtung von 1484 wurde erneut auf die Baulichkeiten eingegangen. Dem Pächter war jetzt nur gestattet, die Bauten in herkömmlichem Holzwerk zu errichten *eym zcymlichen zimmer . . . das doch gein burchlich bouwe syn ensall . . .* Die Errichtung einer regelrechten Burg blieb dem Pächter mithin versagt, und auch der noch 1422 genannte *berchfrit* wird gegen Ende des 15. Jahrh. offensichtlich nicht mehr für eine bedrohliche Form einer Befestigung gehalten, wahrscheinlich nur deshalb, weil er teilweise oder ganz aus Holz erbaut war.

Die für Selikum beschriebenen Zustände zeigen uns die Burg in der Hand eines landsässigen Verwalters adeliger Güter. Es ist zugleich eine Zeit, in der sich das landesherrliche Burgenmonopol so vollständig wie nie zuvor durchgesetzt hatte. Der Landesherr nahm nicht nur darauf Einfluß, w e r Burgen bauen durfte; er entschied auch, w i e Burgen errichtet werden durften. Der Landesherr hatte um diese Zeit eine Stellung erreicht, die ihm gestattete, das Befestigungsrecht ähnlich wie zur Zeit des karolingischen Königtums zu handhaben. Zugleich befand er sich in der Position des zentralen Richters im ganzen Territorium. Er war es auch, der die spätmittelalterlichen Landfriedensordnungen gewährleistete. Alle Lebensbereiche gerieten zunehmend in den Griff der staatlichen Verwaltung in den Territorien, und sie gestattete niemandem mehr kriegerische Auseinandersetzungen unterhalb der fürstlichen Ebene. Die Privatfehde war, zumindest in dem territorial völlig gegliederten Niederrheingebiet, ausgestorben. Der Landesherr als Inhaber aller wichtigen Burgen und als Lenker des fürstlichen Behördenapparates war zum alleinigen Träger aller Entscheidungen geworden, gegen die es keine Einspruchsmöglichkeit mehr gab.

Diese Zeit führt zugleich zur nächsten wichti-

gen Burgenform unseres Raumes: zu den **g r o -
ß e n   L a n d e s b u r g e n** und den **f ü r s t l i c h e n
S c h l o ß a n l a g e n**. Sie sollen weiter unten zu-
sammenfassend behandelt werden. Kehren wir
zunächst noch einmal zu den Wasserburgen zurück. Wie die Motten kennzeichnete sie die Zweiteiligkeit: die Hauptburg beherbergte die repräsentativen Wohnbauten des Burgherrn, vor allem
den großen rechteckigen Palas, der in vielen Fällen auf den Flügeln durch entsprechende Bauten
flankiert wurde. Die klassische Form dieser
Hauptburg-Bebauung war die Dreiflügelanlage,
die seit dem 13. Jahrh. in den Niederlanden nachzuweisen ist. In der Vorburg der Wasserburgen
lag, wie zur Zeit der alten Niederungsburgen, der
Wirtschaftshof, z. T. als vierseitig geschlossene
Hofanlage, teils auch dreiflügelig ausgebildet. Die
auch bei den Wasserburgen bestimmende Zweiteiligkeit liefert das wichtigste Argument für die
These, daß die Wasserburg im Grund eine an-
spruchsvollere Form der zweiteiligen Niederungsburg vom Typ der Motten sei. Ist auch nicht
in allen Fällen eine Niederungsburg vom Motten-Typ als Vorläufer von Wasserburgen nachzuweisen, so ist andererseits doch auch in vielen
Fällen sicher, daß zahlreiche Wasserburgen aus
Burgen des Motten-Typs hervorgegangen sind.

Wasserburgen befanden sich häufig auch in den
Händen von Familien des niederen Adels. Im
Kreis Neuss sind hier vor allem Haus Bontenbroich, Haus Fürth und Haus Neuenhoven zu
erwähnen. Alle diese Anlagen sind nicht mehr in
ihrer ursprünglichen Form erhalten; gleichwohl
kann man an ihnen die ursprüngliche Wehrhaftigkeit noch gut erkennen: der Graben, feste Umfassungsmauern mit kleinen Fenstern, turmartig
gedrungene Bauweise vor allem der Erdgeschosse
des Herrenhauses. Schloß Millendonk wahrt trotz
aller späteren Umbauten auch heute noch seinen
mittelalterlichen Wehrcharakter. In Hackenbroich bestand eine Wasserburg, die ihren ursprünglichen Zustand bis zur Zerstörung im letzten Krieg noch deutlich zu erkennen gab. Ein Bild
auf Schloß Dyck zeigt, wie die Anlage im 18.
Jahrh. aussah (Abb. 149).

Auf ältere Ursprünge bei den Wasserburgen
des Kreises Neuss weisen auch Burg Anstel in
Nettesheim und Haus Muchhausen in Hoeningen
hin. Im Herrenhaus von Burg Anstel steckt ein
Wohnturm aus dem Mittelalter, der einen Vor-

gängerbau dieser Anlage voraussetzt. Bei Haus
Muchhausen stieß man bei Ausschachtungsarbeiten auf alte Fundamente, die vielleicht zu Eckba-
stionen gehörten. Um die moderne Hofanlage
zieht sich heute nur noch eine Reihe von Weihern,
die den alten Grabenverlauf andeuten. Zu den
vielen Wasserburgen, bei denen man Reste älterer
Anlagen vorfinden kann, gehört auch Haus
Leusch in Hoeningen. Erhalten ist nur noch eine
Burganlage aus dem 18. Jahrh., in der sich moderne Wirtschaftsgebäude befinden. Auf eine ältere und repräsentativere Vergangenheit des
Noithauserhauses bei Grevenbroich weist noch
der frei auf dem Wirtschaftshof stehende, barocke, aus Trachyt aufgeführte Torbogen mit
flankierenden, gewundenen Säulen hin. Vom alten Burghaus, zu dem der Bogen gehört hatte, ist
nichts mehr erhalten. Die Lauvenburg bei Kaarst
war ursprünglich eine zweiteilige Wasserburg,
deren Herrenhaus Ende des 19. Jahrh. abgebrochen wurde. Bei der Müggenburg in Norf handelt
es sich um einen ehemaligen Rittersitz. Als diese
Anlage Mitte des 18. Jahrh. in den Besitz des
kurpfälzischen Hofraths von Schwartz gelangte,
ließ dieser einen geräumigen Neubau aufführen,
dem die ältere Bebauung weichen mußte. Der
Neubau aber war den Ansprüchen des freiweltli-
chen Damenstiftes, das von Schwartz dort eingerichtet wurde, eher angemessen als die älteren
Bauten. Das Herrenhaus wurde zu einer zweigeschossigen Dreiflügelanlage in Backstein umgestaltet, wie es der Stil jener Zeit war. Die Wirtschaftsbauten und Torbauten der Vorburg der
Müggenburg sind noch jüngeren Datums als das
Herrenhaus.

Waren auch viele zweiteilige Wasserburgen des
Kreises Neuss bisher nur Gegenstand kunsthisto-
rischer Betrachtung und nicht Objekte archäologischer Untersuchungen, so gestatten selbst die
baugeschichtlich-kunsthistorischen Analysen dieser Anlagen, daß in den meisten von ihnen, verborgen unter relativ jungen Veränderungen oder
Neubauten des 18. oder 19. Jahrh., ältere, mittelalterliche Vorgängeranlagen oder Bauteile
stecken. Sie weisen auf die große Zeit der Wasserburgen im hohen und späten Mittelalter hin, die
sich zeitlich an die Blüte der Niederungsburgen
vom Motten-Typ anschließt. Soweit wir heute
sehen, kann die zweiteilige Wasserburg als Fort-
bildung und Weiterentwicklung der Niederungs-

burgen des 10. bis 12. Jahrh. angesehen werden. Die Wasserburgen führen einen traditionsreichen älteren Burgentyp unter veränderten politischen, verfassungsmäßigen, wirtschaftlichen und sozialen Bedingungen weiter in das hohe und späte Mittelalter.

Einen neuen Burgentyp, der gewissermaßen zu den bereits lange üblichen Wasserburgen hinzutrat, brachte die Renaissance: die völlig neu geschaffenen Schlösser und Landsitze des Adels. Sie begegnen uns bereits im ausgehenden 16. Jahrh. und werden nach Ende des 30jährigen Krieges noch erbaut. Ihre Entstehung verbindet sich wiederum mit veränderten sozialen, territorialen und auch wehrtechnischen Verhältnissen. Die Söhne des heimischen Adels waren im 16. und 17. Jahrh. als Offiziere in den Söldnerheeren der Fürsten auch in den Süden Europas gelangt. Dort hatten sie, ihren Vorfahren während der Kreuzzüge nicht unähnlich, die neuen Schloß- und Festungsbauten der italienischen Renaissance kennengelernt. Nach Hause zurückgekehrt, führten sie diese neuen Bauformen mit ihren besonderen Grundrissen und architektonischen Elementen in die heimische Baukunst ein.

Gleichzeitig findet auch die südliche Fassadenarchitektur mit breiten Fenstern und Arkaden am Rhein Eingang. Inbegriff dieser südlichen Einflüsse ist bis heute Schloß Rheydt mit seinen Arkaden. Sie hat es ursprünglich auch in Hülchrath gegeben; dort blieben sie jedoch nicht erhalten.

Ein weiterer Entwicklungsstrang tritt zu diesen südlichen Elementen hinzu. In Frankreich blühte im Zeitalter des Absolutismus der repräsentative fürstliche Schloßbau. Weitläufigkeit, auf Repräsentation gerichtete Architektur außen und im Innern sowie die Einbettung in eine vom Menschen künstlich gestaltete, auf den herrschaftlichen Anspruch des Schloßherrn hin konzipierte Garten- oder Parklandschaft sind die Kennzeichen dieser weitläufigen Schlösser. Ihr Anliegen bestand vordringlich darin, fürstliche oder gar königliche Ansprüche auf Geltung und Macht angemessen zum Ausdruck zu bringen. Anlagen dieses Typs fanden auch im Rheinland Eingang. Eines der hervorragendsten Beispiele für sie ist das heute nicht mehr erhaltene Schloß Wickrath, das aus alten Abbildungen noch bekannt ist. Lediglich die Bauten der Vorhöfe sind noch erhalten, wie auch wesentliche Teile der Parkanlagen.

Beide lassen noch heute die Pracht und den repräsentativen Charakter des einstigen Schlosses Wickrath erahnen.

Den zweiten Höhepunkt dieser Schloßbaukunst im Niederrheingebiet bildet Schloß Dyck. Es bezeichnet den krönenden Abschluß und Höhepunkt einer langen Reihe von Schloßbauten der Renaissance am Niederrhein. Fürstliche Familien, die diese weitläufigen Bauten und Gartenanlagen neu erschufen oder aus Älterem umgestalteten, sind dem übrigen Landadel nicht mehr vergleichbar. Während letzterer meist in die Dienste eines Fürsten in Heer, Verwaltung oder Hofdienst eintrat, gehörten die Inhaber der großen Schlösser zu einer kleinen Gruppe hochfürstlicher Familien, die es den Landesherren gleichzutun vermochten. Die Landesherren waren es gewesen, die mit ihren Landesburgen den Anfang zu großen Schloßanlagen gemacht hatten.

Zons und Lechenich sind die besten Beispiele für diesen Typus, der ja ins späte Mittelalter zurückgeht. Mit den Landesburgen war im 14. Jahrh. ein spezieller Typus von Wasserburgen entstanden, der vor allem die Belange des landesherrlichen Regimentes auf allen Ebenen und in allen Bereichen des nunmehr längst gefestigten Territoriums wahrzunehmen hatte. Die räumlich sehr weit angelegten Landesburgen konnten vielfältige Aufgaben erfüllen: Sie waren ebenso als Garnison wie als Stützpunkte für die Bereitstellung und Ausrüstung von Truppen brauchbar; sie dienten als Sitze der Verwaltung und der Rechtsprechung, als Schutzanlagen für Zollstätten, als Gegenburgen gegen entsprechende Anlagen der benachbarten Territorialherren, als Amtssitze, als Vorratslager und anderes mehr. Die Landesburgen wurden, gestützt auf die beträchtlichen finanziellen Möglichkeiten des Landesherren, fortlaufend ausgebaut und der jeweiligen Waffentechnik, aber auch den jeweiligen Bedürfnissen der Zeit angepaßt. Wo eine solche Anpassung mit Hilfe von Ausbau und Umbau nicht möglich war, erscheint der Landesherr auch unter den Schöpfern neuer großartiger Schloßbauten, die z. T. an die Stelle älterer Burgen oder Schlösser traten. Typisch dafür sind z. B. die Schloßbauten des Kurfürsten von Köln in Brühl und Bonn.

Noch eine letzte Gruppe von befestigten Sitzen ist zu erwähnen. Es handelt sich um große, einteilige, mit Wassergräben umgebene Hof-

anlagen, die im Raum Neuss in größerer Anzahl anzutreffen sind. Von den einfachen Gutshö-
fen unterscheiden sich diese Hofesfesten dadurch, daß sie stets von breiten Wassergräben
umzogen werden und daß sie gelegentlich auch
noch Befestigungselemente wie einen festen
Steinturm oder ein festes Wohnhaus, besondere
Tore, teilweise mit Fallgattern oder mit regelrechten Toreinfahrten, Umfassungsmauern oder Gräben mit Wällen auf der Innenseite besitzen. Die
Außenbefestigungen dieser Hofesfesten, Gräben
und Wälle, sind auch heute noch teilweise dort
kenntlich geblieben, wo sie später umgestaltet
oder zugeschüttet wurden. In einigen Fällen künden große Weiher von einstigen Grabensystemen
um den gesamten Hof. Viele dieser Höfe zeigen
einen vierseitigen, um einen weiten Hof angeordneten Baubestand. Die Gebäude stehen entweder
Ecke an Ecke rechtwinklig nebeneinander oder
aber sie sind lückenlos im rechten Winkel aneinandergebaut. Den einzigen Zugang zu so geschlossenen und abweisenden Anlagen eröffnet
das in vielen Fällen besonders bewehrte Hoftor.

Überblickt man den Bestand an Hofesfesten im
Kreis Neuss, so muß man zwangsläufig die Frage
aufwerfen, ob es sich bei diesen Anlagen um Burgen im klassischen Sinne handelt. Zur Beantwor-
tung dieser Frage können folgende Beobachtungen hilfreich sein. Die Hofesfesten verfügen zwar
über verschiedene Befestigungselemente, die bereits oben aufgeführt wurden. Es ist aber nicht zu
verkennen, daß diese Befestigungseinrichtungen
im Gesamtrahmen der Hofesfesten nur unterge-
ordnete Bedeutung gewinnen. Sie bestimmen keineswegs, wie bei den mittelalterlichen Burgen,
den Charakter der Anlagen vollständig. Vielmehr
erscheinen sie auf den Hofesfesten nur vereinzelt
und unsystematisch. Sie geben sich deutlich als
Rudimente, als Traditionselemente des mittelalterlichen Befestigungswesens zu erkennen, ohne
zugleich die Hofesfesten zu regelrechten Burgen
im Sinne des Mittelalters werden zu lassen. In den
Hofesfesten tritt der Befestigungscharakter eindeutig hinter wirtschaftliche Funktionen zurück,
die in der baulichen Gestaltung beherrschend zutage treten. Damit ist zugleich gesagt, daß die
Hofesfesten in ihrer Mehrzahl nicht mehr in der
Blütezeit der mittelalterlichen Burg entstanden
sein können. Voraussetzung für ihr Aufkommen
war vielmehr eine relativ befriedete Umwelt, in

der der Landfriede dank der umfassenden Wirk-
samkeit der Territorien und ihrer politischen Sta-
bilität gesichert war, in der es zugleich aber auch
zu einer wirtschaftlichen Blüte im landwirtschaftlichen Bereich kam, die die Entstehung großer
Güter und Höfe begünstigte. Nicht die politischen Wirren des Spätmittelalters, sondern erst
die Konsolidierung des absolutistischen Fürsten-
staates im Zeitalter der Gegenreformation dürfte
am Niederrhein die notwendigen Bedingungen
für die Herausbildung der Hofesfesten geschaffen
haben. Soweit sich diese nicht aus älteren Vorformen entwickelten, trifft für die Mehrheit der Hofesfesten zu, daß sie in der Zeit zwischen dem 16.
und dem 18. Jahrh. begründet wurden.

Auf die verschiedenen Entstehungsmöglich-
keiten von Hofesfesten soll weiter unten anhand
von Beispielen aus dem Kreis Neuss und seiner
näheren Umgebung eingegangen werden. Es
bleibt hier lediglich festzustellen, daß die wissenschaftliche Forschung sich bisher mit diesem Problem nur wenig befaßt hat. Erste archäologische
Untersuchungen in den letzten Jahren weisen
aber darauf hin, daß die Entstehungsgeschichte
der niederrheinischen Hofesfesten zum Teil recht
vielseitig und verwickelt ist.

Wir kommen zum Ausgangspunkt dieses Kapitels zurück und halten bei der Frage nach einer
Burgentypologie folgende allgemeine Ergebnisse
fest:

a) Unter den Burgen des Flachlandes am Niederrhein und besonders des Kreises Neuss sind
fünf verschiedene Burgentypen zu unterscheiden:
die Niederungsburgen, auch Burghügel oder
Motten genannt; die Wasserburgen, die großen
Landesburgen, die fast alle einem entwickelten
Schema der Wasserburgen folgen; die fürstlichen
Schlösser und schließlich die Hofesfesten. In einzelnen Elementen sind diese Burgentypen miteinander verwandt, einige von ihnen entwickelten
sich auch auseinander. Gleichwohl ist es möglich,
diese fünf Burgentypen als eigenständige Erscheinungen zu erkennen und voneinander zu unterscheiden.

b) Zeitlich gesehen stehen diese Burgentypen
keineswegs voneinander geschieden und in präzise abgrenzbare Zeiträume angeordnet nebeneinander. Alle dauerten sie jeweils mehrere Jahrhunderte hindurch; außerdem überlappen sie sich in

breiten Zeitabschnitten der allmählichen Ablösung eines Typs durch einen anderen. Die Analyse der verschiedenen Burgentypen bestätigt somit die am Beginn dieses Kapitels ausgesprochene Vermutung, daß es am Niederrhein und damit auch im Kreis Neuss keine zeitlich exakt faßbaren Burgentypen gibt. Bestenfalls sind breite Zeitabschnitte als Blütezeiten der verschiedenen Burgentypen anzugeben, und in diesem Sinne allein sind die nachfolgenden Daten zu verstehen:

Die Blüte der Niederungsburgen (Motten) liegt zwischen dem 10. und 13. Jahrh.; vereinzelt dauern Anlagen dieses Typs unverändert bis ins 14. Jahrh. fort, werden dann aber zeitgemäß umgestaltet oder aufgegeben. Wasserburgen sind vor allem für das 13. bis 15. Jahrh. charakteristisch. Unter ihnen erscheinen die großen Landesburgen vor allem im 14. Jahrh. Schlösser und schloßähnliche Anlagen bestimmen vor allem das 16. bis 18. Jahrh. Viele von ihnen überleben die französische Besetzung des Rheinlandes nach 1794 nicht. Hofesfesten schließlich entstehen, soweit sie nicht aus älteren mittelalterlichen Anlagen hervorgehen, in größerer Zahl vom 16. bis 18. Jahrh. Viele von ihnen blieben bis ins 19. oder 20. Jahrh. intakt und werden noch heute bewirtschaftet.

Zum Abschluß sollen nun noch einmal die wichtigsten Triebkräfte, die zu Veränderungen im Burgenbau und damit zur Entstehung verschiedener Burgentypen geführt haben, zusammengestellt werden. Am Beginn jedes Burgenbaus steht das ursprüngliche und auf Selbsterhaltung gerichtete Bedürfnis nach Sicherheit. Aus ihm ergeben sich Platzwahl, Typus und bauliche Gestaltung der Burg. Da nun aber Verteidigungseinrichtungen und Angriffswaffen in ständiger Fortentwicklung begriffen sind und einander jeweils bedingen, bedeutet die Errichtung einer Burg nicht die abschließende und endgültige Lösung des Sicherheitsproblems ein für allemal; die Burg wird vielmehr zur dauernden Aufgabe für ihren Besitzer, weil er sie ständig den sich weiterentwickelnden defensiven und offensiven Möglichkeiten der Waffentechnik und der Wehrtechnik anpassen muß. Änderungen dieser Waffen- und Wehrtechnik erweisen sich somit als primäre Ursache und Triebkraft für die Weiterentwicklung der verschiedenen Burgentypen. Das schließt auch Veränderungen in der Bauweise,

z. B. den Übergang vom Holzbau und vom Fachwerkbau zum Steinbau und zur Verwendung von Ziegeln, ein; ebenso auch die räumliche Erweiterung der Burgen, ihre Bestückung mit zusätzlichen Wehrelementen, z. B. Türmen. Umgekehrt gehört in diesen Zusammenhang die im späten Mittelalter und in der frühen Neuzeit allenthalben zu beobachtende Reduzierung der Befestigungselemente bei den Schlössern oder den Hofesfesten. War im Mittelalter noch jeder einzelne Burgherr an der Existenzsicherung mit Hilfe von Burgen elementar interessiert, so konnte er sich im spätmittelalterlichen Territorialstaat und im absolutistischen Fürstenstaat auf die kollektive Sicherung durch diesen voll ausgebildeten Staat verlassen, in dem landesherrliche Burgen, der vom Landesherrn garantierte Landfrieden, die staatliche Rechtsprechung und die politische und militärische Souveränität nach außen für den einzelnen weitgehend Sicherheit mit sich brachten. Es wurde sozusagen überflüssig, selbst aufwendige Burgen zu erbauen.

Über den Schutz der eigenen Existenz hinaus war die Burg im Mittelalter auch ein Instrument, um Herrschaft auszubilden und zu erhalten. Burgen wurden besonders zwischen dem 10. und 12. Jahrh. zu Mittelpunkten kleiner Adelsherrschaften, die sich im Freiraum zwischen Schwäche des Königtums und noch nicht voll ausgebildetem Territorialstaat hatten entfalten können. Je mehr sich im hohen Mittelalter dieser Freiraum durch den Aufstieg der Landesherrschaft verengte, desto mehr wandelten sich auch die Funktionen und damit die äußere Gestalt der Burgen. Als zweite wichtige Triebkraft der Burgenentwicklung erweist sich damit die fortschreitende Bildung der inneren Verfassung des mittelalterlichen Reiches, die am Niederrhein vom Verfall der Königsmacht über eine kurze Periode der Blüte der Adelsherrschaft zur Herausbildung der Landesherrschaft führte. Es liegt auf der Hand, daß die Landesburg, d. h. die Burg in der Hand des Territorialherren, ganz anders aussehen muß, als die kleine Dynastenburg. Neuen vielfältigen Zwecken der Landesherrschaft wird auch die Burg in ihrer baulichen Gestalt angepaßt. Mit in diesen Zusammenhang gehört auch die Entstehung der Schlösser, bei denen fortifikatorische Elemente zugunsten fürstlicher Prachtentfaltung zurücktreten.

Damit wird eine weitere Triebkraft des Wan-

77

dels im Burgenbau angesprochen. Im Laufe des Mittelalters hatte sich, nicht zuletzt durch die Erfahrungen im Zeitalter der Kreuzzüge, ein erstaunlicher Anstieg des zivilisatorischen Niveaus vollzogen, der erhöhte Ansprüche an die Lebens- und Wohnkultur mit sich brachte. Das Leben des Adels auf den Burgen wurde von diesen Entwicklungen nicht weniger betroffen, als alle anderen Lebensbereiche in Stadt und Land. Stellte der Burgherr des 10./11. Jahrh. im Grunde kaum etwas anderes dar, als eine bessere Variante des allgemeinen Bauerntums, so hob er sich seit dem ausgehenden 11. Jahrh. immer deutlicher von der bäuerlichen Lebensform ab, und zwar räumlich, indem der Adel nunmehr getrennt vom Volk in eigenen Sitzen wohnte, und zivilisatorisch-kulturelle, indem er eigene, schichtspezifische Lebensformen entwickelte. Höfische Kultur, wie sie in der Literatur des späten 12., des 13. und 14. Jahrh. ihren Niederschlag fand, setzt ein beträchtliches zivilisatorisches Niveau voraus. Es äußerte sich, um nur ein Beispiel von vielen zu nennen, im Burgenbau in der Ablösung des primitiven Wohnturmes durch den repräsentativen Palas gegen Ende des 12. Jahrh. Gleichzeitig wurden an die hygienischen Einrichtungen wie in den Städten so auch auf den Burgen erhöhte Anforderungen gestellt. Nur wer diesen zivilisatorischen Fortschritten bei der Gestaltung seines Wohnsitzes dauerhaft Rechnung trug, konnte Mitglied der Adelsgesellschaft bleiben; folgerichtig bot im späten Mittelalter der verarmte, ungebildete, auf primitiven Burgen lebende, zum Straßenraub gezwungene Ritter Grund zu allgemeinem Spott. Er verkörperte den überholten, weil nicht angepaßten Typus des Burgherrn älterer Zeiten, der als nicht mehr standesgemäß empfunden wurde.

Eine letzte und doch grundlegende Voraussetzung für den Burgenbau soll noch erwähnt werden. Burgen konnte nur bauen, wer über eine solide wirtschaftliche Grundlage verfügte. In älterer Zeit war dies nahezu ausschließlich die Landwirtschaft gewesen. Und so darf man die Burgenbauer der nachkarolingischen Epoche zu einem guten Teil unter den reichbegüterten Landbesitzern suchen, soweit sie nicht vom König privilegierte Funktionsträger waren. Größe, architektonische und künstlerische Ausgestaltung der Burgen hingen also zu einem guten Teil auch von der wirtschaftlichen Stellung der Burgenbauer ab. Dies sollte nicht vergessen werden, wenn man beobachtet, daß Burgen umgestaltet, zeitgemäß neu errichtet oder künstlerisch reich ausgeschmückt wurden. Wirtschaftliche Sicherheit der burgenbauenden Schicht ist deshalb für alle Zeiten mit in die Betrachtung über die Entstehung und Geschichte von Burgen einzubeziehen.

Die Suche nach den Triebkräften, die sich in der Entwicklungsgeschichte der Burgen aussprechen, dürfte gezeigt haben, daß stets ganz verschiedene Ursachen in unterschiedlicher Stärke zusammengewirkt haben und daß sich die Geschichte der Burgen und Schlösser nicht aus einem Ursachenkomplex allein erklären läßt. Auch diese Erkenntnis sollte davor bewahren, die verschiedenen Burgentypen des Niederrheins zu starr zu sehen und ihre gegenseitige Verflochtenheit miteinander zu verkennen.

In diesem Kapitel sollen die wichtigsten Burgen des Kreises Neuss beschrieben werden. Dabei werden die einzelnen Anlagen ihrem jeweiligen Typus zugeordnet und dargestellt.

5.1 Niederungsburgen (Motten, Burghügel)

Die Entwicklungsgeschichte der Niederungsburgen läßt sich in keinem anderen Gebiet so umfassend und lückenlos studieren wie im Kreis Neuss. Denn nur hier wurden bisher zwei dieser Anlagen vollständig ausgegraben. In den Jahren 1949 bis 1951 wurde die Niederungsburg Husterknupp bei Frimmersdorf archäologisch untersucht. Die Ergebnisse dieser vom Rheinischen Landesmuseum in Bonn durchgeführten Forschungen, die durch das Ausgreifen des Braunkohlentagebaus Frimmersdorf-Süd erforderlich wurden, sind von Adolf Herrnbrodt in seinem Buch „Der Husterknupp. Eine niederrheinische Burganlage des frühen Mittelalters" (1958) veröffentlicht worden. Die Grabungen des Rheinischen Landesmuseums Bonn und die Veröffentlichung A. Herrnbrodts wurden seinerzeit nicht nur im Rheinland mit Interesse aufgenommen. Sie fanden darüber hinaus auch innerhalb der internationalen Burgenforschung starke Beachtung; denn um jene Zeit beschäftigten sich Burgenforscher in mehreren europäischen Nachbarländern ebenfalls mit der Geschichte der Niederungsburgen. Die Ergebnisse der Burgenforschung im Rheinland fanden dann 1962 auf dem 1. Internationalen Kolloquium „Château Gaillard" im nordfranzösischen Les Andelys so starkes Interesse, daß beschlossen wurde, den zweiten Kongreß Château Gaillard im Jahre 1964 im Rheinland abzuhalten. A. Herrnbrodt regte damals die zweijährige Fortsetzung dieses Kongresses an, weil ebenfalls im Jahre 1962 die Ausgrabungen auf dem zweiten wichtigen Fundplatz, auf der Niederungsburg bei Haus Meer, angelaufen waren und zu ersten vielversprechenden Ergebnissen geführt hatten. Es lag daher nahe, den 2. Internationalen Kongreß Château Gaillard un-

mittelbar am Schauplatz dieser Ausgrabungen durchzuführen. Er fand zwischen dem 27. und 30. Juli 1964 in Büderich statt und wurde im In- und Ausland sehr beachtet. Damals lagen bereits umfangreiche Ausgrabungsergebnisse von der Niederungsburg Haus Meer vor.

Der ungewöhnlich gute Erhaltungszustand der Holzbauten und ihres Inventars in Haus Meer machte es indessen nötig, die Grabungen fortzuführen. Die Niederungslage des Platzes brachte es mit sich, besondere technische Einrichtungen zur Grundwasserabsenkung zu installieren, ohne die die Grabungen nicht möglich gewesen wären. Wie bei den Grabungen auf dem Husterknupp bei Frimmersdorf erfuhren die Archäologen auch in Haus Meer vielfältige technische Hilfe durch die Rheinischen Braunkohlenwerke A. G. in Köln, deren sie sich dankbar erinnern. Neben den Etatmitteln des Landes Nordrhein-Westfalen und des Landschaftsverbandes Rheinland flossen aber auch erhebliche Aufwendungen des Kreises Neuss in diese Ausgrabungen, der damit das Verdienst für sich in Anspruch nehmen kann, die so wichtigen Grabungen von Haus Meer weitsichtig und wirkungsvoll gefördert zu haben. Was inzwischen an wissenschaftlichen Ergebnissen gewonnen werden konnte, geht nicht zuletzt auf diese tatkräftige Hilfe des Kreises zurück.

Die Ausgrabungen in Haus Meer und auf dem Husterknupp vermittelten umfassende Erkenntnisse über die Entwicklungsgeschichte und die kulturgeschichtliche Stellung dieser beiden Burgen und des Typs der Niederungsburgen allgemein. Bei aller Verschiedenheit der Geschichte beider Plätze und unbeschadet der im einzelnen recht verschiedenen Grabungsergebnisse vom Husterknupp und von Haus Meer schälen sich inzwischen aus der Fülle der Einzelfakten gemeinsame Züge der Geschichte beider Anlagen heraus, denen auch allgemeine Bedeutung zukommt. Die Forschungsergebnisse von diesen beiden Anlagen charakterisieren also durchaus die Geschichte des Typs der Niederungsburgen am gesamten Niederrhein.

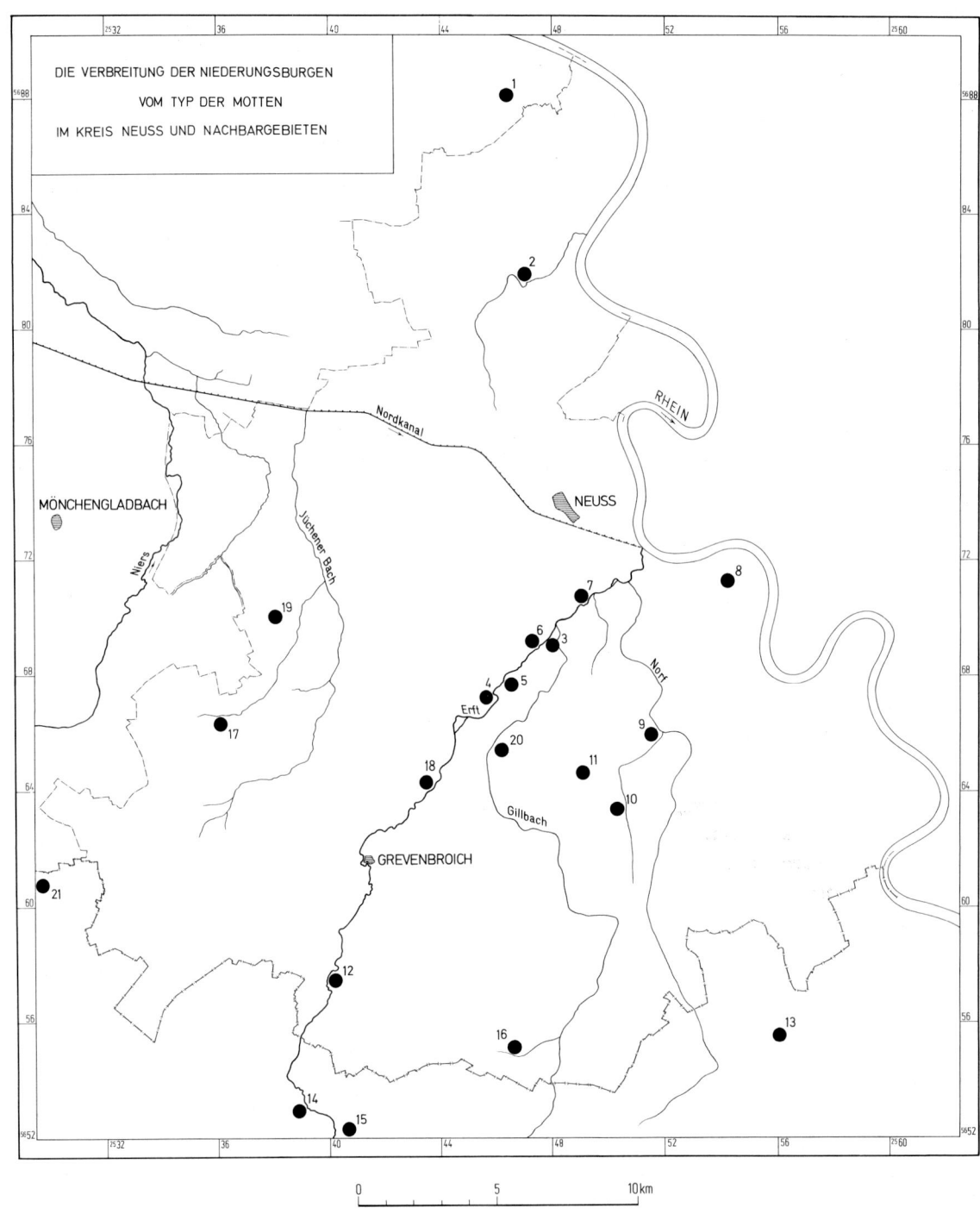

30   Verbreitungskarte der Niederungsburgen (Motten) im Kreis Neuss.

Abb. 30 zeigt die Verbreitung der Motten im Kreis Neuss. Aufgenommen wurden sowohl heute noch bestehende Anlagen als auch gesicherte, aber schon zerstörte Anlagen. Die Häufung der Motten in den Flußgebieten tritt besonders deutlich hervor. Sie entstehen offensichtlich in jenen Räumen, die von der hochmittelalterlichen Kolonisation in Sumpf-, Bruch- und Flußgebieten erfaßt wurden. Man kann die Motten und ihre Vorläufer-Siedlungen deshalb auch als speziellen Siedlungs- und Befestigungstyp der Niederungen ansprechen.

31　Modell der Niederungsburg Husterknupp im Rheinischen Landesmuseum Bonn. Diese Vorstellung vom Aussehen einer rheinischen Niederungsburg trifft auch für die Niederungsburg Haus Meer bei Büderich in ihrem letzten Stadium zu.

5.1.1 Der Husterknupp (Abb. 31–40).

Diese Niederungsburg ist längst in dem großen Braunkohlentagebau Frimmersdorf-Süd verschwunden. Archivbilder, die die Anlage im Gelände zeigen, besitzen deshalb bereits heute dokumentarischen Wert (Abb. 32). Auf ihnen erscheint die Burg als eine flache, verschliffene Kuppe von etwa 5 m Höhe in der von Pappelwäldern bestandenen Ebene der Erft. Der rundliche Burghügel lief mit flachen Böschungen in die Flußaue aus. Im Durchmesser maß er rund 50 m. Den Hügelfuß umschloß ein etwa 10–15 m breiter und durchschnittlich 0,60 m tiefer kreisrunder Befestigungsgraben. Nach Nordosten schloß sich an diese Hauptburg die etwa hufeisenförmige Vorburg an, deren größte Länge etwa 90 m und deren größte Breite rund 45 m betrug. Sie erhob sich um etwa 1 m über das Gelände der Niederung und bildete, dem kundigen Auge leicht erkennbar, eine große Plattform. Auch die Vorburg schloß ein eigenes Grabensystem ein. Der Graben um die Vorburg schwankte in der Breite zwischen 20 und 30 m; seine durchschnittliche Tiefe lag bei

1 m. Vorburg und Hauptburg waren durch einen gemeinsamen Grabenabschnitt deutlich voneinander getrennt. Zur Zeit der Benutzung der Burg muß es hier eine Holzbrücke gegeben haben, die beide Teile der zweiteiligen Burg miteinander verband (Abb. 31.40).

Ein Blick auf die zu Beginn des 19. Jahrh. entstandene Tranchot-Karte zeigt noch die alten Lageverhältnisse des Husterknupps in der Landschaft und im Verhältnis zu den benachbarten Siedlungen. Er lag etwa in der Mitte zwischen den beiden alten Dörfern Frimmersdorf, Kr. Neuss, und Morken, Kr. Bergheim, unmittelbar an der Erft. Die Tranchot-Karte enthält ganz deutlich eine Verbindung zwischen dem Erftlauf und den Befestigungsgräben des Husterknupps, die bei Bedarf also mit dem Wasser des natürlichen Flußlaufes gespeist werden konnten. Diese Anbindung des vom Menschen geschaffenen Befestigungssystems an nahe natürliche Wasserläufe ist typisch für den ganzen Burgentyp, dessen fortifikatorische Stärke wesentlich von der Nutzbarmachung dieser naturgegebenen Sicherungsmöglichkeiten abhing. Zugleich weisen die auf der

32 Die Niederungsburg Husterknupp vor Beginn der Ausgrabungen von Osten. Foto: Schmitz-Franke, Köln-Rodenkirchen.

Tranchot-Karte angegebenen Gelände- und Wegeverhältnisse darauf hin, daß an dieser Stelle des Erfttales ein Übergang über den Fluß bestanden hat, der mit Hilfe des Husterknupps leicht beherrscht und kontrolliert werden konnte. Der Flußübergang verband den westlich der Erft und nördlich des nahen Königshoven verlaufenden Burgweg mit dem südlich von Frimmersdorf über die flachen Höhen ziehenden Gottesweg. Beide Wege waren Teil einer überörtlichen Straßenverbindung, die von Köln nach Venlo führte. Die Erft überschritt sie als Furt unmittelbar nördlich des Husterknupps, also ein wenig flußabwärts vom Husterknupp aus gesehen.

Das wichtigste Ergebnis der mehrjährigen archäologischen Untersuchungen auf dem Husterknupp bestand zweifellos in der Erkenntnis, daß die zweiteiligen Niederungsburgen (Motten) nicht von Anfang an als solche geplant und verwirklicht wurden, sondern daß die Motte mit Vorburg und Hauptburg erst das Ergebnis einer mehrere Jahrhunderte umfassenden baulichen

Entwicklung darstellt. Auf dem Husterknupp sind vier Hauptperioden zu unterscheiden (Abb. 38–40). Die Periode I besteht aus einer auf künstlichen Packlagen errichteten Flachsiedlung, die vom ausgehenden 9. bis um die Mitte des 10. Jahrh. bewohnt war (Abb. 38). Ein Graben umgab die rundliche Siedlung. An seinem Innenrand lief eine Palisade aus Rundstämmen um die gesamte Siedlung. Über eine Holzbrücke, deren tragende Pfähle noch nachgewiesen werden konnten, erreichte man das Innere der Siedlung. Fünf Holzhäuser bzw. Reste von solchen wurden im Innern des grabenumwehrten Areals nachgewiesen. Sie boten hinsichtlich ihrer Bauweise eine Überraschung; denn sie waren in der vornehmlich in den Niederlanden, in Skandinavien und im Ostseeraum verbreiteten Technik des Stabbaus erbaut worden (Abb. 33–36). Die massiven hölzernen Wandplanken steckten in den Nutrillen waagerechter Schwellbalken. Untereinander waren sie durch ineinandergreifende Nut-und-Feder-Konstruktion verbunden. Der Husterknupp ist

33 Niederungsburg Husterknupp, Flachsiedlung, Haus 3 von Südosten (nach: A. Herrnbrodt, Husterknupp [1958] Taf. 27a).

damit einer der wenigen Plätze am Niederrhein, an denen Stabbautechnik in größerem Umfange archäologisch nachgewiesen werden konnte.

Die Periode II bringt den Ausbau der Flachsiedlung zur sog. Kernmotte: es entsteht die früheste zweiteilige Anlage, bestehend aus aufgeschüttetem Burghügel über der Flachsiedlung und einer nach Nordosten angebauten Vorburg (Abb. 39). Beide Burgteile wurden mit eigenen Gräben umgeben. Diese Änderungen fanden in der zweiten Hälfte des 10. Jahrh. statt. Die entscheidende Veränderung bestand dabei in der Aufschüttung eines Burghügels als Kernmotte. Während man die Flachsiedlung noch nicht als Burg im eigentlichen Sinne bezeichnen kann, sind mit dem Stadium der Kernmotte die wehrtechnischen Elemente so vorherrschend, daß diese Anlage als die erste Burg an der Stelle des Husterknupps aufzufassen ist.

In der Periode III entsteht die Hochmotte Husterknupp. Sie hatte vom 11. Jahrh. bis in die erste Hälfte des 13. Jahrh. Bestand. Der Burghügel der Hauptburg wird weiter aufgeschüttet, die Vorburg erweitert (Abb. 40). Auf dem Burghügel muß in dieser Periode ein „Festes Haus" aus Holz gestanden haben, der Donjon oder Wohnturm. In der Vorburg befanden sich verschiedene Holzhäuser des Wirtschaftshofes. Gegen Ende dieser Periode beginnt der Ausbau der Holz-Erde-Mauer, die die Vorburg sicherte, in Stein, ein sicheres Indiz dafür, daß in der Spätphase des Husterknupps im 13. Jahrh. Tendenzen zum Ausbau der gesamten Anlage in Stein zum Tragen kamen.

Während der jüngsten Periode IV kam es dann schließlich zur Errichtung einer ganz in Ziegeln erbauten neuen Burg Hochstaden im Vorfeld der Vorburg des Husterknupps, im sog. Suburbanum. Dieser Periode IV gehört auch die in Tuffstein erbaute einschiffige Kapelle mit eingezogenem Rechteckchor an, die in der Vorburg aus der Periode III aufgeführt wurde. Für den Entschluß, eine neue Burg zu errichten, war sicher maßgebend, daß die Periode III mit der totalen Zerstö-

83

34 Niederungsburg Husterknupp, Flachsiedlung, Haus 3, Außenwand in Schwellriegel-Bauweise (nach: A. Herrnbrodt, Husterknupp, Grabungsbericht im Rheinischen Landesmuseum Bonn).

35 Niederungsburg Husterknupp, Flachsiedlung, Haus 3, Schwellriegel-Konstruktion der Außenwand mit Resten der Stabbohlen von der Wand (nach: A. Herrnbrodt, Husterknupp [1958] Taf. 35b).

36 Niederungsburg Husterknupp, Flachsiedlung, Haus 2, Detail der westlichen Längsseite, Eingrabung der Pfosten
(nach: A. Herrnbrodt, Husterknupp, Grabungsbericht im Rheinischen Landesmuseum Bonn).

rung der zweiteiligen Motte zwischen 1192 und 1244, im Zuge von Kämpfen zwischen Lothar von Hochstaden und dem Kölner Erzbischof Bruno III., endete. Ein Wiederaufbau der alten Anlage mag um jene Zeit bereits nicht mehr sinnvoll erschienen sein, weil sich vielleicht schon damals der Burgentyp der zweiteiligen Motte überlebt hatte. Aber auch die an die Stelle der Motte tretende Ziegelstein-Burg der Periode IV bestand nicht lange. Sie wurde bereits im Laufe des 14. Jahrh. aufgegeben, ohne daß wir heute Näheres über ihr Aussehen wüßten. Lediglich ein

Abschnitt der Umfassungsmauer mit innen vorgesetzten Stützpfeilern sowie die südwestliche runde Bastion der Burg wurden ausgegraben.

Die Ausgrabungen auf dem Husterknupp waren in mehrfacher Hinsicht für die rheinische Archäologie bedeutsam. Zunächst einmal erreichte mit diesen Untersuchungen die im Rheinland und am Rheinischen Landesmuseum Bonn von jeher intensiv betriebene Archäologie des Mittelalters einen ersten Höhepunkt, indem es ihr gelang, die Entstehung eines weitverbreiteten niederrheinischen Burgentyps zu klären. Weiterhin waren der

37 Niederungsburg Husterknupp, Hochmotte – (Periode III D), Mauerwerk hinter der Holz-Erde-Mauer
(nach: A. Herrnbrodt, Husterknupp [1958] Taf. 42a).

Reichtum und die Qualität der von der Motte Husterknupp geborgenen kulturhistorischen Funde beträchtlich. Reichhaltige Keramikfunde, Gebrauchsgegenstände und Waffen aus Eisen, die vielen wohlerhaltenen Bauteile aus Holz spiegeln das Leben auf einer rheinischen Burganlage des 10. bis 13. Jahrh. in mannigfachen Façetten wider. Dazu kamen aber Fundobjekte, die man bislang wenig beachtet hatte: Tierknochen, die den Bestand an Haustieren und die Konsumgewohnheiten der Burgbewohner zeigen. Funde pflanzlicher Großreste bieten Hinweise auf die Vegetation im näheren Umkreis der Burg sowie auf die Pflanzennahrung der Burgbewohner. So liegt die Bedeutung der Forschungen am Husterknupp vor allem in der Vielfältigkeit ihrer archäologischen Befunde, die zusammengenommen ein umfassendes Bild von der Geschichte und der kulturgeschichtlichen Stellung einer solchen frühen Adelsburg vom Motten-Typus vermitteln. Die Verknüpfung der archäologischen Ergebnisse mit gleichzeitigen urkundlichen oder literarischen Quellen

bereitet indessen Schwierigkeiten. Zu lückenhaft ist die historische Überlieferung, als daß man mit den wenigen zufällig überlieferten Daten oder Fakten bestimmte archäologische Befunde oder Schichten identifizieren könnte. Hier ist sicher Vorsicht geboten, zumal die archäologischen Fundobjekte sich unglücklicherweise nur selten aus sich heraus präzise datieren lassen.

Kein Zweifel ist daran möglich, daß der Husterknupp die Stammburg derer von Hochstaden war. Im Namen spiegelt sich noch der mittelalterliche Name der Hochstadenburg, der mit *Hostada, Hoistadin, Hostadin, Hostaden* oder *Hoestaden* überliefert ist. Mit einiger Wahrscheinlichkeit kann auch der vom Erzbischof Konrad von Hochstaden im Jahre 1244 erteilte Befehl, die Burg Hochstaden in einiger Entfernung zur alten Burg neu aufzubauen, auf die Periode IV des Husterknupps bezogen werden. Die Zerstörung der Burg der Periode III dürfte also diesem Datum nicht allzu lange vorausgegangen sein. Zusammen mit den Burgen Are und Hart geht die Burg Hochstaden

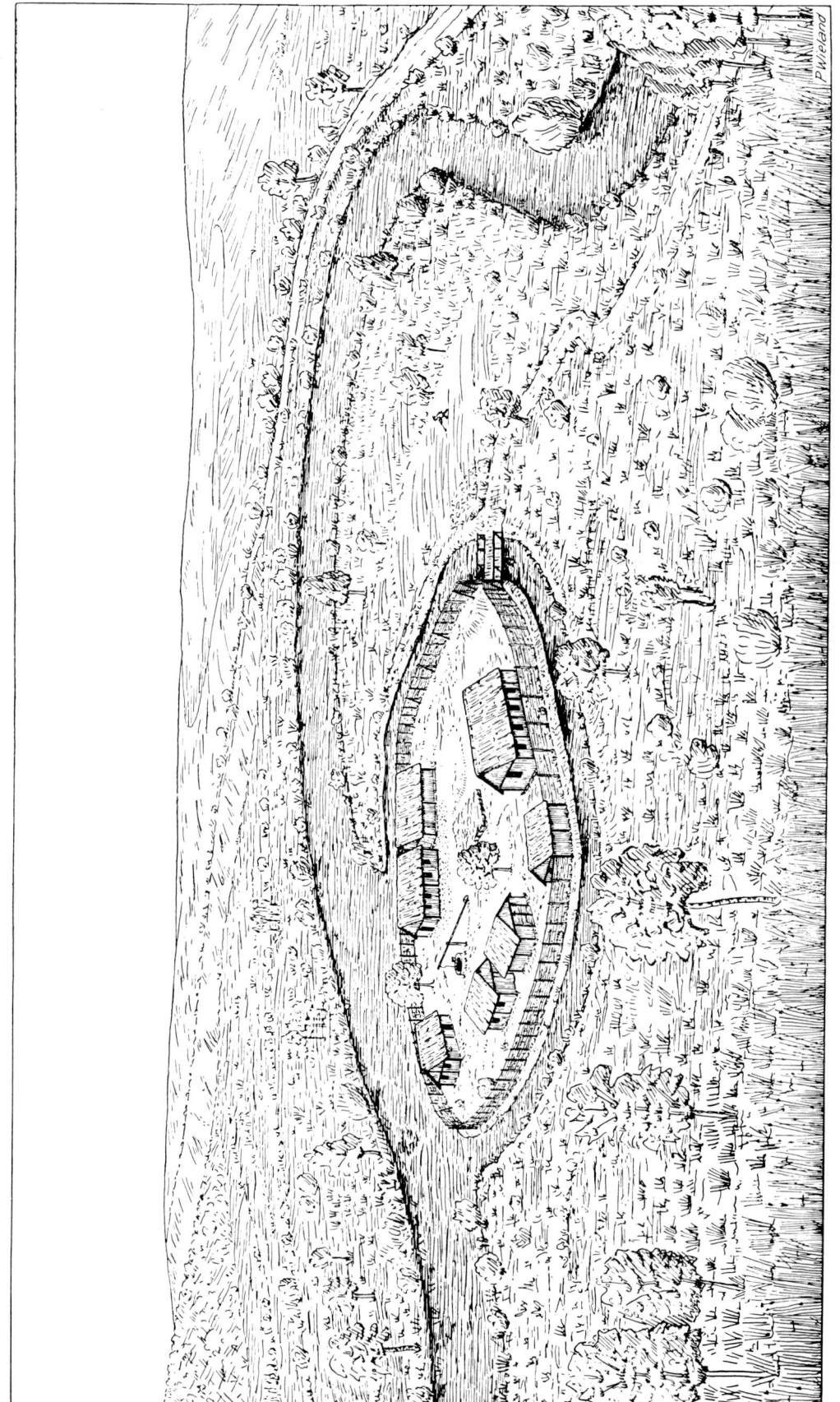

38 Niederungsburg Husterknupp, Versuch der Rekonstruktion der Flachsiedlung – Periode I (nach: A. Herrnbrodt, Husterknupp [1958] Taf. 1).

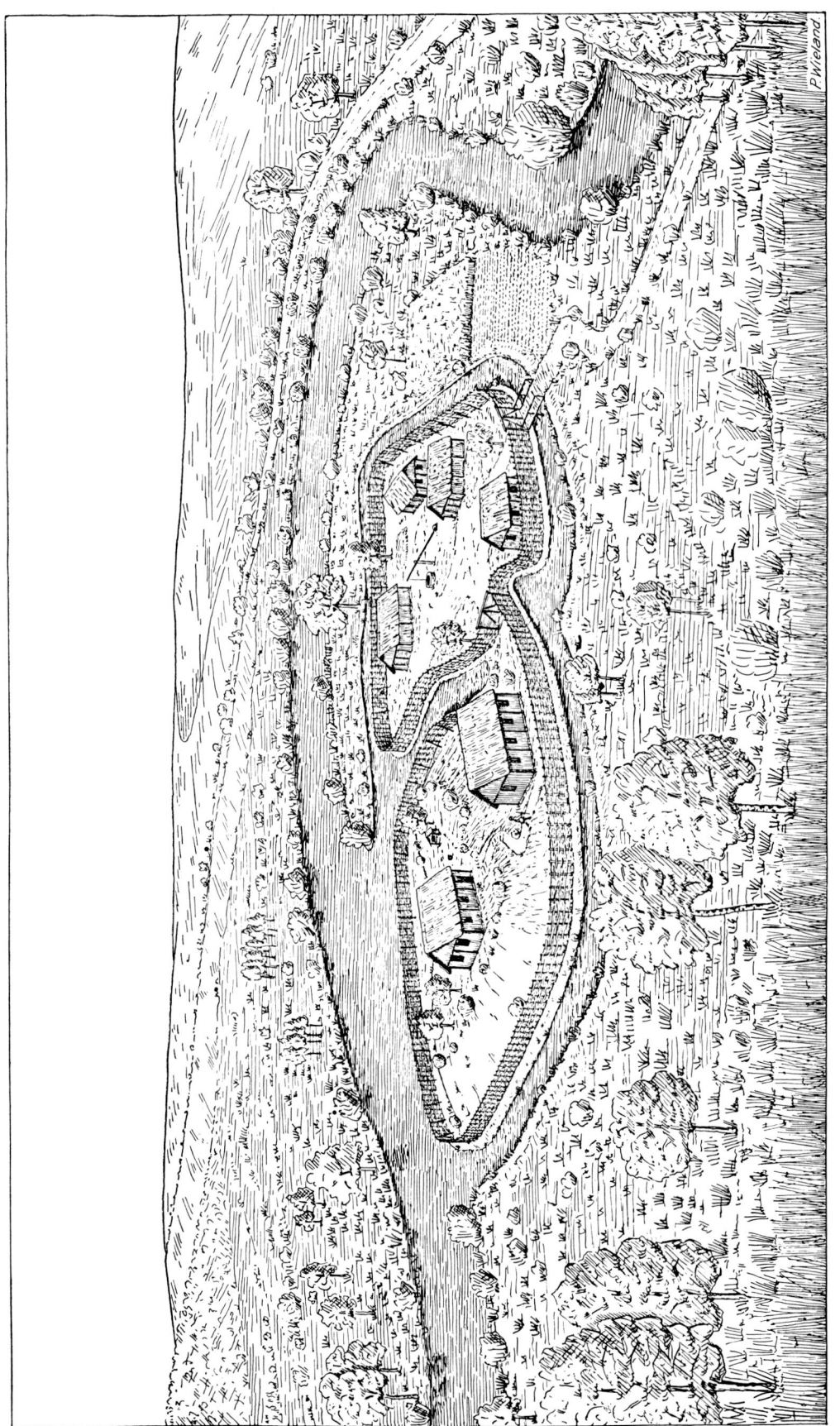

39 Niederungsburg Husterknupp, Versuch der Rekonstruktion der Kernmotte – Periode II (nach: A. Herrnbrodt, Husterknupp [1958] Taf. 2).

88

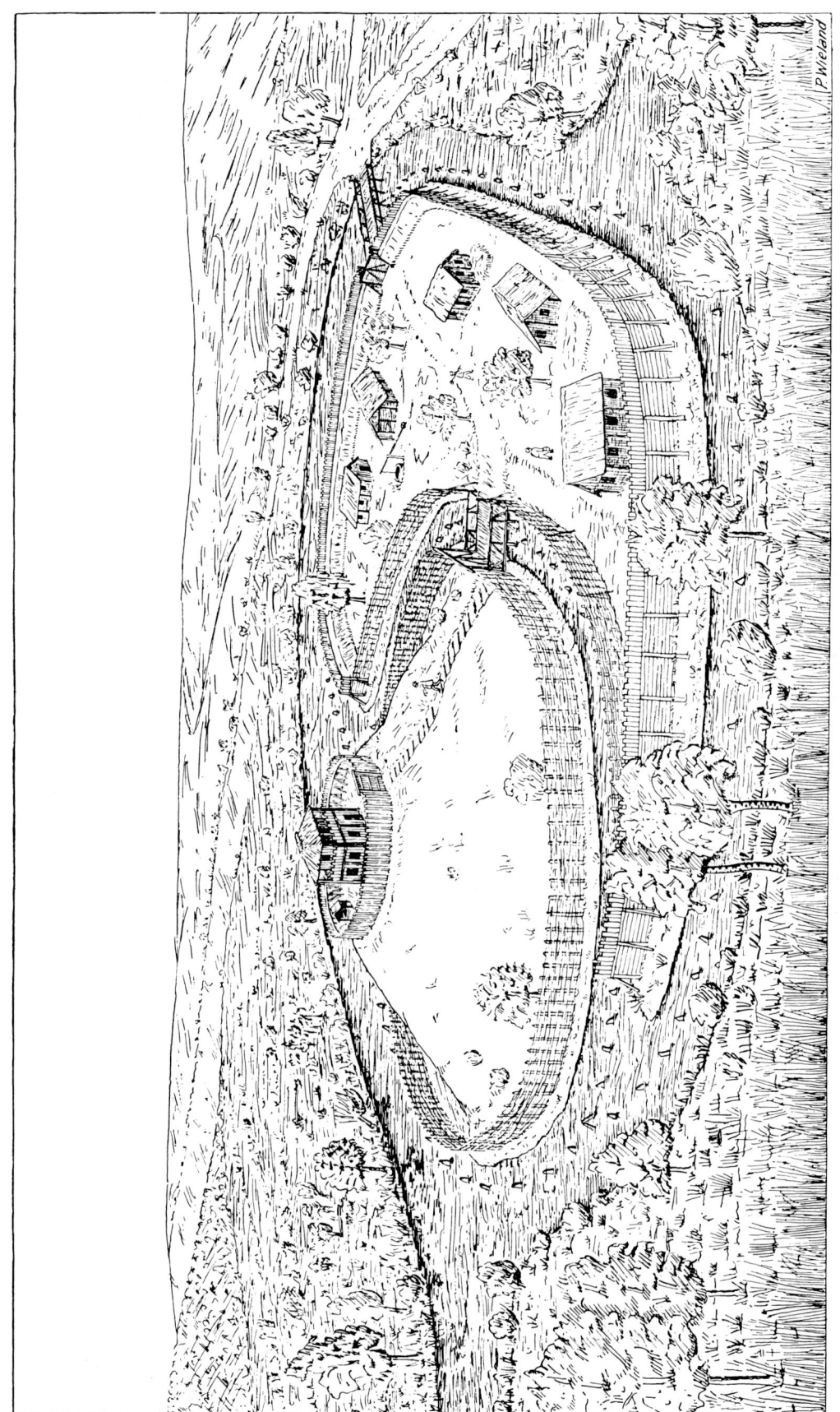

P. Wieland

40 Niederungsburg Husterknupp, Versuch der Rekonstruktion der Hochmotte – Periode III C mit Holz-Erde-Mauer (nach: A. Herrnbrodt, Husterknupp [1958] Taf. 3).

89

dann als Bestandteil der Are-Hochstadenschen Erbschaft im Jahre 1246 an Kurköln über.

5.1.2 Die Niederungsburg Haus Meer bei Büderich (Abb. 41–52).

Noch ertragreicher als die Grabungen auf dem Husterknupp waren die Untersuchungen in der mittelalterlichen Niederungsburg bei Haus Meer in Meerbusch-Büderich. Die flachhügelige Erhebung des Burgplatzes liegt in einer etwa 3 km nach Westen ausgreifenden, verlandeten Rheinschlinge nordwestlich der Ortschaft Büderich und nur 200 m nordöstlich von den Überresten des einstigen Prämonstratenserinnenklosters Meer (Abb. 41). Nur 1–2 m erhebt sich das Gelände der ehemaligen Burg über das Niveau auf dem Grunde des alten Rheinarmes (Abb. 42a.b). In Ost-West-Richtung weist es einen Durchmesser von rund 50 m, in Nord-Süd-Richtung einen solchen von 35 m auf. Ein Höhenschichtenplan von der Anlage spiegelt ihre Zweiteiligkeit wider; dem Burghügel oder genauer: dem später archäologisch nachgewiesenen Stumpf eines vom Rheinhochwasser abgetragenen Burghügels lagert sich nach Nordwesten eine Vorburg vor, so daß die Anlage in ihrer Form einem von Nordwesten nach Südosten gerichteten Ei ähnelt.

Nachdem die Grabungen auf dem Husterknupp bereits detaillierte Kenntnisse zur Geschichte der niederrheinischen Motten geliefert hatten, ergab sich in Haus Meer nunmehr die Frage, ob hier ähnliche Verhältnisse wie auf dem Husterknupp nachzuweisen seien. Einige sondierende Schnitte der Jahre 1962 und 1963 hatten ergeben, daß bereits 1 m unter der Hügelkuppe des einstigen Burghügels wohlerhaltene Bauhölzer zutage traten, die es als möglich erscheinen ließen, weitgehend erhaltene Holzbauten samt Inventar auszugraben. Schon bald nach diesen ersten Suchschnitten war sicher, daß auch in Haus Meer der Entwicklungsphase der zweiteiligen Burg vom Motten-Typus mehrperiodige Siedlungen vorausgegangen waren. Die Geschichte der Anlage gliederte sich in zwei große Perioden, deren jede wiederum Unterabschnitte aufweist. Die ältere Periode A bezeichnet mehrere aufeinander folgende, mit Holzgebäuden versehene befestigte Siedlungen, die noch nicht im eigentlichen Sinne als Burgen, sondern als befestigte Flach-

siedlungen bezeichnet werden können. Jenes Stadium wird erst mit der jüngeren Periode B erreicht, in deren Verlauf es zur Aufschüttung eines Burghügels aus Kies, Lehm und Packungen aus organischem Material kam; weiterhin entstand in dieser Periode die Vorburg, die aus einer mindestens 2–3 m starken Packlage aus Kies- und Holzschichten bestand. Diese diente daraufstehenden Holzbauten als Fundament.

Die wissenschaftliche Bearbeitung der ungemein ergebnisreichen Ausgrabungen in Haus Meer, die bis 1972 fortgeführt wurden, dauert noch an. Verschiedene Vorberichte geben Auskunft über Zwischenergebnisse. Danach ist gesichert, daß die ältere Periode A in drei nacheinander bestehende Siedlungen aufgeteilt werden kann. Die älteste Siedlung der Phase A 1 bestand bereits aus dicht nebeneinander und parallel zueinander stehenden Holzhäusern, die in Stabbauweise errichtet worden waren (Abb. 47. 48). Die Funde aus dieser ältesten Zeit von Haus Meer deuten auf einen Beginn der Besiedlung am Ende des 9. oder zu Beginn des 10. Jahrh. Es folgt dann die am besten erhaltene Siedlung der Phase A 2. Sie besteht aus sechs meist ständig bewohnten Holzhäusern in Stabbautechnik, die von einem befestigten gemeinsamen Graben umzogen wurden. Die Holzhäuser standen dicht nebeneinander in zwei Reihen zu jeweils drei Bauten. Teile der aufgehenden Wandkonstruktionen waren reichlich erhalten. Noch im Verband miteinander stehende Holzplanken der Wände steckten mehrfach in Schwellbalken, die ähnlich wie auf dem Husterknupp mit Nutrillen versehen waren (Abb. 45). Teile von Türgewänden aus Holz, Herdstellen, Teile des Daches und andere Bauteile der Gebäude werden es erlauben, diese als Modell oder gar in Originalgröße wiederaufzubauen. Fehlende Bauelemente können auf Grund der genauen Kenntnisse der handwerklich hervorragend entwickelten Zimmermannskunst dieser Zeit leicht nachgebaut werden. Die Siedlung der Phase A 2 brannte im späten 11. Jahrh. ab. Ihr folgte eine weitere Siedlung mit neuen Befestigungseinrichtungen: außer dem Graben umgab die Siedlung der Phase A 3 eine Holz-Erde-Mauer, in deren Innerem der Baugrund abermals kräftig angeschüttet worden war. Da die Holzbauten dieser dritten befestigten Siedlung über dem durchschnittlichen Wasserstand im Altrhein-

90

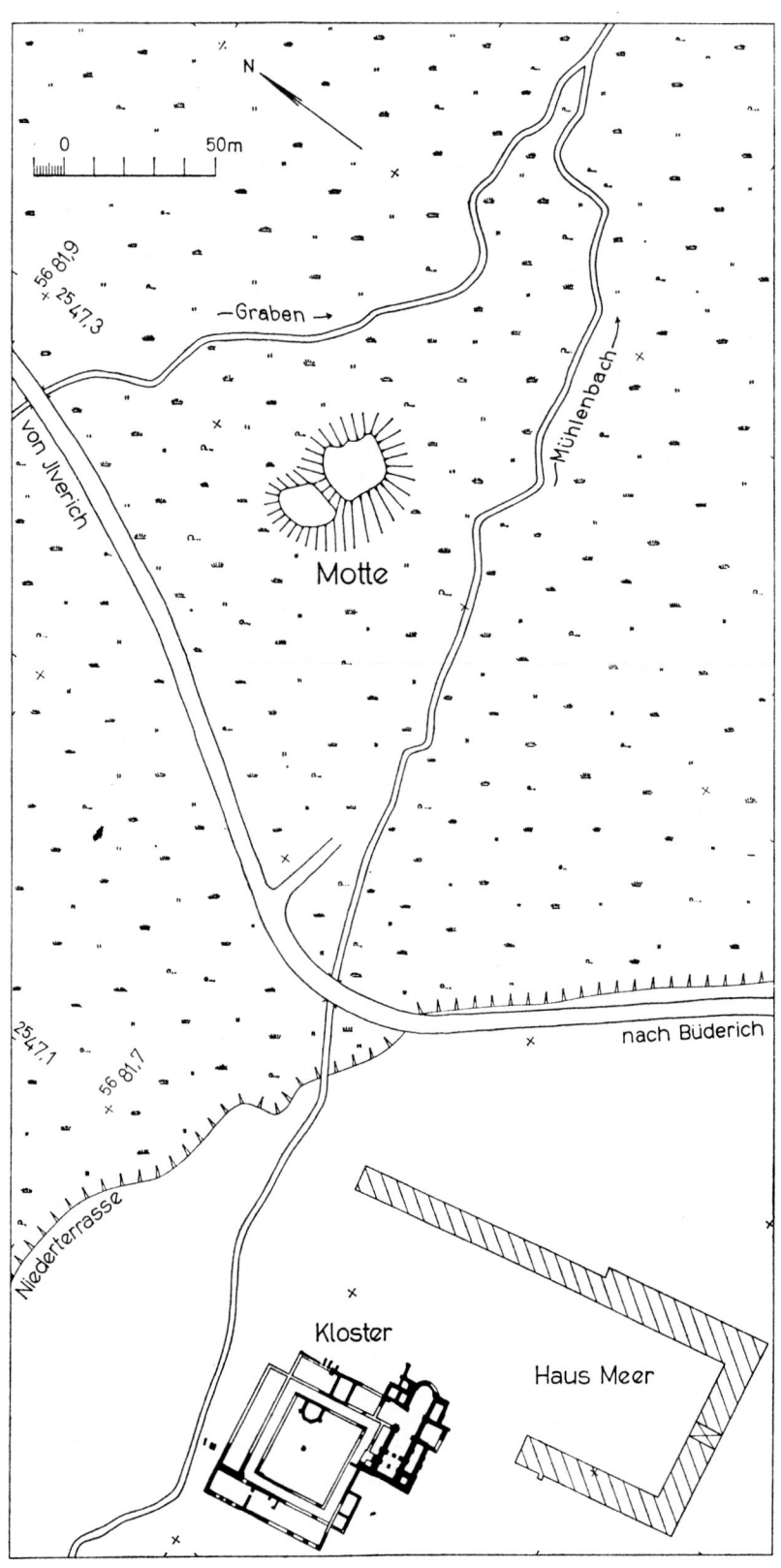

41   Kloster und Niederungsburg Haus Meer bei Meerbusch-Büderich, Topographie
      (nach: M. Müller-Wille, Rheinische Ausgrabungen 1 [1968] S. 54).

42a Niederungsburg Haus Meer, Burghügel vor Beginn der Ausgrabungen. Im
Gelände war nur eine flache Erhebung im
sumpfigen Gelände des verlandeten
Rheinarms sichtbar.

42b Niederungsburg Haus Meer, Beginn der Grabungen im Jahre 1964: Mit
zwei Probeschnitten soll geklärt werden,
ob es archäologische Befunde an diesem
Platz gibt. Schon wenig unter der Erd-
oberfläche zeigen sich die ersten Hölzer
der Holz-Erde-Mauer.

lauf lagen, sind von ihnen nur geringfügige Bo-
denspuren erhalten.

In der Periode B, vielleicht gegen Ende des 11.
oder zu Beginn des 12. Jahrh., entstand dann die
zweiteilige Motte in Haus Meer. Der Burghügel
wurde aufgeschüttet, und zwar offensichtlich in
mehrfachen Arbeitsgängen, die vielleicht zeitlich
weit auseinanderlagen und eigene Bauperioden
der Burg darstellen können. Sicher wird die Periode B also noch in Unterabschnitte zu gliedern
sein. Sie brachte auch die Errichtung der Vorburg, die ursprünglich von der Hauptburg durch

einen dazwischen verlaufenden Befestigungsgra-
ben getrennt war. Dieser wurde in einer jüngeren
Phase zugeschüttet, unter anderem mit einem der
vier Einbäume aus Eiche (Abb. 52), die in Haus
Meer gefunden wurden. Die Periode B dürfte die
Zeit um 1200 kaum überschritten haben. Sie
wurde etwa auf der Wende vom 12. zum 13.
Jahrh. aufgegeben.

Wenn auch die verschiedenen Perioden von
Haus Meer in anderem Rhythmus als auf dem
Husterknupp abgelaufen sind, so bringt die Gra-
bung von Haus Meer im ganzen die Bestätigung

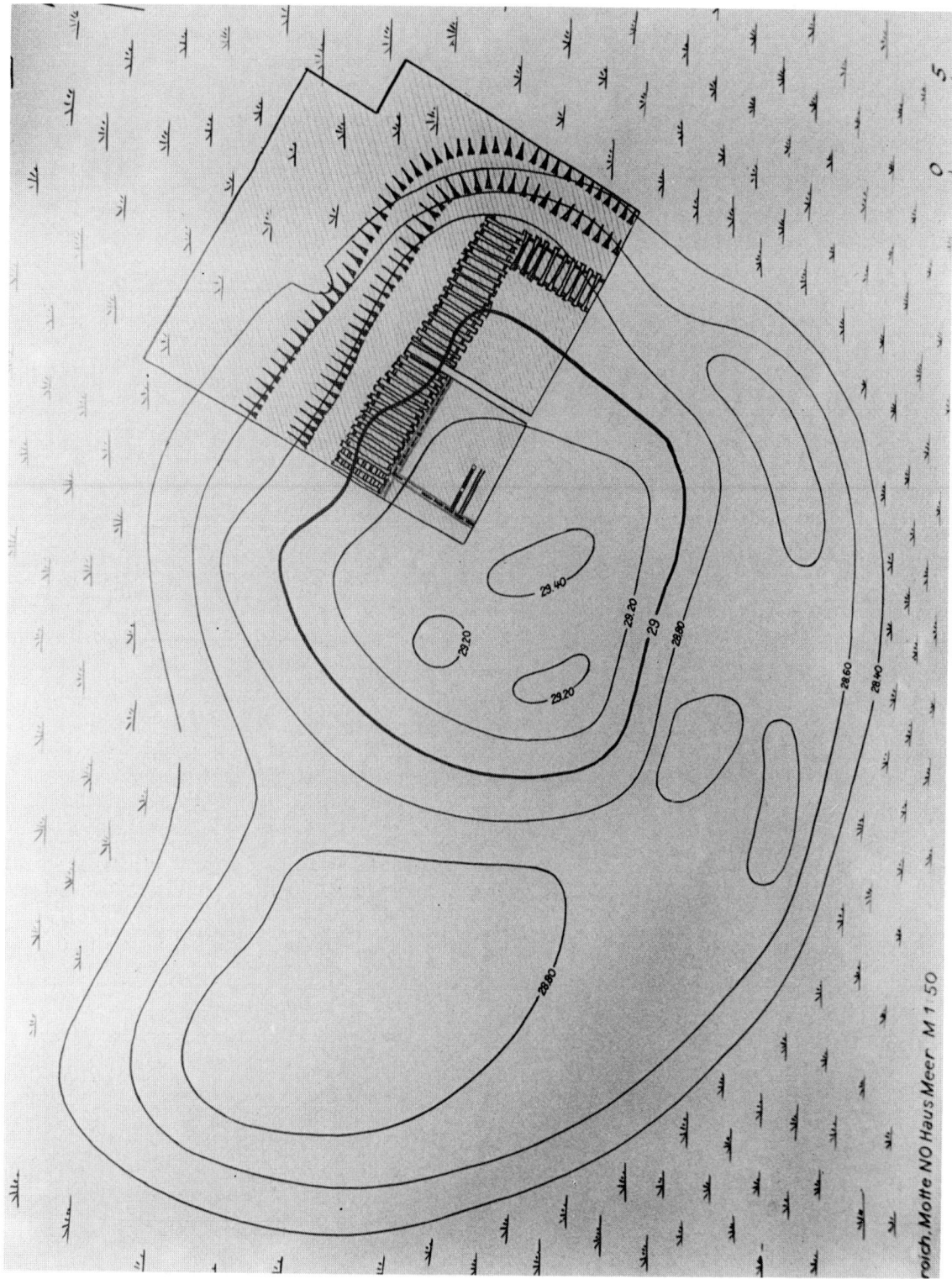

reich, Motte NO Haus Meer M 1 50

43 Niederungsburg Haus Meer, Höhenschichtenplan von Vorburg und Hauptburg mit Grabungsbefund in der Nordostecke der Anlage.

93

44 Niederungsburg Haus Meer, Holz-Erde-Mauer mit vorgelagertem Graben (oben) im Nordabschnitt der Anlage.

45   Niederungsburg Haus Meer, Nordwestecke des Stabbaus I der Periode A.

95

46   Niederungsburg Haus Meer, Holz-Erde-Mauer im Nordabschnitt der Anlage und Holzpackungen der Periode B über den Holzhäusern der Periode A.

47 Niederungsburg Haus Meer, Aufsicht auf Gebäude V in Periode A.

48 Niederungsburg Haus Meer, Gebäude V, Nordwand, Detail der Stabkonstruktion.

49 Niederungsburg Haus Meer, Vorburgfundamentierung, aufgenommen von Osten nach Westen.

50 Niederungsburg Haus Meer, Schnitt durch die Vorburgfundamentierung.

51 Niederungsburg Haus Meer, Lage der Boote 1 und 2 im Nordwesten der Anlage.

52 Niederungsburg Haus Meer, Lage des Bootes 4 im ehemaligen Graben westlich der Hauptburg.

53 Kloster Meer, Grabung 1963 des Rheinischen Landesmuseums, H. Borger; Fundament der ehemaligen Klosterkirche von Westen; in der Bildmitte südliche Langhausmauer.

54   Kloster Meer, Grabung H. Borger 1963, Fundamente des ehemaligen Brunnenhauses mit Brunnen von Südwesten.

der Grunderkenntnis vom Husterknupp: zweiteilige Motten des Hochmittelalters entstanden in der Regel in einem komplizierten Wachstumsprozeß über verschiedene Siedlungen, die zwar befestigt sein konnten, die jedoch anfänglich noch nicht den Charakter von Burgen besaßen. Regelrechte Burgen entstanden aus ihnen erst im jüngeren Abschnitt der Entwicklung, wohl im 11. Jahrh. oder zu Beginn des 12. Jahrh. Gemeinsam ist beiden Anlagen auch, daß die frühesten Siedlungen Ende des 9. oder zu Beginn des 10. Jahrh. in den Niederungen rheinischer Flüsse angelegt wurden und daß dafür die Suche nach Schutz vor den kriegerischen Bedrohungen jener Zeit maßgebend war. Ebenso sicher ist aber auch, daß diese Frühsiedlungen unter erheblichem Aufwand in siedlungsungünstigen Lagen erbaut wurden und gleichwohl zu dauerhaftem Aufenthalt der Bewohner gedacht waren. Sie stellten Wirtschaftsbetriebe in besonderer Sicherheitslage dar. Daß für die Anlage dieser Siedlungen neben anderen regionalen Konflikten unter Umständen auch die Bedrohung durch Normannen ursächlich gewesen sein kann, soll grundsätzlich nicht ausgeschlossen werden, müßte jedoch im Einzelfall konkret nachgewiesen werden. Husterknupp und Haus Meer bestätigen: Nicht die zweiteiligen Motten entstanden als Ergebnis der Normannenbedrohung, sondern bestenfalls ihre Vorläufer, die frühen, befestigten Siedlungen in spezifischer Sicherheitslage in den Niederungen.

Bei der Erforschung der Vorgängersiedlungen der Motte von Haus Meer lag ein Schwerpunkt auf der Klärung wirtschaftsgeschichtlicher Zusammenhänge. Wie wurde in diesen Plätzen gewirtschaftet? Welche ökonomischen Grundlagen waren hier gegeben? So lauten wichtige Fragen in diesem Zusammenhang. Sie zu beantworten, helfen wertvolle Funde, die man früher wegen ihrer Unscheinbarkeit nicht beachtete. Es handelt sich vor allem um große Mengen an Tierknochen sowie um pflanzliche Überreste, wie Pollen,

Früchte, Blätter usw. Diese beiden Materialgruppen gestatten es, genaue Aussagen über die in der Siedlung vorhandenen oder konsumierten Haus- und Wildtiere sowie über das Verhältnis von Wald und Offenland, den Anbau von Getreiden, den Umfang der Weidewirtschaft usw. zu machen. Das Diagramm der Pollen von Haus Meer erlaubt es auch, den Beginn der Rodungen bei der ersten Niederlassung am Platze als Rückgang der Eichen- und Erlenpollen und als Zunahme der Nichtbaumpollen genau zu erfassen. Diese Untersuchungen zur frühen Wirtschaftsgeschichte werden zur Zeit fortgeführt. Bisher wurden in den verschiedenen Sachgebieten Teilergebnisse vorgelegt. So hat K.-H. Knörzer vor einigen Jahren in einem Beitrag die Vielfalt der Obstfunde von Haus Meer behandelt, unter denen neben gängigen Arten wie Kirsche, Pflaume, Pfirsich, Schlehe, Zwetschge, Birne, Apfel auch seltenere wie etwa der Wein oder die Eßkastanie nicht fehlen. Zusammengenommen ermöglichen die beschriebenen Fundgruppen die Rekonstruktion des gesamten Ernährungsbereichs der Siedlung Haus Meer sowie einen Einblick in die Landschaftsgeschichte in der näheren Umgebung des Platzes.

In einem anderen Problemkreis führten die Grabungen in Haus Meer beträchtlich über das hinaus, was auf dem Husterknupp erkannt wurde. In der von der Motte bestehenden Siedlung von Haus Meer gab es verschiedene Handwerkszweige, die innerhalb der befestigten Siedlung ständig ansässig waren und dort arbeiteten. Es handelt sich um das Schuhmacherhandwerk, von dem nicht nur Fertig- und Halbfertigwaren, sondern auch Abfallstücke und ein Schuhleisten gefunden wurden. Holzhandwerker, Bleigießer, Fischer, Zimmerleute sind an ihren jeweiligen charakteristischen Werkzeugen, Werkstattabfällen, Halbfabrikaten und Fertigwaren erkennbar. In den gleichen Fundzusammenhängen kommen aber auch Fundstücke vor, die eindeutig der adeligen Burgherrschaft zuzuweisen sind: Reitersporen, Pferdetrensen, Lanzen, Pfeilspitzen und anderes mehr. Diese Beobachtung bedeutet nicht mehr und nicht weniger, als daß handwerklich und landwirtschaftlich tätige Personen zusammen mit der adeligen Burgherrschaft am gleichen Platze zusammen lebten und miteinander wirtschafteten. Das der eigentlichen Motte vorausgehende Stadium der befestigten Siedlungen stellt

mithin eine Symbiose zwischen Personengruppen recht verschiedenen sozialen Ranges und verschiedener Wirtschaftsformen dar. Die Siedlung erscheint somit als ein beruflich differenzierter Wirtschaftsorganismus, der im landwirtschaftlichen und im gewerblichen Bereich weitgehend auf eine Selbstversorgung aus eigenen Kräften ausgerichtet war. Beim gegenwärtigen Stand der wissenschaftlichen Bearbeitung des Projektes läßt sich noch nicht genau abschätzen, in welcher Größenordnung die Anlage von Zulieferungen von Waren und Leistungen aus Wirtschaftsbetrieben der nächsten Umgebung abhängig war. Es darf aber als gesichert gelten, daß schon bald nach der Gründung der Siedlung in der alten Rheinschlinge auf höher gelegenen günstigen Böden weitere Höfe angelegt wurden, die mit der befestigten Siedlung und später mit der Niederungsburg wirtschaftlich und besitzrechtlich verbunden waren. Das Problem der Zulieferung muß also noch im einzelnen untersucht werden.

Diese Überlegungen kennzeichnen neue Strömungen, die sich seit einigen Jahren in der Burgenforschung bemerkbar machen. Neben der politisch-militärischen und der baugeschichtlichen Bedeutung der mittelalterlichen Burgen treten Fragen der Wirtschafts- und Sozialgeschichte in der Burgenforschung immer deutlicher zutage. Um sie stärker berücksichtigen zu können, ist es notwendig, nach Möglichkeit Burgen nicht erst in ihrer späten, baulich weitgehend abgeschlossenen Entwicklungsstufe zu erforschen; vielmehr müssen die Frühformen der Burgen mit Hilfe ausgedehnter archäologischer Forschungen unter Beteiligung vielfältiger naturwissenschaftlicher Hilfsdisziplinen untersucht werden. Erst sie zeigen die Wurzeln der wirtschaftlichen und sozialen Entwicklung jener Bevölkerungsgruppe auf, in deren Eigentum sich später die voll entwickelten Burgen befinden. Diesen Weg zu beschreiten, erlaubten nicht zuletzt die hervorragenden Erhaltungsbedingungen für organische Materialien in Haus Meer, die das ökonomische und kulturgeschichtliche Erkenntnisfeld außerordentlich vielseitig und breit erweitern.

Die urkundliche Überlieferung zum Gesamtkomplex Haus Meer ist noch nicht aufgearbeitet und im Hinblick auf die Grabungsergebnisse zu Rate gezogen worden. Für das aus den Quellen des 12. Jahrh. bezeugte *castrum Mere* bedeutete die

55 Kloster Meer, Grabung H. Borger 1963, mehrperiodiges Brunnenhaus mit Brunnen von Süden.

im Jahre 1166 erfolgte Gründung des Prämonstratenserinnenklosters Meer einen Einschnitt.
Die Gräfin Hildegund von Meer stiftete ihren
gesamten Hausbesitz für die Gründung des Klosters, nachdem ihr einziger Sohn Theoderich
(Dietrich II.) in Italien auf einem Kriegszug kin-
derlos verstorben war. Es besteht kein Zweifel,
daß zunächst die Gebäude des *castrum Mere* in der
alten Rheinschlinge den ersten Nonnen als Unter-
kunft dienten. Eine solche Umwidmung von
Burggebäuden zu Zwecken geistlicher Konvente
ist im Rheinland mehrfach belegt. Etwa um 1180
war dann die neue Klosterkirche mit den Kon-
ventsgebäuden auf der Niederterrasse oberhalb
des alten Rheinarmes fertiggestellt, und man
konnte dorthin übersiedeln. Die Grabungen H.
Borgers im Bereich der Klosterkirche und des
Kreuzganges vermitteln eine Vorstellung vom
Aussehen dieser Klosteranlage (Abb. 53–55). Sie
war in jedem Falle besser den klösterlichen
Zwecken angepaßt als die ehemalige Holzburg.
Diese war nunmehr ihrer Funktionen beraubt
und verfiel langsam, wie dies auch archäologisch
am Ausklingen der Bodenfunde mit dem beginnenden 13. Jahrh. kenntlich ist.

5.1.3 Die Motte Fusseberg bei Gut Hombroich (Abb. 56–58).)

Diese Anlage, auch Fusseberg genannt, liegt
etwa 2,5 km südwestlich von Holzheim und rund
750 m nördlich von Münchrath, an einer weit
nach Osten ausgreifenden Schlinge der Erft, unmittelbar auf dem linken Ufer des Flusses. Sie
besteht aus einem 4 bis 5 m hohen Burghügel von
etwa 32 m Durchmesser. Am Fuße des Burghügels deutet ein Absatz den Beginn eines Befesti-
gungsgrabens an, dessen leicht aufgeworfenen äußeren Rand man ringsum im Gelände noch erkennen kann. Es ist zu vermuten, daß der Graben
einst von der Erft gespeist wurde, doch ist es
heute nicht mehr möglich, die frühere Verbindung zwischen Befestigungsgraben und Fluß genau zu lokalisieren. Hinweise auf eine Vorburg
gibt es kaum. Sie könnte westlich des Burghügels
gelegen haben, wo leichte Unebenheiten im Gelände eine solche Anlage möglich erscheinen lassen. Sicherheit wird aber hier ohne Ausgrabungen
kaum zu gewinnen sein. Bis jetzt fanden jedoch
noch keine Ausgrabungen auf der Anlage statt.
Über ihre Gründungszeit und die Dauer des Be-
stehens ist deshalb nichts bekannt.

56 Niederungsburg Fusseberg bei Gut Hombroich an der Erft, südwestlich von Holzheim, von Norden.

57 Niederungsburg Fusseberg bei Gut Hombroich an der Erft, südwestlich von Holzheim, von Süden.

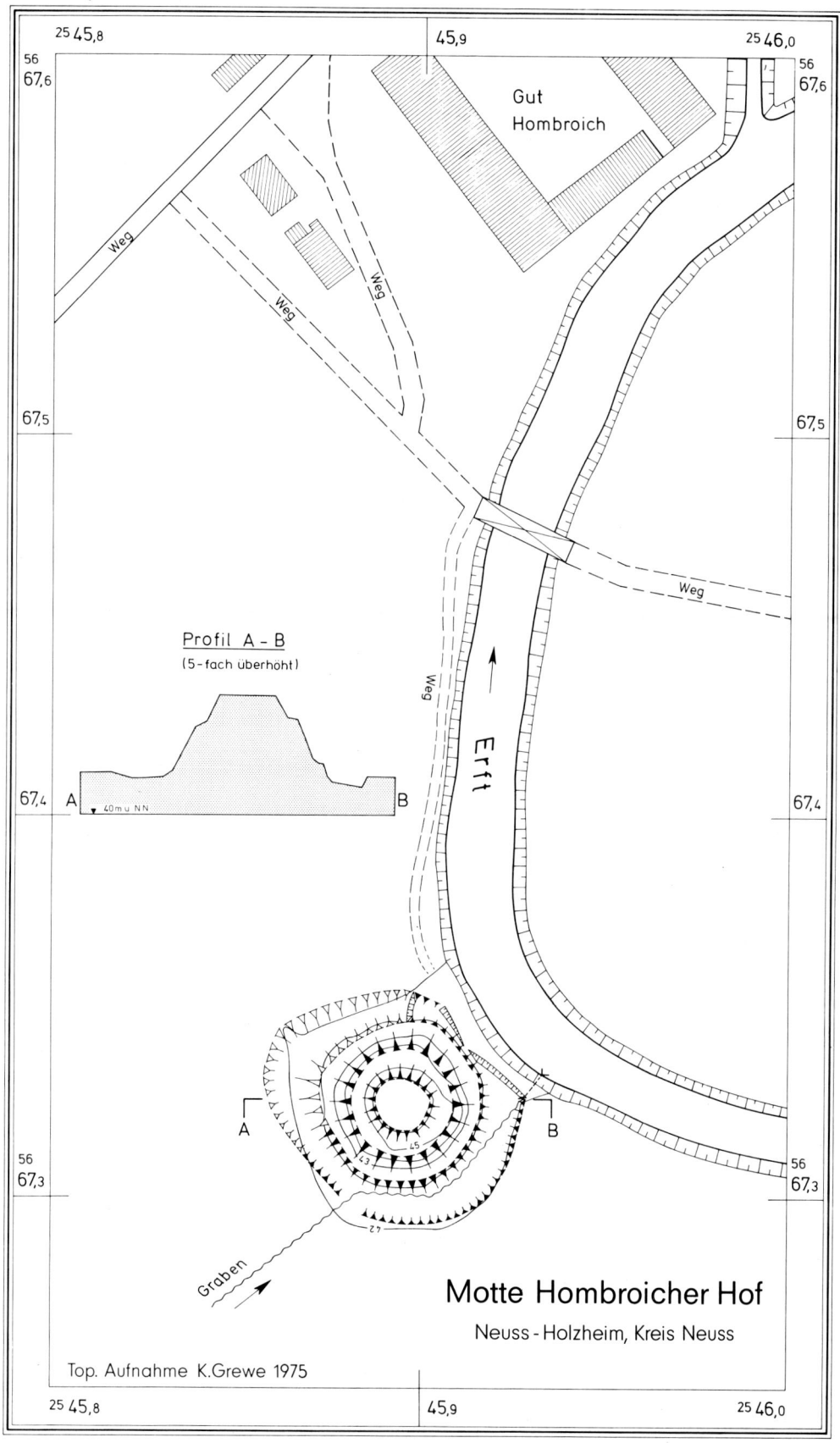

Gut
Hombroich

Profil A - B
(5-fach überhöht)

Erft

Weg

Weg

Weg

Weg

Weg

A

B

A

B

Graben

Motte Hombroicher Hof

Neuss-Holzheim, Kreis Neuss

Top. Aufnahme K. Grewe 1975

58   Niederungsburg Fusseberg bei Gut Hombroich an der Erft.

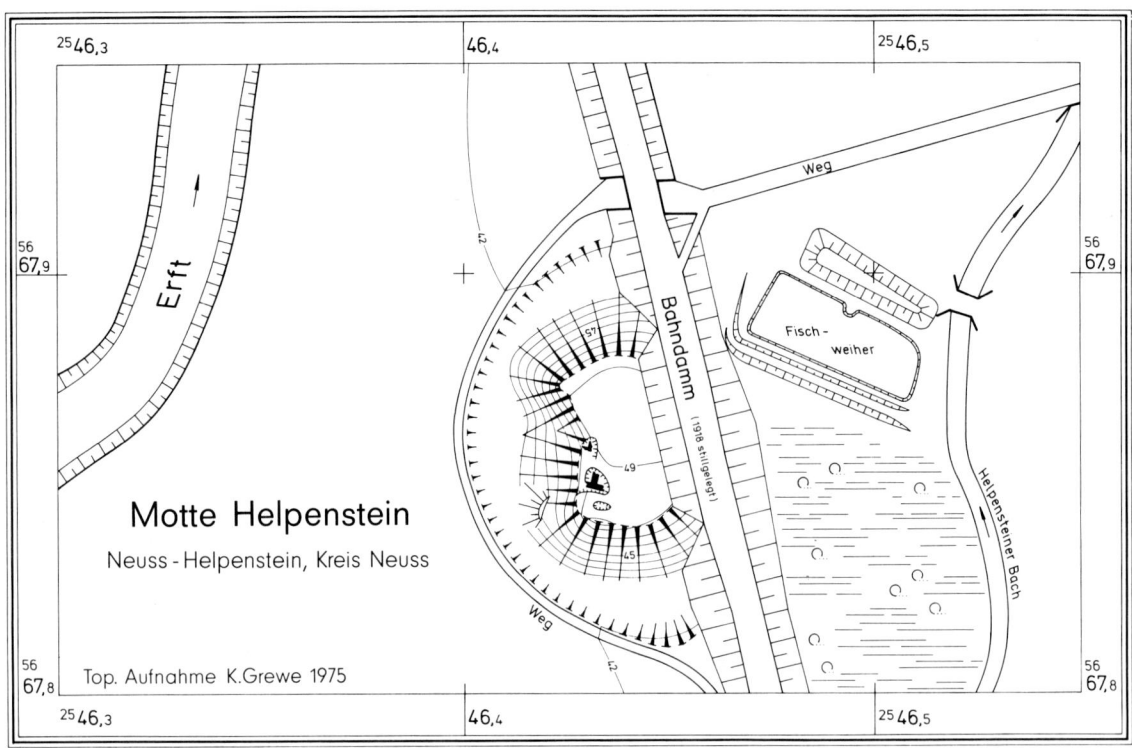

59 Niederungsburg Helpenstein bei Neukirchen-Helpenstein.

Im Jahre 1237 wird in einer Urkunde Conrads von Dyck ein *Gerardus de Hunebruc* genannt; sein Sohn Wilhelm erscheint 1268 ebenfalls in einer Dycker Urkunde. Es spricht vieles dafür, daß diese urkundlich bezeugte Adelsfamilie im Besitz der Motte südlich von Gut Hombroich gewesen ist. Viel ist von ihr nicht bekannt. Nach dem Aussterben der Familie jedenfalls dürfte ihr Besitz an den Deutschen Orden gefallen sein; denn eine letzte Erwähnung der Familie Hombroich bezeugt einen *Komtur Gerard von Hunebruc*. Später gehörte Hombroich zum Amt Liedberg. Der Familienname haftet noch heute an dem 200 m nordöstlich von der Motte gelegenen Gutshof. Er besitzt ein schönes Herrenhaus und einen Park aus dem 18. Jahrh. Es muß indessen als sehr fraglich erscheinen, ob zwischen der für das 13. Jahrh.

bezeugten Familie *de Hunebruc*, der Motte an der Erft und diesem Gutshof des 18. Jahrh. Zusammenhänge bestehen. Auch ist nicht sicher, ob man unter Umständen Gut Hombroich als Nachfolger einer schon früh aufgelassenen Vorburg mit Wirtschaftshof der Niederungsburg ansprechen darf. Ungewiß bleibt schließlich, ob Niederungsburg und Gut Hombroich vielleicht unmittelbar aufeinander folgten oder ob sie eine größere Wüstungsperiode der Niederungsburg voneinander trennt. Diesen Fragen wäre möglicherweise beizukommen, wenn es gelänge, mit Hilfe von Ausgrabungen die Benutzungszeit des Burghügels eindeutig zu klären. Vorerst bleiben jedoch noch manche Fragen zur Geschichte der Motte Hombroich offen.

106

60   Niederungsburg Helpenstein bei Neukirchen, Baggeranschnitt im Zuge des Bahnbaus.

5.1.4 Die Motte Helpenstein oder Hoffberg (Abb. 59. 60).

Nur 750 m nordöstlich der Motte Hombroich und etwa 500 m nordöstlich von Gut Hombroich blieb eine weitere Motte erhalten: die Burg Helpenstein. Wie Hombroich, so ist auch diese Anlage unmittelbar an der Erft gelegen, und zwar auf deren rechtem Ufer. Die nur etwa 300 m westlich der Ortschaft Helpenstein gelegene Motte trägt auch die volkstümlichen Namen „Hoffberg", gelegentlich auch „Galgenberg". Der ursprünglich sehr eindrucksvolle Burghügel ist in seinem östlichen Teil durch eine Bahnlinie zerstört. Er ist noch heute 7 m hoch. Selbst die heute noch vorhandenen Überreste lassen ahnen, daß es sich einst um eine sehr mächtige Burganlage gehandelt haben muß. Der Burghügel weist am Fuß einen Durchmesser von 60 m auf. Am oberen Rand beträgt der Durchmesser der abgeplatteten Anlage immer noch 40 m. Ein breiter Graben umgibt den Burghügel. Er ist noch heute im Gelände sichtbar. Trümmer von Ziegelmauern, Basaltla-

vasäulen, Lehmbrocken, Schieferplatten und Scherben mittelalterlicher blaugrauer Keramik finden sich am Fuß und in Aufschlüssen des Burghügels. Sie bezeugen Bauten auf der Burg, die offensichtlich bereits in Stein und Ziegel aufgeführt waren. Der Bau, den diese Funde belegen, dürfte also im 13. oder 14. Jahrh. noch Bestand gehabt haben, in einer Zeit also, in der die Motten Husterknupp und Haus Meer längst aufgegeben waren.

Östlich des modernen Bahndammes ist in einem mit Wald bestandenen Gelände am Westrande der Ortschaft Helpenstein der Flurname „Helpensteiner Burg" erhalten. In diesem Gelände befinden sich zwei rundliche Grabenanlagen, die unter Umständen mit der Motte Helpenstein zusammenhängen könnten. Eine Vorburg zum Burghügel Helpenstein müßte man auch am ehesten in diesem Bereich suchen. Da archäologische Untersuchungen zu dieser Frage bislang noch fehlen, bleibt sie vorerst ungeklärt.

Für mehr als dreihundert Jahre begegnen uns

107

61   Die Erprather Burg oder Kyburg in Neuss-Weckhoven, Burgturm von Süden.

in der urkundlichen Überlieferung die Herren von Helpenstein. Aus den Jahren 1320 bis 1323 ist sogar ein Güterverzeichnis eines Wilhelm von Helpenstein erhalten, eine Seltenheit in der Überlieferung dieses Zeitabschnittes. Aus diesem Verzeichnis ist zu erschließen, daß die Herren von Helpenstein mit den Herren von Quinheim verwandt waren, welche sich nach ihrem Dorfe Quinheim bei Grimlinghausen nannten. Quin-

heim ging später bei einer Rheinüberschwemmung unter. Verbindungen bestanden auch zwischen den Herren von Helpenstein und den Herren von Liedberg, denen von Aremberg und den Burggrafen von Köln. Zweifellos gehörten die Helpensteiner zu den führenden altfreien Dynastenfamilien des Grevenbroicher Raumes. Während des 14. Jahrh. begann aber der Abstieg der Familie. In einer Fehde zwischen dem Kölner

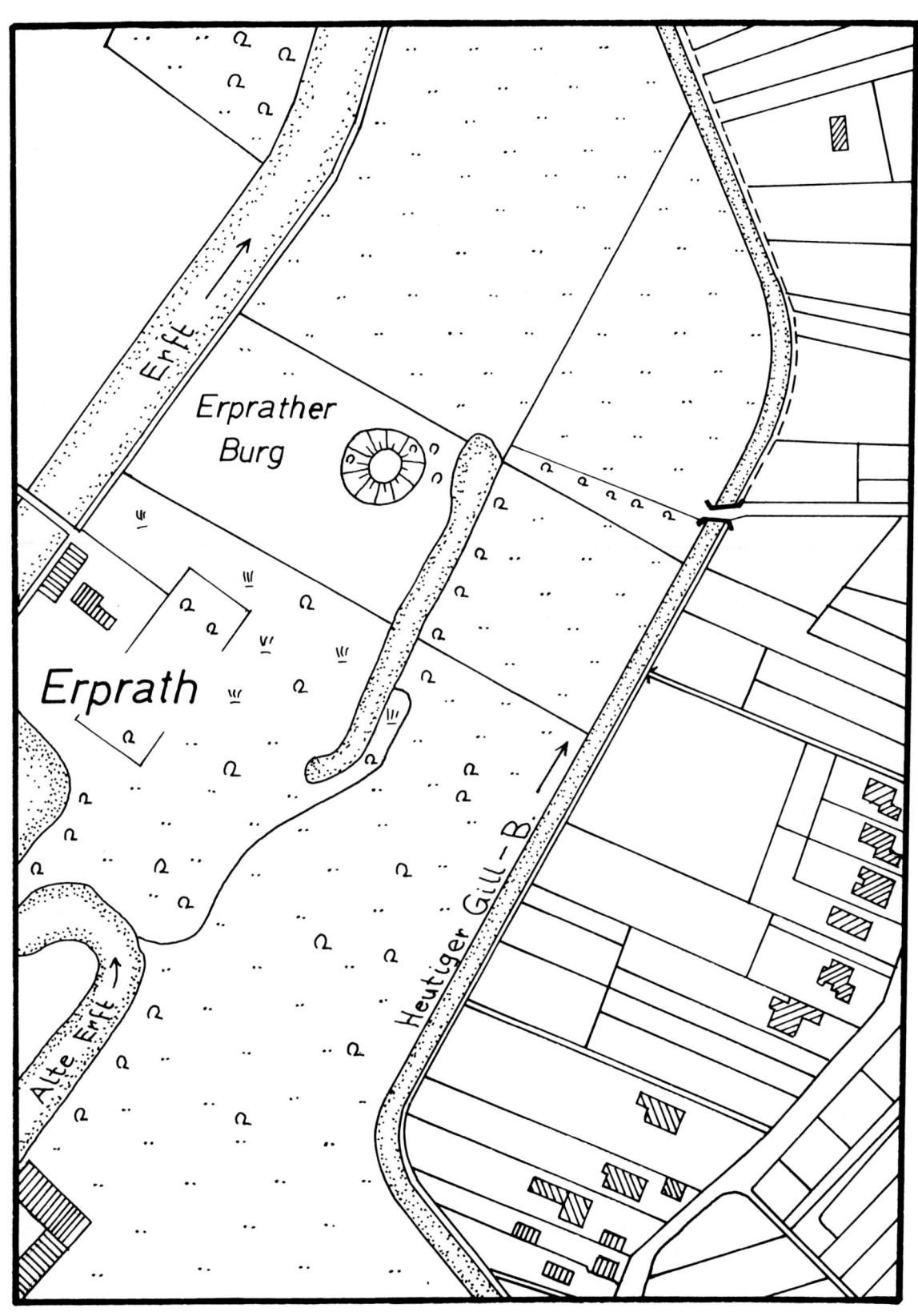

62　Die Erprather Burg, Lageplan des Mündungsgebietes des Gillbaches in die Erft. Maßstab 1 : 10 000.

63   Die Erprather Burg oder Kyburg in Neuss-Weckhoven, Blick vom Vorburggelände (Vordergrund) auf den Turm.

Erzbischof Heinrich von Virneburg und vier Helpensteiner Brüdern, die auf ihrer Burg saßen, fiel einer von ihnen im Kampf. Die anderen drei schlossen Frieden und unterwarfen sich der Lehnshoheit Kurkölns. Damit aber verloren sie, wie so viele dieser altfreien Familien, ihre Unabhängigkeit. Der Sog der ihre kleinen Herrschaften umschließenden großen Territorien hatte sich als stärker erwiesen. Zugleich rückte auch das Ende des Geschlechtes unaufhaltsam näher. Die Besitzungen, Einkünfte und Rechte der Familie wurden nach und nach aufgegeben und verkauft.

Schließlich kam es zum Streit zwischen den beiden letzten Brüdern von Helpenstein. Dabei erschlug Friedrich seinen Bruder Philipp von Helpenstein. Der Erzbischof von Köln aber ließ als Lehnsherr 1371 das Lehen als erledigt einziehen. Die Burg wurde belagert, eingenommen und zerstört, der Brudermörder hingerichtet. Die Familie von Helpenstein war damit erloschen. Dem Erzbischof von Köln gelang es indessen nicht, das gesamte Erbe als erledigtes Lehen einzuziehen. Es gab Verwandte der Familie, die Erbansprüche geltend machten; deshalb konnte der Erzbischof sich der Burg Helpenstein und der Hälfte von Grimlinghausen erst nach einer Zeit der Wirren versichern. Auch vermochte er diese Güter nicht einfach seinem Territorium einzuverleiben, sondern er mußte sie als Lehen wieder ausgeben.

5.1.5 Die Erprather Burg oder Kyburg bei Neuss (Abb. 61–63).

Diese Burg vom Motten-Typ zeigt geradezu klassische Lageverhältnisse: Sie nutzt die im Mündungswinkel von Erft und Gillbach gegebene Hochwassersituation optimal aus. Erhalten ist ein etwa 4 m hoher Burghügel mit einem Basisdurchmesser von etwa 18 m. Im südlichen Böschungsteil sieht man noch heute die Reste eines quadratischen Turmsockels von etwa 6,50 m Kantenlänge und 1 m Mauerstärke. Das Mauerwerk ist, römischer Bautechnik sehr ähnlich, in Gußbeton unter Verwendung von Ziegeln und Tuffstein als Verkleidung aufgeführt. Als Besonderheit fällt dem Besucher weiterhin sogleich in die Augen, daß der Turm offenbar bis zu jenem Niveau durchgeht, auf dem erst die Motte aufgeschüttet wurde. Er steckt gewissermaßen in dem Mottenhügel, wurde später von ihm umgeben, „eingemottet", wie die Fachleute gelegentlich sagen. Es hat angesichts dieser Befunde nicht an Stimmen gefehlt, die den Turm für ein römisches Bauwerk hielten. Es müßte dann im Mittelalter wiederverwendet worden sein. Diese Frage läßt sich aber ohne Ausgrabungen nicht entscheiden. Sie fehlen bisher, weil der Fundplatz relativ ungestört auf Grundstücken eines Fischereivereins liegt.

Die Vorburg der Motte Erprath liegt etwa 20 m südwestlich des Hauptburghügels. Sie wird von einem 1–2 m hohen und rund 20 x 30 m großen Plateau gebildet, das sowohl zur Erft als auch zum Gillbach terrassenförmig abfällt. An der Südostflanke der Vorburg ist noch ein Befestigungsgraben von 5–7 m Breite erhalten.

Diese Burg Erprath war der Sitz einer mittelalterlichen Adelsherrschaft, die, wie so viele kleine Herrschaften dieses Raumes, letztendlich an Kurköln überging. Zu dieser Herrschaft gehörte unter anderem das an der unteren Erft gelegene Haus Selikum, auf das noch einzugehen sein wird. Wegen der Zusammengehörigkeit beider Burgen innerhalb einer Herrschaft, mußte sich R. Brandts bei seiner Darstellung über Haus Selikum zwangsläufig auch mit der Geschichte der Herr-schaft Erprath beschäftigen. Mit Recht führt er die Bedeutung dieser Herrschaft an der unteren Erft aus, die, solange sie noch nicht in der Hand des Erzbischofs von Köln war, sich störend und trennend zwischen die weiter südlich gelegenen Besitzungen des Erzstiftes und die erzbischöfliche Stadt Neuss schob. Dieser Mangel wurde schlagartig behoben, als am 21. Dezember 1405 Graf Ruprecht zu Virneburg dem Erzbischof Friedrich von Köln die Burg Erprath mit allen ihren Herrlichkeiten, Dörfern und Höfen verkaufte. Dazu gehörten unter anderem das Dorf Selikum, die Burg Erprath selbst, der Hof zu Erprath mit zwei Mühlen u. a. m. Um diese Zeit war die Herrschaft schon längst nicht mehr Eigentum der nach ihr benannten Familie, sondern an die Grafen von Virneburg übergegangen. Gleichwohl besitzt sie selbst 1405 noch erhebliche Bedeutung. Sie war um jene Zeit auch noch bewohnt, denn unter den Zeugen erscheinen Mannen und Burgmannen der Burg und Herrschaft Erproide.

Die frühe Bedeutung der Burg ergab sich aus zwei Faktoren: Zum einen bildet sie ein hervorragendes Beispiel für die kolonisatorische Funktion, die von diesen Burgen in der Niederung ausgegangen ist. Der Name bedeutet, korrekt übersetzt, nichts anderes als „Rodung an der Erft". Diese Rodung, verbunden mit dem Bau einer Burg nahe einer zwischen Selikum und Erprath bezeugten Furt durch die Erft, entwickelte sich zwangsläufig bald zu einer befestigten Anlage und, setzen wir eine analoge Entwicklungsgeschichte wie in Haus Meer und auf dem Husterknupp voraus, zur Niederungsburg vom Mottentyp. Vom mittelalterlichen Siedlungsbestand in unmittelbarer Umgebung der Burg ist nur noch das Erprather Höfgen südwestlich der Motte und die Erprather Mühle nordöstlich davon erhalten. Das eigentliche Wirtschaftszentrum aller dieser Anlagen, die zweiteilige Niederungsburg Erprath mit ihrem Wirtschaftshof, ist verschwunden. Abschließend sei noch erwähnt, daß die Burg Erprath auch unter den Namen Kielburg oder Kyburg bekannt ist. Sie liegt heute auf Neusser Stadtgebiet.

5.1.6 Haus Selikum (Abb. 64–66).

Seinem heutigen Erscheinungsbild nach erinnert Haus Selikum nur geringfügig an eine Burg vom Motten-Typ. Dem kundigen Auge bleiben

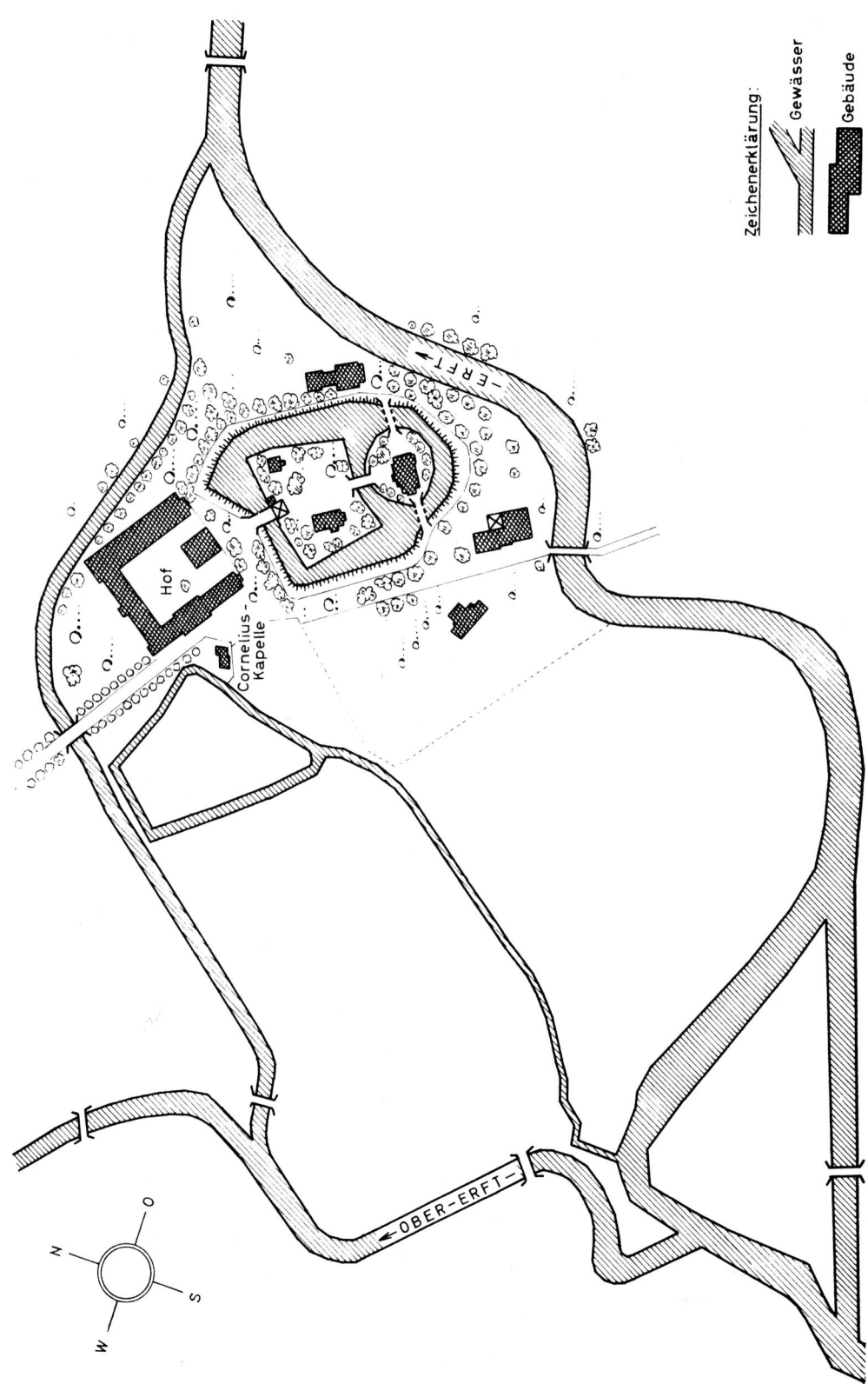

64   Haus Selikum, Lageplan in der Erftschlinge südöstlich von Neuss (nach: R. Brandts 1962).

65   Haus Selikum in Neuss, Blick auf das Herrenhaus in seiner heutigen Gestalt (1977).

allerdings bestimmte topographische Gegebenheiten nicht verborgen, die die Anlage in ihrem
Kern und dem Ursprung nach eindeutig als Burg
vom Typ der Niederungsburgen erweisen. Diese
Beobachtungen im Gelände stimmen mit Angaben der Schriftquellen überein, die an Deutlichkeit kaum zu wünschen übriglassen. Sie seien deshalb zuerst behandelt.

Nicht eine Burg, sondern eine in Selikum begüterte Adelsfamilie wird in den Quellen zuerst genannt: Im Jahre 1284 erscheint ein Ritter *Gozscal-
cus dictus de Selincheim* als Drost der Grafschaft

Jülich in der Überlieferung. Man wird *de Selincheim* wohl als Herkunftsbezeichnung dieser ritterbürtigen Familie auffassen dürfen und muß
dann folgerichtig für die gleiche Zeit in Selikum
bereits einen befestigten Rittersitz voraussetzen.
Dieser aber läßt sich nach den Urkunden erst rund
50 Jahre später in Selikum ausmachen. Im Jahre
1341 versetzten der Ritter Johannes de Mehren
und seine Frau ihren Hof zu Selicheim, den Mehr-
hoff, d. h. eben jene Anlage, die später als Haus
Selikum bezeichnet wird. Der Gläubiger, ein gewisser Petrus de Tuschenbroiche, erhält im glei-

66   Haus Selikum bei Neuss, Blick in den Wirtschaftshof in der Vorburg (1977).

chen Jahre vom Markgrafen Wilhelm von Jülich einen Hügel an der Erft *(monticulum situm super fluvio dicto Arpe iuxta curiam dictam Merhof apud villam Seylicheym)* zu Lehen. Es fällt auf, daß hier nicht etwa Gebäude oder Höfe verlehnt werden, sondern einzig ein Hügel, der in seiner Lage sehr genau bezeichnet wird. Es folgt dann der bereits oben erwähnte Übergang der gesamten Herrschaft Erprath, zu der auch Selikum gehörte, an das Erzstift Köln im Jahre 1405. Streitigkeiten zwischen dem Grafen von Virneburg und dem Erzbischof von Köln, diesen Verkauf betreffend,

werden 1412 in einer Urkunde beigelegt. Erzbischof Dietrich von Moers vergibt die *curtis in Selichem* in Pacht an seinen Diener Johann von Buchekmunte. Unter den im einzelnen aufgeführten Pachtbedingungen ist eine von besonderer Bedeutung: Der Pächter muß einen neuen hölzernen *berchfrijt von sees stilen* errichten, und zwar *an eyne stede, dar dat alre gedelichste gelegen sy,* d. h. wo früher der alte Bergfried gestanden hat. Dazu werden zur gleichen Zeit Brücken erwähnt, die zum Hof gehören, d. h. der Hof bestand aus mehreren Teilen, die durch Brücken miteinander verbunden waren.

114

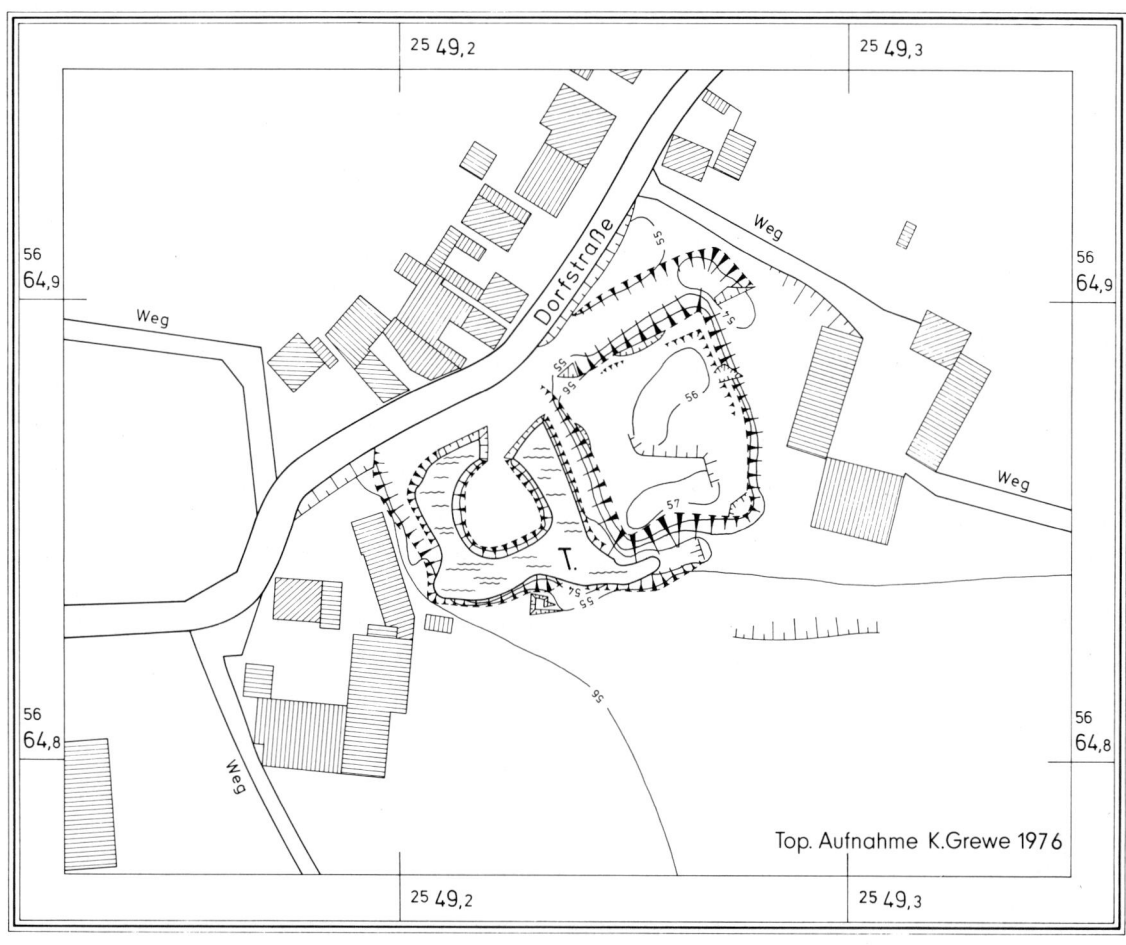

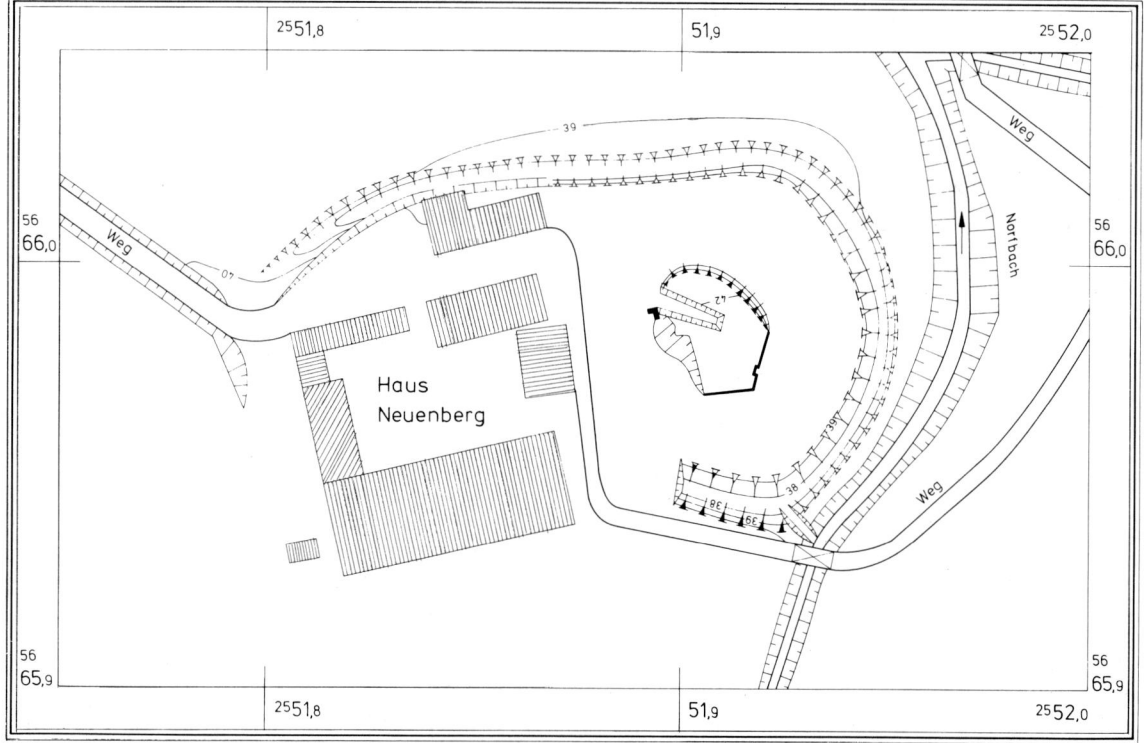

67 Oben: Die Niederungsburg Gubisrath, Lageplan. Unten: Haus Neuenberg und die Überreste seiner Niederungsburg, Lageplan.

Über den Standort des neuen Bergfrieds bestehen kaum Zweifel: Er wurde auf dem alten Hügel errichtet, der von alters her Standort eines solchen Bergfrieds gewesen war. Ihm galt ja auch das Interesse in der Urkunde von 1405. Es ist der Ort, an dem der alte Mottenhügel der ältesten Anlage von Haus Selikum gelegen hat.

Zieht man ältere Pläne von Haus Selikum zu Rate, so fällt sogleich die Dreiteiligkeit der Anlage auf. Ein Plan aus dem 18. Jahrh. zeigt in einem Weiher, sehr nahe an der Erft, einen ovalen Hügel, in welchem mit Sicherheit der alte Mottenhügel zu vermuten ist. Ihm ist ein quadratisches Areal vorgelagert, in welchem keine Baulichkeiten mehr vorhanden sind. Es ist sicher das alte Gelände der Vorburg, auf der man den mittelalterlichen Wirtschaftshof der Anlage erwarten muß. Ein wassergefüllter Graben umgibt diese Vorburg, einen Ausgang in das Vorgelände freilassend. Hier schließlich finden sich die Gebäude des neuzeitlichen Wirtschaftshofes, eines dreiseitig geschlossenen Hofes, dessen Gebäudetrakte nach Norden, Westen und Osten angeordnet sind, die aber nach Südosten, zur alten Anlage hin, offen sind. Noch heute steht das Burghaus auf dem alten Mottenhügel. Er hebt sich nach wie vor im Gelände deutlich als eine Erhöhung von einigen Metern gegenüber dem umgebenden Gelände ab, ein deutlicher Hinweis, daß selbst der Renaissance-Bau von Haus Selikum am alten Platz auf dem Mottenhügel des Mittelalters festhält.

5.1.7. Alt-Wahlscheider Hof

Im äußersten Südosten des heutigen Neusser Stadtgebietes lag beim Alt-Wahlscheider Hof eine weitere Niederungsburg vom Typ der Motten. Den heute noch bestehenden Hof wird man als die ehemalige Vorburg der Anlage ansprechen dürfen. Daneben liegt noch heute ein runder Burghügel von etwa 30 m Durchmesser. Er wird allseits von einem 4 m tiefen und 1 m breiten Befestigungsgraben umgeben. Über die Geschichte dieser Anlage ist wenig bekannt. Immerhin fällt auf, daß in Alt-Wahlscheid wiederum eine Motte mit einem relativ späten Ortsnamen der Rodungsperiode verknüpft ist. Eine Erscheinung, die wir bereits von Erprath her kennen und in Gubisrath nochmals vorfinden werden.

5.1.8 Die Motte Gubisrath (Abb. 67 oben).

Etwa einen Kilometer südöstlich von Neukirchen liegt der aus nur wenigen Höfen bestehende Weiler Gubisrath. Von den drei größeren Höfen des Weilers steht der nördliche mit einem Burghügel in Verbindung. Die stark zerstörte und verundeutlichte Anlage besteht aus einer runden Hauptburg von etwa 15 bis 20 m Durchmesser. Es fällt auf, daß diese Hauptburg tiefer liegt, als die ihr nach Nordosten zu vorgelagerte Vorburg. Diese stellt ein rechteckiges Plateau dar, das eine Größe von etwa 30 x 45 m besitzt. In Gubisrath findet sich also, wenn auch in stark verändertem Zustand, noch die ursprüngliche Konzeption der zweiteiligen Niederungsburg vor. Jeder der beiden Burgteile ist mit eigenen wasserführenden Gräben umgeben, die heute teichähnliche Erweiterungen zeigen. Die Anlage wurde bisher nicht ausgegraben, so daß ihre Anfänge noch völlig im dunkeln liegen. Typisch ist wiederum die Verknüpfung dieser Burg mit einem Ortsnamen der mittelalterlichen Rodungsperiode.

5.1.9 Gut Neuenberg bei Rosellen (Abb. 67 unten).

An Gut Neuenberg läßt sich noch heute die klassische Form einer Niederungsburg studieren. Die Anlage liegt südöstlich von Rosellen im Bereich eines der alten Rheinläufe und in der Niederung des Norfbaches. Östlich des heute noch bestehenden, vierseitig geschlossenen Gutshofes Neuenberg befindet sich ein nur teilweise erhaltener Burghügel von etwa 3 m Höhe, auf dem noch Reste von Mauerwerk erhalten sind. Er erhebt sich auf einer größeren Fläche, die im Norden, Süden und Osten von einem breiten Befestigungsgraben umgeben ist. Die heutigen Gutsgebäude stehen in der ehemaligen Vorburg. Die Anlage ist also nur zum Teil wüst geworden. Südlich an die Anlage schließt sich mit dem Mühlenbusch eines der heute noch erhaltenen Niederungswaldgebiete an.

Typisch ist auch in diesem Falle die Lage der Niederungsburg in einem ausgesprochenen Rodungs- und Kolonisationsgebiet mit recht jungen Ortsnamen. Wie bei anderen vergleichbaren Anlagen, werden die Befestigungsgräben von Gut Neuenberg direkt mit dem Wasser eines natürlichen Gewässers, hier des Norfbaches, gespeist.

116

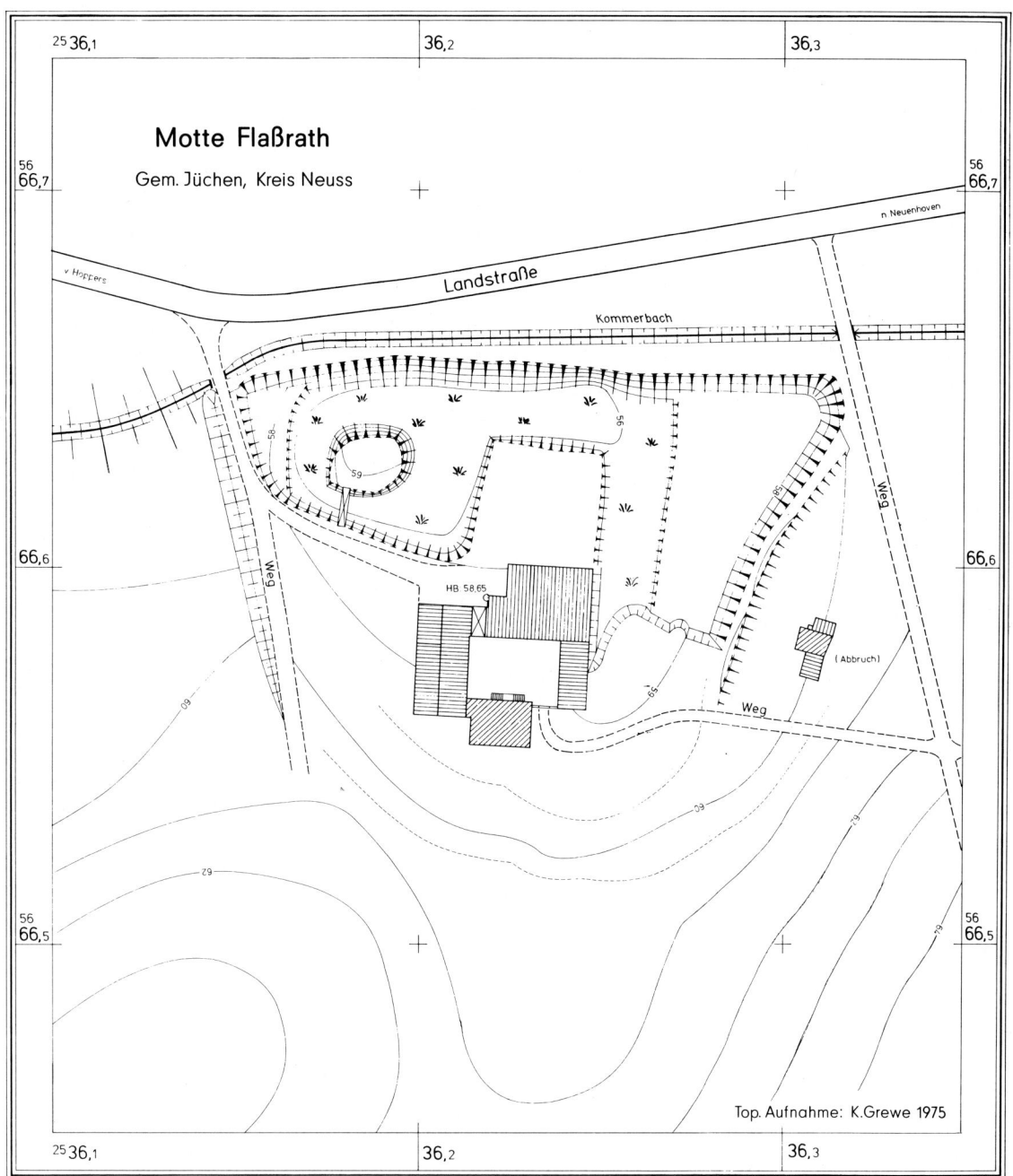

Motte Flaßrath

Gem. Jüchen, Kreis Neuss

Landstraße

n Neuenhoven

v Hoppers

Kommerbach

Weg

Weg

Weg

HB. 58,65

(Abbruch)

Top. Aufnahme: K.Grewe 1975

68   Niederungsburg Flaßrath bei Jüchen, Lageplan.

117

5.1.10 Vanikum

Am Südostende des Ortes Vanikum bei Rommerskirchen ist auf der heutigen TK 1 : 25 000 in einem mit einigen Bäumen bestandenen Wiesengelände ein Teich eingezeichnet. Dieser Befund ist zunächst recht unverdächtig. Vergleicht man hierzu aber den Zustand, wie ihn die Tranchot-Karte für den Beginn des 19. Jahrh. widerspiegelt, so zeigt sich, daß an dieser Stelle eine quadratische geschlossene Hofanlage bestand. Zu diesem Hof gehörten ein Garten und eine Obstweide, an die sich nach Süden eine Wiese anschloß. An der Südostecke dieses Wiesengeländes enthält die Tranchot-Karte deutlich einen kreisförmigen Graben, der einen Hügel umschließt. Der Hügel selbst ist unbebaut wiedergegeben. Es ist indessen nicht auszuschließen, daß es sich bei dieser Anlage um einen ehemaligen Burghügel handelt, der in der Zwischenzeit beseitigt wurde. Von der einstigen Befestigung kündet heute im Gelände nur noch der Rest eines Umfassungsgrabens, der einen relativ sicheren Hinweis auf eine ehemalige Wehranlage darstellt.

5.1.11 Flaßrath (Abb. 68).

Einige Kilometer nördlich von Jüchen liegt der Hof Flaßrath. Auf der Tranchot-Karte aus dem Beginn des 19. Jahrh. ist nordwestlich neben diesem Hof, der dort als „Flacherath" bezeichnet wird, eine ovale Fläche eingezeichnet, die von Norden nach Süden gerichtet ist. Diese Fläche wird von einem Graben umgeben, der als Wehrgraben aufgefaßt werden kann. Ob es sich bei dieser Anlage um eine ehemalige Niederungsburg handelt, müßte mit Hilfe von Ausgrabungen noch nachgewiesen werden. Der nach dem Befund der Deutschen Grundkarte 1 : 5000 sowohl den rundlichen Hügel als auch den Hof Flaßrath im Norden und Osten umgebende Wassergraben deutet auf eine Zusammengehörigkeit beider Teile hin, so daß vieles für eine zweiteilige Niederungsburg vom Motten-Typus spricht.

5.1.12 Gohr

In Gohr soll es am Fuße des Hohen Ufers einst einen Burghügel gegeben haben, der mit Graben und Wall befestigt war. Der Flurname dieser Lage lautet noch heute „Zur Burg". Die Anlage war auch als Burg Hosch bekannt. An dieser Stelle soll mehrfach Keramik des 15. Jahrh. gefunden wor-

den sein. Da ihr Verbleib jedoch unbekannt ist, kann sie für eine historische Auswertung nicht herangezogen werden. Die Tranchot-Karte, Blatt 51 Holzheim, enthält keinen Hinweis auf eine Burganlage an dieser Stelle. Wenn es sich also tatsächlich um eine solche Anlage an dieser Stelle handelt, so müßte sie bereits sehr früh abgetragen worden sein.

5.1.13 Liedberg (Abb. 177).

Unter den Niederungsburgen vom Typus der Motten darf auch Liedberg nicht fehlen, obgleich die hier liegende Anlage in manchem von dem weitverbreiteten Typus der Motten abweicht. Auf dem äußersten Westrand des Liedberges liegt die sog. „Römerwacht", ein kreisrunder, 10 m breiter Graben, der eine kreisrunde Innenfläche von etwa 35 m Durchmesser umschließt. Diese Innenfläche aber ist gegenüber dem umgebenden Gelände nicht erhöht, sondern weist die gleiche Höhe wie jenes auf. Es handelt sich also um eine kreisrunde Burg, bei der das wichtigste Kennzeichen, der künstlich aufgeschüttete Burghügel, fehlt. Ob dies bereits immer so gewesen ist oder ob man sich unter Umständen einen früher vorhanden gewesenen, später abgetragenen Burghügel vorzustellen hat, läßt sich mangels archäologischer Untersuchungen an diesem Objekt nicht verbindlich sagen. Ein Zugang zur Innenfläche der Burganlage bestand von Nordosten, wo eine Erdbrücke den Graben verflacht. Auch hier wäre aber zu prüfen, ob diese Erdbrücke schon immer vorhanden war oder ob nicht etwa in alter Zeit eine Holzbrücke in das Innere der Anlage geführt haben könnte. Für die Interpretation der kreisrunden Anlage sollte aber nicht außer acht gelassen werden, daß ihr nach Osten zu in einem Abstand von 100 m ein Wall mit nach Westen vorgelagertem Graben zugeordnet ist, der auf einer Länge von 110 m etwa in Nord-Süd-Richtung verläuft. Im Norden und Süden ist der Wall von jüngeren Steinbrüchen und Erdlöchern zerstört, im Mittelteil jedoch heute noch deutlich im Gelände erhalten. Die Bedeutung des Walles ist vorerst noch unbekannt. Eine mögliche Deutung wäre, daß er Teil einer nach Osten an die Rundanlage anschließenden Vorburg war. Dann allerdings läge der den Wall begleitende Graben auf der Innenseite der Vorburg, eine wenig sinnvolle und bisher kaum belegte Form der Befestigung.

So ist auch nicht auszuschließen, daß der Graben etwas mit der noch weiter östlich gelegenen hoch- und spätmittelalterlichen Landesburg Liedberg zu tun hat.

Ungewöhnlich an der Rundanlage ist weiterhin, daß dem tief eingeschnittenen Befestigungsgraben außen ein Wall vorgelagert ist. Besonders deutlich ist er heute noch im Osten sowie im Westen und Nordwesten der Befestigung ausgebildet. Seine Basisbreite beträgt 2–4 m, seine Höhe 1–2 m. Auch hierin unterscheidet sich die Rundanlage auf dem Liedberg deutlich vom üblichen Erscheinungsbild der Motten. Andererseits sollte man nicht überbewerten, daß hier in Höhenlage ein Befestigungstyp erscheint, der im übrigen Rheinland nahezu ausschließlich in Niederungsburgen vorkommt. Es gibt an verschiedenen Stellen des Rheinlandes einen speziellen Typus von Motten, bei denen der Burghügel nicht durch Aufschüttung in einer Niederung, sondern durch Abgraben aus einer Hochfläche oder einer Terrassenkante entstanden ist. Charakteristische Beispiele solcher Anlagen sind die Alte Burg bei Nörvenich, Kreis Düren, oder die Motte am Weyerhof zu Düren. Diesen beiden Anlagen ist die Rundanlage vom Liedberg durchaus verwandt.

Um zu einer historischen Interpretation der älteren Befestigungswerke auf dem Liedberg — Rundanlage und Abschnittswall mit Graben — zu gelangen, wäre zunächst erforderlich, ihr zeitliches Verhältnis zueinander und zur mittelalterlichen Burg und Siedlung Liedberg archäologisch zu klären. Solange dies noch nicht geschehen ist, sollte eine abschließende Interpretation nicht versucht werden. Die hoch- und spätmittelalterliche Burg Liedberg ist weiter unten zu behandeln (S. 243 ff.).

5.2 Wasserburgen

In seinen burgenkundlichen Abhandlungen hat der niederländische Archäologe J. G. N. Renaud darauf hingewiesen, daß sich die Niederungsburgen vom Typ der Motten in Nordwesteuropa bereits weitgehend am Ende des 12. Jahrh. überlebt hatten. Sie genügten kaum noch den fortifikatorischen und militärischen Erfordernissen einer neuen Zeit. In Frankreich war dieser Burgentyp schon zur Zeit des Königs Philipp August (1180–1223) nicht mehr aktuell. Die Rundform, wie sie durch den künstlich aufgeschütteten Burghügel vorgegeben war, gehörte hier am Ende des 12. Jahrh. der Vergangenheit an. Sie hatte anderen Burgenformen Platz gemacht, die durch die Kreuzzüge in Frankreich Eingang gefunden hatten. Die Zukunft gehörte hier der viereckigen, regelmäßig gestalteten, zu ebener Erde gelegenen, rational geplanten und klar gegliederten, wasserumwehrten Burg, die das gesamte 13. Jahrh. beherrschte. Sie kann sowohl in feuchten Niederungen als auch auf Bergplateaus verwirklicht werden. Sie ist räumlich wesentlich größer ausgelegt als die ältere Burg vom Motten-Typ und zeigt unverkennbar das Bestreben, den angreifenden Feind so weit wie möglich von der eigentlichen Kernanlage fernzuhalten. Vorspringende Türme in den Mauerfluchten treten hier fast überall auf. Sie eröffnen die Möglichkeit, den Gegner von der Flanke her anzugreifen und ihn am Ersteigen der Mauern und am Unterminieren der Burg wirksam zu hindern.

Diese neuartige Wehrarchitektur wurde, lange bevor sie ins Abendland gelangte, in den Kreuzfahrerstaaten und in Kleinasien praktiziert, wie Burgen vom Schlage Giblet oder Crac de Chevalliers im Heiligen Land oder aber entsprechende Anlagen in Kleinasien bezeugen. In Frankreich und vor allem in Süditalien zur Zeit Kaiser Friedrichs II. (1215–1250) erscheinen Burgen dieses Typs in hervorragenden Beispielen. Im europäischen Nordwesten, vor allem in den Niederlanden und in Westfalen, hielten Burgen dieses Typs nur wenig später ihren Einzug. Das Rheingebiet nimmt ebenfalls in vollem Umfange an dieser Entwicklung teil. In den Niederungsgebieten traten nunmehr zunehmend die neuen Burgen an die Stelle älterer zweiteiliger Burgen vom Motten-Typ, aus denen sie sich relativ leicht durch Ausbau und Umgestaltung erstellen ließen und von denen sie die Zweiteiligkeit, das Nebeneinander von Vorburg und Hauptburg, leicht übernehmen konnten. In Verbindung mit Städten oder Flecken erscheinen die neuen Burgen vor allem in der Funktion der Landesburgen des Territorialherren. Sie ordnen sich hier dem häufig regelmäßigen, gitter- oder schachbrettförmigen Raster der Städte organisch ein, indem sie in einer Ecke der Stadtumwehrung Platz finden. Hervorragende Beispiele dieser neuen Burgenform der Landesburg in Städten bilden Zons und Lechenich.

So stellt denn das 13. Jahrh. mit der Etablierung der Landesherrschaft am Niederrhein nicht nur ein Zeitalter der politischen Neuordnung dar; es wird darüber hinaus auch für die Weiterentwicklung des Burgenbaus zur entscheidenden Periode, indem es der neuen Form der Wasserburgen in vielfältigen Variationen Eingang gewährt. Je nach ihrer Funktion sind verschiedene Typen von Wasserburgen zu unterscheiden. Sie sollen in den folgenden Unterkapiteln im einzelnen beschrieben werden.

5.2.1 Die großen Landesburgen (Abb. 69).

Unter diesem Begriff wollen wir solche Burgen verstehen, die unmittelbare Stützpunkte der Landesherrschaft, also der Territorialherren, waren. Im Kapitel 3 ist bereits ausgeführt worden, daß der Erzbischof von Köln im Grunde der alleinige Territorialherr des hier zu behandelnden Kreises Neuss gewesen ist. Neben ihm spielte lediglich die Grafschaft bzw. das Herzogtum Jülich noch eine Rolle. Es ist dabei interessant zu beobachten, wie der nahezu permanente politische Gegensatz dieser beiden wichtigsten Territorien am Niederrhein geradezu eine Spaltung innerhalb des jülichschen Hauses bewirkte, indem Mitglieder dieser Familie auf den Kölner Erzstuhl gelangten und dann, oft gegen ihre eigenen Hausinteressen, die Belange des Erzstiftes wahrnehmen mußten. Dazu gehörte auch die Errichtung von Burgen, die nicht zuletzt unter Erzbischof Walram von Jülich (1332–1349) einen neuen Höhepunkt erreichte.

Die Burg in der Hand des Landesherrn, also die Landesburg, kann, wie die Erfahrung lehrt, ganz verschiedene Funktionen übernehmen. Sie kann z. B. als Militärstützpunkt, als Platz für die Bereitstellung von Truppen, als Verwaltungsmittelpunkt (z. B. Amtssitz), als Zollfeste, als Beherrscherin einer Stadt, als Residenz, als Lagerplatz für Vorräte und Abgaben, als Münzstätte, als Kanzlei oder Kämmerei, als Wegesicherung, Hafenplatz oder als Grenzfeste und Gegenburg zur nächsten feindlichen Befestigung dienen. Zusammengenommen aber dienen alle diese Funktionen im Grunde immer wieder nur einem einzigen Ziel: der Erhaltung und Steigerung der Macht des Ter-

ritorialherren über die verschiedenen Gruppen und Klassen seiner Untertanen. So spiegelt sich denn in der „Erfindung" der Landesburg die nahezu totale Herrschaft des Landesherrn über alle anderen Bevölkerungsgruppen wider. Es gibt letzthin nur noch wenige Lebens- und Rechtsbereiche, die sich dem unmittelbaren Zugriff des spätmittelalterlichen Landesherrn entziehen, etwa die Exemtionen und besonderen Rechte der Geistlichkeit, bis zu einem gewissen Grade die Selbstverwaltungsbefugnisse der Stadtbürgerschaften und schließlich die Rechte des Landadels im Rahmen seiner Landtagsfähigkeit. Landesburgen in der Hand des Territorialherren schaffen zwar kein verfassungsrechtlich abgesichertes, aber doch ein faktisches Gegengewicht gegenüber den Sonderrechten dieser Bevölkerungsgruppen des spätmittelalterlichen Territoriums, die vor den Augen des Landesherren im Grunde nur eine einzige Qualität miteinander gemeinsam haben: ihre Eigenschaft als Untertanen des sich schon im späten Mittelalter vollendenden zentralisierten Territorialstaates. Aus dieser verfassungsgeschichtlichen Situation sollte die Bedeutung der Landesburgen beurteilt werden.

a) Hülchrath (Abb. 70–85).

Schloß Hülchrath liegt, ungefähr 9 km südöstlich von Neuss und etwa 6 km nordöstlich von Grevenbroich entfernt, in einem Niederungsgebiet auf dem Ostufer der Erft. Die Anlage ist eingebettet in die sumpfige Niederung des Gillbaches, der hier in trägem Lauf der Erft zustrebt. Von Westen her ist sie so gut wie unzugänglich; ein Zugang eröffnet sich lediglich von Osten. Die Burg selbst wurde an der höchsten Stelle einer natürlichen Anhöhe innerhalb des Sumpfgeländes errichtet. Ihrer Lage nach gibt sich Burg Hülchrath in jeder Weise als Niederungsburg zu erkennen, und daß sie in der Tat mit den Niederungsburgen etwas zu tun hat, zeigt sich bereits an dem unregelmäßig-rundlichen Grundriß der Anlage, die den Ursprung als Motte bis in unsere Tage durchschimmern läßt. Schloß Hülchrath ist eine der wenigen niederrheinischen Burgen, an denen sich ihr Ursprung noch heute bis in die früheste Zeit des mittelalterlichen Burgenbaus verfolgen läßt, die zugleich aber auch alle nachfolgenden Bau- und Stilepochen der Burgenarchitektur durchlaufen hat und bis heute zeigt. Insofern ist

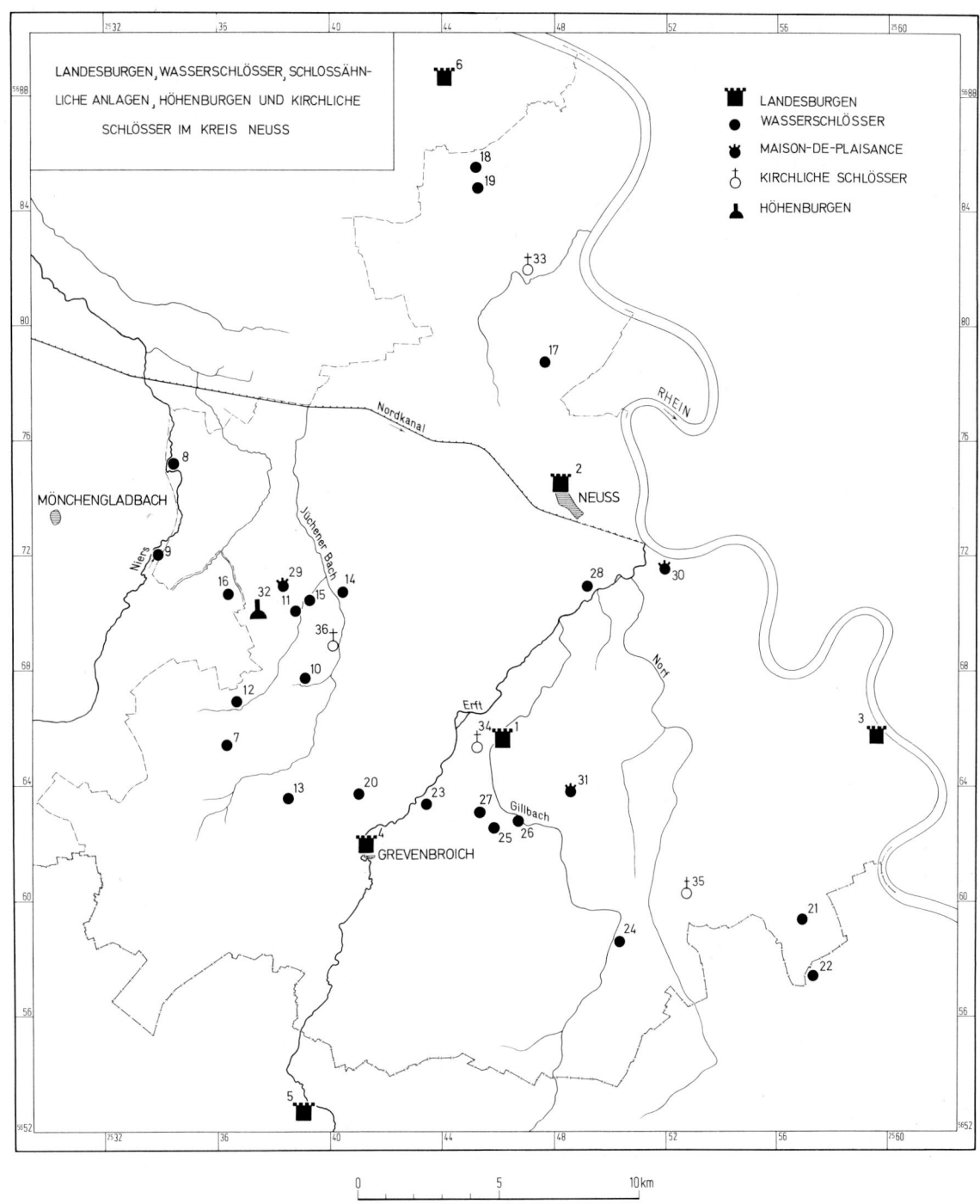

LANDESBURGEN, WASSERSCHLÖSSER, SCHLOSSÄHN-
LICHE ANLAGEN, HÖHENBURGEN UND KIRCHLICHE
SCHLÖSSER IM KREIS NEUSS

◼ LANDESBURGEN
● WASSERSCHLÖSSER
♔ MAISON-DE-PLAISANCE
⚲ KIRCHLICHE SCHLÖSSER
♟ HÖHENBURGEN

69   Verbreitungskarte der Landesburgen und übrigen Wasserburgen im Kreis Neuss.

Landesburgen und andere Wasserburgen des hohen und späten Mittelalters konzentrieren sich wie die Motten (Abb. 30) in den rheinischen Flußgebieten. Alle nutzen das Wasser als natürliches fortifikatorisches Element optimal aus. Die Landesburgen spiegeln einerseits die Landesherrschaft Kurkölns in diesem Raum, zeigen andererseits aber auch den latenten jülichschen Einfluß im unteren Erftgebiet.

121

70　Schloß Hülchrath von Südosten. Freigegeben Reg.-Präs. Düsseldorf Nr. 06/1345.

122

71   Schloß Hülchrath von Südwesten. Freigegeben Reg.-Präs. Düsseldorf Nr. 06/1346.

72 Schloß Hülchrath von Nordosten. Stich von Hogenberg, die Belagerung von 1583 darstellend.

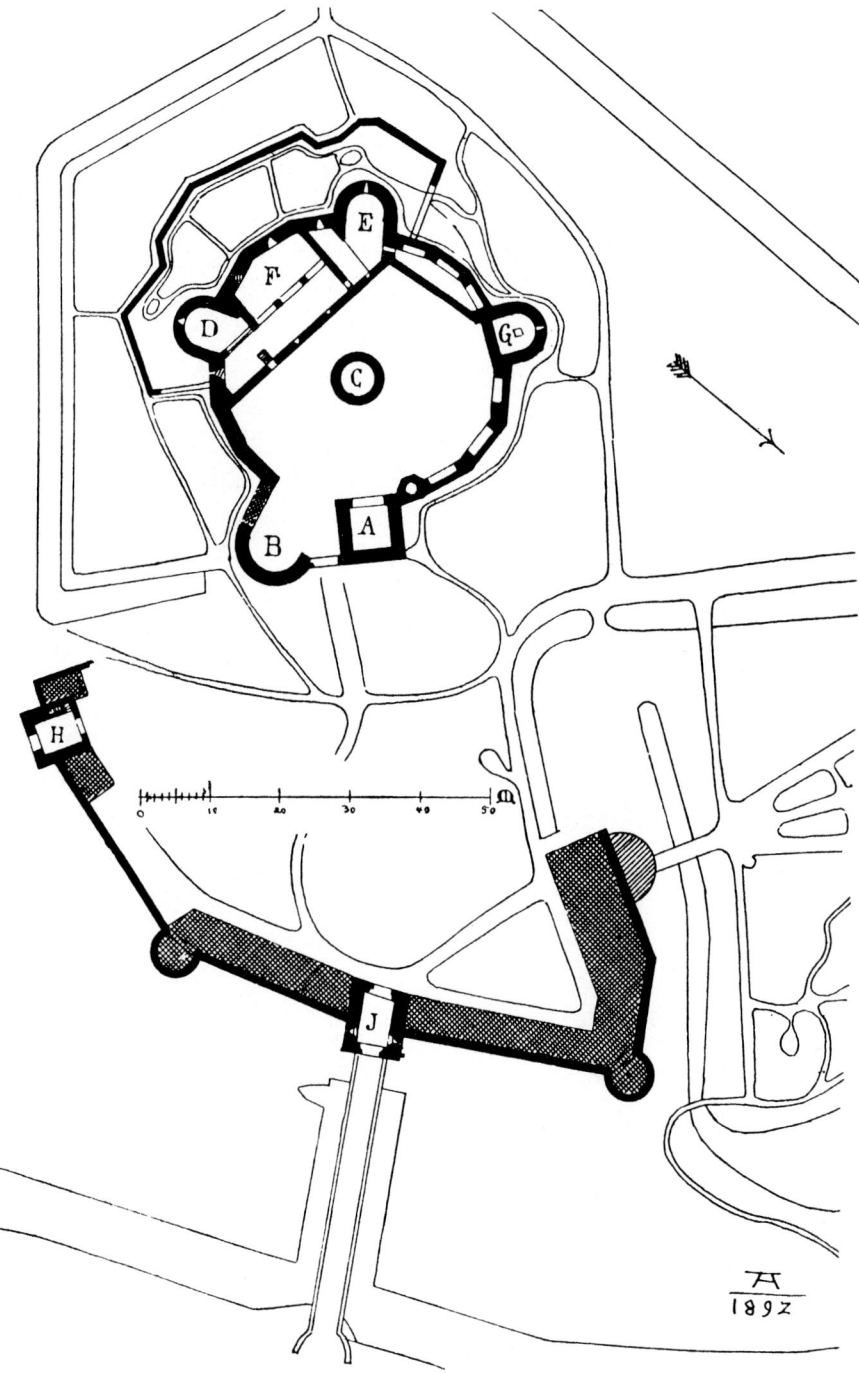

73   Lageplan von Hochschloß und Vorburg Hülchrath nach dem Aufmaß von L. Arntz aus dem Jahre 1892
(nach Th. Wildeman 1959).

A Hauptturm
B Neue Flankierbastion von etwa 1609
C Wahrscheinliche Lage des ältesten Wohnturms aus Tuff, Dm. etwa 8,50 m
D, E Ursprüngliche Flankierungstürme des Palas
F Hauptraum des Palas
G Flankierungsturm der großen Wehrgangsfront auf dem Nordwestsektor
H Altes Vorburgtor, führt zum Gelände der Anf. 17 Jahrh. aufgegebenen älteren Siedlung Hülchrath
I Neues Vorburgtor ab 1608

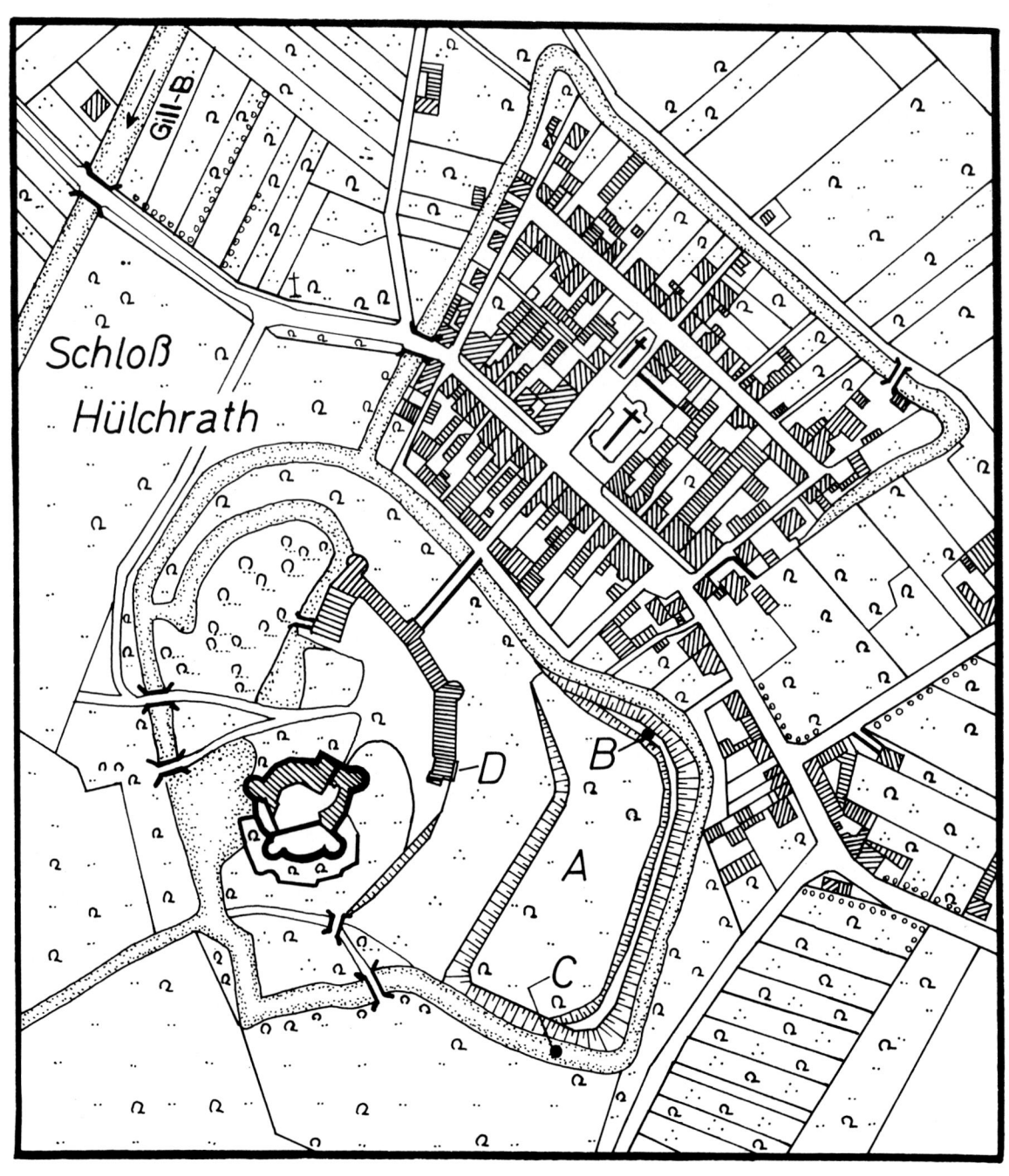

74　Schloß Hülchrath, Lageplan von Burg und Siedlung Hülchrath. Maßstab 1 : 10 000.

A Mittelalterliches Siedlungsgebiet. – B Mittelalterlicher Wall. – C Mittelalterlicher Graben. –
D Mittelalterliches Haupttor der Burg.

75 Modell von Schloß und Siedlung Hülchrath, Zustand von 1737, ausgestellt im Museumszentrum Burg Linn, Krefeld.

diese Anlage ein unvergleichlich reiches Beispiel für die wechselvolle Entwicklungsgeschichte der niederrheinischen Burgen. Einige historische Tatsachen seien der burgenkundlichen Behandlung der Anlage vorausgeschickt.

Schloß Hülchrath war ursprünglich der Sitz einer Grafenfamilie, die sich nach dieser Burg benannte und die als direkte Nachfolger der frühmittelalterlichen Grafen im Gillgau angesehen wird. Der Besitz dieser Grafen von Hülchrath war umfangreich. Er umfaßte einen parallel zum Rhein verlaufenden breiten Geländestreifen, der im Norden bei Büttgen begann und im Süden bis an die Stadtgrenze von Köln reichte. Älteste Besitzungen Kurkölns, etwa Neuss und Zons, nehmen sich gegenüber diesem zusammenhängenden Besitzkomplex der Grafen von Hülchrath eher bescheiden aus. Im Jahre 1175 starben die Grafen von Hülchrath in männlicher Linie aus. Verschiedene Grafenfamilien befanden sich danach im Besitz von Hülchrath: die von Sayn, von Sponheim und von Kleve. Im Jahre 1314 gelang es dem

Erzbischof Heinrich von Virneburg (1304–1332), die Grafschaft für 30 000 Gulden käuflich zu erwerben. Damit war ein tiefer Einschnitt in der politischen Geschichte des unteren Erftgebietes gegeben: Die große Landmasse der ehemaligen Grafschaft Hülchrath gelangte an Kurköln und bildete hinfort zusammen mit dem Altbesitz Kurkölns ein großes zusammenhängendes Gebiet, das den gesamten Zwischenraum zwischen den Städten Köln und Neuss ausfüllte. Für die Ausbildung eines geschlossenen kurkölnischen Territoriums war der Erwerb von Hülchrath eine entscheidende Phase. Allerdings wurden die kurkölnischen Ansprüche auf dieses Gebiet durch die Herren von Dyck bestritten.

Hülchrath wird also erst zu Beginn des 14. Jahrh. zu einer kurkölnischen Landesburg. Davor war die Burg Mittelpunkt einer selbständigen gräflichen Herrschaft von erheblicher geographischer Ausdehnung. Die Anfänge der Burg reichen wahrscheinlich weit zurück. Auch ohne daß archäologische Untersuchungen an dieser Anlage

76 Schloß Hülchrath, jüngerer Zugang zur Vorburg, 17. Jahrhundert.

stattgefunden haben, ist sicher, daß sie sich aus einer Niederungsburg vom Typ der Motten entwickelt hat. Dafür sprechen vor allem zwei Krite-rien: Die Hauptburg liegt, selbst heute noch deut-lich sichtbar, auf einem Hügel, der wahrscheinlich künstlich angeschüttet ist; weiterhin zeigt Schloß

77 Schloß Hülchrath, Torturm des Hochschlosses von der
Hofseite nach L. Arntz 1892.

78 Schloß Hülchrath, älterer Torbau der Vorburg nach
P. Clemen, Kunstdenkmäler der Rheinprovinz.

Hülchrath mit seiner Hauptburg rundlich-unregelmäßige Form. Sie wurde nicht etwa in späterer Zeit auf einen regelmäßigen Grundriß der Hauptburg umgestaltet, sondern blieb, von den Anfängen des Motten-Stadiums, bis heute durch alle Veränderungen der Burg hindurch erhalten.

In diesem Sinn weist Schloß Hülchrath wahrscheinlich eine ähnliche Entwicklungsgeschichte wie Burg Linn auf, die sich ebenfalls aus einer zweiteiligen Burg vom Motten-Typus über mehrere Zwischenstufen zur spätmittelalterlich-frühneuzeitlichen Wasserburg entwickelte. Hülchrath entspricht also allein von seinem äußeren Erscheinungsbild her den ursprünglichen Formen der niederrheinischen Burgen vom Motten-Typus.

Bedingt durch vielfältige politische Umwälzungen, veränderte Hülchrath viele Male seine äußere Gestalt. Nach Abzahlung der Kaufsumme durch das Domkapitel in Köln wurde die Burg 1323 kurkölnischer Amtssitz. Die Burg lag an strategisch wichtiger Stelle im Vorfeld des Kurstaates gegen das Herzogtum Jülich. Es war daher unvermeidlich, daß sie in die immer wiederkehrenden Auseinandersetzungen zwischen diesen beiden Territorien einbezogen wurde. Im Jahre 1499 wurde Hülchrath von den Jülichern verwüstet, nachdem die Burg belagert worden war. Im Jahre 1583 mußte sich Hülchrath während des Truchsessischen Krieges den Truppen des Herzogs Friedrich von Sachsen ergeben, nachdem die Gräben trockengelegt und in die Mauern Breschen geschossen waren.

Ein zeitgenössischer Stich von Hogenberg überliefert die historischen Szenen: Die Burg ist im Augenblick der Übergabe dargestellt. Zugleich bietet der Hogenbergische Stich höchst eindrucksvolle Informationen über die äußere Gestalt der wichtigen Anlage, auf die wir später noch zurückkommen werden. Noch im gleichen Jahre wurden die Schäden, die die Burg im Truchsessischen Krieg davongetragen hatte, wieder ausgebessert.

129

79   Schloß Hülchrath, älterer Torbau der Vorburg von Westen.

Sie war damit wieder voll funktionsfähig, was erklärt, daß sie im Dreißigjährigen Krieg erneut belagert und eingenommen werden mußte. Wiederum erlitt sie schwere Schäden.

Die französische Eroberungspolitik der Jahre 1688/89 bedeutete für Hülchrath wie für so viele andere rheinische Burgen das Ende als Wehran-

lage: Alle Befestigungen der Anlage wurden geschleift. Und noch ein weiterer schicksalhafter Vorgang verbindet sich mit französischer Herrschaft am Rhein: Im Jahre 1798 verkaufte Frankreich die Burg als Domäne an einen privaten Eigentümer. Damit war der Glanz der Burg endgültig dahingeschwunden.

80 Schloß Hülchrath, Nordostseite der Hauptburg mit viereckigem Torturm und Rundturm.

Er spiegelt sich gleichwohl bis heute in ihrer architektonischen Gestalt, so sehr auch Jahrhunderte ihre Bau- und Zerstörungsspuren am alten Gemäuer hinterlassen haben. Ihr wollen wir uns nunmehr zuwenden. Dabei ist klar, daß eine Beschreibung der Burg unter recht verschiedenen Aspekten geschehen kann. Ein Kunsthistoriker wird sich vor allem von ihrer baulichen und

131

81   Schloß Hülchrath, Torturm des Hochschlosses von der Hofseite.

82   Schloß Hülchrath, sekundär vermauerter jüdischer Grabstein im Mauerwerk des Torturmes.

künstlerischen Gestaltung, von der Vielfalt der
sich in ihr vereinigenden Kunststile angezogen
fühlen. Einen Burgenforscher werden wahrscheinlich die befestigungstechnischen Einrichtungen, die Hauptelemente der Wehrhaftigkeit
der Anlage, interessieren. Reichtum und Vielfalt
der baulichen und fortifikatorischen Gestalt dieser Burg verlangen geradezu nach einer monogra-

phischen Behandlung. Nur einige wichtige Einzelheiten seien hier hervorgehoben, nachdem sich
bereits Theodor Wildeman eingehend mit Schloß
Hülchrath befaßte. Wildeman hat in diesem
Zusammenhang auch darauf hingewiesen
welche bedeutsame Quelle die fast photogra-
phisch getreuen Gemälde des Malers F. A. Reuter
in Schloß Paretz bei Potsdam darstellen, die in den

83 Schloß Hülchrath, sekundär vermauerter jüdischer Grabstein im Mauerwerk des Torturmes.

Jahren 1793 bis 1795 entstanden und die den Zustand der Anlage kurz vor 1800 widerspiegeln.

Den Grundriß von Schloß Hülchrath bestimmt die Zweiteiligkeit (Abb 74). Der runden Hauptburg ist nach Nordosten eine Vorburg vorgelagert. Beide Teile der Anlage waren ursprünglich mit eigenen Wassergräben ausgestattet; die zwischen Vorburg und Hauptburg liegende Grabenpartie zeichnet sich bis heute in den tiefliegenden Gärten dieses Geländes ab, die erst nach Auffüllen dieses Grabenabschnitts entstanden sind. Die Hauptburg ist rund. Sie entspricht damit der ursprünglichen Form des Mottenhügels, der mit Sicherheit als Ursprung und Ausgangspunkt der Anlage angenommen werden muß. Auf ihn deutet auch das erhöhte Innere der Hauptburg hin,

134

wenn es auch nur noch bestenfalls den Stumpf des einstigen kegelförmigen Mottenhügels ausmacht. Auf diesem Mottenhügel stand mit Sicherheit ein Burgturm. Ihn vermutete Th. Wildeman mit Recht in einem kreisrunden Bau von 8,50 m Durchmesser, den er nicht, wie ältere Burgenforscher für einen Brunnen oder eine Zisterne, sondern richtig für einen Rundturm hielt, von dem nur noch das Fundament erhalten war. Durchmesser von 8 bis 9 Metern erscheinen bei Rundtürmen aus der Zeit um 1200 recht häufig. Es handelt sich um jenes Maß, das bei zahlreichen quadratischen Burgtürmen der gleichen Zeit als Kantenlänge im Außenmaß wiederkehrt. Rundtürme dieser Art kamen seit dem Ende des 12. Jahrh. zunehmend auf. Sie blühen dann aber vor allem während des 13. Jahrh. in ganz Europa.

Das zweite wichtige und ursprünglich schon vorhandene Bauelement der Hauptburg stellt die polygonale Umfassungsmauer dar (Abb. 75). Sie umgibt den einstigen Burghügel peripher und ist, obgleich in der bis heute erhaltenen Form erst im 14. Jahrh. errichtet, die nach außen gewendete Verteidigungseinrichtung aller Mottenhügel. Das 14. Jahrh. übersetzte ältere und sicher auch einfachere Formen einer solchen Ringmauer in die fortgeschrittenen Bauformen seiner Zeit, bei denen unter anderem die polygonale Ausbildung der einzelnen Mauerabschnitte als typisch anzusehen ist. Diese Ringmauer besaß wahrscheinlich Vorformen: eine einfachere ältere Steinmauer, noch nicht polygonal, sondern schlicht rund, und vor ihr vielleicht eine Palisade oder eine Holz-Erde-Mauer, sind denkbar. Die ältere Steinmauer wäre dem Rundturm im Zentrum zuzuordnen.

Nach Art der archäologisch untersuchten Burgen vom Motten-Typ wird man dieser Hauptburg auch eine Vorburg zuordnen müssen. Sie wurde bisher nicht gefunden, und die Wahrscheinlichkeit, sie noch zu entdecken, ist angesichts der mehrfachen Überbauung durch spätere Vorburgen nicht sehr groß.

An die Stelle der auf einen zentralen Turm hin ausgelegten Burg vom Typ der Motten trat in Hülchrath im Zuge der weiteren Entwicklung eine ganz andersartige Bauidee. Sie ist von erhöhtem Raumbedürfnis innerhalb der Burg gekennzeichnet, und zwar in mehrfacher Hinsicht. Ähnlich wie auf der Hardtburg oder in Burg Linn, mit der die Baugeschichte von Hülchrath auf weite

Strecken parallel verläuft, nahm der zentrale Turm einen großen Teil des Innern der Hauptburg für sich in Anspruch. In gewisser Hinsicht blockierte diese Einrichtung die räumliche Weiterentwicklung der Hauptburg, die vor allem Platz für einen geräumigen Palas erforderlich machte. Bei einer lichten Weite von nur rund 35 m innerhalb der Ringmauer hätte die Errichtung eines Palas bei noch bestehendem zentralem Burgturm zu unerträglicher Enge in der Hauptburg geführt. So setzt die Errichtung des räumlich dreigegliederten Palas auf der gesamten Südseite der Hauptburg geradezu den Abriß des Zentralturmes voraus. Beide können deshalb nicht gleichzeitig nebeneinander bestanden haben, sondern nur nacheinander. Auch in diesem Punkte entspricht die Entwicklung von Schloß Hülchrath vollauf derjenigen in Burg Linn, wo der zentrale viereckige Burgturm ebenfalls einem peripher angeordneten Palas weichen mußte.

Die fortifikatorischen Funktionen des einstigen Zentralturmes aber durften bei Schaffung des Palas nicht verlorengehen. Sie wurden sekundär auf ein anderes wichtiges Bauwerk von Schloß Hülchrath übertragen: auf den Torturm oder die Torburg im Nordosten der Hauptburg-Ringmauer (Abb. 77). Bis heute bestimmt dieser fünfgeschossige viereckige Bau Schloß Hülchrath so stark, daß man älteren Verfassern von Baubeschreibungen den Irrtum verzeihen muß, der Turm sei der eigentliche Burgturm und nicht lediglich der Torturm von Schloß Hülchrath gewesen. Theodor Wildeman war es gegeben, diesen Turm als das, was er von Anfang an gewesen war, wiederzuentdecken: als Torburg, der erst sekundär die Funktionen des ehemaligen Donjons der Motte zugewiesen worden waren. Über die Parallele Burg Linn hinaus ist die Funktion solcher Tortürme in der Ringmauer von Motten wiedererkannt worden, z. B. durch die Ausgrabungen von J. G. N. Renaud in der Burg von Leiden, die eine verwandte bauliche Konzeption erkennen läßt.

Hogenbergs Stich, der die Belagerung vom März 1583 darstellt (Abb. 72), überhöht die fortifikatorische Bedeutung dieses Torturmes ohne Zweifel, nicht zuletzt durch die Bekrönung des Turmes durch einen Wehrgang mit Zinnen und vier kleinen Ecktürmen im Obergeschoß. In seiner Mitte trägt dieser Turm Hogenbergs eine Laterne als Abschluß, wohl als Wetterschutz für den Türmer. Auf Hogenbergs Stich wird auch deutlich, daß dieser Turm seinen Zugang vom Hochschloß aus erfuhr, das von Osten her direkt an den Torturm angebaut war. Noch heute ist vom inneren Hofraum aus im Erdgeschoß des Turmes unter einem modernen Fensterdurchbruch an zwei senkrechten Fugen und andersartigem Mauerwerk die Stelle der alten Tordurchfahrt auszumachen, die den Turm klar als ursprünglichen Torturm ausweist. Die Steinbogeneinrahmung des Tores wurde später vermutlich herausgebrochen und für die Einrahmung einer neuen Tordurchfahrt wiederverwendet.

Insgesamt konnte sich in Hülchrath das Prinzip der zweiteiligen mittelalterlichen Niederungsburg vom Motten-Typ so klar erhalten wie kaum sonst. Gerne wird man deshalb Th. Wildemans klare Analyse der frühen Baugeschichte von Schloß Hülchrath zitieren, die in dem Satz gipfelt: „Der sich so mit klarem Ring herausschälende Hochschloßkreis, dem vier Türme nach Nordost, Südost, Südwest und Nordwest vorgelegt sind, kann als das klassische Grundrißschema eines aus der Vorstellung der Igelverteidigung der frühen Mottenhügel entwickelten, kreisrund und erstmalig so in Stein massiv aufgebauten Hochschlosses angesehen werden." Dieser Analyse ist kaum noch etwas hinzuzufügen.

Kurz nach 1608 wurde Schloß Hülchrath noch einmal in großem Stil ausgebaut. Diese Phase darf bei der Beurteilung der Gesamtanlage nicht außer Betracht bleiben, weil sie vor allem im Bereich der Vorburg wesentliche Veränderungen mit sich brachte. Hauptburg, Vorburg und vorgelagerte Siedlung wuchsen in dieser Zeit zu einem einheitlichen Befestigungssystem zusammen, wie es um jene Zeit *more geometrico* üblich war. Ein Modell von Burg und Siedlung Hülchrath im Landschaftsmuseum Burg Linn (Abb. 75) veranschaulicht diese Phase recht plastisch. Der Flecken Hülchrath wurde, ausgestattet mit Wall, Graben, Bastionen, schnurgeraden Straßen und zentral angeordnetem Marktplatz, vor der Vorburg gelegen, zu einer Art zweiter Vorburg, zu einem vorgelagerten Glacis. Auch um diese Zeit besaßen Hauptburg, Vorburg und Siedlung jeweils ihre eigenen Befestigungen durch Gräben und Wälle. Die Vorburg bestand um diese Zeit aus drei spitzwinklig aufeinanderstoßenden Backsteinbauten

mit runden Ecktürmen. Noch immer war hier die fortifikatorische Funktion erkennbar. Gegen die Siedlung schützte die Vorburg ein wasserführender Graben, der später teilweise zugeschüttet wurde. Ein neuer Zugang zur Vorburg wurde geschaffen. Er führte direkt vom Ort Hülchrath über eine breite Backsteinbrücke durch ein Rundbogenportal mit aufgesetztem Treppengiebel zur Burg (Abb. 76). Der ursprüngliche Torturm der Vorburg, dreigeschossig, wurde vermauert. Noch heute sind in seinem Mauerwerk die Schlitze für das Fallgatter und die hohe Blende für das Einschlagen der Zugbrücke kenntlich geblieben. Durch die in der Mitte des Turmes weit ausladende Pechnase mit Ablaufrinne ließ sich einst jeder das Tor berennende Feind leicht bekämpfen.

Wie Schloß Hülchrath nach dem Ausbau des frühen 17. Jahrh. ausgesehen hat, ist den vier erwähnten Paretzer Bildern des Malers F. A. Reuter zu entnehmen, die Th. Wildeman der Forschung wiedervermittelt hat (Abb. 84. 85). Heute müssen die vier Originalbilder infolge von Kriegseinwirkungen als verloren gelten. Um so wichtiger sind die von Wildeman veröffentlichten Bilder und die im Archiv des Landeskonservators Rheinland erhaltenen Fotoaufnahmen der Gemälde. Die Bilder zeigen den Baubestand von Schloß Hülchrath, wie er noch kurz nach dem Ausbruch der Französischen Revolution vorhanden war (Abb. 84. 85). Sie verdeutlichen zugleich, daß die eigentlichen Zerstörungen der historischen Bausubstanz während des 19. Jahrh. eintraten. Unter vielen anderen baugeschichtlichen Einsichten eröffneten die Paretzer Bilder die Erkenntnis, daß in Schloß Hülchrath die Baukunst der Renaissance eines ihrer wichtigsten niederrheinischen Monumente verwirklicht hatte. Auf der Innenseite des Westsektors des Hochschlosses stieß eine bis zu den Paretzer Bildern unbekannte zweigeschossige Renaissance-Arkade an den ehemaligen Palas an. Sie erstreckte sich gewissermaßen als Schmuckwand im Hofinnern vor einem Teil der Wehrgangbögen des Mittelalters und trug damit einem zeitbedingten Stilempfinden Rechnung, dem zufolge es galt, den Schloßhof dem Stil der Zeit entsprechend würdig und repräsentativ auszugestalten. Mit Recht setzt Th. Wildeman diese Bauelemente mit verwandten Erscheinungen in Schloß Rheydt (Abb. 86. 87) und

84 Schloß Hülchrath, Südostansicht nach dem Gemälde von F. A. Reuter um 1795, aufbewahrt in Schloß Paretz bei Potsdam.

85 Schloß Hülchrath, Innenhof des Hochschlosses um 1795 nach dem Gemälde von F. A. Reuter, aufbewahrt in Schloß Paretz bei Potsdam.

137

86a   Arkadendurchblick Schloß Rheydt.

86b   Schloß Rheydt, 2. Vorburg, Tor von außen und innen.

87   Schloß Rheydt, Schloß von der Hofseite mit Arkaden.

auf Burg Malberg in Beziehung. Unverkennbar schlagen sich hier Baugesinnungen nieder, die, ihrem Ursprung nach der italienischen Renaissance verhaftet, über die spanischen Niederlande am Niederrhein Eingang gefunden hatten.

Der Palas von Schloß Hülchrath war, als Reuter ihn malte, nach der Zerstörung von 1676 durch die Truppen des Fürstbischofs von Osnabrück und der Schleifung von 1688, bereits mehr als 100 Jahre Ruine gewesen. Die reich durchgebildete zweigeschossige Säulenarkadenfassade und der schlanke Treppenturm, mit Kuppelbau und umlaufender Galerie versehen, als astronomischer Beobachtungsturm dienend – und alle übrigen Bau- und Zierelemente, reihen Hülchrath in die Reihe jener Bau- und Kunstdenkmäler ein, die die frühe Renaissance am Niederrhein repräsentieren.

Hülchraths Bedeutung verband sich mit Blüte und Niedergang des kölnischen Kurstaates. Als Landesburg erlebte die Burg ihre entscheidenden Entwicklungsphasen. Als solche beendete sie auch ihr Dasein. In vielfältiger Weise gewinnt deshalb an diesem Platz die Geschichte des Kölner Kurstaates dinglich greifbare Substanz. Hülchrath darf mit vollem Recht als kurkölnische Landesburg bezeichnet werden, weil sich an der Geschichte dieser Burg ein Stück politischer Geschichte des Kölner Kurstaates manifestiert. Insofern ist Hülchrath ein Stück vergangener Staatengeschichte des Rheingebietes geworden.

b) Zons (Abb. 88–99).

Etwa 20 km nordwestlich von Köln liegt, abseits der großen Straßen und nahe am Rhein, umgeben von den Weideflächen älterer ehemaliger Rheinläufe, Zons. In dieser Stadt konnten sich, vielleicht gerade wegen ihrer ein wenig isolierten Lage, Burg und Stadtumwehrungen des Mittelalters in immerhin noch so bedeutenden Resten erhalten, daß sich der Besucher relativ leicht einen guten Eindruck von Bau und Funktionsweisen einer spätmittelalterlichen Gründungsstadt verschaffen kann. Ja, Zons ist in seiner Art einmalig am Niederrhein. Nirgendwo sonst wirken so vielfältige Eindrücke von historischer Architektur und Naturlandschaft zusammen zu einem stimmungsvollen und zugleich doch lebendigen Bild des Mittelalters. Die Idylle unserer Tage täuscht. Denn in Zons war der Krieg der

Vater der Stadtgründung. Die Entstehung der Stadt in ihrer heute überkommenen historischen Form verbindet sich aufs engste mit den Kämpfen um die territoriale Vormachtstellung am Niederrhein, die die zweite Hälfte des 13. Jahrh. kennzeichnen und die im Jahre 1288 in der Schlacht von Worringen kulminieren. Die Niederlage Kurkölns in der Schlacht von Worringen bedeutete für seine territorialen Interessen nur einen vorübergehenden Rückschlag, nicht aber das Ende seiner Vorherrschaft am Niederrhein. Und so wundert es niemanden, wenn rund hundert Jahre später die Gründung von Zons auf die gleichen Motive Kurkölns zurückzuführen ist, die auch bereits im 13. Jahrh. für seine Politik maßgebend waren. Zons wurde dazu bestimmt, ein wichtiges Glied im kurkölnischen Burgengürtel zu werden und auf diese Weise die Vorherrschaft des Erzstiftes am Niederrhein zu sichern und auszubauen.

In der äußeren Gestalt von Burg und Stadt Zons spricht sich bis heute der nüchternzweckgerichtete politische Wille ihres Gründers, des bedeutenden Kölner Erzbischofs Friedrich von Saarwerden (1370–1414), aus. Dieser Fürst legte im Jahre 1373 Zons an, und zwar als eine rational durchgeplante rechteckige Anlage, in deren Südostecke die erzbischöfliche Burg eingerichtet wurde. Das Gebiet, in dem die Pflanzstadt errichtet wurde, hatte bereits davor Besiedlung getragen. Mittelsteinzeitliche und römerzeitliche Fundplätze sind aus dem Stadtgebiet bekannt. Dabei kann vor allem das spätrömische Kastell Haus Bürgel nicht außer Betracht bleiben (Abb. 4.5.9). Es liegt, bedingt durch eine Westverlagerung des Rheins um 1370 heute auf der rechten Rheinseite. In römischer Zeit und bis weit ins Mittelalter hinein umrundete das Kastell Bürgel eine weitausgreifende Rheinschlinge im Osten, so daß beide, Zons und Bürgel, links des Rheines lagen. Zusammen bildeten sie eine recht alte Pfarrei, deren gemeinsame Pfarrkirche die Maternuskapelle innerhalb des römischen Kastells gewesen ist. Gleichwohl muß unklar bleiben, ob die Anfänge von Zons, d. h. der vor der spätmittelalterlichen Gründungsstadt vorhandenen Siedlung dieses Namens, in irgendeiner Weise mit dem spätantiken Kastell Bürgel zusammenhängen. Zu wenig ist über Ausdehnung und Struktur der spätantiken Besiedlung des Gebietes von Zons

88   Zons von Südwesten. Freigegeben Reg.-Präs. Düsseldorf Nr. 06/1042.

89 Zons von Südosten 1965. Freigegeben Reg.-Präs. Düsseldorf Nr. 06/882/28.

90 Grundriß von Zons nach der Karte der Uraufnahme von 1818 (nach: Aenne Hansmann 1973).

142

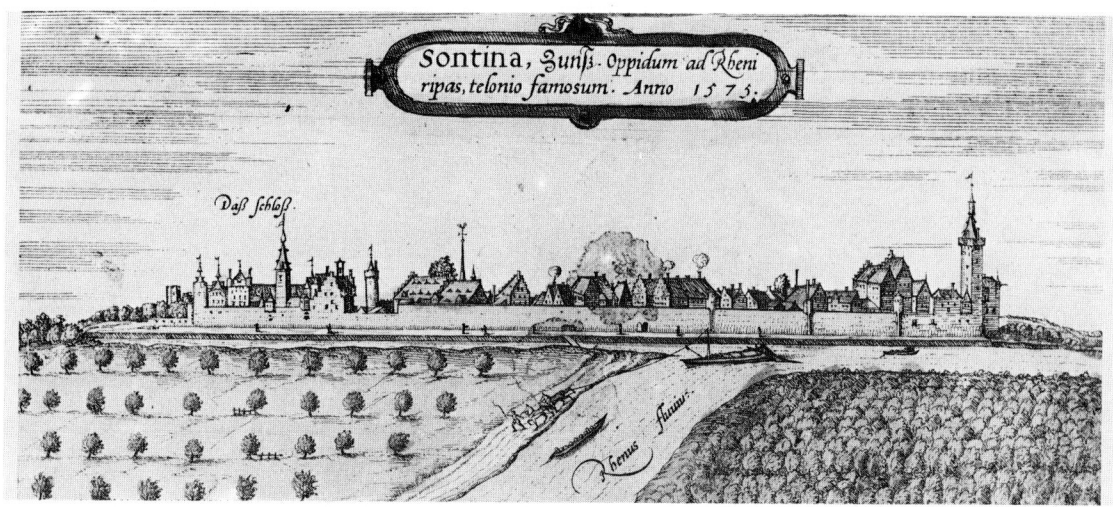

91 Zons, von der Rheinseite gesehen. Kupferstich aus Braun-Hogenberg, Städtebuch II, 1575.

bekannt, als daß dergleichen Verbindungen angenommen werden könnten. Zu denken gibt immerhin die Tatsache, daß die älteste Pfarrei dieses Raumes eben nicht in Zons beheimatet war, sondern an die Maternus-Kapelle innerhalb des Römerkastells gebunden war. Daraus ergibt sich, daß Bürgel auch im frühen Mittelalter eine wichtige Rolle gespielt hat, eine Tatsache, um deren archäologischen Beweis sich die Forschung noch bemühen muß. Fränkische Funde sind bisher weder aus Haus Bürgel noch aus Zons bekanntgeworden. Bei der Anlage einer Waage im Hof von Haus Bürgel wurden allerdings beigabenlose Körpergräber entdeckt, die nahe der Maternus-Kapelle angelegt worden waren.

Die frühmittelalterliche Geschichte von Zons ist durch den Umstand verdunkelt, daß es vor dem 11. Jahrh. keine erhaltene urkundliche Überlieferung für den Platz gibt. Erst um die Mitte des 11. Jahrh. erfahren wir aus einer Urkunde des Kölner Erzbischofs Anno II. (1056–1075), daß in Zons eine *villa dominicatus nostri,* also ein Fronhof des Erzbischofs, bestand. Es gab um diese Zeit also eine erzbischöfliche Grundherrschaft am Platze, die der Ausgangspunkt für alle späteren Entwicklungen der erzbischöflichen Herrschaft in Zons wurde. Eine noch ältere Quelle, deren Entstehung dem 7. Jahrh. zugeschrieben wird, die aber erst in einer Fassung des 12. Jahrh. überliefert ist, das sog. Testament des Bischofs Kunibert, enthält den Hinweis, daß dem Kölner Erz-

bischof bereits im 7. Jahrh. die Fischerei in Zons zustand, aus der die Almosenempfänger des Kölner Hospitals St. Lupus Gaben erhalten sollten. Eine weitere Fassung dieses Almosenverzeichnisses enthält weitere Gaben an Fischen, Roggen, Hafer, einem Schwein, Salz und Bargeld, die der Erzbischof zur Unterhaltung eines Almosenempfängers in Zons zu leisten versprach.

Die Forschung neigt heute dazu, das Almosenverzeichnis für St. Lupus für einen Spiegel von Verhältnissen des späten 11. oder frühen 12. Jahrh. und nicht des 7. Jahrh. zu halten, so daß seine Angaben über etwaigen sehr frühen Besitz des Erzbischofs in Zons nichts aussagen. Über das 11. Jahrh. weist also nichts zurück. Erst für diese Zeit ist erzbischöflicher Besitz in Zons nachzuweisen. Bessere Kenntnisse bieten Überlieferungen des 12. Jahrh. Einer Urkunde des Jahres 1164, die das Dienstrecht der Kölner Ministerialen beschreibt, entnehmen wir, daß Zons eines der zwölf Tafelgüter des Erzbischofs gewesen ist. Zusammen mit den 11 übrigen Tafelgütern unterstand das erzbischöfliche Tafelgut zu Zons der Verwaltung durch einen Vogt, der zunächst ein Ministeriale gewesen sein mag, später aber (1276) von Mitgliedern des Grafenhauses von Jülich gestellt wurde.

Seit dem ausgehenden 12. Jahrh. zerfiel der ursprünglich umfangreiche Besitz des Erzbischofs in Zons: Der Fronhofsverband löste sich allmählich auf. Die Bauern, die Land des Fronho-

92   Zons, nördliche Stadtumwehrung mit Kapelle und Zollturm.

fes bewirtschaftet hatten, erhielten dieses schließlich zu eigen und wirtschafteten weitgehend selbständig. Daneben aber verblieb in Zons ein Fronhof des Erzbischofs, der eine Eigenwirtschaft betrieb und darüber hinaus noch als Sammelstelle für Abgaben und Einkünfte des Zonser Gebietes fungierte. In einer Urkunde des Erzbischofs Konrad von Hochstaden aus dem Jahre 1251 ist überliefert, daß der Erzbischof in Zons Zehnten sowohl von eigenem als auch von fremdem Land erhob. Das Gebiet der Zonser Feldmark gehörte also nicht vollständig dem Erzbischof, sondern es waren dort auch noch andere Eigentümer belegen.

Die Geschichte von Zons kann hier nicht in allen Einzelheiten vorgetragen werden. Das hat unlängst Aenne Hansmann in ihrer Geschichte von Stadt und Amt Zons getan. Für das Thema „Burgen im Kreis Neuss" darf indessen nicht außer Betracht bleiben, daß die Sieger in der Schlacht von Worringen (1288) drei Burgen des

Erzbischofs zerstörten: Worringen, Zons und Neuerburg. Dieses Zeugnis von 1288 ist der einzige Beleg für das Bestehen einer Burg in Zons vor der Errichtung der Stadtanlage des 14. Jahrh. Es darf als sicher gelten, daß diese erzbischöfliche Burg in engem Zusammenhang mit dem Fronhof des Erzbischofs in Zons stand, den sie zu sichern hatte.

Über die militärische Sicherung des eigenen Grundbesitzes waren für das Entstehen dieser älteren Burg von Zons auch noch andere Gründe maßgebend. Bereits im 13. Jahrh. stand der Erzbischof von Köln im Gebiet zwischen Köln und Neuss in ständigen Auseinandersetzungen mit den Grafen von Jülich. In Bergheim zerstörte Erzbischof Konrad von Hochstaden im Jahre 1236 die Burg der Grafen von Jülich, freilich nur mit vorübergehendem Erfolg, denn die Burg wurde umgehend wiederaufgebaut. In Zons standen erzbischöfliche und gräfliche Rechte am gleichen Platz nebeneinander: Der Erzbischof war

144

93   Zons, Innenseite der nördlichen Stadtumwehrung mit Zollturm, von Westen.

Grundherr, der Graf von Jülich Vogt. Beide hätten aus diesen ihren Rechten eigene Ansprüche auf territoriale Zugehörigkeit von Zons herleiten können. Um einer möglichen Einbeziehung von Zons in die Grafschaft Jülich vorzubeugen, errichteten die Erzbischöfe dort ihre Burg. Es spricht vieles dafür, daß Erzbischof Konrad von Hochstaden (1238–1261) der Erbauer dieser ersten Burg gewesen ist. Wie sie ausgesehen hat, ist nirgends überliefert, und es gibt auch keine archäologischen Hinweise auf die Gestalt dieser wichtigen Anlage. Sie lag an der Stelle, an der auch die spätere Burg der Gründungsstadt von 1373 angelegt wurde.

94　Zons, der Juddeturm an der Nordwestecke der Vorburg, von Nordwesten; in dem Freigelände
und unter dem Haus links verlief früher der Vorburggraben.

Die ältere Burg von Zons wurde offenkundig nach 1288 nicht wiederaufgebaut. Erzbischof Siegfried von Westerburg (1275–1297) hielt sich offenbar an die den Siegern gegebene Versprechung von 1289, bis über Dormagen hinaus keine Befestigung zu erbauen. Die ältere Burg Zons blieb zerstört liegen. Dort bestehende Baulichkeiten wurden geschleift, ihre Steine als Material für

die Stadtmauer nach Köln gebracht. Fast hundert Jahre dauerte es, bis in Zons danach wieder eine Burg entstand. Anlaß dafür waren Spannungen, die zwischen Erzbischof Friedrich III. von Saarwerden (1370–1414) und den Bürgern der erzbischöflichen Stadt Neuss entstanden waren. Im August 1372 führten sie dazu, daß der Rheinzoll von Neuss nach Zons verlegt wurde. Diese Maß-

95 Zons, östliche Stadtumwehrung mit Wachtürmchen „Pfefferbüchse" und Zollturm.

nahme des Erzbischofs bedeutete für Neuss einen tiefen Einschnitt in seine wirtschaftliche Entwicklung; denn die Rheinzölle waren wie in anderen rheinischen Städten auch in Neuss aus einem ursprünglichen Marktzoll erwachsen. In Neuss hatten die Erzbischöfe diesen Marktzoll seit dem frühen 12. Jahrh. in Besitz gehabt. Die Verlegung des Zolls von Neuss nach Zons kann als Höhepunkt der vorausgegangenen jahrelangen Auseinandersetzungen zwischen der Stadt und dem Erzbischof angesehen werden, in deren Verlauf die Stadt sich nicht gescheut hatte, mit dem Herzog von Jülich, dem Widersacher des Erzbischofs, zu paktieren. Mit der Zollverlegung widerrief der Erzbischof Verfügungen seiner Vorgänger, nach denen der Ertrag des Zolles der Stadt Neuss überlassen worden war, was zum Ausfall von etwa 100 000 Gulden für die erzbischöfliche Kasse geführt hatte. Gegenüber den Neusser Bürgern wies der Erzbischof in der Begründung für seinen Schritt unter anderem darauf hin, daß der Zoll in Neuss nicht genügend geschützt gewesen sei. In

Zons sollte das nun anders werden. Duldeten die Neusser Bürger seit der Mitte des 13. Jahrh. bereits keine erzbischöfliche Burg mehr innerhalb ihrer Mauern, so mußte der Erzbischof andererseits wegen der verhältnismäßig geringen wirtschaftlichen und politischen Kraft der Bürger von Zons an diesem Platz keinen Widerstand gegen seinen Zoll erwarten. Es war ihm ein leichtes, die neue Zollstätte durch eine der mächtigsten Burgen seines Territoriums abzusichern. Politische, wirtschaftliche und geographische Momente wirkten bei der Begründung dieser mächtigen Landesfeste zusammen.

Am 20. Dezember 1373 stellte Erzbischof Siegfried von Westerburg seiner Stadt Zons ein Privileg aus, in dem er ihr Brühler Stadtrecht verlieh. Voraufgegangen war der Ausbau von Zons durch eine Stadtumwehrung zu einer regelmäßigen Gründungsstadt und die Errichtung der erzbischöflichen Burg in deren Südostecke. Aus dem Dorf Zons war über Nacht eine Stadt, einer der festesten Plätze des Territoriums geworden.

147

96 Zons, Blick in die Rheinstraße nach Westen mit Wachtürmchen „Pfefferbüchse" und Zollturm
im Hintergrund.

Das Stadtrecht gewährte der Erzbischof der *villa nostra* und der *communitas scabinorum et villano-rum* von Zons, also nicht nur den zu seinem Hof gehörenden Leuten, sondern allen Bewohnern des Dorfes Zons, deren Zahl übrigens zunächst noch zu gering war, um die neugegründete Stadt vollständig zu füllen. Sicherheit und Schutz der erzbischöflichen Rechte in Zons stellten die be-stimmenden Motive im Stadtprivileg dar; sie er-weisen sich zugleich aber auch als die entscheiden-den Kriterien für die bauliche Gestaltung von Stadt und Burg Zons. Die Bürger müssen die Stadt mit Mauern, Toren, Türmen und Gräben ausstatten, doch nur in dem Maße, wie es dem Erzbischof für nützlich erscheint. Die Verfü-gungsgewalt über die Stadttore mag der Erzbi-

148

97   Zons, Ruine des Südtores der Vorburg von außen.

schof nicht den Bürgern allein anvertrauen: Abends müssen sie die Schlüssel der Stadttore an seinen Vertrauten, den Schultheißen, abliefern. In seiner Burg igelt sich der Erzbischof nicht nur gegen die Außenwelt, sondern zugleich auch gegen seine eigenen Bürger in Zons ein. Im Schultheißen oder Amtmann, der entweder auf der Burg oder in der Stadt wohnt, ist er als Stadtherr ständig gegenwärtig. Auf die Bestellung der städtischen Magistrate sichert sich der Erzbischof stetigen Einfluß: Sie dürfen zwar auf Lebenszeit gewählt werden, bedürfen indessen der Bestätigung durch den Erzbischof oder seinen Amtmann. Aus diesen im Stadtrecht von Zons angelegten Verhältnissen erklären sich mühelos die Einrichtungen von Stadt und Burg Zons, die wir im folgenden betrachten wollen.

Seit dem Ende des 13. Jahrh. blühte allenthalben in Europa der Typus der regelmäßigen quadratischen oder rechteckigen Gründungsstadt, in deren einer Ecke die Burg des Stadtherren angelegt wurde. Im Rheinland verkörpern vor allem

Lechenich, Bergheim, Andernach, Münstereifel oder Orsoy diesen Typus. In allen genannten Fällen ist die Stadtumwehrung mehr oder weniger regelmäßig gestaltet und die Burg in einer Ecke der Stadtmauer, meist in der natürlich am besten gesicherten, angelegt. Beispielen, in denen Stadt und Burg gleichzeitig erbaut wurden (Lechenich, Zons), stehen solche gegenüber, bei denen die Burg nachträglich in einen bereits vorhandenen Stadtgrundriß eingebaut wurde (Andernach). Lechenich und Zons stellten demnach die modernste und den Bedürfnissen des sich vollendenden Territorialstaates am Rhein angemessene Form der architektonischen und topographischen Gestaltung des Verhältnisses von Burg und Stadt dar. Neben den alltäglichen Gegebenheiten der Wirtschaft und der Politik fehlt in Zons auch die religiöse Überhöhung des Gründungsaktes nicht. In einem Relief am Zollturm zu Zons sehen wir den Kölner Erzbischof Friedrich III. von Saarwerden, wie er vor Petrus kniet. Petrus übergibt dem Erzbischof die Gerechtsame des Rheinzolls.

149

98   Zons, Torgasse zum Südzwinger von Süden.

99　Zons, typisches Mauerwerk aus Basalt und Ziegeln aus dem 14. Jahrhundert,
Außenmauer des Südtores der Vorburg.

Die beigefügte Inschrift besagt: *Fridericus de Sa-werdena, archiepiscopus Coloniensis, columen me fecit anno a navitate Domini millesimo trecentesimo octuage-simo octavo,* zu deutsch: ‚Friedrich von Saarwer-den, Erzbischof von Köln, errichtete mir dieses Bauwerk im Jahre 1388.'

Zons wäre, hätte nicht ein alter Rheinlauf eine andere Form an der Südostecke erzwungen, wie Lechenich, ein Rechteck geworden. Aber die Nie-derung des alten Rheinarmes im Südosten der Anlage erzwang eine Abschrägung auf der Ost-seite. Unmittelbar vor der Ostmauer der Stadt

floß in alter Zeit der Rheinstrom, dem die Stadt Geltung und materielle Grundlage verdankte (Abb. 89–91). Stadt und Burg Zons bilden eine untrennbare Einheit, wenngleich andererseits deutlich sichtbar wird, daß zwar die Stadt nicht ohne die Burg, wohl aber die Burg ohne die Stadt zu existieren in der Lage war. An allen vier Ecken der Stadtumwehrung steht bis heute ein mächti-ger Wehrturm, der nur im Südosten bis auf ge-ringe Reste verschwunden ist. Unter den Wehr-türmen nimmt der mächtige quadratische Zoll-turm im Nordosten eine ganz besondere Stellung

151

ein (Abb. 93. 95). Von diesem Turm aus war es möglich, die Zollgeschäfte auf dem Rhein unmittelbar zu überwachen und zu steuern.

Die Burg des Landesherren, Schloß Friedestrom, befindet sich in der Südostecke der Stadtanlage. Sie nimmt, gemeinsam mit ihrer stadtseitig vorgelagerten Vorburg, etwa ein Sechstel der Grundfläche der Stadt Zons ein. Nur wenig ist von der nach Süden der Stadtbefestigung vorgelagerten Zwingeranlage erhalten (Abb. 97. 98). Sie diente offenkundig dem Ziel, feindliche Angreifer, auch weittragende Geschütze von Feinden, möglichst weit von der landesherrlichen Burg abzuhalten. Diese wiederum wirkt wie ein raffiniert verschachteltes Befestigungssystem in sich.

Die landesherrliche Burg zu Zons war, wie viele andere Burgen der gleichen Zeit, im Grundriß zweiteilig. Den Kern bildete die Hauptburg, ein Geviert, nach Norden und Westen von der Vorburg durch einen Graben abgetrennt, nach Osten und Süden durch die mit der Stadt gemeinsame Umwehrung begrenzt. Sicher geht man nicht fehl, wenn man den Eingang zu dieser Hauptburg am Ostende des nördlichen Grabenzuges vermutet, an einer Stelle also, die bis heute unmittelbar östlich des Kreismuseums den Zugang zum ehemaligen Hauptburggelände eröffnet. Von der Vorburg kann man sich heute nur noch eine unvollkommene Vorstellung bilden; denn sie ist durch nachfolgende Veränderungen stark verunstaltet. Die Vorburg legte sich einst hakenförmig im Norden und Westen vor die Hauptburg. Ihre Begrenzung ist deutlich durch den kreisrunden Juddeturm gegeben. Er sicherte die gegen die Stadt exponierte Nordwestecke der Vorburg, diente gewissermaßen als Auslug auf die vielleicht unbotmäßige Bürgerschaft von Zons (Abb. 94). Der Juddeturm aber stand mit Sicherheit innerhalb einer Mauerumwehrung der Vorburg von Schloß Friedestrom, die diese im Norden und Westen gegen die Stadt absetzte. Dieser Umfassungsmauer war im Norden und Westen ursprünglich ein breiter Befestigungsgraben vorgelagert, der heute nirgends mehr erhalten ist. Auf der Nordflanke der Vorburg steht heute eine Häuserzeile inmitten des ehemaligen Grabenzuges. Es handelt sich um die Gebäude der Schloßstraße, und zwar um die nach Süden gelegene Häuserreihe dieser Straße. Die Schloßstraße

selbst gibt noch heute durch ihre Linienführung zu erkennen, daß sie ursprünglich unmittelbar außerhalb des Vorburggrabens verlief und auf ihrer Südseite nicht bebaut war. Von der Burg aus gesehen, bot sie vielmehr ein unbebautes Glacis, das einen unmittelbaren Blick in die angrenzenden Stadtquartiere freigab.

An ihrem östlichen Ende, dort, wo sie in die Rheinstraße nach Norden umbiegt (Abb. 90), weist die Feldstraße noch heute einen winzigen kleinen Platz auf. Er ist nicht zu verwechseln mit dem unbebauten Vorgelände des heutigen Kreismuseums, sondern liegt exakt im Winkel zwischen Schloßstraße und Rheinstraße. Die Unscheinbarkeit dieses „Marktes" symbolisiert zugleich die ökonomische Bedeutung, die dieser städtische Markt in Zons besessen hat: Gegenüber den vor der Nordostecke der Stadt abzuwickelnden Zollgeschäften kam ihm nicht die geringste Bedeutung zu. Zons hat nie einen eigenen Markt von einiger Wichtigkeit sein eigen genannt. Dazu hatte es der Landesherr mit Vorbedacht gar nicht kommen lassen.

Auch auf der Westseite der Vorburg von Schloß Friedestrom erinnert heute nichts mehr an die einstige Grabenführung vor der Umfassungsmauer. Hier liegt heute freies, unbebautes Gelände, das immerhin, im Unterschied zur Nordflanke der Vorburg, einen Eindruck von der Distanz vermittelt, die einst zwischen Vorburggraben und Stadt bestanden hat. Neuere Untersuchungen des Rheinischen Landesmuseums in diesem Bereich erbrachten den schlüssigen Beweis für die Tatsache, daß auf der Westseite der Vorburg ein von Norden nach Süden verlaufender Befestigungsgraben bestanden hat. Angeschnitten wurde hier eine dunkle, lose Bodenschicht, die wohl eine Auffüllung des ehemaligen Burggrabens darstellt. In dieses lose Erdreich war dann, aufgesetzt auf durch Spannbögen miteinander verbundene Pfeiler, ein frühneuzeitliches Mauerwerk errichtet worden. Möglicherweise gehört es zu dem im Zwickel zwischen südlicher Stadtmauer und Westmauer der Burg einst vorhanden gewesenen Franziskanerkloster. Die an diesem Fundplatz vorgefundene Keramik gehört dem 15.–18. Jahrh. an.

Der Juddeturm im Nordwesten und die Gräben auf der Nord- und der Westseite belegen das starke Sicherheitsbedürfnis, welches den Landesherrn bei der Errichtung dieser Burg leitete. Hatte er nicht, angesichts der permanenten Aufsässigkeit der Kölner Bürgerschaft und der Konflikte mit den Bürgern zu Neuss, allen Grund dazu, auch den von ihm selbst privilegierten Bürgern von Zons zu mißtrauen? Die starke Befestigung der Burg Friedestrom, namentlich auch in ihrer Vorburg, legt beredtes Zeugnis für solche Befürchtungen des Erzbischofs ab. Ebenso deutlich wie in Zons tritt dieses Mißtrauen des Landesherrn gegenüber seinen Bürgern in Lechenich hervor; denn auch dort eröffnete sich der Erzbischof aus seiner in vergleichbarer Lage errichteten Burg einen besonderen Ausgang ins freie Land außerhalb der Stadt, was von den Bürgen mit besonderem Mißfallen vermerkt wurde. So wurden denn Schloß Friedestrom zu Zons und Schloß Lechenich nicht nur zum Symbol eines unbeschränkten Herrschaftswillens des Landesherren gegen seine äußeren Feinde, sondern zugleich auch zur Stein gewordenen Herrschaft des Landesherren über seine Untertanen, die ihm hier als Stadtbürgerschaft gegenüberzutreten drohten. Nach allen bisherigen Erfahrungen tat der Landesherr auch in Zons gut daran, seine Burg auch gegenüber den Bürgern verteidigungsfähig einzurichten, einen Ausgang nach außen anzulegen und darüber hinaus sogar abends die Schlüssel der Stadttore einzufordern, damit niemand auf falsche Gedanken komme.

Im Jahre 1377 war Schloß Friedestrom so gut wie fertiggestellt. Nicht hingegen die Stadt. Der Erzbischof hatte seiner Burg absoluten Vorrang gegeben. Erst nach ihrer Vollendung wurden die Mauern der Stadt Zons vollendet. 1388 war die ganze Stadt erbaut. Der Rheinturm, Bestandteil der Stadtumwehrung, war nach Ausweis der Inschrift im gleichen Jahre abgeschlossen worden. Burg und Stadt bieten bautechnisch ein einheitliches Bild und können schon aus diesem Grunde zeitlich nicht allzuweit auseinanderliegen. Basaltblöcke, Trachytquader und Tuffsteinmauerwerk kennzeichnen beide. Die schweren Basalte erscheinen vor allem auch in den Türmen der Burg und der Stadtumwehrung. In der rheinseitigen Stadtumwehrung mischen sie sich mit ungeheuren Mengen an Feldbrandziegeln, die, der Zeit entsprechend, in großer Zahl Verwendung fanden (Abb. 95). Basalte und Ziegelschichten wechseln häufig miteinander an ein und demselben

Bauwerk. Zweistöckige Wachhäuschen bekrönen an vielen Stellen die Stadtumwehrung. Sie ragen über die Mauerkrone hinaus und werden häufig auf Konsolen gesetzt, die durch gotische Bögen und Stützen getragen werden. Ein besonders schönes Wachtürmchen dieser Art blieb auf der Rheinseite der Stadtbefestigung erhalten (Abb. 96).

Allenthalben verraten Löcher am oberen Rand der Stadtmauern, daß diese ursprünglich oben von einem Wehrgang gesichert wurden, wie wir ihn heute noch etwa in Rothenburg ob der Tauber vorfinden. Bereits seit dem ausgehenden 12. Jahrh. gehörten Selbstverteidigungsanlagen dieser Art zum allgemein üblichen Repertoire der Befestigungskunst, und zwar nicht nur bei Stadtmauern, sondern ebenso auch bei Burgen. Kehren wir zur Burg Friedestrom zurück: Sie bildete in erster Linie die Grundlage für die Herrschaft des Landesherren in Zons. Daß sie einen repräsentativen Palas in der Hauptburg besessen hat, steht außer Zweifel. Seit 1377 weilte der Erzbischof in jedem Jahr für einige Tage in Zons. Von seinem Palas, den wir uns vielleicht in ähnlichen Dimensionen wie in Lechenich vorstellen dürfen, stehen heute nur noch einige Grundmauern. Archäologische Untersuchungen könnten hier sicher nähere Aufschlüsse bringen. Es bestehen indessen kaum Zweifel darüber, daß der Erzbischof auch in Zons besondere Sorge für eine repräsentative Ausgestaltung seiner Burg trug. Davon kündet die Gestaltung des nach Süden weisenden Tores der Burg (Abb. 97. 98). Es eröffnet, ähnlich wie in Lechenich das Nordtor der Burg, den ungehinderten Ausgang aus der Burg in das freie Land. Hier gestalteten die erzbischöflichen Baumeister ähnlich wie am Rheinturm einen Spitzbogenfries, den sie aus Drachenfelser Trachyt schufen. Das so schwer plastisch zu gestaltende Material erschien ihnen also auch an dieser Stelle repräsentativ genug, um den Wünschen des Landesherrn gerecht zu werden.

Burg und Stadt Zons behielten in den Jahrhunderten nach ihrer Neugründung in vielfältiger Hinsicht besonderen Wert für das Kölner Erzstift. Die Burg diente zunächst einmal militärischen Zwecken. Ihre Größe erlaubte es, in der Vorburg Truppen zu sammeln und bereitzustellen. Ausrüstungen und Waffen ließen sich ohne Mühe innerhalb der Burg lagern. Zons als Zoll-

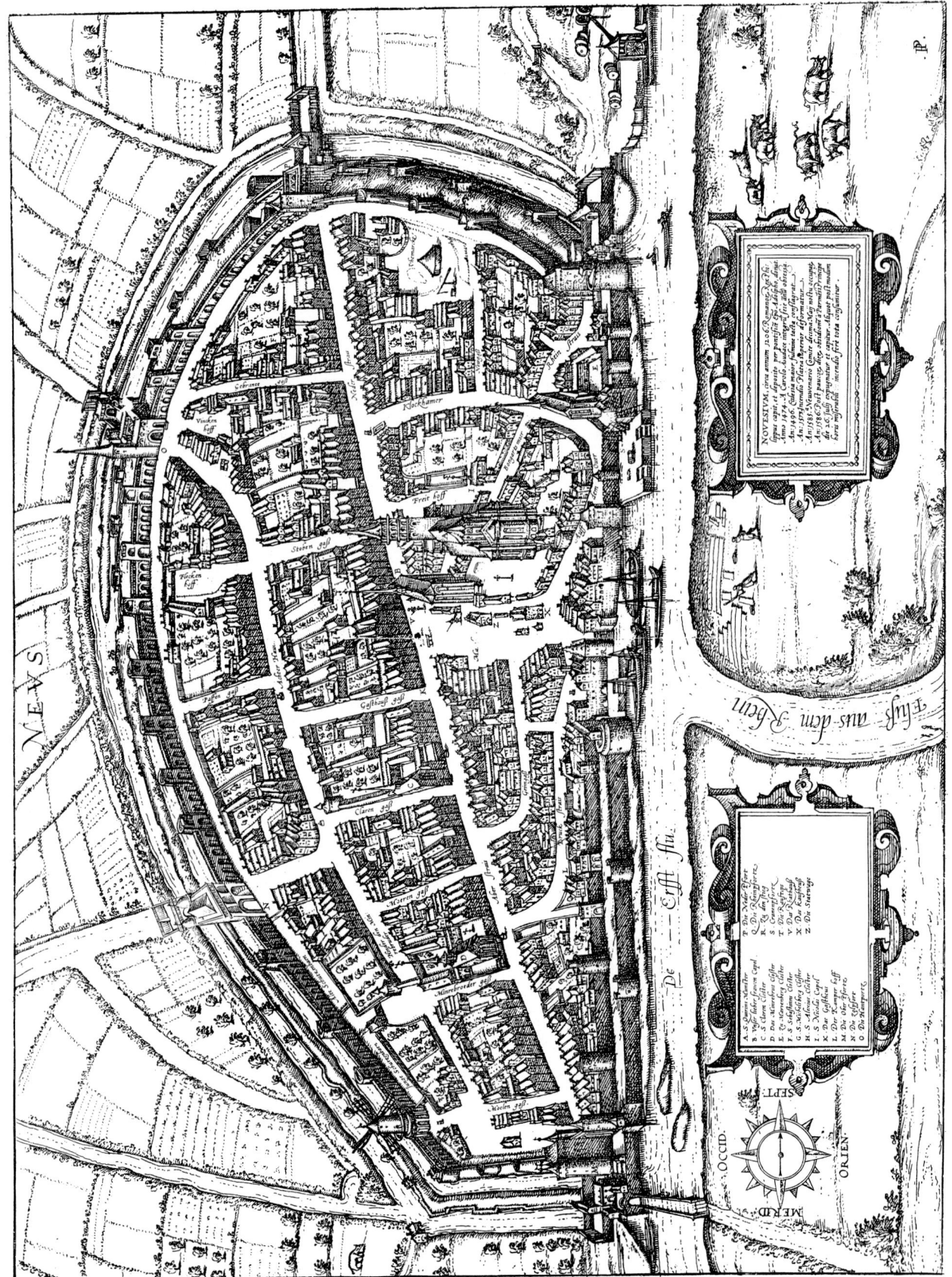

100 Neuss, Stadtansicht nach Hogenberg 1590. Am Nordende der Stadt (rechts) finden sich keine Hinweise mehr auf die ehemalige Burg des Erzbischofs von Köln.

stätte wurde bereits behandelt. Darüber hinaus wurde die neue Stadt bereits bald zum Sitz eines kurkölnischen Amtes, das aus dem älteren Amt Hülchrath ausgegliedert und unter Hinzufügung weiterer Einkünfte und Dienste neu geschaffen wurde. Der Amtmann zu Hülchrath verlor alle Befugnisse, die er bis vor der Gründung der neuen Stadt Zons innegehabt hatte. Erstmalig für das Jahr 1392 ist die Bezeichnung Amt Zons in den Quellen überliefert. Im gleichen Jahre erscheint erstmalig ein Zonser Amtmann namentlich in der Überlieferung: *Steven van hostaden Ritter Amptmann zu dieser ziit* . . . wohnte *in dem huys under sent peters Turne*, also nicht in der Burg, die dem Erzbischof selbst vorbehalten war, sondern außerhalb der Burg. Geographisch umfaßte das Amt Zons die Stadt selbst, das Dorf Horrem sowie Haus Bürgel, das zu jener Zeit bereits rechts des Rheines lag, das aber nach wie vor mit Zons zu einer gemeinsamen Pfarrei gehörte. Verglichen mit anderen kurkölnischen Ämtern, war Zons ein kleines Amt. Gleichwohl aber konzentrierte sich hier die wirtschaftliche und politische Macht des Kölner Kurstaates am Niederrhein.

In der Folgezeit wurde Zons wiederholt zum Objekt der Verpfändung durch den Erzbischof. Glücklicherweise war es das Kölner Domkapitel, welches dem Erzbischof die Pfandsumme lieh und dafür die Stadt und die Burg Zons, ab 1463 zu ständigem Besitze, erhielt. Zons ging so wenigstens nicht dem Kölner Kurstaat verloren.

Im weiteren Verlauf der Geschichte wurde Zons nicht von den Unbilden politischer und kriegerischer Auseinandersetzungen zwischen Kurköln und seinen Nachbarn verschont. Ständig wechselten am Niederrhein die politischen Parteien und Territorien ihre Bündnisse. Einzelheiten dieser Verwicklungen können hier nicht beschrieben werden. Während des burgundischen Krieges (1474/1475) weilte Kaiser Friedrich III. auf seinem Feldzug gegen Karl den Kühnen von Burgund für kurze Zeit in den Mauern von Zons. 1646 wurde Zons von hessischen Truppen eingenommen und geplündert, aber Burg Friedestrom hielt der Belagerung stand.

Gleichwohl mehrten sich um diese Zeit die Zeichen des Niederganges von Zons. Bei einem verheerenden Stadtbrand im Jahre 1620 brannte die gesamte Stadt nieder; nur fünf Häuser blieben verschont. So kommt es, daß in Zons heute keine Häuser des Mittelalters mehr erhalten sind. Den ältesten Baubestand weist die Rheinstraße mit einigen bürgerlichen Bauten des 17./18. Jahrh. auf. Im 17. Jahrh. lösten in Zons Hungersnöte, Besatzungen, Plünderungen, Hochwasserkatastrophen einander ab. Das Ende der politischen Geltung der Burg und der Stadt war mit der Beseitigung des Kölner Kurstaates durch Frankreich besiegelt (1794). Schloß und Befestigungen wurden versteigert und gingen in private Hände über. Der Zollturm mit seinen Erweiterungsbauten diente hinfort Franziskanerinnen und Schwestern vom hl. Vinzenz als Domizil; er ist noch heute im Besitz der Katholischen Pfarrgemeinde Zons. Die alte Pfarrkirche wurde 1875 abgerissen und durch einen Neubau ersetzt. Das ehemalige Schloß wurde als Gutshof genutzt. 1962 kaufte es die Stadt Zons an; inzwischen hat der Kreis Neuss mit dieser historischen Anlage einen würdigen Zweck verbunden: Seit einigen Jahren befindet sich in den Gebäuden der ehemaligen Vorburg das Kreismuseum, eines der lebhaftesten Museen am Niederrhein. Damit hat der demokratische Bürgerstaat der Moderne Besitz ergriffen von der Stätte, an der sich einst die Macht des obrigkeitlichen Territorialstaates konzentrierte.

c) Neuss (Abb. 100 und 101).

Unter den Landesburgen des Kreises Neuss darf eine Anlage nicht fehlen, die schon lange verschwunden ist, die aber gleichwohl in die Reihe der herrschaftlichen Landesburgen des Erzbischofs einzureihen ist: die kurfürstliche Burg zu Neuss. Kein alter Stadtplan, kein Stich kündet mehr von ihr. Vergeblich wird man sie auf dem bekannten Stich von Braun und Hogenberg aus dem Jahre 1590 suchen. Zu jener Zeit gab es in der Topographie von Neuss nicht die geringsten Hinweise mehr auf diese Anlage.

Und doch spielte sie in der Entwicklungsgeschichte des Kölner Kurstaates im allgemeinen und im Verhältnis des Kurfürsten zu den Städten seines Landes im besonderen eine wichtige Rolle. Um die Mitte des 13. Jahrh., zur Zeit des Erzbischofs Konrad von Hochstaden (1238–1261) war Neuss nach Köln die zweitwichtigste Stadt des Erzstiftes und darüber hinaus am gesamten Niederrhein. Hier konzentrierte sich wirtschaftliche Macht in den Händen einer damals schon selbstbewußten Bürgerschaft. Auf der anderen Seite

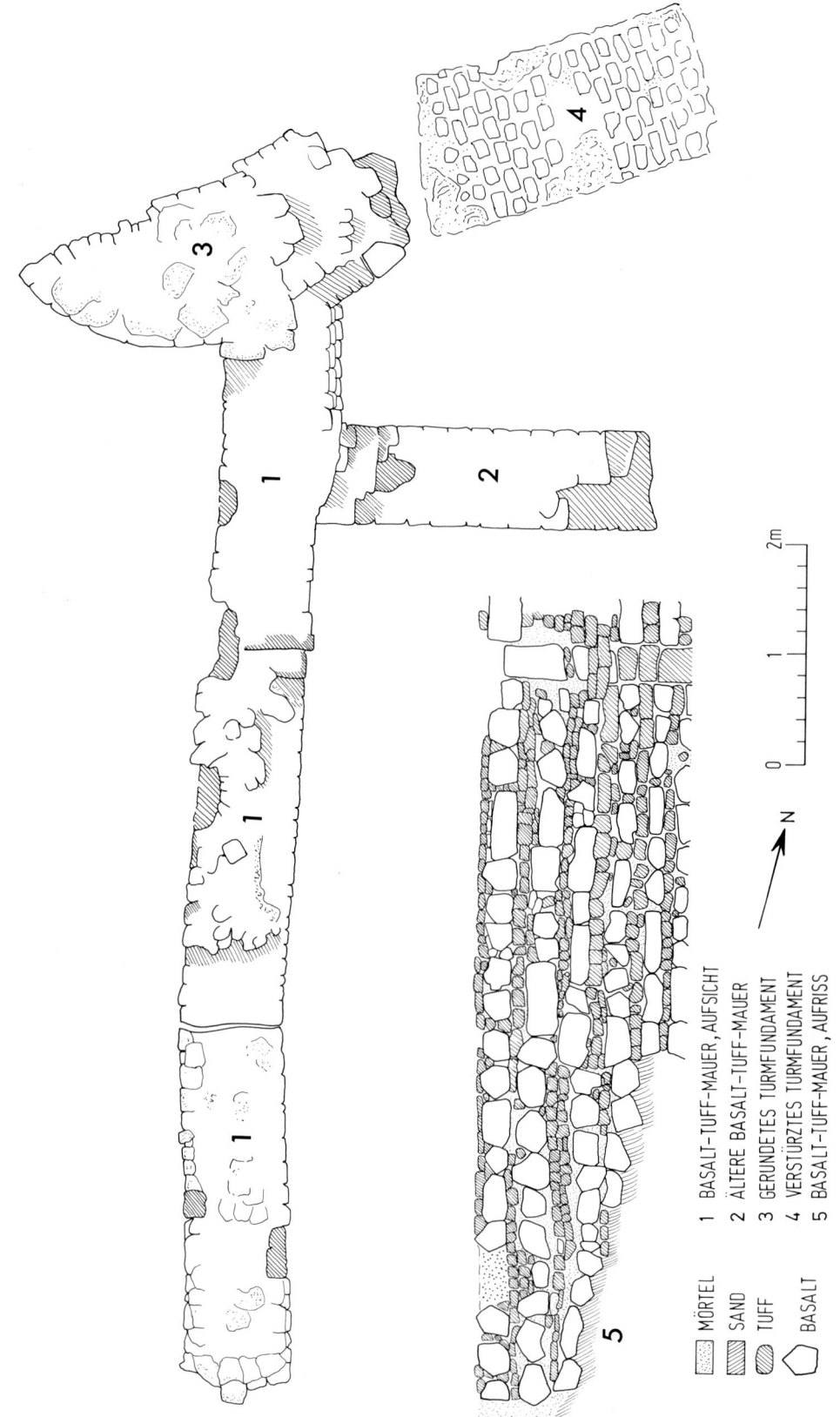

101 Mauerwerk der ehemaligen erzbischöflichen Burg zu Neuss (13. Jahrhundert). Aufgedeckt auf dem Baugrundstück
Marienbergschule zwischen Rheinstraße und Batteriestraße im Jahre 1974.

1 BASALT-TUFF-MAUER, AUFSICHT
2 ÄLTERE BASALT-TUFF-MAUER
3 GERUNDETES TURMFUNDAMENT
4 VERSTÜRZTES TURMFUNDAMENT
5 BASALT-TUFF-MAUER, AUFRISS

MÖRTEL
SAND
TUFF
BASALT

N

2m

standen die Bemühungen des Landesherren, aus vielfältigen Besitzungen und Rechten einen einheitlichen Staat zu schaffen. Daß Spannungen aus dergleichen unterschiedlichen Interessen resultierten, versteht sich von selbst. Konrad von Hochstaden widmete Neuss ganz besondere Aufmerksamkeit. Dreißig von ihm in Neuss ausgefertigte Urkunden belegen, wie häufig gerade dieser Erzbischof in der Stadt weilte. Für seine Regierungszeit sind auch die Grundzüge der Stadtverfassung und der städtischen Organe der Selbstverwaltung recht gut greifbar. Mit Recht hat Joseph Lange darauf hingewiesen, daß das Verhältnis Stadt – Stadtherrschaft in Neuss einen ganz anderen Verlauf als im benachbarten Köln genommen hat. In Neuss kam es nicht wie in Köln zum Aufbegehren und zum erfolgreichen Aufstand der Bürger gegen ihren Stadtherrn. Die auch in Neuss vorhandenen Spannungen zwischen beiden fanden offensichtlich einen Ausgleich. Er stand am Ende jahrelanger zäher Auseinandersetzungen zwischen der Stadt und dem Erzbischof um die gegenseitigen Rechte und Pflichten.

Erzbischof Konrad von Hochstaden ragt nicht zuletzt wegen seiner zahlreichen Burgenbauten aus der Reihe der Erzbischöfe des 13. Jahrh. heraus. Er errichtete 1210 die Godesburg bei Bonn, erbaute um die gleiche Zeit die Befestigungen der Stadt Bonn und schuf an der Erft bei Frimmersdorf auf altem Besitz seiner Familie, unmittelbar neben der alten Burg Hochstaden, dem sog. Husterknupp (vgl. oben S. 81 ff.), die neue Burg *Hostaden*. Um die gleiche Zeit, gegen Ende des 5. Jahrzehnts des 13. Jahrh., erwarb der Erzbischof in Neuss, im Norden der Stadt, ein großes Gelände, um eine Burg darauf zu errichten. Zuvor hatte er bereits das Nordtor der Stadt am Rhein in Besitz genommen. Aus der Kölner Königschronik erfahren wir sogar einige Einzelheiten über diesen Burgenbau, unter denen die Bemerkung, der Erzbischof habe nach der der Stadt zugewandten Seite der Burg einen Graben anlegen lassen, die Zielrichtung der neuen Befestigung erkennen läßt: Die Burg war unter anderem auch gegen die Bürger von Neuss gerichtet, ihnen Warnung und Abschreckung zugleich, es nicht den Kölnern gleichzutun und sich gegen den Stadtherren aufzulehnen. Die Burg des Erzbischofs von Köln muß die gesamte Nordostecke der Stadt ausgefüllt haben. Neben dem hier schon für das 13.

Jahrh. belegten und später in Lechenich und Zons wiederaufgegriffenen Prinzip der stadtseitigen Abschottung der Burg ist in Neuss wie später in Zons die enge Beziehung der Burg zum Rhein charakteristisch. In ihr spiegelt sich ein zweiter wichtiger Zweck der Anlage: die Beherrschung des Hafens und des Schiffsverkehrs auf dem Rhein durch den Landesherrn. Was das bedeutete, sollten bald Kölner Kaufleute erfahren, als ihnen der Erzbischof 1247/48 an dieser Stelle auch für ihre eigenen Waren Zoll abverlangte. Diese Erhebung verstieß gegen verbrieftes und seit alters geltendes Recht, und es leuchtet ein, wenn sich die Kölner mit allen ihnen zu Gebote stehenden Mitteln dagegen wehrten. Daß selbstverständlich auch die Bürger von Neuss gegen diesen Burgenbau in ihrer Stadt opponierten, ist klar aus den zeitgenössischen Dokumenten zu entnehmen. Beim Kampf gegen die erzbischöfliche Burg in Neuss kamen ihnen politische Entwicklungen zu Hilfe, die sich zur gleichen Zeit im gesamten Rheingebiet angebahnt hatten. 1254 bildete sich in Mainz der Rheinische Städtebund, dem sogleich 70 Städte beigetreten waren und der die Wahrung des Landfriedens und den Kampf gegen Übergriffe der Territorialherren gegen die Städte zu seinem Programm erhoben hatte. Nach anfänglichem Zögern trat 1255 Köln dem Städtebund bei, so daß Erzbischof Konrad von Hochstaden nunmehr unter massiven Druck geriet. In dieser Situation erteilte Konrad am 31. Januar 1255 den Bürgern von Neuss die Erlaubnis, die am Rheintor errichtete Burg abzureißen. Hand in Hand damit ging die Befreiung der Kölner Kaufleute vom Zoll in Neuss. Nachdem die Neusser die erzbischöfliche Burg niedergelegt hatten, traten auch sie dem Städtebund bei. In der Beitrittsurkunde erscheinen zum erstenmal *consules* – Ratsherren zu Neuss, die bis dato der Stadt noch keineswegs offiziell vom Stadtherrn zugestanden worden waren. Neuss beschreitet den Weg zur städtischen Selbstverwaltung, indem es eigene Magistrate ausbildet, eine Entwicklung, die geraden Weges zur Neusser Stadtverfassung von 1259 führt. War Konrad von Hochstaden zur gleichen Zeit im Begriff, seine Auseinandersetzungen mit den Bürgern von Köln zu verlieren, so schuf er in Neuss unter dem Druck der Verhältnisse eine Verfassung, die einerseits den Bürgern weitgehende Freiheitsrechte verbriefte, die andererseits aber auch die Beibehaltung des erzbischöflichen Stadtregimentes für die Zukunft sicherstellte.

Auf dem beschwerlichen Weg zu dieser Neusser Stadtverfassung hatte der Erzbischof seine Landesburg in Neuss opfern müssen. Sie bezeichnet eine recht kurze und nur vorübergehende historische Entwicklungsphase, in der es zur Vorherrschaft des Erzbischofs und Stadtherren über die Bestrebungen der Bürger zur Selbstverwaltung gekommen war. Die Auseinandersetzungen um den Rheinzoll in Neuss bezeugen zugleich aufs neue, wie auch im Mittelalter Wirtschaftsinteressen zum Motor politischer und militärischer Entscheidungen geworden waren.

Die Neusser Bürger werden, als sie die erzbischöfliche Burg abrissen, gründliche Arbeit geleistet haben, um diesen Stein des Anstoßes so vollständig wie nur irgend möglich zu beseitigen. Deshalb ist heute kaum zu erwarten, daß im Boden noch Reste dieser Burg nachzuweisen sind. Und dennoch besteht mit einigem Recht der Verdacht, daß Bodenfunde der jüngsten Zeit Überreste dieser Burg aus der Mitte des 13. Jahrh. anzeigen. Als im Jahre 1974 die Marienbergschule neu erbaut wurde, kamen in der bereits weitgehend ausgebaggerten Baugrube Mauerreste zutage, die möglicherweise zur Burg des Erzbischofs Konrad von Hochstaden gehören könnten (Abb. 101). Leider wurden die Archäologen so spät benachrichtigt, daß sie nur noch allerletzte Hinweise auf frühere Bebauung vorfanden. In einer durchschnittlichen Tiefe von etwa 2 m bis 2,50 m unter dem Niveau der Rheinstraße wurde eine 9,60 m lange Mauer beobachtet, die durchschnittlich 1 m stark war. Sie verlief in Nordnordwest-Südsüdost-Richtung durch die Baugrube. Der südliche Abschnitt dieser Mauer war durch den Bagger bereits aus seiner ursprünglichen Lage gerissen und leicht in Ost-Richtung abgeknickt worden.

Im übrigen bestand die Mauer aus mächtigen behauenen Basaltblöcken, die schichtweise in einer Lage angeordnet waren und jeweils mit einer oder zwei Lagen von Tuffhandquadern wechselten. Diese Mauer war bis zu einer durchschnittlichen Höhe von 2 m erhalten und unten in den Kies des natürlichen Untergrundes eingebettet (Abb. 101). Auch die oberen Teile der Mauer waren allseits von Kies, Sand und humosem Boden in bunter Mischung umgeben, in dem sich verstreut einzelne Keramikfunde und Metallteile fanden. Das

Erdreich machte hier den Eindruck, daß es in alter Zeit vielfach durchwühlt und umgesetzt worden war. Nirgends waren archäologische Schichten noch *in situ* zu beobachten. Am südlichen Ende brach die Mauer unvermittelt ab, als habe man sie in alter Zeit zerstört. Das Nordende des Mauerzuges aber mündete in das Fundament eines runden Turmes, in welches es eingebunden war. Es muß also gleichzeitig mit dem Turmfundament errichtet worden sein, worauf übrigens auch die übereinstimmende Bauweise des geraden Mauerzuges und des Turmfundamentes hinweist. Das kreisrunde Turmfundament war auf einer Länge von ungefähr 3,80 m erhalten; es bildete das südöstliche Viertel des Rundturmes, der in alter Zeit zu etwa einem Drittel östlich der geradlinigen Mauer und zu etwa zwei Dritteln westlich derselben gelegen haben muß. Der Durchmesser dieses Turmes muß außen etwa zwischen 6 und 8 m betragen haben, seine Mauerstärke im erhaltenen Segment etwa 1,30 m. Wie bei der geradlinigen Mauer sprang auch bei der Turmmauer die Fundamentierung stufenförmig um 20–40 cm nach außen vor.

Von der oben beschriebenen NNW-SSO-Mauer zweigte wenig westlich des Rundturmfundamentes eine weitere Mauer nach Süden ab (Abb. 101). Zwischen beiden Mauern ergab sich ein rechter Winkel. Die nach Osten weisende Mauer war ursprünglich nur an die NNW-SSO-Mauer angesetzt. Erst später und in den oberen Lagen wurde sie durch Mauerwerk der NNW-SSO-Mauer überdeckt und in diese eingebunden. Es deutet also einiges darauf hin, daß die nach Süden abgehende Mauer älter als die NNW-SSO-Mauer ist und daß sie erst später mit dieser verbunden wurde. Auch die nach Osten abgehende Mauer zeichnete sich durch wechselnde Lagen von schweren Basaltblöcken und Schichten aus Tuffhandquadern aus. Am Treffpunkt beider Mauern war ein schräger Lichtschacht eingebaut, der nach Norden zu abfiel und anzeigte, daß er zu einem nördlich der Ostmauer gelegenen Innenraum, wahrscheinlich einem Kellergeschoß, gehörte. Den Grundriß dieses Gebäudes konnten die Ausgräber jedoch nicht mehr ermitteln. Er war nicht mehr vorhanden gewesen. Das zu vermutende Gebäude war also bereits in alter Zeit abgerissen worden.

Die Bedeutung der einzelnen Mauern wird man

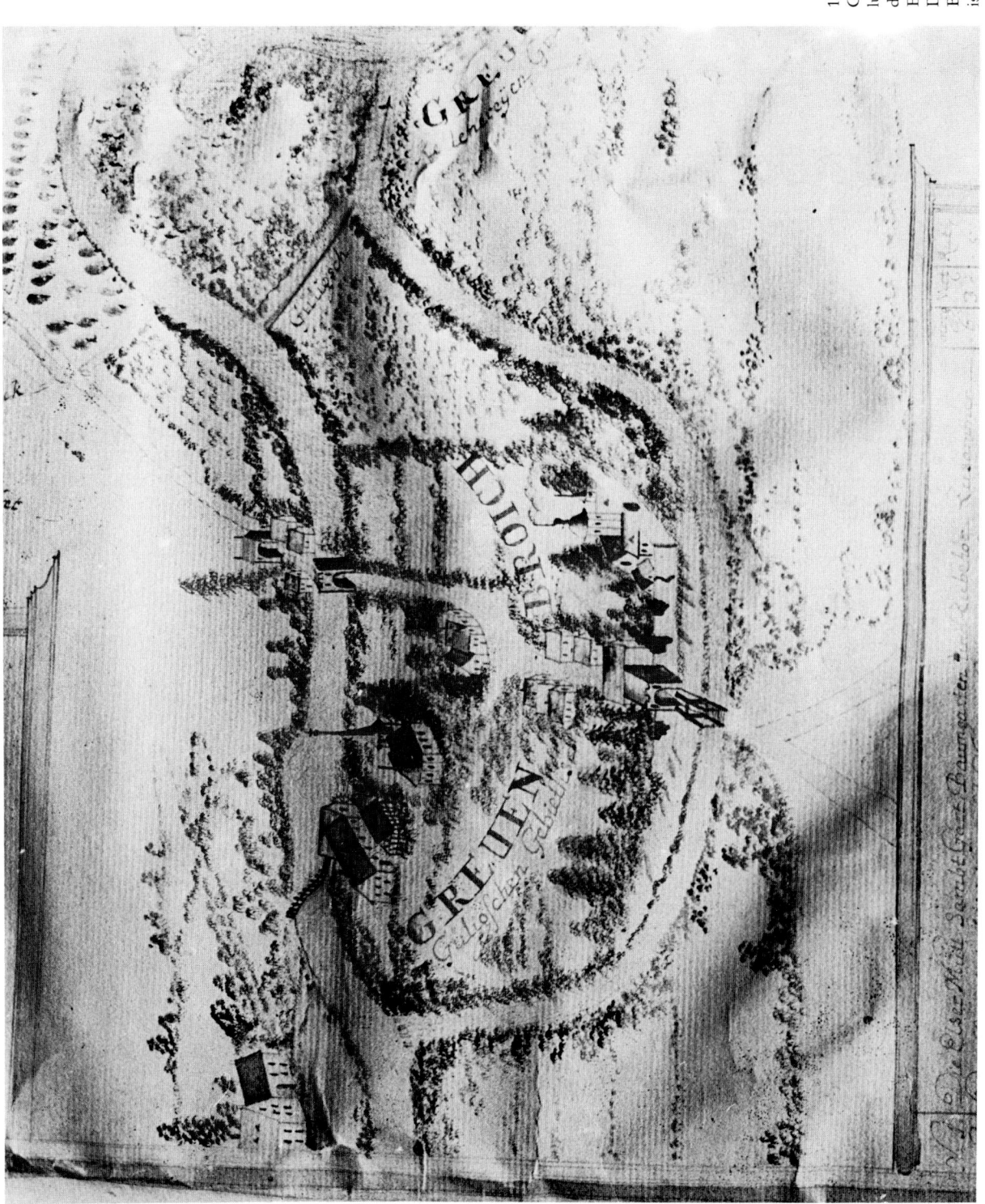

102 Burg und Stadt
Grevenbroich. Darstel-
lung aus dem Besitzatlas
des Deutschordenshauses
Elsen aus dem 18. Jahrh.
Die Burg ist ganz links im
Bild sichtbar. Die Ansicht
ist von Osten gezeichnet.

also nicht mehr eindeutig festlegen können. Gleichwohl bot die Fundstelle Marienbergschule noch einige ergänzende Hinweise auf eine mögliche Interpretation. Etwa 30 m südlich dieser Fundstelle mit den Mauern wurde im Ostprofil der Baugrube, hart an der Westkante der Batteriestraße, ein riesiger muldenförmiger Graben beobachtet, der später durch zahlreiche Füll- und Einschwemmschichten zugefüllt worden war. Aus diesen Schichten stammen unter anderem Lederfunde sowie Siedlungs- und Speisereste aus älterer Zeit. Die Weite dieses Grabens betrug etwa 1 m, unterhalb der Fahrbahn der Batteriestraße rund 25 m. Er reichte etwa 5 m tief in den Untergrund des Geländes hinab. Am Südrand des Grabens war ein später eingetiefter Brunnen aus Backsteinen sichtbar. Leider ließ der rasche Fortschritt der Bauarbeiten keine fachgerechte Untersuchung dieses Grabenprofils mehr zu. Immerhin ist die Beobachtung wichtig, daß dieser offenbar auf den historischen Rheinhafen vor der östlichen Stadtmauer zuführende Graben weit südlich der aufgedeckten Mauerreste lag. Er kann eigentlich nur identisch sein mit dem beim Rheintor in den Rhein mündenden Stadtgraben im nördlichen Abschnitt der Stadtbefestigung, der unter anderem auf dem Stich von Braun und Hogenberg aus dem Jahre 1590 zu finden ist. Die oben beschriebenen Mauerreste hingegen müssen dann außerhalb dieser Stadtbefestigung, im nördlichen Vorfeld derselben und nördlich des Rheintores angenommen werden. Sie können selbst nicht zur Stadtumwehrung gehört haben. Es liegt demnach nahe, sie der ehemaligen Burg des Erzbischofs von Köln zuzuweisen. Dafür spricht einerseits die Mauertechnik mit ihrem Wechsel von Basaltblöcken und Tuffhandquadern in aufeinanderfolgenden Lagen, ferner auch das keramische Fundmaterial aus der Umgebung der beschriebenen Mauern, das ohne weiteres dem 13. Jahrh. zuzurechnen ist.

Wenn auch die einzelnen Bauten der erzbischöflichen Burg nicht mehr zu identifizieren sind, so scheint durch diese Fundbeobachtungen doch der Nachweis erbracht zu sein, daß die Burg Konrads von Hochstaden außerhalb der Stadtumwehrung von Neuss, im nördlichen Vorfeld des Rheintores gelegen hat. Wie im 13. Jahrh. üblich, waren die Mauern dieser Burg sehr stark, was nicht zuletzt auf die erst im 13. Jahrh. aufkom-

mende Verwendung von Basaltblöcken zurückzuführen ist. Es ist denkbar, daß der archäologisch aufgedeckte Rundturm der nordwestliche Eckturm der erzbischöflichen Burg gewesen ist, von dem aus die geradlinige NNW-SSO-Mauer nach Süden auf das Rheintor zuführte. Die nach Osten abgehende Quermauer hingegen müßte dann zu einem Bauwerk gehört haben, welches zur erzbischöflichen Burg zu rechnen ist.

d) Das „Alte Schloß" in Grevenbroich (Abb. 102–109).

Schon mehrfach beschäftigte uns im Rahmen unseres Burgenthemas der politische Gegensatz zwischen dem Kurfürstentum Köln und dem Herzogtum Jülich, der während des gesamten Mittelalters bis in die Neuzeit hinein auch auf dem Gebiet des heutigen Kreises Neuss ausgetragen wurde. In die Geschichte dieser politischen und militärischen Verwicklungen führt die Geschichte des alten Schlosses zu Grevenbroich hinein. Bevor wir uns diesen Zusammenhängen zuwenden, sei noch einmal auf die charakteristische Lage dieser frühen Burg hingewiesen. Die moderne Umgestaltung des gesamten Burggeländes läßt kaum noch erahnen, daß die früheste Burg zu Grevenbroich und die in ihrem Vorfeld schon bald entstandene Siedlung in einem Gelände entstand, das von vernäßten Niederungen und Sümpfen geprägt war (Abb. 103). Die Burg wurde in einem Gebiet errichtet, das ursprünglich auf allen Seiten von den Armen der hier breit ausgreifenden Erft umschlossen war. Der Namenbestandteil -broich kennzeichnet diese Umgebung der frühesten Burg in Grevenbroich zutreffend. Zugleich weist er darauf hin, daß es ein Graf, nämlich der Graf von Kessel, gewesen ist, der die mühevolle Arbeit der Kolonisierung des Bruchs bei Grevenbroich eingeleitet und in diesem Raum eine seiner starken Burgen errichtet hatte. Die notwendigen Erfahrungen für dieses Rodungs- und Kolonisationswerk brachten die Grafen von Kessel aus ihrer heute niederländischen Heimat mit: Die Familie stammt von der unteren Maas, wo ihr ungewöhnlich stark befestigter Stammsitz, eine Motte mit hoch aufgeworfenem Burghügel, noch heute in dem nach ihr benannten Ort Kessel zu sehen ist.

Im Jahre 1273 verpfändet Graf Heinrich von Kessel dem Erzbischof von Köln die *villa de Bru-*

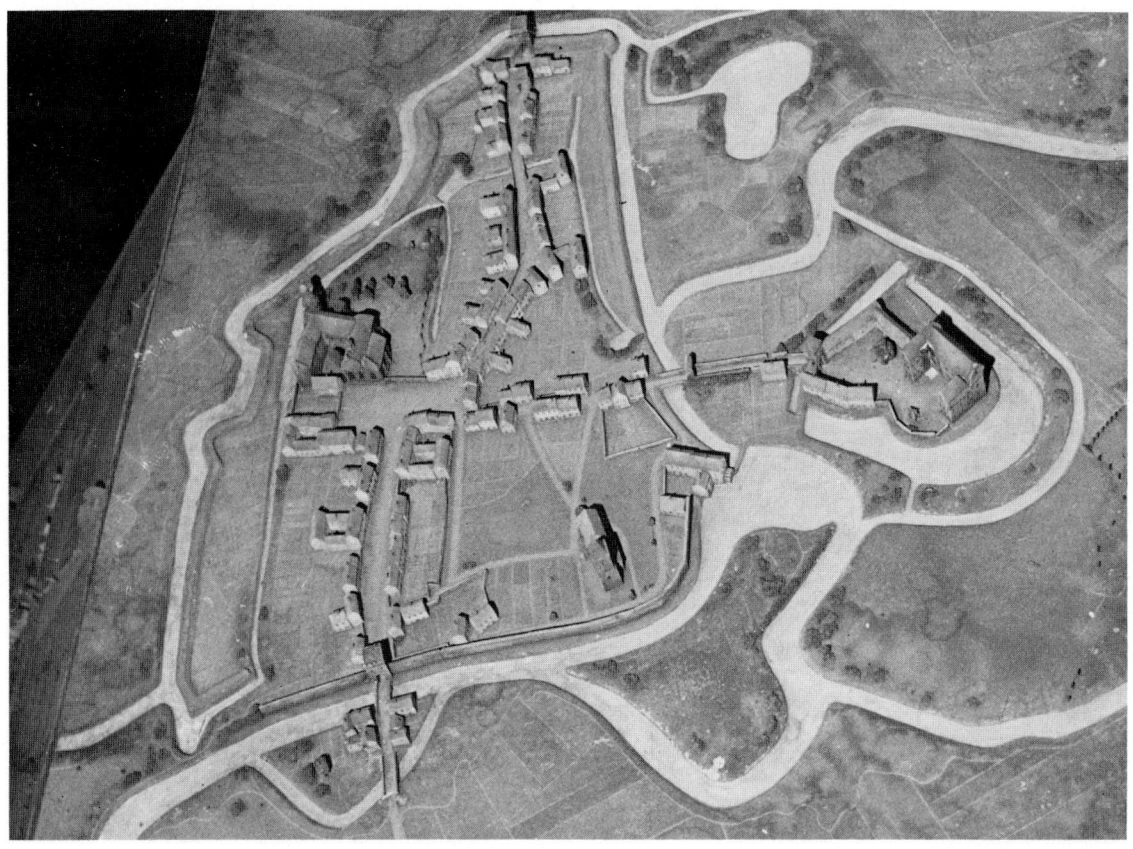

103 Modell von Stadt und Burg Grevenbroich, ausgestellt im Museumszentrum Burg Linn in Krefeld.

che; im Jahre 1276 bestätigt er, daß er das *castrum Bruche* vom Erzbischof zu Lehen trage. Bereits um 1290 streiten Kurköln und Jülich um den Besitz der Burg von Grevenbroich. Im Jahre 1307 spricht der als Schiedsrichter angerufene Herzog Johann von Niederlothringen die Burg dem Grafen Gerhard von Jülich zu. Grevenbroich wurde damit zum Hauptort des gleichnamigen jülichschen Amtes; die Burg erhielt die üblichen Funktionen eines Amtssitzes: hier residierte der jülichsche Amtmann, der Richter und der Vogt. Die aus dem Amt erhobenen Steuern und Abgaben waren hier abzuliefern. Als fester Platz diente Grevenbroich wiederholt zur Bereitstellung und Ausrüstung von Truppen, die in den meisten Fällen gegen den nahen Kölner Kurstaat eingesetzt wurden. Mehrfach tagte in der Burg der Jülichsche Landtag. Nimmt man alle diese Funktionen zusammen, so erfüllte Grevenbroich für das Herzogtum Jülich die gleichen Funktionen wie die benachbarten kurkölnischen Landesburgen Zons

oder Lechenich. Grevenbroich war in diesem Sinne die am weitesten nach Osten vorgeschobene Landesburg des Herzogtums Jülich.

Vom einstigen Glanz dieser Anlage ist heute nur wenig geblieben. An der Stelle einer älteren Burg wurde im 15. Jahrh. ein stattliches Schloß errichtet, von dem heute nur noch Reste vorhanden sind. Dank verhältnismäßig reichhaltiger Bilddokumente läßt sich die Baugeschichte und das Aussehen der Burg jedoch weitgehend rekonstruieren (Abb. 104. 105. 108). Bestimmend ist bis heute ein mächtiger Schloßbau, der den Grundriß eines Trapezes besaß. Die eine Front des Baus maß fast 40 m Länge; seine Breite betrug fast 12 m. Eine Trennwand teilte diesen großen repräsentativen Bau in zwei Teile. Der Bau war aus Backstein aufgeführt und dreigeschossig (Abb. 108). Unter dem Dach lief um das ganze Gebäude ein vorkragender Spitzbogenfries herum, der aus Hausteinen gefertigt war. Die Fenster zeigen bis heute noch z. T. die alten Gewände und Kreuze.

161

104   Schloß Grevenbroich um 1870.

105   Schloß Grevenbroich um 1890.

106 Siegel der Schöffen von Grevenbroich mit Darstellung einer mittelalterlichen Burg, 14. Jahrhundert.
Im Schild der Jülicher Löwe.

Zur Stadtseite ist dem Palas ein quadratisches Treppentürmchen vorgesetzt. An der Hofseite springt ein vierstöckiger Treppenturm vor, der ein Pyramidendach trägt (Abb. 105). Neben ihm stand früher ein vierstöckiger Fachwerkbau mit Pultdach, der jedoch abgerissen wurde, so daß der Treppenturm besonders wuchtig vor die Fassade des Palas vortritt. Vom Wirtschaftsteil der Burg ist nur noch ein zweistöckiger Backsteinbau aus dem Jahre 1724 erhalten. Er schließt sich unmittelbar an die Giebelseite des Palas an und ist in der oberen Etage als Fachwerkbau gestaltet.

Zur Stadt hin führt ein Torbau, der im Obergeschoß als Fachwerk mit Backsteinen ausgeführt ist. Darunter befindet sich das mit Hausteinen

eingefaßte rundbogige Portal, das durch eine flache Balkendecke geschlossen ist (Abb. 107).

Nördlich der Burg liegt, von eigenen Gräben und Wällen eingeschlossen, die Stadtsiedlung Grevenbroich. Von den früheren Befestigungen ist heute nichts mehr erhalten. In der Gesamtanlage ähneln die Verhältnisse in Grevenbroich sehr denjenigen in Hülchrath. Die Burg liegt in einem eigenen, von Wassergräben eingeschlossenen Areal, das auch gegen die Stadt durch Gräben abgetrennt wird. Die Stadtsiedlung ihrerseits besitzt ihre eigenen Befestigungen und grenzt sich damit wiederum gegen die Burg deutlich ab (Abb. 103). Dieses Nebeneinander von Burg und befestigter Siedlung weist auf die für das Mittelalter

163

107   Schloß Grevenbroich, Torhaus von außen.

108   Schloß Grevenbroich, Palasbau mit vorgesetztem Turm heute. Hofseite, von Norden aufgenommen.

164

109 Schloß Grevenbroich im 19. Jahrhundert von Südosten.

charakteristische Distanz zwischen der landesherrlichen Burg einerseits und der Bürgerstadt andererseits hin. Es stellt eine grundsätzlich andere Form des Zusammenlebens dar, als sie beispielsweise in Zons vorlag; in Zons ist die landesherrliche Burg in die Stadt integriert, sie stellt einen Teil des Stadtareals dar. In Grevenbroich bleiben wie in Hülchrath Burg und Siedlung zwar eng benachbart, aber unverbunden nebeneinander liegen.

5.2.2 Schlösser und schloßähnliche Adelssitze

Mit dieser Gruppe wird eine neue Form von Burgen behandelt. Es sind Anlagen, die in ihrem Kern auf sehr alte Burgen zurückgehen können, die aber ihre bis heute kennzeichnende Gestalt erst in der Phase des Ausbaus oder der Neugründung von Schloßanlagen erhielten. Die bestimmenden architektonischen Elemente dieser Anlagen entstammen vor allem dem 16. und 17. Jahrh. Maßgebend für die bauliche Gestaltung dieser Schlösser war das Bedürfnis nach fürstlicher Re-

präsentation, zu deren Gunsten vor allem die Befestigungselemente zurückzutreten hatten. Statt dessen kommt es zum großzügigen Ausbau der Residenzbauten und der Gärten, die sich an diese Anlagen anschließen. In vielen Fällen verdecken diese neuen, repräsentativen Bauten die älteren Ursprünge der Burgen. Es bedarf schon einigen Scharfsinns, um sie unter der frühzeitlichen Formgebung der Schlösser wieder ans Tageslicht zu fördern.

a) Schloß Dyck, Gemeinde Jüchen (Abb. 110–124).

Wenn von Wasserburgen im Kreis Neuss die Rede ist, so steigt fast von selbst Schloß Dyck in der Erinnerung der Burgenfreunde auf als das Urbild und die reifste Ausprägung dieses Burgentyps zugleich. Es waren ganz besondere historische Bedingungen, unter denen es zur Erhaltung dieser großartigen Anlage bis in unsere Tage kam. Schloß Dyck verkörpert die vollständigste und harmonischste Schloßanlage des Niederrheins

165

110 Schloß Dyck, Luftbild von Süden. Freigegeben Reg.-Präs. Düsseldorf Nr. 06/789.

166

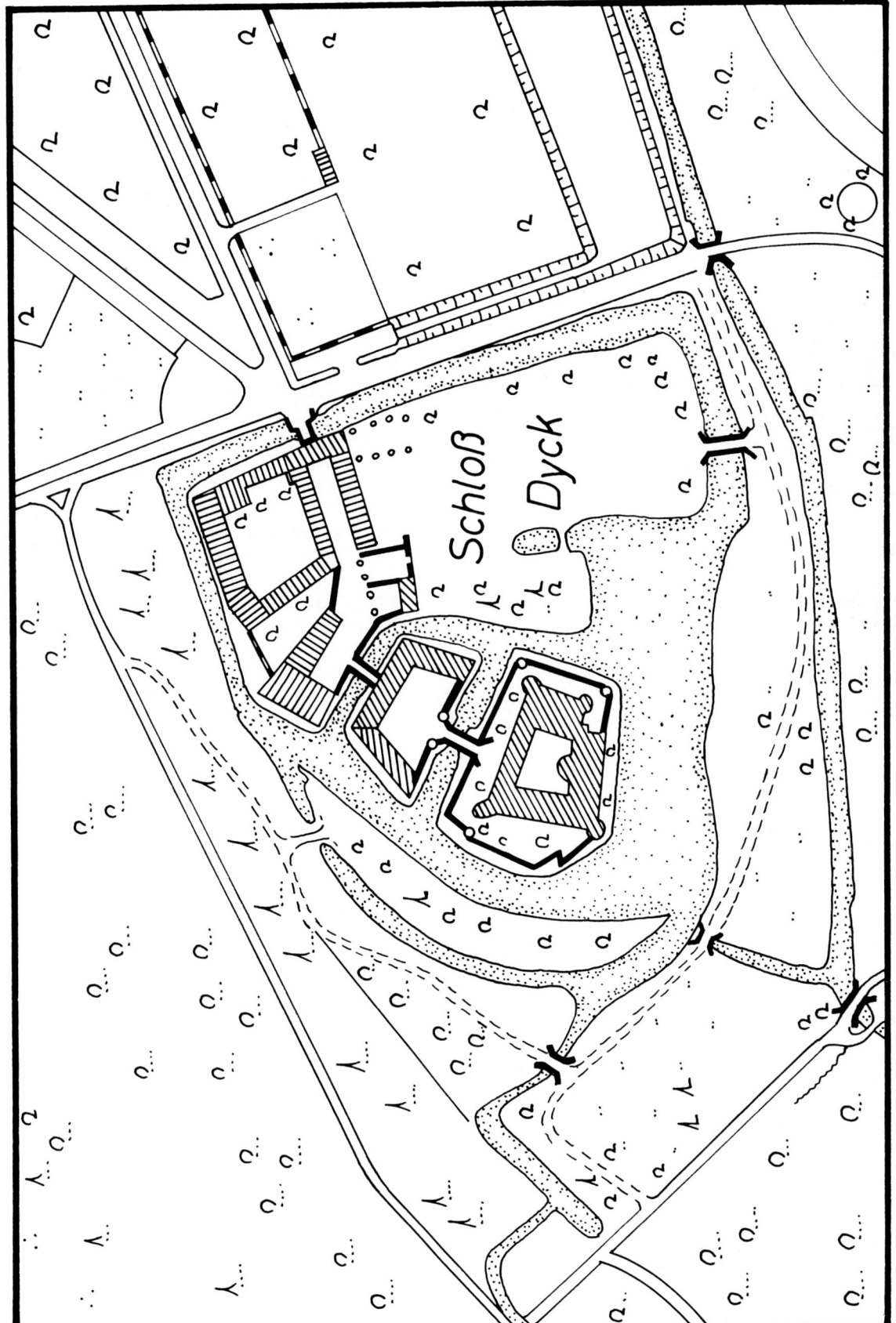

Schloß Dyck

Dyck

111   Schloß Dyck, Lageplan des heutigen Zustandes. Maßstab 1 : 10 000.

112 Schloß Dyck, Ansicht des 18. Jahrhunderts.

überhaupt. Was sich dem heutigen Beschauer an diesem Platz darbietet, entstand im Verlaufe einer tausendjährigen, lebensvollen und doch auch wechselhaften geschichtlichen Entwicklung, deren Spuren noch heute sichtbar sind. Diese Geschichte stellt sich als die Vergangenheit der Dycker Burgherren und des Kleinstaates Dyck dar.

Mit *Hermannus de Dicco* tritt im Jahre 1094 der erste Vertreter dieser Familie in das Licht der Geschichte. In ihm ist der erste Adelige dieses Raumes zu erblicken, der sich nach seinem Stammsitz, einem Platz namens Dyck, benannte. Bereits für diese Zeit wird man in der sumpfigen Niederung des Kelzenberger Baches einen festen Adelssitz voraussetzen müssen, der den Stammsitz der Familie von Dyck bildete und der am Anfang der Burgentwicklung in Dyck steht. Wie dieser früheste Adelssitz ausgesehen haben mag,

entzieht sich unserer Kenntnis. Sicher war er nach Ausdehnung und Ausstattung noch viel bescheidener als alle späteren Burgen. Vielleicht entsprach er dem Typus jener primitiven Herrensitze, wie sie in Haus Meer oder auf dem Husterknupp ausgegraben wurden. Daß schon in jener Zeit das Wasser als natürliches Sicherheitselement eine große Rolle spielte, mag der Name Dyck andeuten, der etymologisch mit dem Wort Deich in Zusammenhang gebracht wird. Durch Dämme verstand man es, den Kelzenberger Bach so aufzustauen, daß sich um die Burg ein ausgedehntes Grabensystem mit Wasser füllen und die Burg selbst mit Teichen umgeben ließ. Staueinrichtungen dieser Art erscheinen im 11./12. Jahrh. im Rheinland bei vielen Niederungsburgen vom Typ der Motten, und es kann keineswegs ausgeschlossen werden, daß die Anfänge von Schloß Dyck in einer solchen Anlage zu vermuten sind. Rück-

168

113 Schloß Dyck heute, Ansicht von Südosten.

169

114 Schloß Dyck, Brückenhäuschen.

170

115 Schloß Dyck, Wappen im Wachhäuschen.

schlüsse auf Vorgänger von Schloß Dyck legen jedenfalls ungewöhnlich starke Mauerreste nahe, die im sogenannten Kapellenflügel von Schloß Dyck im Untergrund zutage kamen. Bei Restaurierungsarbeiten erkannte man 1961, daß Mauern, die heute zur Innenseite der Kapelle gehören, ehemals die Außenmauern eines älteren Baus waren. Vermutlich bestand dieser Vorgängerbau aus einem drei Fensterachsen breiten Flügel, der an der Nordecke einen wehrhaften Turm besaß. Zu dieser frühen Anlage müssen auch bereits zwei Vorburgen gehört haben. Diese wenigen Beobachtungen weisen darauf hin, daß im Untergrund der jetzt stehenden Bauten noch manche archäologische Entdeckung begraben liegt, die die frühe Geschichte der Burg beleuchten könnte. Sicher wird man auch davon ausgehen können, daß die beschriebenen, aus mächtigen Basaltblöcken bestehenden Mauern noch nicht die älteste Vorgängeranlage von Schloß Dyck darstellen, denn sie

dürften nicht älter als das 13. Jahrh. sein. Da die Familie von Dyck aber bereits im ausgehenden 11. Jahrh. nachzuweisen ist, muß es vor dieser mächtigen Steinburg einen weiteren Vorläufer gegeben haben, der vielleicht, ähnlich wie der Husterknupp oder die Burg Meer, aus Holz errichtet war.

Eine bereits im frühen Mittelalter mächtig ausgebaute Burg war die wichtigste Voraussetzung für eine eigenständige Herrschaftsbildung der Herren von Dyck. Sie mag ihren Ausgang von der Grundherrschaft über die Siedlungen der näheren Umgebung genommen haben. Zu den ungewöhnlichen Tatsachen im Zusammenhang mit Schloß Dyck gehört es, daß diese frühe Herrschaftsbildung nicht, wie an anderen Stellen im Rheinland, von den sich bildenden Territorien aufgesogen wurde, sondern daß es den Herren von Dyck gelang, sich im Kraftfeld zwischen den sie umgebenden Territorien Kurköln, Jülich und

171

116   Schloß Dyck, Wappen der Familie Salm-Reifferscheid.

Geldern dauerhaft zu behaupten. Es gelang ihnen nicht nur, den eigenen Herrschaftsbezirk zu bewahren, sondern darüber hinaus, ihn noch zu erweitern und auszubauen. Rückschläge blieben bei einer solchen Entwicklung freilich nicht aus. 1349 mußte Konrad, Herr zu Dyck, die geldrische Lehnshoheit anerkennen. 1479 war Dyck Offenhaus zugleich von Jülich und Kurköln. 1383 mußte sogar die obere Burg abgebrochen werden, nachdem Gerhard von Dyck gegen Herzog Wilhelm von Jülich und Geldern und den Erzbischof von Köln unterlegen war. Wenig später starb die Familie derer von Dyck im Mannesstamm aus.

Über die weibliche Linie gelangte die Herrschaft Dyck 1394 an die Herren von Reifferscheid, deren erfolgreiches politisches Wirken am Niederrhein auch für die Geschicke der Herrschaft Dyck bedeutsam wurde. Unter den Herren von Reifferscheid ragen vor allem die Persönlichkei-

ten Johanns V. und Johanns VI. hervor, denen es gelang, das Gebiet um Dyck durch den Erwerb von weiteren Teilen der Herrschaften Reifferscheid, Hackenbroich und Schechtelhausen (seither Dycker Schelsen genannt), der Grafschaft Salm und der Herrschaft Alfter zu erweitern. Mit dem durch Heirat erworbenen Alfter war zugleich das Erbmarschallamt von Köln verbunden, was der Familie das Recht gab, die Inthronisation des jeweils gewählten Erzbischofs vorzunehmen. Damit waren die Herren von Reifferscheid eng an den Kölner Kurstaat gebunden.

Seit Johann VI. nannte sich die Familie nach ihren Besitzungen von Salm-Reifferscheid-Dyck. In der Folgezeit gelang es ihr immer wieder, eine gewisse Selbständigkeit zwischen den am Niederrhein rivalisierenden großen Territorien zu bewahren. 1804 wurde das Geschlecht in den Reichsfürstenstand, 1816 in den preußischen Für-

172

117 Schloß Dyck, Madonna von Grupello in der Kapelle.　　118 Schloß Dyck, Ritterlicher Heiliger in der Kapelle.

stenstand erhoben. Bis heute befindet sich Schloß Dyck im Hausbesitz der Familie der Fürsten von Salm-Reifferscheid-Dyck, die seit 1958 im Mannesstamm erloschen ist.

Mit der erzwungenen Schleifung der oberen Burg von 1383, die den Abbruch von Türmen, Mauern und Sälen des Hochschlosses mit sich brachte, geht zwar die spätmittelalterliche Epoche der Burg zu Ende; dieses einschneidende Ereignis brachte aber keineswegs auch das Ende der Burg mit sich. Die Burg Dyck muß sehr schnell wiederaufgebaut worden sein. Sie erlangte schon bald wieder hohe fortifikatorische Bedeutung. Bereits im Jahre 1393 wagte es der Burgherr, der Stadt Köln die Fehde anzusagen, was er wohl kaum getan hätte, wäre er nicht im Besitz einer mächtigen Burg gewesen. Dieser zweite große Bau in Dyck muß wohl ohne wesentliche Veränderungen bis in die Zeit des Dreißigjährigen Krieges bestanden haben. Erst Graf Ernst Salentin, seit 1645 Burgherr und kurkölnischer Oberst, sah sich nach den starken Zerstörungen 1636 zu einer umfassenden Erneuerung der Burg durch Neubauten

veranlaßt. Was damals geplant und verwirklicht wurde, bestimmt weitgehend noch heute das äußere Bild der Burg. 1647 errichtete man eine neue Scheune, 1653 wurden Reitstall, Wachstube und Brauhaus erneuert. Von 1656 bis 1667 dauerte die großartige Neugestaltung des Hochschlosses. Als Baumaterialien bezog man dafür Sandstein vom Liedberg, Grauwacke aus der Eifel, Blaustein aus Kornelimünster, Trachyt aus Königswinter und Eisen aus dem Aggertal. Die großartige künstlerische und bauliche Ausgestaltung von Schloß Dyck im Zuge dieses Neubaus und in den darauffolgenden Jahrhunderten verlangt zweifellos eine eingehende Betrachtung. Sie wäre eigentlich nur als Monographie möglich. Im Rahmen einer Burgenkunde des Kreises Neuss ist eine Beschränkung auf einige wichtige Dinge erforderlich.

Schloß Dyck wurde als eine annähernd quadratische Anlage wiedererrichtet, bei der sich auf allen vier Seiten Gebäude um einen geschlossenen und nur durch eine Toreinfahrt zugänglichen Innenhof gruppieren (Abb. 110). Ähnliche Anlagen gibt es im Rheinland beispielsweise in Adendorf

173

119   Schloß Dyck, Kapelle, Stuckdecke.

(Rhein-Sieg-Kreis), Frens bei Horrem und Bedburg (Erftkreis). Der aus dem Mittelalter überkommene sog. Kapellenflügel wurde in Dyck bei-
behalten und umgestaltet, wobei der Geschütz-
turm des Mittelalters teilweise in den Kapellenflügel einbezogen wurde. Drei neue Bautrakte, wurden, teilweise auf älteren Fundamenten, errichtet:
den Ost- und den Südflügel begann man 1658; für
den Nordflügel ist 1663 als Baujahr bezeugt.

An den vier Ecken der Anlage verstärken vier
vorgesetzte, vieleckige Türme mit ihren gleichen
geschweiften Barockhauben den geschlossenen
und einheitlichen Gesamteindruck des Hochschlosses. Darüber hinaus betonen die Vorburgen
diesen Eindruck: Sie sind dem Hochschloß nach
Nordosten breit und behäbig vorgelagert und be-
herbergen vielfältige Wirtschaftsgebäude (Abb.
110). Die innere Vorburg füllt ein hufeisenför-

174

120 Schloß Dyck, Kapelle, Putte, Holzschnitzerei.

121 Schloß Dyck, Chinesische Tapete des 18. Jahrhunderts
(Ausschnitt).

miger, zum Hochschloß offener Baukomplex.
Insgesamt liegt diese Vorburg ein wenig tiefer als
das auf erhöhtem Gelände erbaute Hochschloß.
Breite Gräben trennen diese innere Vorburg sowohl auf der Südseite zum Hochschloß hin als
auch auf der Nordseite zur mittleren Vorburg.

Die mittlere Vorburg trägt einen gewinkelten
Baukomplex mit Remisen. Die dritte, äußere Vor-
burg schließlich wurde 1761 zum Wirtschaftshof
ausgebaut (Abb. 110). Der Gesamtanlage von
Schloß Dyck liegt eine einheitliche Konzeption
zugrunde, die unter anderem eine konsequente
Ausnutzung des Geländes erkennen läßt. Vom
Hochschloß hielt der große Teich, der ihm im
Süden vorgelagert ist, mögliche Angreifer fern.
Er wird, wie alle mit ihm zusammenhängenden
Wassergräben, von dem südlich der Burg vorbeifließenden Kelzenberger Bach gespeist, den
künstliche Ableitungen mit dem Grabensystem
der Burg verbinden. Auch spätere Um- und An-
bauten verdecken nicht, daß die drei Vorburgen
mit Absicht nach der Nordostseite hin angelegt
wurden, weil nur von hier die Gefahr eines An-
griffs drohte.

Barockem Stilempfinden entsprechend, wurden nicht nur die Gebäude von Schloß Dyck neu
errichtet. Künstlerische Gestaltung verlangte damals auch die die Residenzen der Fürsten umgebende Natur, der man nicht länger freie und un-
gehinderte Entfaltung zuzugestehen bereit war.
Die Natur wurde in die vom Menschen sorgsam
vorgeplante Form gegossen. Auf der Ostseite entstand der Barockgarten, dessen Großartigkeit
auch in der heutigen Parklandschaft, die Schloß
Dyck umgibt, noch zu entdecken ist. Insgesamt
verlor Schloß Dyck durch den Neubau des 17.
Jahrh. die meisten Elemente früherer Wehrhaftigkeit. Die Ecktürme der Hauptburg waren nicht
als regelrechte Wehrtürme gedacht; sie wurden
vielmehr als notwendiges architektonisches Bei-
werk einer auf Weitläufigkeit und Repräsentation
ausgelegten Ausgestaltung des neuen Schlosses
angesehen. Auch die Gräben und Weiher, denen
in den älteren Stadien der Burg sicher hoher Wert
für die Verteidigung zugekommen war, dienten
der neuen Burg weniger als Befestigungs- und
Wehreinrichtungen; die damals gut entwickelte
Artillerietechnik hätte sie leicht überwinden kön-

175

122   Schloß Dyck, Barocktapeten, Detail.

176

123   Schloß Dyck, Barocktapeten, Detail.

124 Schloß Dyck, Barocktapeten auf Leinwand gemalt. Zustand vor der Restaurierung.

nen. Die Gewässer gehören vielmehr in den Rahmen der vom Menschen gestalteten barocken
Landschaft.

Im barocken Teil des Gartens östlich des Hochschlosses verraten sich bis heute die geometri-
schen Gestaltungsformen dieser Epoche; an ihn

178

schließt sich ein äußerer Park an, der mit seinem herrlichen alten Baumbestand einem natürlicheren Landschaftsstil nach Art der englischen Gärten Raum gibt. Beide Teile des Parks sind durch eine fünfachsige Brücke mit barockem Brückenpavillon in der Mitte verbunden. Vor allem in der Mitte des 18. Jahrh. entfaltete sich in der fürstlichen Residenz Schloß Dyck barocker Glanz. Die reiche Innenausstattung des Hochschlosses zeugt davon. Einstige Burgräume verwandelten sich in repräsentative Schloßsäle, wie vor allem der Ostflügel zeigt. Das malerische Brückenhaus im Park aus dem Jahre 1769 und die Schilderhäuschen an der Zugangsbrücke zum Hochschloß runden dieses prachtvolle Bild ab (Abb 114).

Die Schloßkapelle gibt mit ihren Schnitzereien, Stuckarbeiten und Deckengemälden die Hände von Künstlern zu erkennen, die auch in den benachbarten Hofhaltungen von Düsseldorf, Bonn und Brühl tätig wurden. (Abb. 119). Die Ausstattung der Schloßkapelle geht auf das Jahr 1763 zurück. In ihr finden sich unter anderem die Initialen der Anna Franziska von Thurn und Taxis, die die Gemahlin des Grafen Franz Ernst (1659–1727) und Mutter des Grafen Johann Franz Wilhelm war. Sie starb 1763.

Die geschnitzte Madonnenfigur in der Kapelle (Abb. 117) läßt sich dem Meister Gabriel de Grupello zuweisen; für einige zum geschnitzten Altar gehörende Figuren meint man eine kölnische Werkstatt des 18. Jahrh. als Urheber zu erkennen. Das Deckengemälde der Kapelle stellt in leuchtenden Farben die Dreieinigkeit mit dem hl. Maternus, dem ersten bekannten Bischof von Köln und Schutzpatron der fürstlichen Familie, dar (Abb. 119). In diesem Zusammenhang sind auch die 1770 von François Rousseau gemalten Leinwandtapeten im ehemaligen Speisesaal zu erwähnen, die später in den Ostflügel des Schlosses übertragen wurden (Abb. 122–124). Rousseau war zur Zeit des Kurfürsten Clemens August von Köln einer der bedeutendsten Hofkünstler, der an den Schloßbauten dieses Kurfürsten mehrfach beschäftigt war. Auf den Tapeten sind in hellen Feldern figürliche, von Kartouchen eingerahmte Darstellungen zu sehen. Sie zeigen Spiel und Tanz im Freien und in Innenräumen, z. B. die fürstliche Familie beim Tanz im Garten oder beim Portraitsitzen (Abb. 123). Auch realistische Ansichten von Schloß Dyck kommen vor.

Der Südflügel des Schlosses wurde nach Bombenschäden, die er erlitten hatte, nach 1945 wiederaufgebaut. 1961 erfolgte dann eine gründliche Restaurierung des gesamten Schlosses. Dabei wurde ein Raum des Ostflügels mit einer historischen chinesischen Seidentapete ausgestattet, die in ihrer Art einzig im Rheinland ist (Abb. 121). Die Tapete entstand vor der Mitte des 18. Jahrh. Sie war ursprünglich für die Kaiserin Maria Theresia direkt aus China beschafft worden und in einem burgenländischen Schloß angebracht gewesen. Als Erbstück gelangte sie an die Mutter der jetzigen Fürstin und befand sich zunächst in Schloß Alfter bei Bonn, ehe sie, 1961 vollständig restauriert, in Schloß Dyck erneut verwendet wurde. Sie stellt polychrom und mit vielen Figuren die im China des 18. Jahrh. üblichen landwirtschaftlichen Tätigkeiten dar. Ihre Maltechnik entspricht den locker-duftigen Rokoko-Malereien, wie sie aus der europäischen Kunst der ersten Hälfte des 18. Jahrh. bekannt sind.

Eine Ahnengalerie, eine Sammlung von Gemälden aller Salm-Reifferscheidschen Schlösser, etliche vorzügliche Gobelins, Meublement des Barock und des Empire sowie eine hervorragende Sammlung historischer Waffen gehören bis heute zu den wichtigsten Ausstattungsstücken von Schloß Dyck. Die vom Grafen Ernst Salentin begründete Waffensammlung enthält zahlreiche Stücke von hoher Qualität. Sie stammen teilweise aus der eigenen Waffenschmiede, die die Grafen auf Schloß Dyck unterhielten.

Außerhalb der eigentlichen Schloßanlage stand einst das „Dycker Weinhaus", ein Mittelpunkt früheren gesellschaftlichen Lebens. Es ging aus einem Zollhaus an der großen Brabanter Handelsstraße hervor und besaß ursprünglich die alleinige Genehmigung zum Ausschank von Wein in dieser Gegend. Zunächst hatte es an der Zugangsbrücke des Hochschlosses gelegen. 1654 verlegte man es an seinen jetzigen Standort. Es wurde auch für Rechtsgeschäfte wie Gerichtsverhandlungen und Belehnungen benutzt.

Mit seinen großartigen Bauten und Parks, durch seine Kunstschätze und Sammlungen ist Schloß Dyck bis heute nicht nur ein Zeugnis für frühere politische Traditionen und Zustände geblieben, sondern darüber hinaus auch ein lebensvolles Dokument rheinischer Kultur- und Kunstgeschichte. Aus bescheidenen mittelalterlichen

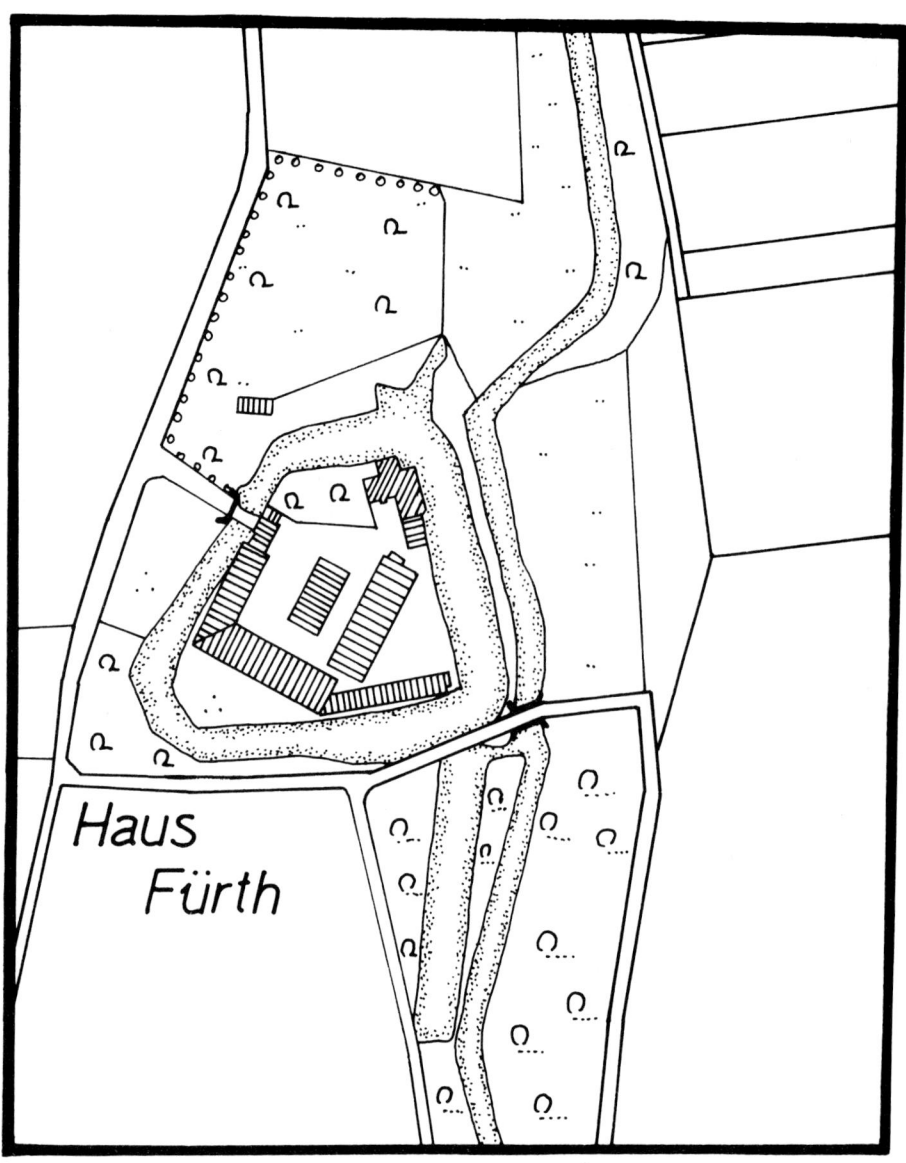

125 Haus Fürth bei Liedberg, Lageplan im Maßstab 1 : 10 000.

Anfängen konnte sich, dank einer gewissen politischen Selbständigkeit, eine weitläufige, repräsentative Schloßanlage des Barocks entwickeln, die uns durch die Güte des Geschicks bis heute unverfälscht und unzerstört erhalten geblieben ist. Obgleich die Hauptburg bis heute der Fürstin von Salm-Reifferscheid als Wohnsitz dient, öffnen sich weite Teile von Schloß Dyck dem Zutritt der Bevölkerung, die damit die Möglichkeit erhält, die Anlage als großartiges Zeugnis früherer Epochen kennenzulernen. *O tempora mutantur et nos mutamur in illis!*

b) Haus Fürth bei Liedberg (Abb. 125–128).

Haus Fürth ist die letzte in Fachwerkbauweise aufgeführte Wasserburg des Rheinlandes. Ein wenig abseits der großen Straßen liegt diese Anlage, knapp 1 km östlich von Liedberg. Das uralte Bauprinzip des Fachwerks wurde hier in einer Zeit verwirklicht, die eigentlich bereits vom Übergang vom Lehmfachwerk zur vollständigen Bauweise in Ziegeln gekennzeichnet ist. Bis heute bietet Haus Fürth einen sehr anziehenden Eindruck (Abb. 126). Die Anlage ist allseits mit Wassergräben umwehrt, die aber nach Tiefe und

180

126   Haus Fürth bei Liedberg, Ansicht von Nordwesten.

Breite sicher nicht unüberwindlich waren. Die Restaurierung der Anlage ließ die alten Bau- und Zierformen des 16. und 17. Jahrh. in neuem Glanz wiedererstehen (Abb. 126). Bis heute ist die enge Bindung dieser Schloßanlage an die Niederung des Kommerbaches deutlich geblieben. Daß am Anfang dieses Schlosses eine Niederungsburg vom Typ der Motten gestanden haben mag, kann bestenfalls nur vermutet werden, denn archäologische Untersuchungen, die solchen möglichen Ursprüngen auf die Spur kommen könnten, fanden bislang in Haus Fürth nicht statt. Haus Fürth führt den alten Bautypus des Festen Hauses fort, allerdings in wesentlich geräumigerer Ausfüh-

127   Haus Fürth bei Liedberg, Ansicht von der Hofseite.

128   Haus Fürth bei Liedberg, Ansicht von Westen.

rung, als ihn das hohe Mittelalter gekannt hatte. Die Burg wurde auf einem kreuzförmigen Grundriß erbaut. Zwei Flügel der Anlage stehen noch in der ursprünglich allgemein bestimmenden spätgotischen Bauweise. Die um die Erbauungszeit (15. Jahrh.) zeitgemäßen Treppengiebel sind noch erhalten. Die Fachwerkbauten wurden auf massiven Sockeln aus Liedberger Sandstein errichtet. Mächtige Holzständer führen bei ihnen durch zwei Geschosse. Die Gefache sind bereits mit Ziegeln gefüllt, die teilweise in hübschen Mustern wie Fischgrat u. ä. verlegt wurden. In den älteren Fachwerkbauten hält ein starkes Rahmenwerk aus Holzbalken die ziegelgefüllten Flächen zusammen. Es scheint, als habe man zunächst dem neuen Werkstoff Ziegel hinsichtlich seiner Standfestigkeit noch nicht ganz vertraut und ihn zusätzlich durch starke Holzbalken statisch sichern wollen. In jüngeren Teilen von Haus Fürth verzichtete man dann auf die starken Holzeinbauten und zog die Wände vollständig aus Ziegeln hoch.

Haus Fürth läßt noch das alte Bauprinzip der Zweiteiligkeit erkennen (Abb. 125). Das Herrenhaus steht im Nordosten des Burgareals. Nach Südwesten schließt sich das Gelände der Vorburg an, die einen großen Wirtschaftshof beherbergt. Beide Teile der Burg umgibt ein gemeinsamer breiter Wassergraben von unregelmäßig-trapezähnlicher Form. Ob zwischen Wirtschaftshof und Herrenhaus früher ein trennender Graben bestanden hat, läßt sich an der heutigen Geländeform nicht mehr ermitteln. Eine solche besondere Abtrennung darf für die ältere Zeit aber vorausgesetzt werden.

Der Zugang zu Haus Fürth erfolgt heute von der Nordwestseite her. Über eine den Wassergraben kreuzende Brücke erreicht man das mit zwei Wappen geschmückte Tor, welches dem seitlichen Westflügel des Wirtschaftshofs vorgesetzt ist. Wahrscheinlich ist dieser Zugang jüngeren Datums, denn nach der klassischen Form der zweiteiligen Wasserburgen wäre der Zugang eigentlich durch den mittleren Bautrakt des Wirtschaftshofes, also in diesem Falle von Südwesten her, zu erwarten.

c) Haus Bontenbroich, Gemeinde Jüchen (Abb. 129)

Etwa 2,5 km nordnordwestlich von Jüchen liegt in der Niederung des Kelzenberger Baches

Haus Bontenbroich, ein im Jahre 1599 erbautes Renaissance-Schlößchen. Es steht an einem Punkt, der schon weit früher Besiedlung getragen hat. Für das Jahr 1236 wird die *curtis in Buntenbruch* zum erstenmal urkundlich genannt. Es handelt sich dabei um einen jener zahlreichen Sitze des ländlichen Adels, wie sie zu Hunderten am Niederrhein nachzuweisen sind. Bontenbroich war ein Afterlehen der Herren von Hombroich (Hunnenbruch). Diese trugen ihrerseits Bontenbroich von den Herren von Millendonk zu Lehen, hatten ihn aber wieder zu Lehen an einen eigenen Lehnsmann ausgetan. Im Jahre 1263 kaufte die Zisterzienserinnen-Abtei Saarn südwestlich von Mülheim an der Ruhr den Herren von Hombroich das Lehnsrecht über Bontenbroich ab. Bontenbroich blieb durch das ganze Mittelalter hindurch ein adeliges Lehngut. In der Reformationszeit gewann Bontenbroich zusammen mit Haus Neuenhoven, Haus Horst und Haus Schlickum als wichtiger Stützpunkt der Reformierten Bedeutung.

Bontenbroich bietet das typische Bild eines spätmittelalterlichen Herrensitzes. Die nahe Niederung des Kelzenberger Baches speiste die Wassergräben, die die Anlage ursprünglich allseits umgaben und die heute in Resten auf der Nordseite und in einem längeren Abschnitt auf der Ostseite erhalten sind. Das Gelände des Herrenhofes bildet ungefähr ein Rechteck. Auf der Westseite liegt der im Jahre 1820 neu erbaute Wirtschaftshof, eine dreiflügelige Anlage. In der Nordostecke erhebt sich das Herrenhaus; es besteht aus zwei Gebäudetrakten, die rechtwinklig aneinandergebaut sind. Der ältere von beiden, von Norden nach Süden ausgerichtet, schließt auf beiden Seiten mit einem abgetreppten Giebel ab. Einer der Giebel trägt ein Doppelwappen mit der Inschrift ANNO DOMINI 1599. Dieser palasähnliche Bau schließt nach Südosten mit einem viergeschossigen Rundturm ab, den an der Dachtraufe der gleiche Klötzchenfries ziert, wie er auch am Herrenhaus zu beobachten ist. Ein Kegeldach schließt den Turm ab. Der Wehrcharakter der Anlage deutet sich einerseits im Rundturm, andererseits in den Pfeilerverstärkungen des Untergeschosses an. Es besitzt auch stärkere Mauern als die oberen Geschosse; nur sehr kleine quadratische Fensterchen durchbrechen die geschlossene Front der Untergeschoßmauern.

Bontenbroich gehört dennoch nicht zu den

129 Lageplan von Haus Bontenbroich in Jüchen. Maßstab 1 : 10 000.

184

stark befestigten Anlagen. Was an wehrhaften Einrichtungen vorhanden ist, bewegt sich in relativ bescheidenem Rahmen. Die Bedürfnisse adeliger Repräsentation überwiegen deutlich die Elemente der Wehrarchitektur. Damit entspricht die Anlage den üblichen Anforderungen des ausgehenden 16. Jahrh. Der Name des Platzes deutet darauf hin, daß die Anlage ihrem Ursprung nach zur Gruppe der hochmittelalterlichen Adelsburgen gehört, die durch Rodung und Urbarmachung von Sumpf- und Niederungsgebieten entstanden sind. In diesem Sinne verkörpert die erste Anlage an dieser Stelle ein Stück des großen hochmittelalterlichen Rodungswerkes in den niederrheinischen Fluß- und Bachniederungen.

d) Schloß Millendonk, Gemeinde Korschenbroich (Abb. 130–135).

Knapp 3 km nordnordwestlich von Korschenbroich findet sich in Schloß Millendonk eine der schönsten niederrheinischen Wasserburgen. Trutzig und wehrhaft überragt das Burghaus noch heute die Niederungslandschaft der Niers. Ausgedehnte Grabensysteme umgaben einst die beiden Vorburgen und das Hochschloß, gespeist von der unmittelbar westlich der Anlage vorbeifließenden Niers (Abb. 131). Bis heute wahrt dieses Schloß noch die Züge einer hochmittelalterlichen Burg. Sie besteht aus drei Teilen: Im Osten befindet sich die äußere Vorburg mit ihrem mächtigen dreiflügeligen Wirtschaftshof, in dessen Mitteltrakt über eine Brücke und durch ein Torhaus der Zuweg in den Hof führt. Nach Westen schließt sich die innere Vorburg an; auch sie wird durch ein aufwendig gestaltetes Tor mit Torturm erreicht, nachdem der Zuweg zuvor wiederum eine Brücke passiert hat. Die innere Vorburg bildet das Mittelstück der Gesamtanlage. Ihr folgt nach Westen zu die Hauptburg mit dem Hochschloß. In der Staffelung mehrerer Vorburgen vor der Hauptburg ähnelt Millendonk der Konzeption von Schloß Dyck. Alle drei Teile der Burg sind durch eigene Grabensysteme gesichert und durch querlaufende Grabenabschnitte voneinander getrennt. Mit Vorbedacht ordneten die Erbauer die beiden Vorburgen und die Hauptburg in einer Reihe von Osten nach Westen so an, daß die Hauptburg der versumpften, unzugänglichen Niersniederung zugewandt war, die Vorburgen hingegen zur Angriffsrichtung.

An der Hauptburg imponiert vor allem der mächtige viergeschossige Hauptturm im Westen (Abb. 130. 132. 135). Er stammt noch aus dem ausgehenden 15. oder frühen 16. Jahrh. und erinnert durchaus an die mittelalterlichen Wehrtürme. In manchen Details ist er dem Hauptturm von Schloß Liedberg verwandt. Wie jener, so trägt auch er eine Barockhaube des 17. Jahrh. Den wehrhaften Charakter dieses Turmes kennzeichnen nicht nur die starken Mauern, sondern auch das Fehlen von Fenstern im unteren Teil des Turmes. Die Kantenlänge dieses quadratischen Turmes beträgt, außen gemessen, rund 10 m. An seine Nordostecke lehnt sich ein kleines, dreigeschossiges, rundes Treppentürmchen an.

Aus der gleichen Zeit wie der Hauptturm stammt auch ein weiterer quadratischer Bau von 8 m Kantenlänge, der sich nordöstlich an den Hauptturm anschließt, allerdings nach Norden versetzt. Dieser Bau besitzt nach Westen einen Treppengiebel, der heute mit dem nach Osten anschließenden Hauptgebäude oder Palas unter einem gemeinsamen Satteldach liegt. Die nach Norden, zum Graben hin liegende Außenmauer des Palas gehört ebenfalls noch zum ältesten Baubestand des 15. Jahrh. Sie zeigt im Erdgeschoß nur winzige quadratische Öffnungen; erst in den drei darüberliegenden Geschossen findet sich eine reiche Gliederung durch Fenster, die in drei Reihen angeordnet sind. Die Nordmauer ist 20 m lang und gibt die ursprüngliche Größe des Palas, der später mehrfach umgebaut wurde, an. Seine Breite betrug ursprünglich 12 m. Die Abmessungen dieses repräsentativen Gebäudes entsprechen damit jenen Größenvorstellungen, die im späten Mittelalter hinsichtlich der Palasbauten allgemein üblich waren. Während der zweiten Hälfte des 16. Jahrh. wurden diese ältesten Bauten erweitert. Die Hoffassade des Hauptgebäudes (Palas) wurde abgerissen und erneuert: man versah sie mit einer offenen Bogenhalle, die von starken Kreuzrippengewölben getragen wurde. Dieses Bauprogramm schließt sich an ähnliche Formen in den Renaissancearkaden bei Schloß Rheydt, in Hülchrath, Haus Rath, Bedburg und Binsfeld an. Die reiche Arkadenarchitektur in den niederrheinischen Schloßbauten bezeugt somit eine ausgesprochene Blüte der Renaissance-Architektur am Niederrhein. Quer zum Hauptgebäude wurde auf dessen Ostseite ein kurzer, neuer Flügel angebaut,

130 Schloß Millendonk, Ansicht aus der Luft von Südwesten 1963. Freigegeben Reg.-Präs. Düsseldorf Nr. 06/777/12.

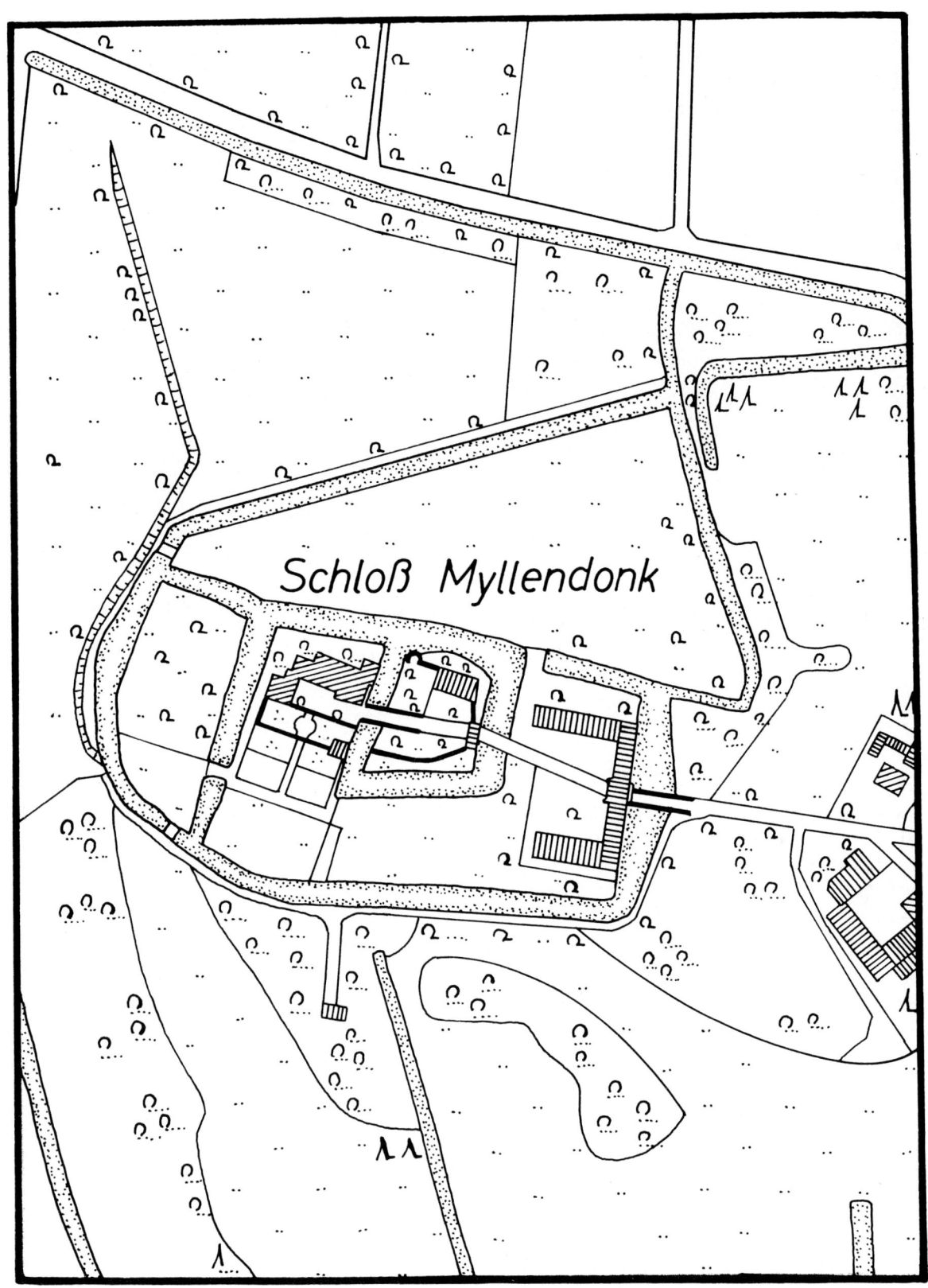

131   Schloß Millendonk, Lageplan. Maßstab 1 : 10 000.

132 Schloß Millendonk, Südansicht des 19. Jahrhunderts.

so daß beide zusammen einen Winkelbau darstellen. Im Winkel zwischen den beiden Bauteilen erhebt sich ein schlanker Treppenturm.

Im Jahre 1630 wurde diesem Baubestand ein weiterer Turm hinzugefügt: der sechsgeschossige Nordostturm; sein quadratischer Grundriß weist eine Kantenlänge von knapp 8 m auf. Durch diesen Nordostturm erhielt der alte Turm im Südwesten des Schlosses ein Pendant. Beide Türme bekamen zugleich ihre geschweiften laternenbekrönten Barockhauben und ähneln sich damit äußerlich stark.

Die Bogenhalle auf der Südseite des Hauptgebäudes ist heute zugemauert. Die geschlossene Wand verstellt deshalb den einst bezaubernden Eindruck, den früher der Blick aus der offenen Halle auf den nach Süden vorgelagerten Garten bot. Er muß sich wohl ähnlich dargeboten haben wie heute der Ausblick aus der Arkadenhalle von Schloß Rheydt in den dortigen Garten. Von der frühen Gestalt des Gartens in Millendonk hat sich

heute nichts mehr erhalten. Nur ein barocker Gartenpavillon an der Südostecke des Gartens ist noch vorhanden. Ihm dürfte ein weiterer Pavillon an der Südwestecke entsprochen haben. Eine parallel zur Flucht des Hauptbaus geführte Mauer schloß den Garten auf seiner südlichen Flanke ab, eine Terrasse zu dem davor gelegenen Gelände bildend, das vielleicht ebenfalls noch zum Barockgarten gehört haben mag.

Die Hauptburg von Schloß Millendonk enthält noch in recht hohem Maße Bauelemente wehrhaften Charakters. Trotz der Renaissance- und Barock-Ausbauten scheint der wehrhafte mittelalterliche Ursprung dieser Burg noch allenthalben im älteren Baubestand durch. Es ist grundsätzlich nicht auszuschließen, daß die Anfänge auch dieser Anlage auf eine zweiteilige Niederungsburg vom Motten-Typ zurückgehen. In diesem Sinne wird man wahrscheinlich das Mittelstück der dreiteiligen Anlage als die alte Vorburg anzusprechen haben. Von der Hauptburg trennt sie ein querlau-

188

133 Schloß Millendonk, Ansicht der Hauptburg von Südosten.

fender Graben, über den eine Brücke führt. Das Gelände dieser Vorburg ist heute kaum noch bebaut; nur auf der Nordseite steht ein Wirtschaftsgebäude, das ehemalige Schlachthaus. In früherer Zeit wird man sich hier den Wirtschaftshof der ursprünglich zweiteiligen Burg vorzustellen haben. Neben dem erwähnten Wirtschaftsbau an der Nordseite, dem Schlachthaus, ist vor allem das Torhaus aus der Mitte des 16. Jahrh. zu erwähnen. Es schließt die Vorburg auf der Ostseite ab und besteht aus einem dreigeschossigen Torturm mit einer Rechteckblende für die ehemalige Zugbrücke. Das später aufgesetzte barocke Turmdach entspricht den geschweiften Hauben mit aufgesetzter Laterne, wie wir sie auf den Türmen der Hauptburg vorfinden. Nach Süden ist an den Torturm seitlich ein vorspringender Erker angebaut, von dem aus man das ursprünglich noch nicht von der äußeren Vorburg bebaute freie Vorgelände der Anlage einsehen konnte. Die verhältnismäßig starke Ausgestaltung des Torturmes der

mittleren Vorburg deutet zusätzlich darauf hin, daß die Anlage ursprünglich an dieser Stelle zu Ende war.

Ein weiterer querverlaufender Graben trennt die mittlere Vorburg vom jüngsten Teil der Anlage, der östlichen Vorburg (Abb. 131). Eine Steinbrücke überquert ihn heute; sie trat an die Stelle der älteren hölzernen Zugbrücke, an die die Aufzugeinrichtungen am Torturm der mittleren Vorburg erinnern. Der Wirtschaftshof der östlichen Vorburg ist eine dreiflügelige, weiträumige Anlage des 18./19. Jahrh. Räumlich übertrifft die östliche Vorburg die mittlere um etwa ein Drittel an Grundfläche. Darin zeigt sich, daß gesteigertes Raumbedürfnis im Wirtschaftsbereich der Burg für die Errichtung der östlichen Vorburg verantwortlich zu machen ist. Bis in die Neuzeit hinein hatte sich offensichtlich an der agrarwirtschaftlichen Grundlage der ländlichen Adelssitze nichts geändert. Sie behielt ihre Bedeutung und erforderte zeitgemäßen Ausbau. Im Mitteltrakt des

189

134   Schloß Millendonk, Ansicht des Torturmes der mittleren Vorburg von Südosten.

135   Schloß Millendonk, Ansicht der Hauptburg von Südosten, nach Dunker.

Wirtschaftshofes befindet sich eine schlichte, klassizistisch ausgebaute Tordurchfahrt, durch die man über die den östlichen Graben überspannende Steinbrücke in das östliche Vorgelände der Anlage gelangen konnte.

Die gleichartige Ausstattung aller Turmhauben der Burg, der massive Backsteinbau der Gebäude mit den Eckverklammerungen und Fassungen für Fenster, Türen und die Fundamente aus Hausteinen betonen den geschlossenen und wuchtigen Eindruck der gesamten Anlage. Diese architektonischen Elemente sowie die urkundliche Überlieferung weisen darauf hin, daß in Schloß Millendonk eine recht altertümliche Anlage vorliegt, die mit Sicherheit, ähnlich wie Schloß Hülchrath, einen sehr alten Vorgänger am gleichen Platze besessen hat. Millendonk ist ein weiteres Beispiel für die Blüte des Neubaus älterer Burgen während des 15. Jahrh., die zugleich auch eine Zeit wirtschaftlichen Aufschwungs am Niederrhein gewesen sein muß, aus dessen Erträgen allein solche repräsentativen Burgen errichtet und ausgestaltet werden konnten.

Die Burg war der Sitz der Herren von Millendonk, die erstmalig 1166 erwähnt werden. Diese Familie gehörte zu den bedeutendsten Adelsgeschlechtern am Niederrhein. Als sie im 13. Jahrh. ausstarb, folgten ihr die Herren von Reifferscheid und die von Mirlaer. Seit dem 17. Jahrh. wechselten ihre Besitzer häufiger. Seit 1832 ist die Anlage Eigentum der Familie von Wüllenweber.

Die ursprünglich selbständige Herrschaft Millendonk geriet bei den Auseinandersetzungen zwischen dem Erzstift Köln und dem Herzogtum Jülich in Bedrängnis. Sie bot, ebenso wie Wickrath, den weiter entfernten Grafen von Geldern ein Lehnsverhältnis an. Unter geldrischem Schutz konnte sich Millendonk auf diese Weise eine gewisse Unabhängigkeit bewahren. Im Jahre 1700 erlangte die Herrschaft sogar ihre Reichsunmittelbarkeit zurück. Bei der französischen Okkupation von 1794 wurde die Herrschaft Teil des zum Departement Roer gehörenden Kantons Neersen; danach wurde sie der preußischen Rheinprovinz einverleibt, nachdem die Erben älterer Besitzer, die Grafen von Walbott-Bassenheim, im Reichsdeputationshauptschluß von 1803 entschädigt worden waren. Durch Kauf gelangten Schloß und Besitzungen Millendonk an die bereits erwähnte Familie von Wüllenweber. Heinrich Dittmaier

hat sich mit der Bedeutung des Namenbestandteils -donk beschäftigt. Die von ihm gezeichnete Verbreitungskarte der -donk-Namen am Niederrhein läßt die starke Konzentration dieser Gruppe am linken Niederrhein nordwärts vom Raum Düsseldorf deutlich werden. Die Namen konzentrieren sich in den Niederungsgebieten der niederrheinischen Flüsse und Bäche. Um die Mitte des 12. Jahrh. erstmalig urkundlich belegt, bezeichnet das Wort -donk eine „kleine zwischen Morästen, Wassergräben liegende Bodenerhebung". Sie kann auch eine künstlich aufgeworfene und mit einem Hof besetzte Stelle meinen, eine Bedeutung, die dem für Millendonk vermuteten frühesten Ursprung recht nahekommt. Millendonk muß daher als weiteres Beispiel für die ländlichen Adelssitze gelten, die im ausgehenden 12. und im 13. Jahrh. im Zuge der Kultivierung von Fluß- und Bachauen also in einer besonderen und späten Form der Kolonisation und des Landausbaus, angelegt wurden.

e) Haus Neuenhoven, Gemeinde Bedburdyck (Abb. 136, 137 und 158).

Etwa 3 km nordwestlich von Bedburdyck liegt am Oberlauf des Kommerbaches, der weiter nördlich am Unterlauf die Gräben von Haus Fürth bewässert, Haus Neuenhoven. Der Zusammenhang dieser Anlage mit den stark befestigten mittelalterlichen Adelshäusern ist noch deutlich zu erkennen. Aneinandergebaut und mit abweisenden, fensterarmen großen Wandflächen ausgestattet, bilden Burghaus und Rundturm hier eine fortifikatorische Einheit. Das zweistöckige Burghaus stammt in der auf uns gekommenen Form erst aus dem 18. Jahrh., ersetzte aber um jene Zeit einen älteren Bau von ähnlicher Form. Das Burghaus ist ein dreiachsiger Ziegelbau, der nach der Hofseite durch Pilaster gegliedert ist. Der angebaute Rundturm, viel früher als das Burghaus entstanden, ist dreistöckig. Er dürfte aus dem 15. Jahrh. stammen. In den beiden Obergeschossen weist er kleine viereckige Fenster auf; das Erdgeschoß ist fensterlos. Oben schließt ihn ein vorkragender Umgang ab, den ein Rundbogenfries ziert. Im übrigen besteht der Rundturm, abgesehen von den Fensterfassungen und dem Rundbogenfries, vollständig aus Backsteinen, in die hier und da Steinkugeln eingemauert sind.

136 Haus Neuenhoven, Ansicht von Südwesten.

Mit Sicherheit bildet der gegenwärtige Baubestand in Neuenhoven nicht die älteste Form der

Burg. Man muß vielmehr eine ältere Vorgänger-
burg sowohl unter dem Burghaus als auch unter

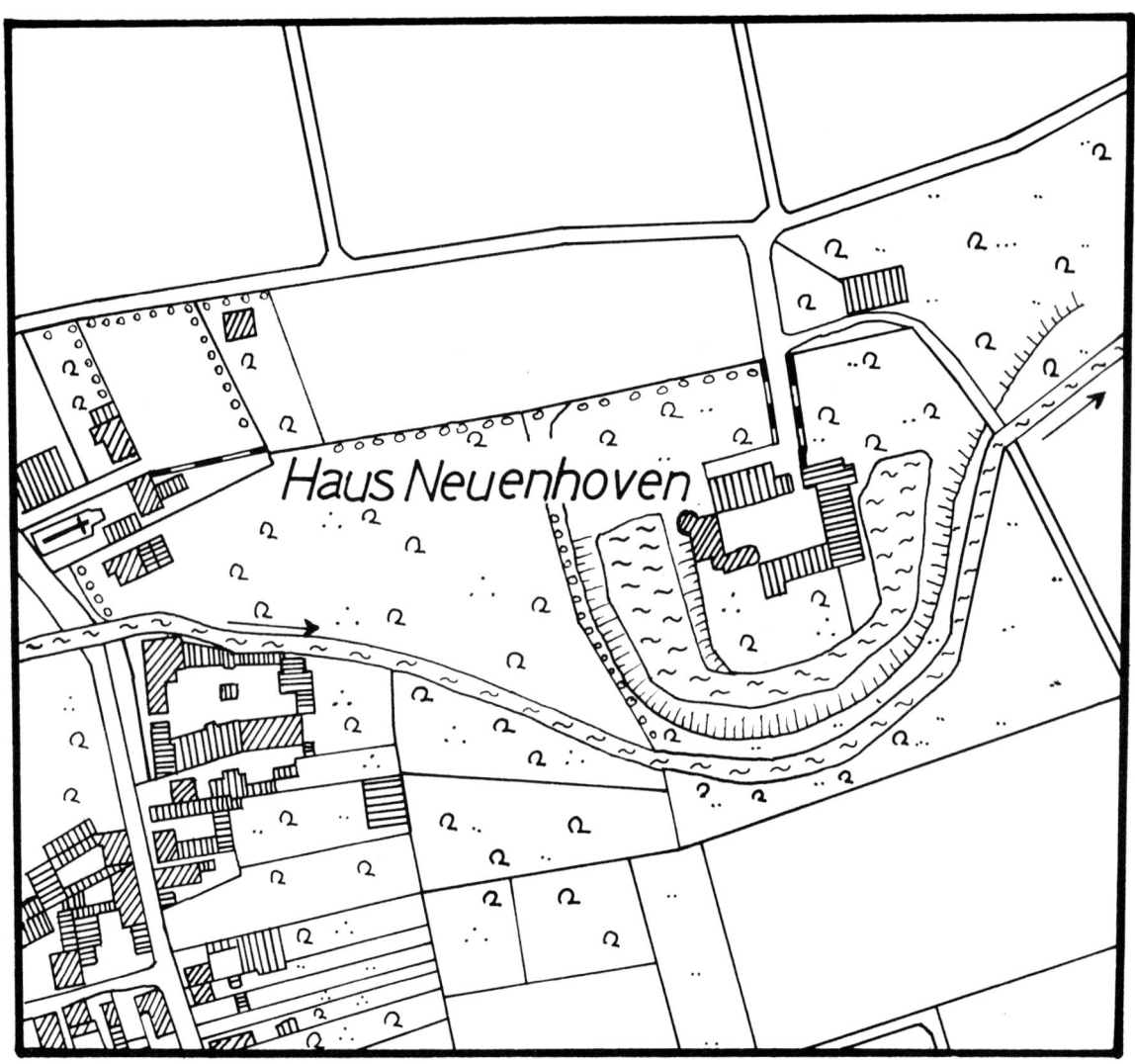

137   Haus Neuenhoven, Lageplan im Maßstab 1 : 10 000.

dem Rundturm annehmen. Haus Neuenhoven liegt auf einer kleinen Erhebung inmitten eines nach Süden ausgreifenden Bogens des Kommerbaches, der vielleicht der letzte Rest eines künstlich aufgeworfenen und später wieder abgetragenen Mottenhügels ist. Wie auch bei anderen Befestigungen üblich, versorgte der Kommerbach die Gräben der Burg mit Wasser. Sie sind heute nur noch zur Hälfte, und zwar im Süden, Westen und Osten der Burg vorhanden; im Norden wurden sie offensichtlich zugeschüttet. Noch die Tranchot-Karte aus dem Beginn des 19. Jahrh. zeigt, daß Neuenhoven ursprünglich in mehrere, von Gräben durchzogene Areale aufgeteilt war. Man glaubt, zwei Vorburgen erkennen zu können.

Heute liegt das Burghaus mit dem angebauten Rundturm im Westen der Anlage. Nach Norden und Süden schließen sich flügelartige Bautrakte an. Dem Burghaus gegenüber am Ost- und Südrand der Anlage befinden sich die Wirtschaftsbauten.

Haus Neuenhoven wird erst 1382 in der Überlieferung genannt. Es befand sich zu jener Zeit in der Hand des Reinbold von Eseln, eines Knappen der Herren von Dyck. In der Zeit der Gegenreformation erlangte Haus Neuenhoven einige Bedeutung. Die damaligen Besitzer der Anlage, die Familie von Hundt, hatten sich wie andere Familien des niederen Adels der Reformation angeschlossen. Da sie das Recht besaßen, den Geistlichen der

138 Burg Gierath, Wohnturm aus Backstein.

139 Fleckenhaus in Liedberg-Glehn, Ansicht aus der Luft von Südwesten. Freigegeben Reg.-Präs. Düsseldorf Nr. 06/1581.

140 Fleckenhaus in Korschenbroich-Glehn, Ansicht von der Hofseite, von Nordwesten.

Schloßkapelle einzusetzen, vermochten sie, der Reformation für einige Zeit einen gewissen Schutz zu gewähren. So bestand dort bis 1602 das sog. „Neuenhovener Quartier", eine calvinistische Gemeindebildung, deren religiöser Mittelpunkt die Schloßkapelle Neuenhoven war. Diese Kapelle wurde im hessischen Krieg vollständig zerstört und erst in der zweiten Hälfte des 18. Jahrh. neu als katholische Kapelle errichtet. Der 1848 nochmals erweiterte Bau wurde im Jahre 1856 Pfarrkirche der in diesem Jahre neu gebildeten Pfarrei. Die Kirche liegt unweit westlich von Haus Neuenhoven und ist ein einschiffiger Backsteinbau mit dreiseitigem Chorabschluß, geschweiftem Giebel und Dachreiter. Über dem Westportal findet sich das Salm-Reifferscheidsche Wappen. Die barocke Innenausstattung besticht durch ihre schlichte Ausführung.

141 Fleckenhaus in Korschenbroich-Glehn, Inschrift über dem Portal zum Herrenhaus.

f) Burg Gierath, Gemeinde Jüchen (Abb. 138).

Von dieser Anlage sind heute nur Reste erhalten. Bestimmend für die bauliche Gestaltung der Anlage ist vor allem der mächtige Wohnturm aus Backstein, um den sich die einstigen Hofgebäude gruppierten. Die Anlage erscheint in der urkundlichen Überlieferung als Stammsitz einer Adelsfamilie von Mulesfort, die seit dem frühen 12. Jahrh. in Gierath nachzuweisen ist. Sie wird deshalb auch Burg Mülsfort genannt. Zu Beginn des 14. Jahrh. befindet sich die Burg in der Hand der Grafen von Jülich. Zu der mit ihr verbundenen Herrschaft gehörten die Dörfer Gierath und Gubberath südwestlich von Bedburdyck. Wie die in ihrer Umgebung verbreiteten Ortsnamen beweisen, entstand die Anlage in einem Rodungsgebiet des Mittelalters, das zwischen den beiden Altsiedlungen Bedburdyck und Jüchen verblieben war

und erst im Zuge der mittelalterlichen Rodungsperiode aufgesiedelt wurde.

g) Das Fleckenhaus zu Glehn (Abb. 139–141).

Im Norden des Ortes Glehn, eingebettet in die
Niederung des Jüchener Baches, hat sich mit dem
Fleckenhaus ein weiterer ländlicher Adelssitz des
späten Mittelalters erhalten. Trotz späterer baulicher Veränderungen am Herrenhaus ist der Ge-
samtcharakter einer zweiteiligen Wasserburg bis
heute kenntlich geblieben. Die Vorburg mit dem
Wirtschaftshof liegt nach Norden; das Gelände
der Hauptburg mit dem Herrenhaus bildet den
südlichen Teil der Burg. Beide Teile umgibt noch
heute ein gemeinsamer breiter Wassergraben von
rechteckiger Form auf allen Seiten. Ursprünglich
waren Vor- und Hauptburg durch einen das
rechteckige Burggelände querteilenden Graben
voneinander getrennt. Er wurde jedoch später
zugeworfen.

Die Vorburg ist den Wirtschaftsbauten eines
landwirtschaftlichen Großbetriebes vorbehalten.
In der Hauptburg befindet sich das dreigeschos-
sige Herrenhaus, ein Backsteinbau, der in nieder-
ländischer Manier erbaut wurde. Haussteine, Tri-
glyphenfriese und Medaillons gliedern die Fassade dieses Baus. Die Friese umziehen auch den
der Giebelseite vorgelagerten Treppenturm und
den mächtigen runden Eckturm nordöstlich des
Herrenhauses, den eine Zwiebelhaube mit Wetterfahne bekrönt. Unter dem Dachgesims dieses
Rundturmes ziehen sich eine Reihe von Medaillons sowie ein gotischer Spitzbogenfries entlang.

Auf der Westseite ist dem Herrenhaus ein Treppenturm vorgesetzt, auch er aus Backstein errichtet. Das im Erdgeschoß dieses Treppenturmes
eingebaute Eingangsportal erschließt zugleich
das Herrenhaus. Über dem Portal befindet sich
eine Wappentafel der Erbauer unter einem Mu-
schelgiebel, flankiert von zwei ins Mauerwerk
eingelassenen Säulchen (Abb. 141). Die Inschrift
unter der Wappentafel lautet: DISSER BOV
IST ANGELACHT IM JAR DO MAN
SCHRIF ANNO 1560. IST BESCHEHEN
DURCH O. DIETHERICH VAN DER
BALLEN GENANT FLECK MARGREIT
VAN FRENS MEIN EHEGEMAEL.

In der baulichen Gestalt des Fleckenhauses dominieren die Repräsentationszwecke. Auf Befestigungseinrichtungen wurde sichtlich kein Wert

gelegt. Elemente aus der Burgenarchitektur erscheinen nur noch als Zierat, wie etwa die Schieß-
scharten am Treppenturm, die völlig funktionslos
sind. Die großen Fenster und die reiche Fassa-
dengliederung des Herrenhauses unterstreichen
das Bedürfnis der Erbauer nach Wohnlichkeit
und repräsentativer Gestaltung. Den gleichen
Zielen diente auch der südwestlich an das Herrenhaus anschließende Garten, von dessen einstiger
Renaissance-Gestalt heute nur noch wenig zu
erahnen ist.

h) Haus Schlickum bei Glehn.

Rund einen Kilometer nordwestlich der Ortsmitte von Glehn befindet sich in dem kleinen Ort
Schlich Haus Schlickum, ein Besitz der Herren
von Schlickum. Hauptstück der Anlage ist ein
schlichter zweistöckiger Backsteinbau des 18.
Jahrh. mit Mittelrisalit. Mit Sicherheit geht diese
Anlage auf eine ältere, von Wassergräben umzo-
gene Anlage zurück, wie früher beobachtete
Mauerreste und Teile von Gräben anzeigen.

i) Der Dyckhof in Meerbusch-Büderich (Abb.
142-144).

Im Süden der heutigen Stadt Meerbusch, im
Ortsteil Niederdonk der früheren Gemeinde Büderich, befindet sich eine auf sehr alte Ursprünge
zurückgehende Wasserburg: der Dyckhof. Hoch
überragt die barock-bizarre Turmhaube des
Dyckhofes die umgebende, von einem nahe entspringenden Bach durchzogene Niederungslandschaft westlich von Büderich. In sumpfiger Umgebung liegt diese Wasserburg auf einem kleinen
Hügel, der sich deutlich aus der Niederung her-
aushebt. Vieles deutet darauf hin, daß wir es hier
mit einer weiterentwickelten Burg vom Typ der
Motten zu tun haben. Dafür spricht nicht zuletzt
auch der unregelmäßig-hufeisenähnliche Grundriß der Anlage, die noch heute im Südwesten,
Süden und Osten von wasserführenden Gräben
umschlossen ist. Nur im Norden und auf der
Nordwestseite sind die Gräben beseitigt worden.
Sie wurden von einem unweit nördlich vorbeifließenden Bach gespeist.

Obgleich die verschiedenen Teile der Burg
heute eng aneinandergebaut sind, läßt sich immer
noch die ursprüngliche Zweiteiligkeit der Anlage
erkennen. Auf der Westseite liegt der Wirtschafts-

Dyckhof

142 Der Dyckhof in Meerbusch-Büderich, Lageplan im Maßstab 1 : 10 000.

143 Der Dyckhof in Meerbusch-Büderich, Blick von außen auf Turm und Herrenhaus, im Vordergrund der Graben.

hof, auf drei Seiten von Wirtschaftsgebäuden geschlossen. An der Ostseite dieses Hofes steht das Burghaus, also die Hauptburg. Ein beide Teile trennender Graben fehlt zwar heute, doch kann er früher durchaus vorhanden gewesen sein.

Der Dyckhof wird erstmalig für das Jahr 1393 in einer Neusser Urkunde erwähnt. Sein ältester, in das 14. Jahrh. zurückreichender Teil ist ein nach Norden gelegener wuchtiger, würfelförmiger Turm. Im Jahre 1666 wurde der Dyckhof umgebaut. Ein rechteckiges, zweistöckiges Her-

renhaus wurde unter Verwendung älterer Bauteile an den alten Turm angebaut (Abb. 143). Zwei Satteldächer bedecken das mächtige Burghaus und schließen mit geschweiften und getreppten Giebeln zur Schauseite hin ab. Beeindruckend ist vor allem die Ansicht dieses Baukörpers von der Westseite her (Abb. 144). Nebeneinander stehen hier der wuchtige alte Burgturm und die beiden geschweiften Giebel des Burghauses. Den nördlichen von ihnen erschließt ein barockes Portal, das vor die Fassade vorgesetzt war.

144   Der Dyckhof in Meerbusch-Büderich, Blick auf Turm und Herrenhaus vom Hofinneren aus.

Das besondere am Dyckhof ist die barocke Haube des spätmittelalterlichen Turmes. Sie läßt sich auf 1666 fest datieren und wurde auf Veranlassung des damaligen Besitzers des Dyckhofes, Wolfgang Günther von Norprath, erbaut. Er hatte diesen Burgsitz von seinem Vater, Johann von Norprath, einem Vertrauten des Großen Kurfürsten, übernommen. In der Wetterfahne auf der Spitze des Turmes begegnet uns das Wappen der Familie, das in silbernem Felde einen schwarzen Querbalken mit vergoldetem sechsstrahligem

Stern zeigt. Wolfgang Günther von Norprath war kurkölnischer Kämmerer und Offizier, Amtmann zu Linn und Uerdingen, Gouverneur der Festung Kaiserswerth und wahrscheinlich ein welterfahrener, weitblickender und vielleicht auch weitgereister Mann. Es liegt nahe, daß ein Mann dieses geistigen Zuschnitts einem uns heute unbekannten Baumeister die einmalige Gelegenheit eröffnete, seine schöpferischen Gaben und sein bautechnisches Können frei zu entwickeln und in einer ungewöhnlichen Turmhaube zur Geltung kommen zu lassen. Nur höchstes bautechnisches Können und hervorragende handwerkliche Arbeit ermöglichten es, daß auf den nahezu quadratischen Turmunterbau eine Haube aufgesetzt werden konnte, die sich in mehreren Aufschwüngen, etagenähnlich, geschwungen und zugleich gestaucht, über einen achteckigen Grundriß zu der mit Ausgucken versehenen Turmspitze erhebt.

Als nach dem 2. Weltkrieg die Turmhaube wegen Einsturzgefahr vollständig restauriert werden mußte, bot sich die Gelegenheit zu einer baugeschichtlichen Bestandsaufnahme. Sie bestätigte, was bereits Theodor Wildemann vermutet hatte: Die Haube war das Werk eines Schiffszimmermannes oder doch jedenfalls eines Handwerkers, der mit der Technik des Schiffbaus eng vertraut war. Denn im Unterschied zu anderen barocken Turmhauben der gleichen Zeit waren bei der Haube des Dyckhofes die Rundungen der tragenden Balken der Haube durch Biegen und Verformen von Eichenhölzern in Wasser erreicht worden und nicht durch Auspolstern der Rundungen unter Verschalung, wie dies sonst üblich war. Viele barocke Hauben bekrönen kirchliche oder profane Bauten im Neusser und Grevenbroicher Land. Keine von ihnen aber ist künstlerisch so reich und technisch so raffiniert gestaltet wie die Turmhaube auf dem Turm des Dyckhofes. Parallelen zur Haube auf dem Dyckhof finden sich lediglich in den Türmen des Aachener Rathauses. Die besondere Wirkung der Turmhaube des Dyckhofes mag auch darin begründet sein, daß sie sich auf einem relativ gedrungenen Baukörper von würfelähnlicher Gestalt erhebt und ihrerseits höher als der Turmunterbau ist.

Im Jahre 1689 verkaufte der Sohn des Wolfgang Günther, Franz Friedrich von Norprath, den Dyckhof. Er gelangte schließlich 1718 an das benachbarte Kloster Meer und nach dessen Säkularisation an die Familie Werhahn, die ihn bis heute besitzt und die ihr Wappenzeichen, zwei kämpfende Hähne, über dem Turm anbrachte.

An das Herrenhaus schließt sich nach Westen ein großer Wirtschaftshof an. An der Nordwestecke dieses Hofes steht ein viereckiger Backsteinturm, der ein Pyramidendach trägt.

Etwa 100 m westlich des Dyckhofs soll in älterer Zeit in einem Erlengebüsch ein Hügel mit ausgedehntem, versumpftem Graben gelegen haben, auf dem man Ende des 19. Jahrh. Mauerfundamente gefunden haben will. Vielleicht hat hier eine Vorgängeranlage des Dyckhofs, möglicherweise eine Niederungsburg vom Typ der Motten, gelegen.

j) Haus Noithausen bei Grevenbroich (Abb. 145–148).

In Noithausen, einem Stadtteil im Nordosten der heutigen Stadt Grevenbroich, stand einst eine Wasserburg, von deren Größe und Bedeutung nur noch alte Abbildungen Zeugnis ablegen. Nur wenig ist von dieser ausgedehnten Anlage auf uns gekommen, so der große Wirtschaftshof in der einstigen Vorburg und ein völlig freistehender, aus Trachyt erbauter Torbogen, der von zwei gewundenen Säulen eingefaßt wird und im Giebel ein Allianzwappen trägt. Er dürfte zu der völlig verschwundenen Hauptburg gehören.

Der Besitzatlas des Deutschordenshauses in Elsen, in dessen Herrschaft Burg Noithausen gelegen war, enthält eine Abbildung aus dem 18. Jahrh., die eine gute Anschauung vom einstigen Aussehen der Burg vermittelt (Abb. 145. 146). Sie war eine ausgedehnte zweiteilige Burganlage, bestehend aus Hauptburg und Vorburg. Beide Teile waren von breiten Wassergräben umgeben; über den Grabenabschnitt, der die beiden Teile voneinander schied, führte zu jener Zeit eine steinerne Brücke mit zwei Bögen. In der Hauptburg zeigt die Abbildung das Herrenhaus, an den Ecken zur Vorburg flankiert durch zwei quadratische Türme, die mit geschwungenen Barockhauben eingedeckt waren. Zwei hochaufragende Satteldächer schlossen das Herrenhaus ab, parallel nebeneinander liegend und mit Stufengiebeln ausgestattet. Das Herrenhaus war dreigeschossig. Zwei kleinere turmähnliche Gebäude waren nach der der Vorburg abgewandten Seite vorgesetzt.

Die Vorburg war mit einem dreiseitig geschlossenen Wirtschaftshof bebaut; nur zur Seite der Hauptburg besaß sie keinen Bautrakt, weil hier die Brücke über den trennenden Graben lag. Die beiden seitlichen Trakte des Wirtschaftshofes endeten zur Hauptburg hin in geschweiften Giebeln. Die Hauptdurchfahrt des Wirtschaftshofes, der in Backstein errichtet ist, bildet ein Rundbogenportal, das von bossierten Trachytblöcken eingefaßt wird. In Form von Eisenankern ist hier das Baudatum des Wirtschaftshofes, das Jahr

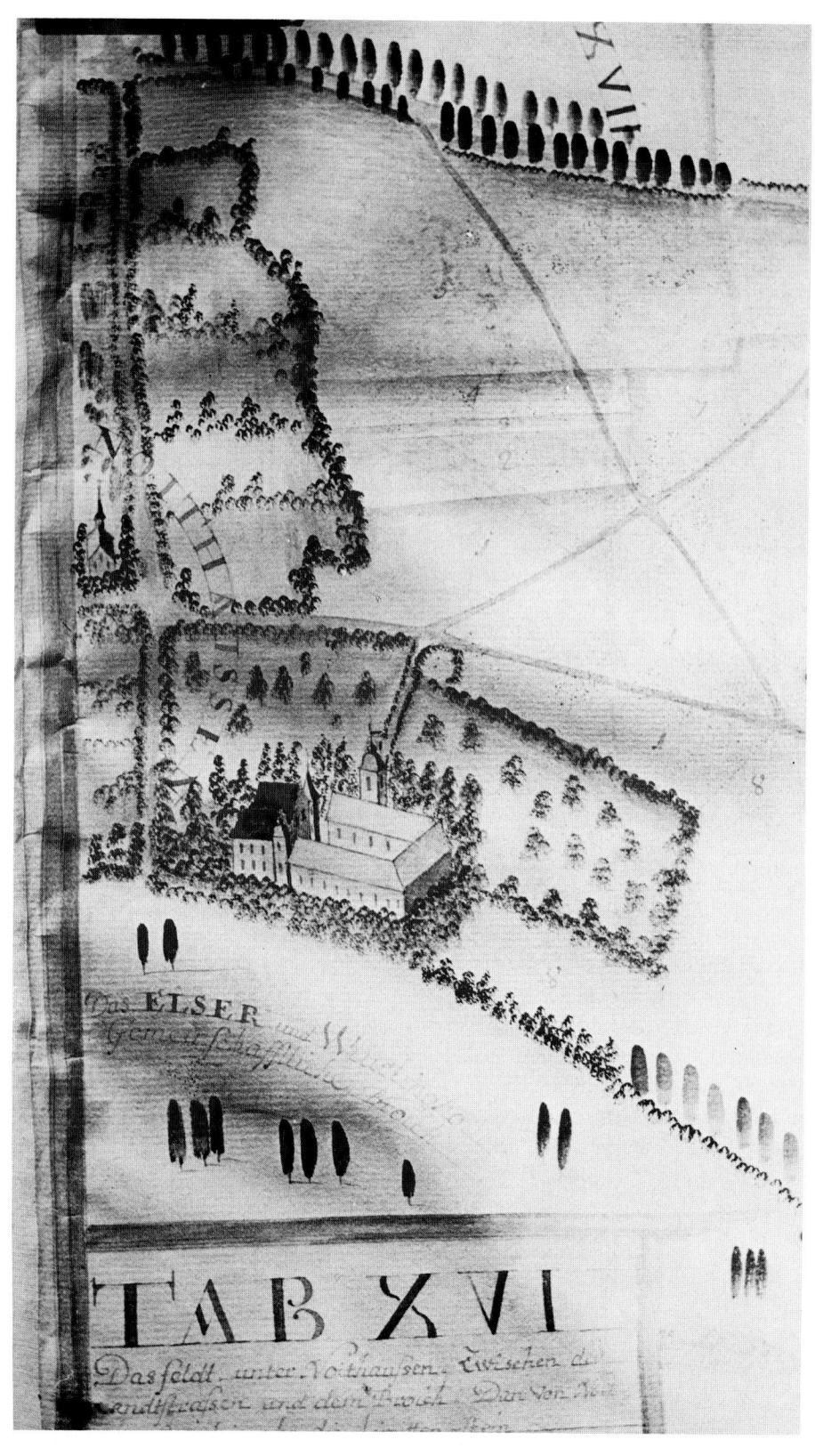

145   Burg Noithausen bei Grevenbroich, Darstellung aus dem Besitzatlas des Deutschordenshauses
in Elsen aus dem 18. Jahrhundert.

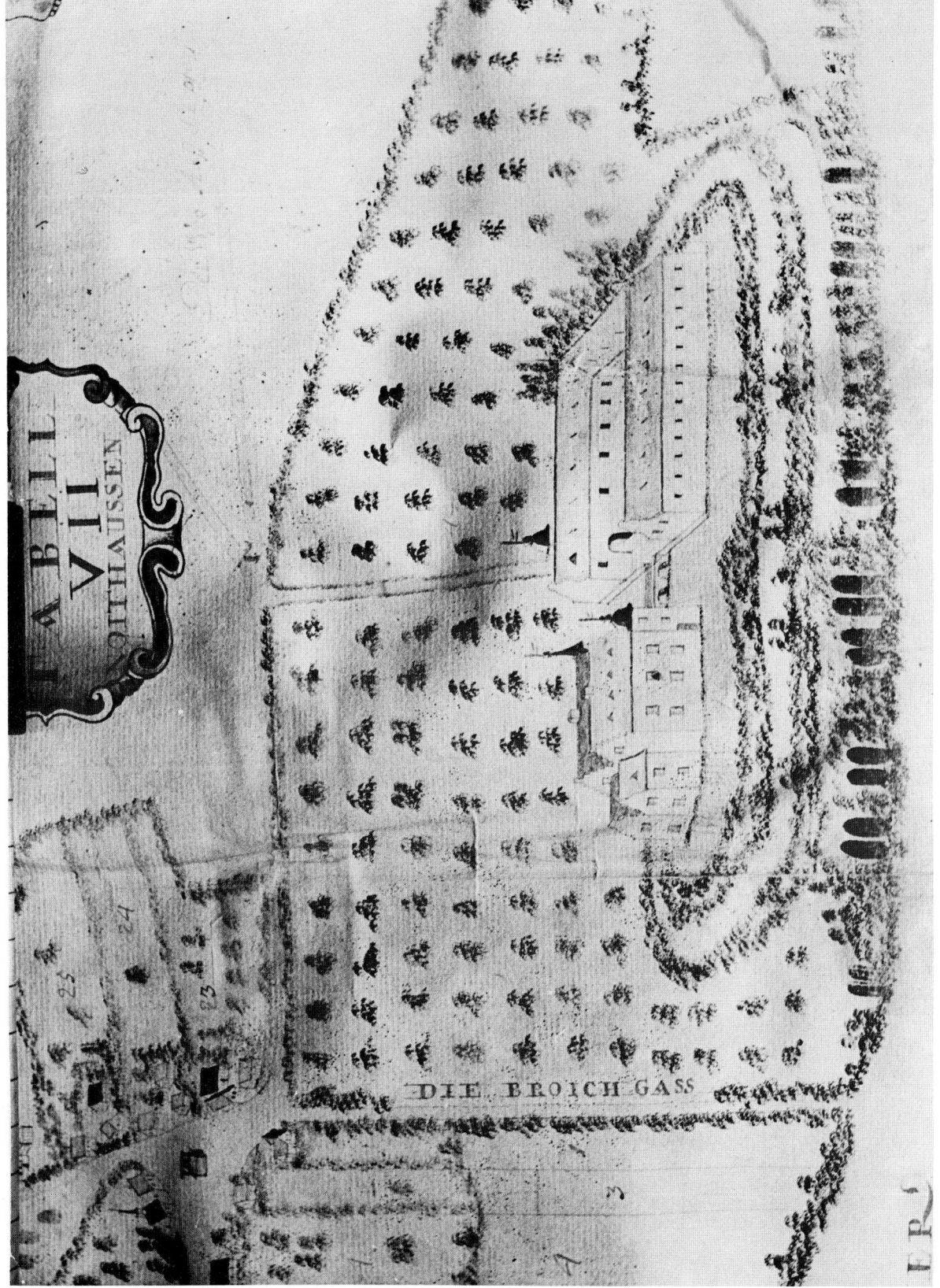

146 Burg Noithausen bei Grevenbroich, Darstellung aus dem Besitzatlas des Deutschordenshauses in Elsen aus dem 18. Jahrhundert.

147   Burg Noithausen bei Grevenbroich, barocker Torbogen der ehemaligen Hauptburg.

148 Burg Noithausen bei Grevenbroich, Satyrhaupt am Sockel der gedrehten Säulen des Barocktors der ehemaligen Hauptburg.

1700, vermerkt (Abb. 147). Auch diese Burg besitzt mit Sicherheit ältere Vorläufer am gleichen Platz. Historische Nachrichten belegen, daß seit dem 13. Jahrh. die Herren von Hochsteden im Besitze der Burg waren. Sie sind nicht zu verwechseln mit den Grafen von Hochstaden, zu denen sie jedoch insofern enge Beziehungen hatten, als sie von den Truchsessen der Grafen von Hochstaden abstammen und folglich als deren Ministerialen den gräflichen Hausnamen führen. 1361 übte ein auf Noithausen lebender Ritter Arnold von Hochsteden das Amt des Richters in der Deutschordensherrschaft Elsen aus. Im Jahre 1368 wurde eine zum Hof gehörende Kapelle neben der Burg errichtet, die im 18. Jahrh. abgebrochen worden ist. Ende des 15. Jahrh. erscheint Hermann von Hochsteden als Amtmann des Herzogs von Jülich in Grevenbroich. Die verschiedenen Dienstfunktionen der Familie zeigen, daß sie zum niederen Adel gehörte und in vielfältigen Verwaltungsfunktionen tätig war.

k) Burg Hackenbroich (Abb. 149–151).

Burg Hackenbroich lag innerhalb der verwaldeten Niederungen, die sich östlich der hohen Geländeterrasse zwischen Sinnersdorf im Süden und Norf im Norden etwa in Nord-Süd-Richtung durch den Kreis Neuss erstrecken. Bereits oben wurde ausgeführt (vgl. S. 20 ff.), daß diese markante Geländelinie zwei grundverschiedene naturräumliche Gebiete voneinander scheidet: die westlich gelegene Lößplatte der Gillbach von den östlich liegenden Niederungen mit den mäandrierenden Bächen, die wahrscheinlich auf einen eiszeitlichen Rheinarm zurückgehen. Am Ostrand dieser heute noch weitgehend bewaldeten Zone, deren geschlossenes großes Waldgebiet den Namen Chorbusch trägt, lag einst Burg Hackenbroich. Am Westrand des gleichnamigen Ortes gelegen, ganz der feuchten Niederung zugewandt, machte sich Burg Hackenbroich einst das Wasser eines vorbeifließenden Baches zunutze, der die Gräben der Anlage füllte. Der Ortsname Hackenbroich kennzeichnet wiederum eine Siedlungssituation, die aus der Urbarmachung und Trockenlegung eines Bruchgebietes hervorgegangen ist, ähnlich wie dies bei Grevenbroich der Fall gewesen war.

An der Stelle, wo einst Burg Hackenbroich gelegen hat, künden heute nur noch einige Unebenheiten und vereinzelte Stücke von Befestigungsgräben von der einstigen Bedeutung des Geländes. Parkartiger Wald bedeckt einen Teil des ehemaligen Burggeländes; die zur Vorburg führende Allee aus sehr alten Bäumen ist ebenfalls noch vorhanden. Den größeren Teil des ehemaligen Burggeländes aber nimmt heute ein moderner Schulkomplex ein. Auf das Aussehen der vollständig abgebrochenen Anlage lassen nur noch Archivbilder des Landeskonservators Rheinland Rückschlüsse zu (Abb. 149).

Die Burg bildete einst ein geschlossenes Viereck, das von einem 25 m breiten Wassergraben auf allen Seiten umgeben war. Auf der Südseite lag das Torhaus, welches man über eine den südlichen Grabenabschnitt überspannende steinerne Brücke erreichte. Über dem rundbogigen Portal der Toreinfahrt befand sich das von zwei Löwen gehaltene Wappen der Grafen von Salm-Reifferscheid, die 1348 die Burg vom Kölner Erzbischof Walram von Jülich zu Lehen erhalten hatten. Nach vorübergehendem Ausscheiden aus dem Lehnsverhältnis wurden sie 1588 erneut mit der Anlage belehnt.

Ein äußerer Wall, der nach älteren Nachrichten die gesamte Anlage umgab, ist auch heute noch in Andeutungen im Gelände auszumachen. Auf der Südwestseite der Burg lag nach älteren Plänen ein weiteres, mit Wassergräben umgebenes Gelände von ungefähr rechteckiger Form. Es gehörte mit Sicherheit zur Burg dazu und ist heute von der Schule überbaut. Seine Bedeutung ist deshalb nicht mehr zu erschließen, doch deutet dieser Befund ziemlich klar auf eine ursprünglich zweiteilig ausgelegte Wasserburg hin, von der nur ein Teil, die Hauptburg, bis in moderne Zeit überdauerte. Wann der zweite, ältere Burgteil aufgegeben wurde, entzieht sich unserer Kenntnis. Interessant bleibt immerhin, daß das Grundschema der zweiteiligen Wasserburg, wie es in den Niederungsburgen vom Motten-Typ vorgegeben war, auch hier wiederkehrt, wie in so vielen anderen Fällen.

In die Spätzeit dieser Niederungsburgen führt auch die urkundliche Überlieferung von Burg Hackenbroich zurück. Im Jahre 1268 befindet sich die Burg im Besitz des Ludolf von Dyck, von dem sie später in den Besitz der Grafen von Salm-Reifferscheid überging. Die Nachricht von 1268 geht fast bis in die anzunehmende Entstehungs-

149   Burg Hackenbroich bei Dormagen, Ansicht nach einem Gemälde in Schloß Dyck.

zeit von Burg und Siedlung Hackenbroich zurück. Beide gehören in die große mittelalterliche
Rodungs- und Landausbauphase, in der landsäs-
sige Adelige des Rheingebietes das große Ro-
dungs- und Siedlungswerk in den Niederungen
des Rheinlandes begannen und auf diese Weise die
Grundlagen für ihre wirtschaftliche und politische Macht legten.

Alle Reste der älteren, an diesem Platz zweifellos vorhanden gewesenen Burg fielen dem Neubau von Burg Hackenbroich während des 18.
Jahrh. zum Opfer. Aufschlüsse zur älteren Ge-

schichte der Anlage könnten in den noch nicht
überbauten Geländeteilen der untergegangenen
Burg lediglich archäologische Untersuchungen
bringen, die bislang jedoch noch nicht durchgeführt wurden.

l) Burgen in Wevelinghoven (Abb. 152–157).
Wevelinghoven gehört zur relativ alten Sied-
lungsschicht der Orte mit Namen auf -hoven, die
im Gill- und Erftgebiet zahlreich vertreten sind.
Die Namengebung auf -hoven reicht mit Sicherheit noch in die merowingische Zeit zurück, wenn

150 Burg Hackenbroich bei Dormagen, Ansicht des Torturmes von Süden.

151 Burg Hackenbroich bei Dormagen, Ansicht von Torturm und Westbau von Südwesten.

210

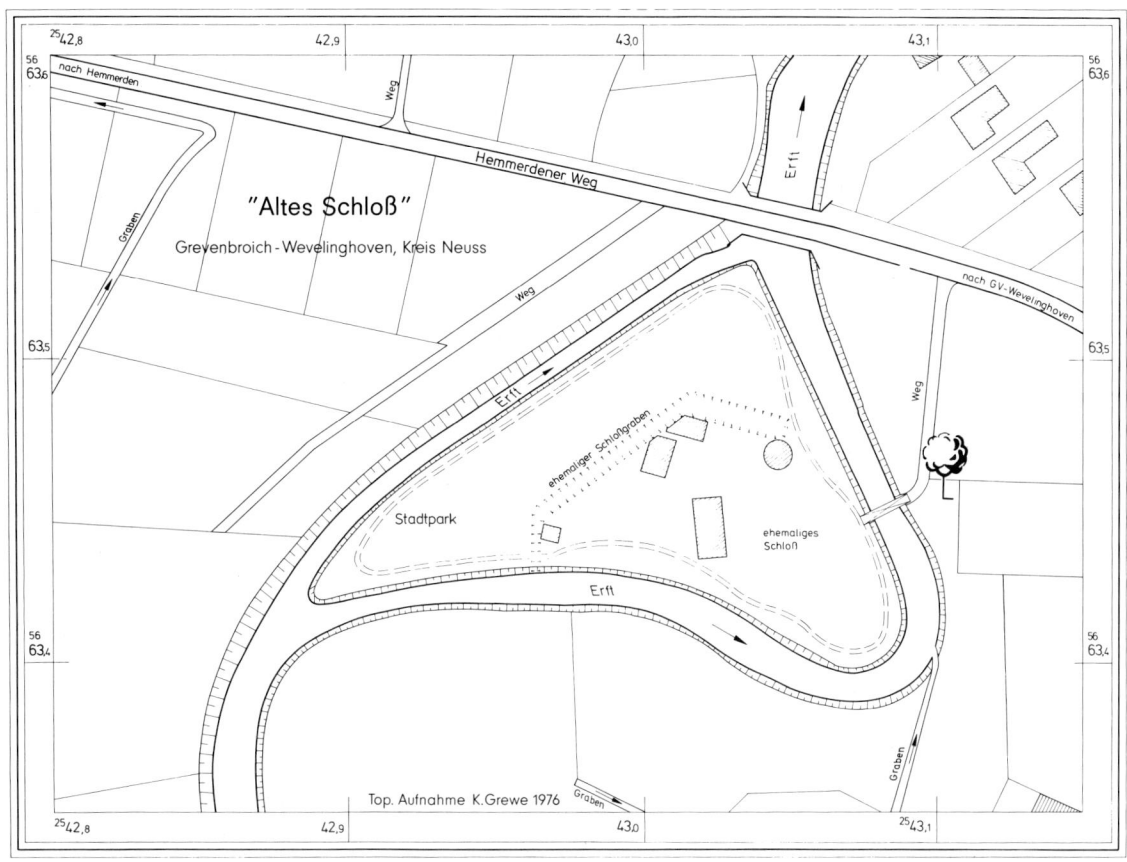

152 Wevelinghoven, sog. „Altes Schloß" am Weg nach Hemmerden, Gelände der sog. „Wölkersburg", der ältesten Befestigung des Ortes.

auch in deren jüngeren Abschnitt, also etwa in das 7./8. Jahrh. Das Martinspatrozinium der katholischen Pfarrkirche von Wevelinghoven unterstreicht die frühe Gründungszeit des Ortes, und es muß eigentlich als Zufall gelten, daß in der Umgebung der Kirche noch kein fränkisches Reihengräberfeld entdeckt wurde. Wevelinghoven macht sich günstige natürliche Voraussetzungen seines Siedlungsraumes zunutze. Im Bereich des langgestreckten, fast 2 km langen Straßendorfes tritt die Lößplatte des östlichen Erftufers nahe an die Flußniederung heran. Sie läßt nur einen schmalen Streifen Niederung östlich des Flusses frei. Die Siedler waren deshalb in der Lage, ihre Siedlung auf dem Hochufer der Erft hochwasserfrei anzulegen und dennoch in nächster Nähe des unberechenbaren Flusses zu leben, dessen Weidegründe und Fischreichtum sie nutzen konnten.

Traurige Berühmtheit erlangte Wevelinghoven, als in der Nähe des Ortes im Jahre 1096 die anläßlich des ersten Kreuzzuges aus Köln geflohenen Juden ermordet wurden. 1135 ist der Ort dann als *Wivelenchoven* urkundlich bezeugt. Ein Geschlecht der Herren von Wevelinghoven ist im Ort ansässig gewesen. Ihre Burg hat nach älteren Nachrichten auf einer Insel in der Erft, und zwar unmittelbar westlich und in nächster Nähe der Martinskirche, gelegen. In den Kunstdenkmälern der Rheinprovinz wird die sog. Wölkersburg, der Standort eines Hauses Wevelinghoven, als kegelförmige Anhöhe, also als Motte beschrieben (vgl. Abb. 152).

Mitte 1977 wurde das fragliche Gelände, eine Insel in der Erft unmittelbar nordwestlich des Standortes der heutigen evangelischen Kirche von Wevelinghoven, begangen. Die moderne Fahrstraße von Wevelinghoven nach Hemmerden, die hier das Erfttal kreuzt, wird man sich für das Mittelalter wegzudenken haben. Im Mittelalter gab es nur die Insel im Erftbett, auf der die frühe-

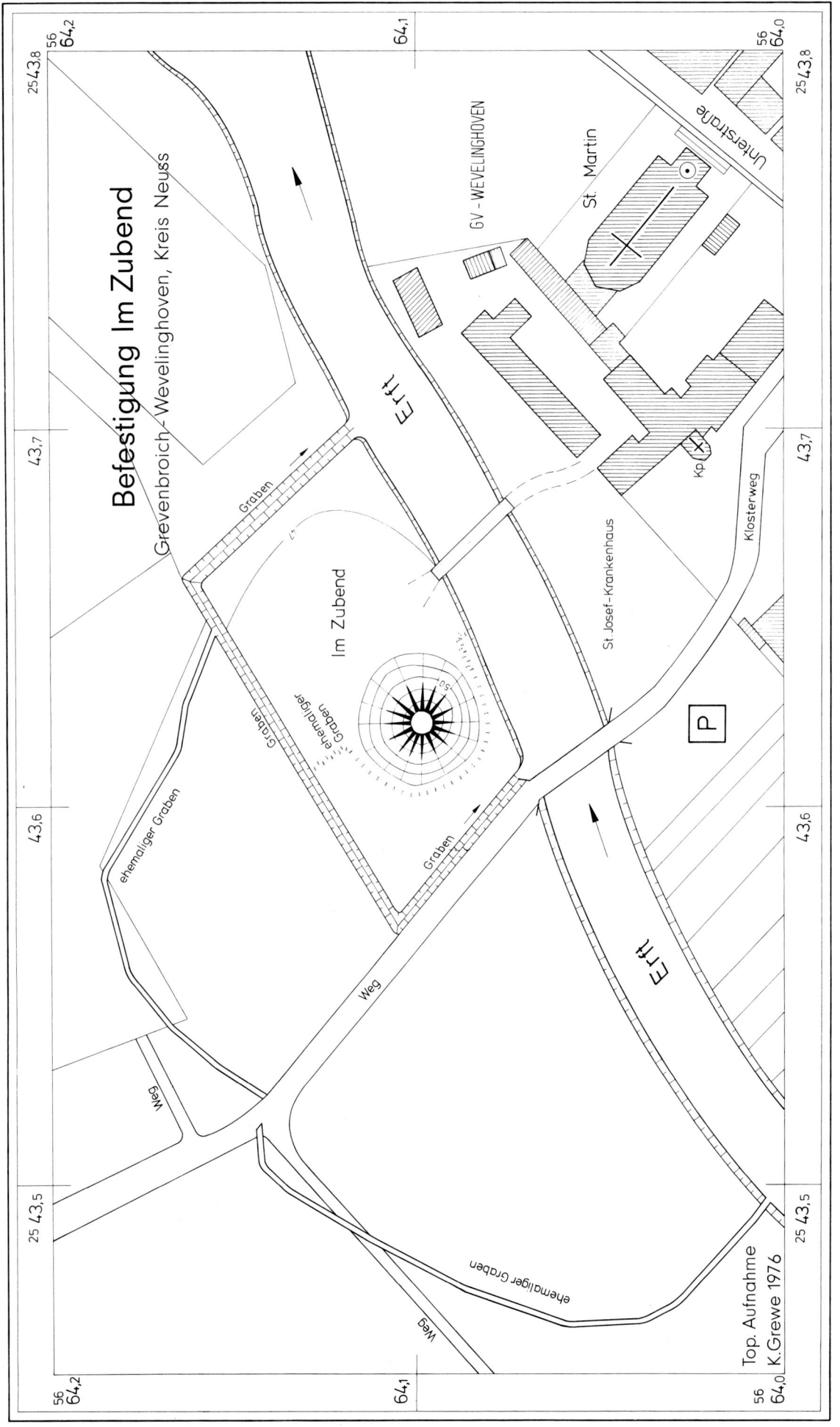

153   Wevelinghoven, Niederungsburg „Im Zubend" im Tal der Erft, unmittelbar neben der kath. Pfarrkirche St. Martin.

154 Wevelinghoven, Niederungsburg „Im Zubend", heutiger Zustand: der Mottenhügel ist noch gut erhalten, die nach Nordwesten liegende Vorburg weitgehend abgetragen.

ste Burg von Wevelinghoven gestanden hat, eine nahezu klassische und fast unangreifbare Lage für eine Burg vom Typ der Niederungsburgen. Bei der Begehung zeigte sich, daß entgegen den Eintragungen in modernen topographischen Karten, auf der Erftinsel ein noch fast 2 m hoher, wenngleich auch abgeplatteter Burghügel vorhanden war, auf dessen Oberfläche in barocker Zeit ein fünfeckiges Parktempelchen gestanden hat. In der näheren Umgebung dieses Platzes finden sich in den Wurzelballen umgeworfener, sehr alter Bäume Reste von Backsteinmauerwerk und Ziegeln, die mit Mörtel und Keramik des 16.–18. Jahrh. durchsetzt sind. Es steht somit außer Zweifel, daß auf der Erftinsel ältere Bauten, als sie heute sichtbar sind, bestanden haben und daß Vermu-

tungen, hier habe ein altes Burghaus gestanden, wahrscheinlich zutreffen. Im Gebiet der Erftinsel von Wevelinghoven und der heutigen evangelischen Kirche, die den Platz der alten Martinskirche einnimmt, wird man somit den ältesten Kern des mittelalterlichen Dorfes Wevelinghoven zu suchen haben (Abb. 153–155).

Daß in diesem alten Zentrum heute eine evangelische Kirche steht, hängt mit der besonderen Geschichte dieses Ortes zusammen. Als die Herren von Wevelinghoven Ende des 14. Jahrh. ausstarben, kam der Ort an die Grafen von Bentheim-Tecklenburg. Eine Burg dieser Grafen lag, wie die Kunstdenkmäler mitteilen, in der Burgstraße in einem Gelände, an dem sich der Name „Auf der Burg" erhalten hat. Diese Anlage war

213

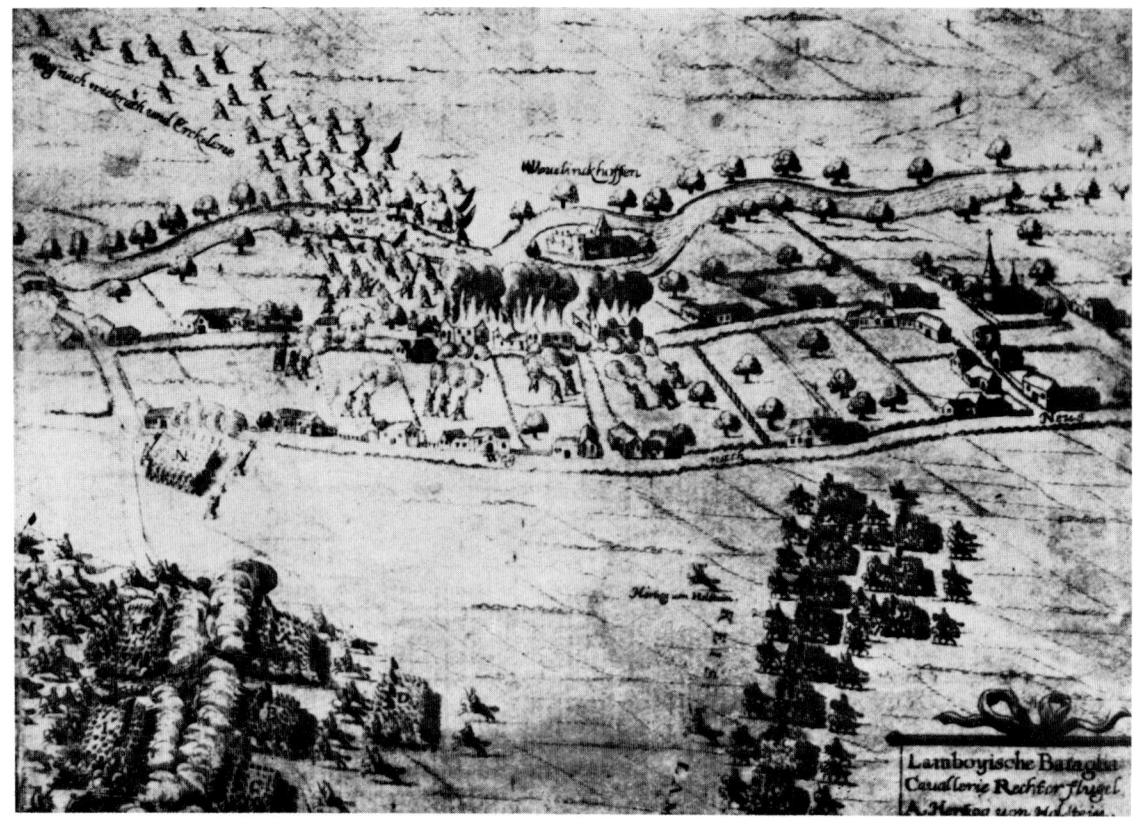

155 Burg und Siedlung Wevelinghoven im 17. Jahrhundert.

nicht identisch mit der alten Niederungsburg auf der Erftinsel, sondern dürfte auf dem Hochufer der Erft, in der heutigen Burgstraße, gelegen haben. Jene wurde offenbar aufgelassen, da sie den Ansprüchen des späten Mittelalters nicht mehr genügte, ein Vorgang der Ablösung einer älteren Burg durch eine anderwärts errichtete neue, der sich auch sonst am Niederrhein beobachten läßt, wie das Beispiel Husterknupp lehrt (vgl. S. 81 ff). Zugleich aber ist wichtig zu wissen, daß die Grafen von Bentheim-Tecklenburg 1543 die Reformation einführten und die Kirche 1670 protestantisch wurde. Daß sich der neue Glaube nicht endgültig durchzusetzen vermochte, geht auf die vom Erzbischof von Köln getragene Gegenreformation zurück.

Etwa 2 km östlich von Wevelinghoven liegt isoliert in der Feldmark eine weitere befestigte Anlage, über deren Geschichte bisher wenig bekanntgeworden ist: Haus Busch. Noch der in den modernen Karten eingetragene Grundriß der Burg verrät eine zweiteilige Anlage: In Nord-

west-Südost-Richtung zeichnen sich zwei von eigenen Wassergräben eingeschlossene Geländestücke ab, von denen lediglich der südöstliche Bereich heute noch Bebauung trägt. Hier befindet sich ein großer Wirtschaftshof mit Gebäuden auf der Nord-, Ost- und Südseite. Ältere Kartenwerke aus dem frühen 19. Jahrh. enthalten an dieser Stelle nur hakenförmige Bebauung auf der Nord- und der Ostseite. Noch gut zeichnet sich dort aber ein von Wassergräben eingeschlossenes quadratisches Gelände, in dem sich eine vierseitige Bebauung vorfindet, ab. Hier könnte man die ehemalige Hauptburg der Anlage vermuten. Ihre Ursprünge und Entwicklung könnte man, da das Gelände jetzt unbebaut daliegt, archäologisch untersuchen (Abb. 156).

m) Burgen in Norf (Abb. 159–160).

Der Ortsname Norf gehört der sehr altertümlichen Ortsnamenschicht der sog. -apa-Namen an. Er wurde von dem das Dorf im Westen umrandenden Norfbach auf die Siedlung übertragen. Es

214

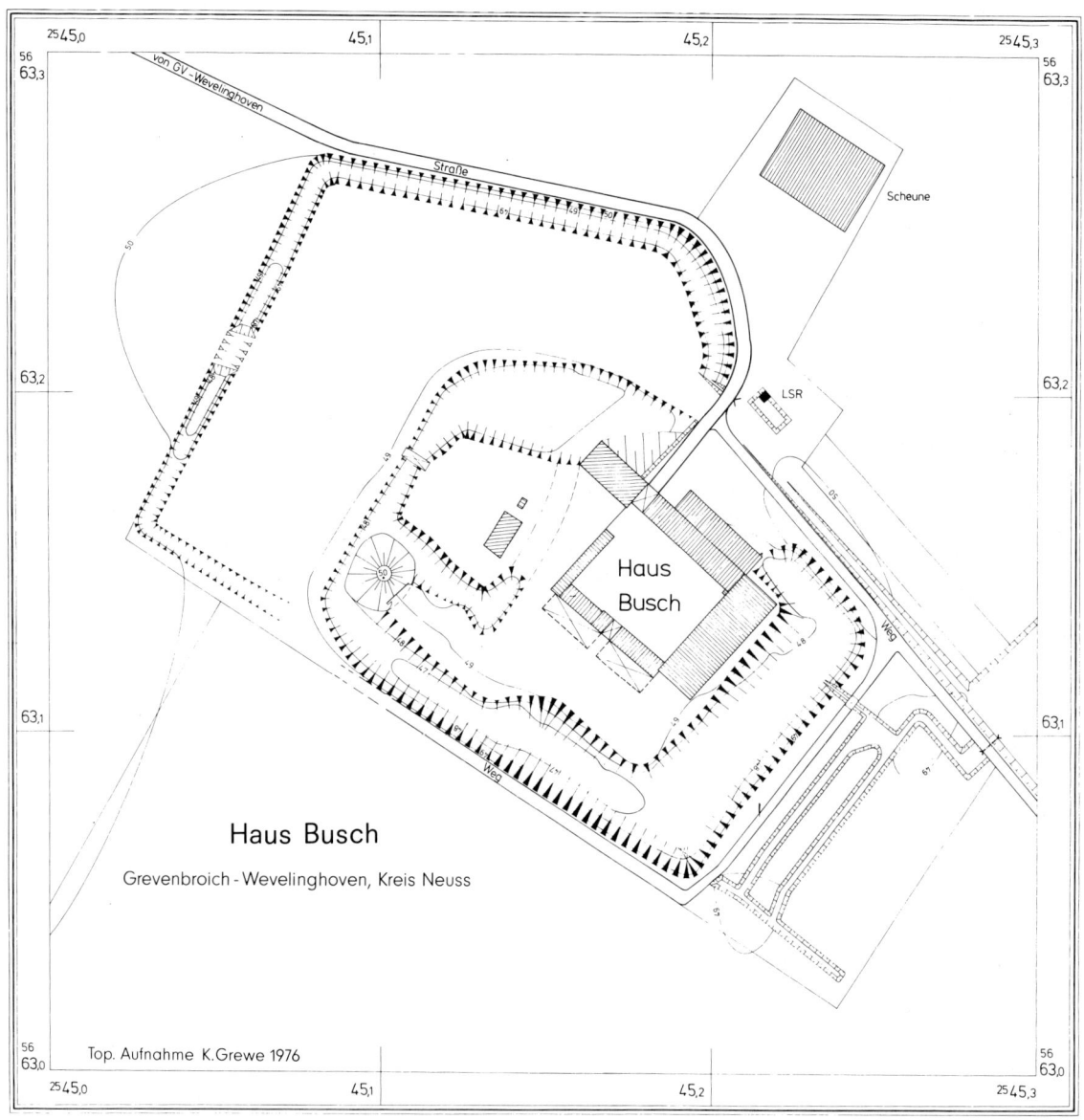

156 Haus Busch bei Wevelinghoven, Beispiel für eine zweiteilige Wasserburg mit Wirtschafts- und Repräsentationsteil.

besteht kein Zweifel, daß dieses große Dorf bereits in das älteste Mittelalter zurückreicht und seinen Namen aus noch älterer Zeit tradiert hat. Ein fränkisches Gräberfeld im Ortskern von Norf ist ausschnittshaft bekannt. Man weiß auch von römerzeitlicher Besiedlung in und um Norf. Zahlreiche römerzeitliche Fundplätze, darunter auch solche der spätrömischen Zeit (4. Jahrh.), unterstreichen diese alten Ursprünge des Ortes und schließen nicht aus, daß im Norfer Raum, der ja nicht fern von Neuss liegt, Reste gallo-römischer

Bevölkerung durch die Völkerwanderungszeit hindurch erhalten geblieben sein mögen. Ein archäologischer Nachweis für diesen Sachverhalt fehlt allerdings zur Stunde noch.

Norf machte sich ähnlich günstige natürliche Voraussetzungen zunutze wie Wevelinghoven. Die Siedlung entstand in einer nach Westen ausgreifenden Biegung des Norfbaches, der nur 1,5 km weiter nördlich in die Erft mündet. Nach Süden lagen die großen Wälder des Chorbusches in greifbarer Nähe der Siedler, ein wichtiger Wirt-

215

157 Wevelinghoven, Ansicht der evangelischen Kirche im 19. Jahrhundert, von Nordwesten.

schaftsraum für den frühgeschichtlichen Menschen. Eine etwas erhöhte Geländekuppe, etwa durch die 40 m-Höhenlinie bezeichnet, reicht hier recht nahe an den Norfbach heran. Mitten auf dieser Kuppe entstand die alte Kirche des Ortes. Burgen und wassergräbenumwehrte Höfe indessen suchten die Niederung des Norfbaches selbst auf, in der Ausnutzung der durch das Wasser gegebenen Sicherheitslage den Burgen an der Erft nacheifernd. Norf ist ein Dorf mit mehreren Burgen.

Zunächst ist die sog. Müggenburg zu erwähnen (Abb. 160). Nur 350 m trennen sie vom Ortskern um die Kirche. Die zweiteilige Anlage schmiegt sich eng an den Norfbach an, der die Gräben mit Wasser versorgte. Noch in den modernen Katasterplänen ist die Zweiteiligkeit der Anlage klar zu erkennen. Nach Norden wurde die Vorburg angelegt, in der eine dreiflügelige Hofanlage steht, die nur nach Süden, zur einstigen Hauptburg, geöffnet ist. Diese besteht aus einem wuchtigen recht-

eckigen Burghaus, dem auf der Nordseite an den Ecken zwei quadratische Türme, Eckrisaliten ähnlich, vorgebaut sind. Ein starker massiver Unterbau hebt das Haupthaus über die Wasserfläche des umgebenden Teiches. Die südlich des Burghauses liegende Brücke dürfte im Mittelalter noch nicht bestanden haben; es war ursprünglich nur von Norden her, also über die Vorburg und Hauptburg trennende Brücke zugänglich.

Das Schloß war der Sitz einer Ritterfamilie Muggenhausen. Es befand sich zu Beginn des 16. Jahrh. in Händen der Freiherren von Quadt, gelangte später in den Besitz der Grafen von Kessel. Der jetzige Schloßbau wurde im 18. Jahrh. aufgeführt, und zwar auf Veranlassung des kurpfälzischen Hofrates Karl Dominicus von Schwartz (gest. 1798), der in der Burg ein freiweltliches adeliges Fräuleinstift einrichtete, ein spätes Beispiel für die dem Mittelalter allgemein geläufige Umwandlung von Burgen in Klöster und Stifter.

216

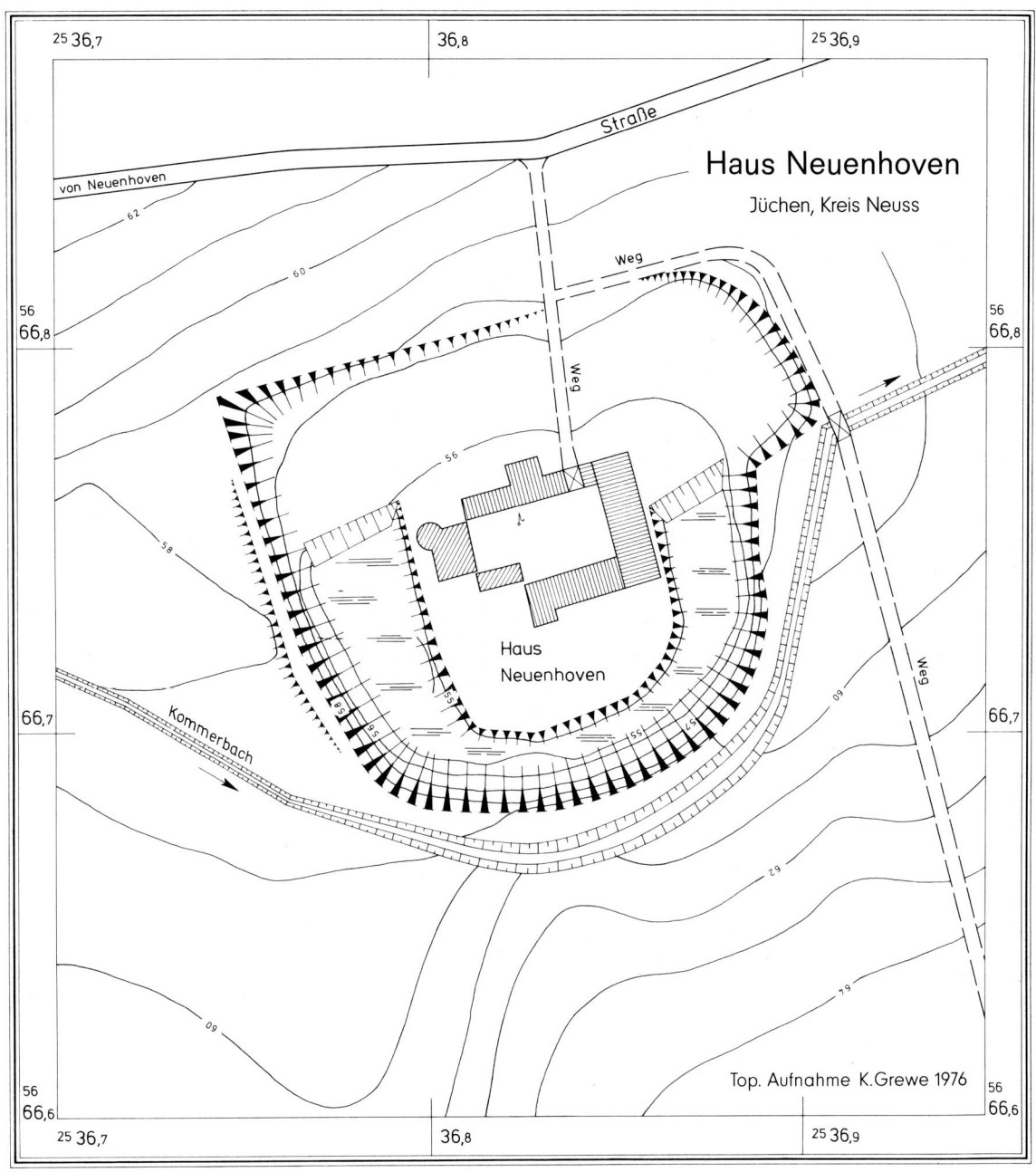

158   Haus Neuenhoven bei Jüchen, Lageplan 1976.

Die Neubauten des 18. Jahrh. führten zur Beseitigung aller älteren Bauten der Burg. Daß es ältere Vorläufer der Anlage gegeben hat, unterliegt keinem Zweifel, doch ist nichts bekannt, wie diese ausgesehen haben.

Nur gute 500 m weiter nördlich, jedoch auf dem Westufer des Norfbaches, liegt Haus Vellbrüggen, der Stammsitz der Herren von Alden-

brück, die sich auch von Velbrück nannten (Abb. 159 a. b). Diese Anlage steht bereits den unten zu behandelnden befestigten Höfen nahe, denn es deutet wenig darauf hin, daß sie aus einer zweiteiligen Wasserburg hervorgegangen ist. Bestimmend ist heute vielmehr der große quadratische Hof, der von Wassergräben eingeschlossen wird. Wirtschaftsbauten bestimmen das Aussehen im

159 a   Haus Vellbrüggen in Norf, Burgturm, in den Baubestand des Hofes eingebunden.

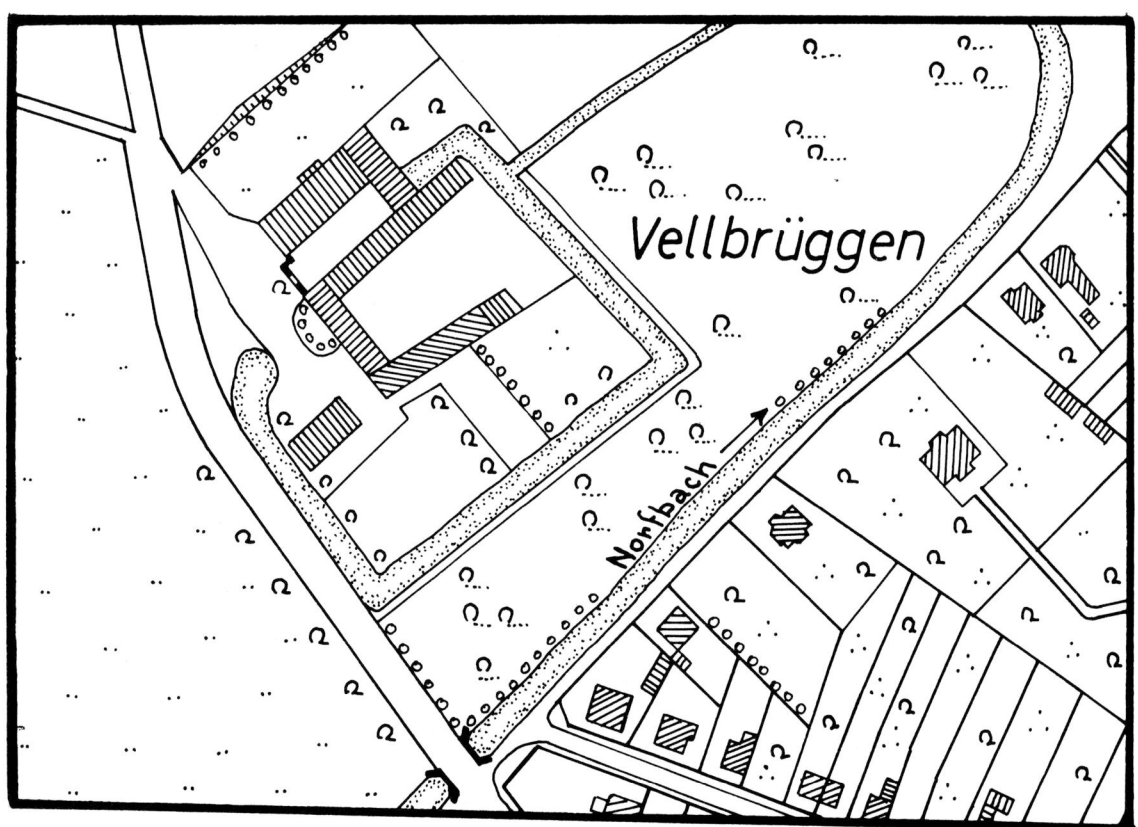

159 b   Haus Vellbrüggen in Norf, Lageplan im Maßstab 1 : 10 000.

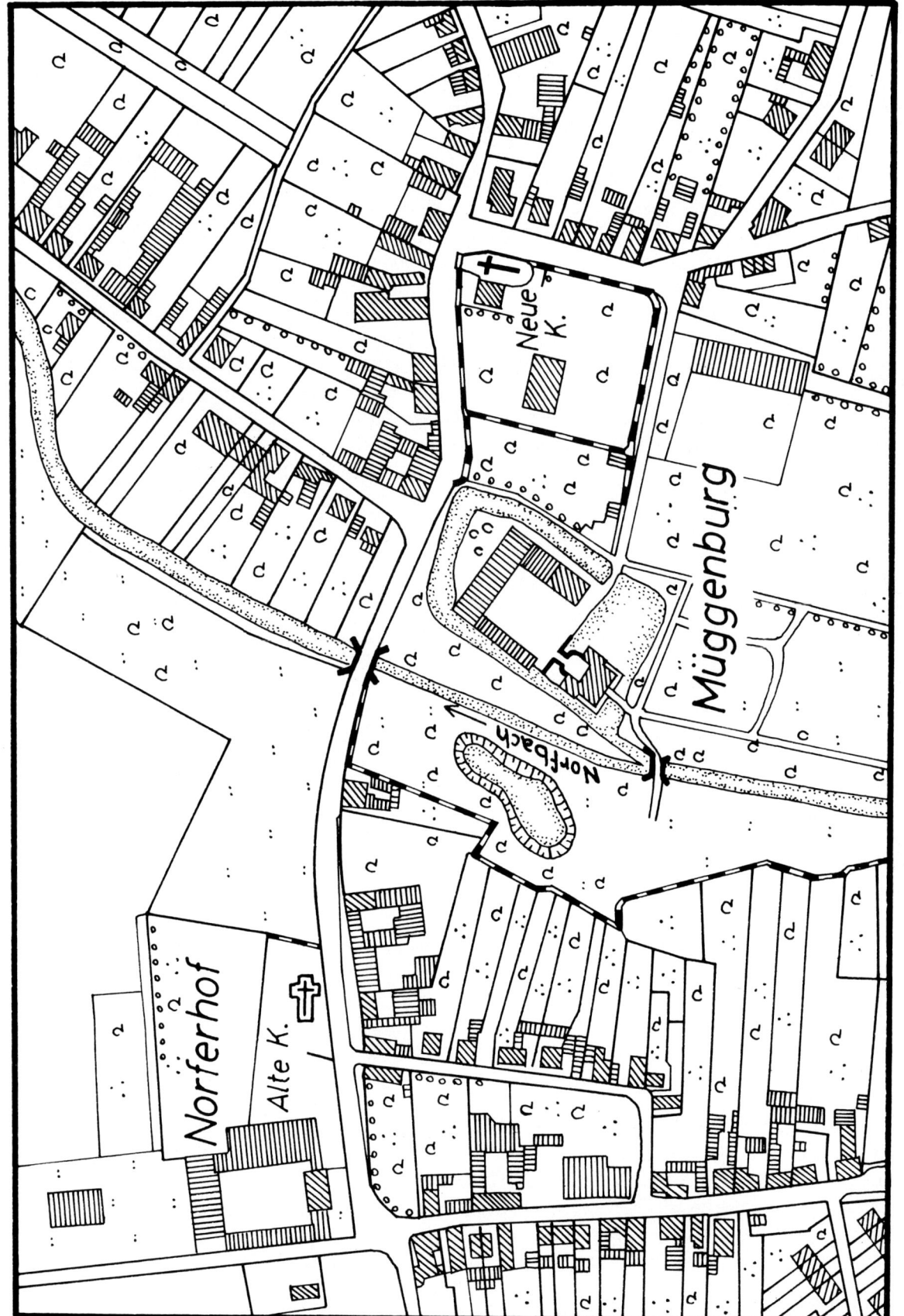

Norferhof

Alte K.

Norfbach

Neue K.

Müggenburg

160   Norf und seine Burgen im Ortskern, Norfer Hof und Müggenburg. Lageplan im Maßstab 1 : 10 000. Zu beachten ist die alte Kirche von Norf, unmittelbar östlich des Norfer Hofes.

Innern. Lediglich ein fünfstöckiger mächtiger Wohnturm auf der Ostseite stammt aus älterer Zeit. Er ist in Backstein errichtet und mit einem Dach aus dem 17. Jahrh. gedeckt. An der Nordostecke des Turmes zeigen sich die Ansätze älterer Bauten. Heute flankieren den Turm beiderseits angebaute zweistöckige Wirtschaftsbauten. Ein Graben verbindet die Wassergräben der Anlage mit dem wenig nördlich befindlichen Bogen des Norfbaches.

n) Haus Anstel

Einen Bachlauf macht sich auch die Burg zu Anstel als natürliche Sicherung zunutze. In der Niederung des Gillbaches, der den ältesten Teil von Anstel im Westen passiert, wurde Haus Anstel angelegt. Eine Familie von Anstel, die Inhaber der Burg, ist im 13. Jahrh. belegt. Sie besaß unter anderem Zehnte im Huvil-Wald, der in nächster Nähe von Anstel, begann.

Haus Anstel wurde als Wasserburg errichtet. Vom Gillbach gespeiste Wassergräben umgaben die Anlage auf allen Seiten. Auch diese Burg ist zweiteilig: Im Norden befindet sich die Hauptburg, in der das barocke Burghaus, ein massiver Rechteckbau mit vorgelagerter Freitreppe, steht. Die nach Süden gelegene und einst durch einen Graben von der Hauptburg abgetrennte Vorburg beherbergt, wie üblich, den Wirtschaftshof. Die Anlage entspricht so in ihrem Grundriß dem immer wiederkehrenden zweiteiligen Anlageschema der niederrheinischen Wasserburgen. Auch sie geht vermutlich auf ältere Vorgänger zurück, über deren Geschichte aber wenig bekannt ist.

o) Muchhausen bei Hoeningen

Die heutige Anlage von Haus Muchhausen weist einen durchgehend modernen Baubestand auf; dennoch trägt auch diese Burganlage einige Züge ihrer Vergangenheit. Auf den ersten Blick scheint diese Burg recht untypisch mitten auf der Lößplatte der Gillbach, etwa 2,5 km westlich von Hoeningen zu liegen. Bei näherem Zusehen ergibt sich aber, daß sie in der Niederung eines kleinen, wenig weiter südlich entspringenden Baches angelegt wurde, der weiter nördlich in den Gillbach einmündet. Wieder einmal bestätigt sich die klassische Lage der niederrheinischen Wasserburgen.

Auch Muchhausen bestand ursprünglich aus zwei Teilen: aus einer Vorburg im Westen, in der

heute der große Wirtschaftshof steht, und aus einer an diese anschließenden Hauptburg, deren genaue Lage nicht genau festzustellen ist. Sowohl nach Norden als auch nach Osten schließen sich nämlich an den Wirtschaftshof grabenumwehrte Bereiche an, in denen jeweils die Hauptburg gelegen haben könnte. Am wahrscheinlichsten ist sie indessen östlich der Vorburg zu vermuten, in einem stark umgestalteten Gelände. Daß auch Haus Muchhausen ältere Vorgänger besessen hat, zeigte sich unter anderem bei der Auffindung alter Fundamente, auf die man nach Clemen, Kunstdenkmäler, bei Ausschachtungsarbeiten stieß. Die großen Freiflächen um den jetzigen Wirtschaftshof bieten sich für archäologische Forschungen zur Geschichte dieser Anlage an.

p) Haus Leusch bei Hoeningen

Zwei Kilometer nordwestlich von Hoeningen liegt in der Niederung des Gillbaches Haus Leusch, eine weitere Wasserburg des hier behandelten Typs. Die viereckige Anlage ist von einem System von Wassergräben umgeben. Der Baubestand des Wirtschaftshofes ist modern. Dem 18. Jahrh. gehört ein aus Backstein aufgeführter, zweigeschossiger Bau, das Herrenhaus, an. Auch die Innenausstattung dieses fünfachsigen Gebäudes mit schlichten Fenstereinrahmungen aus Haustein, entspricht dem Zuschnitt des 18. Jahrh.

Mit Sicherheit geht auch diese Anlage auf ältere Vorläufer zurück.

5.2.3 Wasserburgen im Maison de plaisance-Stil

Mit dieser Gruppe von Burgen soll eine schlichtere Form von Anlagen vorgestellt werden, die vorwiegend in der zweiten Hälfte des 18. Jahrh. entstanden ist. Es handelt sich dabei weniger um wehrhafte Anlagen mit mittelalterlichen Vorläufern, sondern um Bauten, die ausschließlich der adeligen Repräsentation im 18. Jahrh. dienten. Zwei Vertreter dieses Typs sollen hier vorgeführt werden.

a) Haus Horr, Gemeinde Neukirchen
(Abb. 161–164).

Die ersten bekannten Besitzer von Haus Horr waren die Grafen von Robrichoven (Rüblinghoven?) im 13. Jahrh. Von ihnen erwarb einer der Herren von Helpenstein das Burglehen. 1329 mußten seine Enkel, die Brüder Wilhelm, Fried-

161   Haus Horr bei Neukirchen, Herrenhaus von der Hofseite.

rich und Dietrich von Helpenstein, als Sühne für
ihre Fehde gegen den Kurfürsten von Köln, Heinrich von Virneburg, zu seinen Gunsten Verzicht
auf den Besitz leisten. Wie diese mittelalterliche
Burg ausgesehen hat, ist unbekannt. Eine spätere
Burg an dieser Stelle gelangte an die Familie von
Francken, die im 18. Jahrh. am gleichen Platz
einen Neubau aufführen ließ. Im Tagebuch einer
Freifrau von Francken werden Haus Horr und
seine Umgebung näher beschrieben. Aus einem
zwar nicht maßstäblichen, aber doch getreuen
Plan in diesem Bericht läßt sich entnehmen, daß
Haus Horr zu jener Zeit in einer großzügigen,
barocken Parkanlage stand. Das schloßartige Herrenhaus war mit den Nebengebäuden zu einer
dreiflügeligen Baugruppe verbunden. Ein vielleicht früher vorhandener Graben war inzwischen
zu Teichen erweitert worden, die die Parkanlagen
durchzogen und gliederten. Im Stile der Zeit gab
es einen See mit einer Insel darin, die den Namen
„Parnasse avec la statue d'Apollon" trug; weiterhin schuf man ein „Maison chinoise" und eine

„Grotte de Cupidon". Die Kapelle des Schlöß-
chens lag in der Achse der Hauptallee, die hohe
Bäume beiderseits säumten. Einige hundert Meter
trennten sie vom Hauptgebäude des Schlosses.
Alleen, Gebäude, Wasserflächen, Rabatten, Wege
– alle diese Elemente fügten sich in Haus Horr zu
einem organischen und doch durchdachten Ganzen zusammen, ganz im Sinne der Kunst- und
Naturauffassung des 18. Jahrh.

Von alledem ist heute nichts mehr erhalten.
Bestand hat lediglich das Herrenhaus des 18.
Jahrh. Als Architekt dieses Gebäudes gilt Michael
Leveilly, der als kurkölnischer Hofarchitekt den
Bau von Schloß Falkenlust bei Brühl leitete. Diese
Auffassung hat hohe Wahrscheinlichkeit, denn
prominente Mitglieder der Familie Francken fin-
den sich unter den Domherren des Kölner Domes.
Als solche gehörten sie dem kurfürstlichen Hofe
an, wo sie Künstler und Baumeister in den Dien-
sten des Kurfürsten kennenlernten. Es kann also
nicht verwundern, daß sich starke Einflüsse von
Kunst und Architektur zur Zeit des Kurfürsten

221

162 Haus Horr bei Neukirchen, Herrenhaus von der Gartenseite mit dreiseitigem Mittelrisalith.

Clemens August auch außerhalb der kurfürstlichen Bauten bei den Schlössern auf dem Lande geltend machten. Ein gutes Stück der Vielfalt und künstlerischen Finesse ging aus diesem Bereich in die Schloßbaukunst des Niederrheins über. Leveilly verstand es offenbar, künstlerische Möglichkeiten, die der kurfürstliche Hof bot, so zu verändern, daß sie den bescheideneren Voraussetzungen ländlicher Bauherren angepaßt waren. Gleichwohl blieb in seinem Bau Haus Horr die zeitgemäße architektonische Ordnung erhalten, in der sich Eleganz der architektonischen Gliederung mit dem Erfordernis gepflegter Wohnlichkeit verband. Der Grundriß des heute noch stehenden Herrenhauses von Horr entspricht demjenigen des nur wenig älteren Schlosses Falkenlust. Haus Horr fügt sich damit vollständig in die Tradition des „Maison de plaisance" ein, wie sie mit Schloß Falkenlust zur Blüte gelangt war. Der zweigeschossige Bau ist verputzt, nur an den Ecken traten Verquaderungen hervor. Ihn bedeckt ein hohes Mansardendach. Auf der Hofseite

ist ein einachsiger Mittelrisalit durch Quader abgesetzt; auf der Gartenseite tritt er als dreiseitiger Mittelrisalit vor die Fassade des Baus. Das nach rechts verschobene Treppenhaus von Horr entspricht völlig demjenigen im Brühler Jagdschloß. Im Herrenhaus von Haus Horr verbindet sich somit der traditionelle Typus des festen Hauses, wie es aus der älteren Burgentradition hervorgegangen war, mit dem adeligen Landhaus des 18. Jahrh., das in den Jagd- und Lustschlössern der Residenzen seine Vorbilder besaß.

b) Haus Raedt, Gemeinde Liedberg
(Abb. 165–167).

Was in Haus Horr im Anschluß an kurfürstliche Bautradition recht aufwendig gebaut wurde, erscheint im Haus Raedt auf wesentlich bescheidenerer Stufe noch einmal im ländlichen Bereich am Niederrhein. Das schlichte, ländliche Herrenhaus liegt ungefähr 2 km westlich von Glehn und 1 km nordöstlich von Liedberg. Es stellt sich als „Maison de plaisance" des 18. Jahrh. dadurch dar, daß

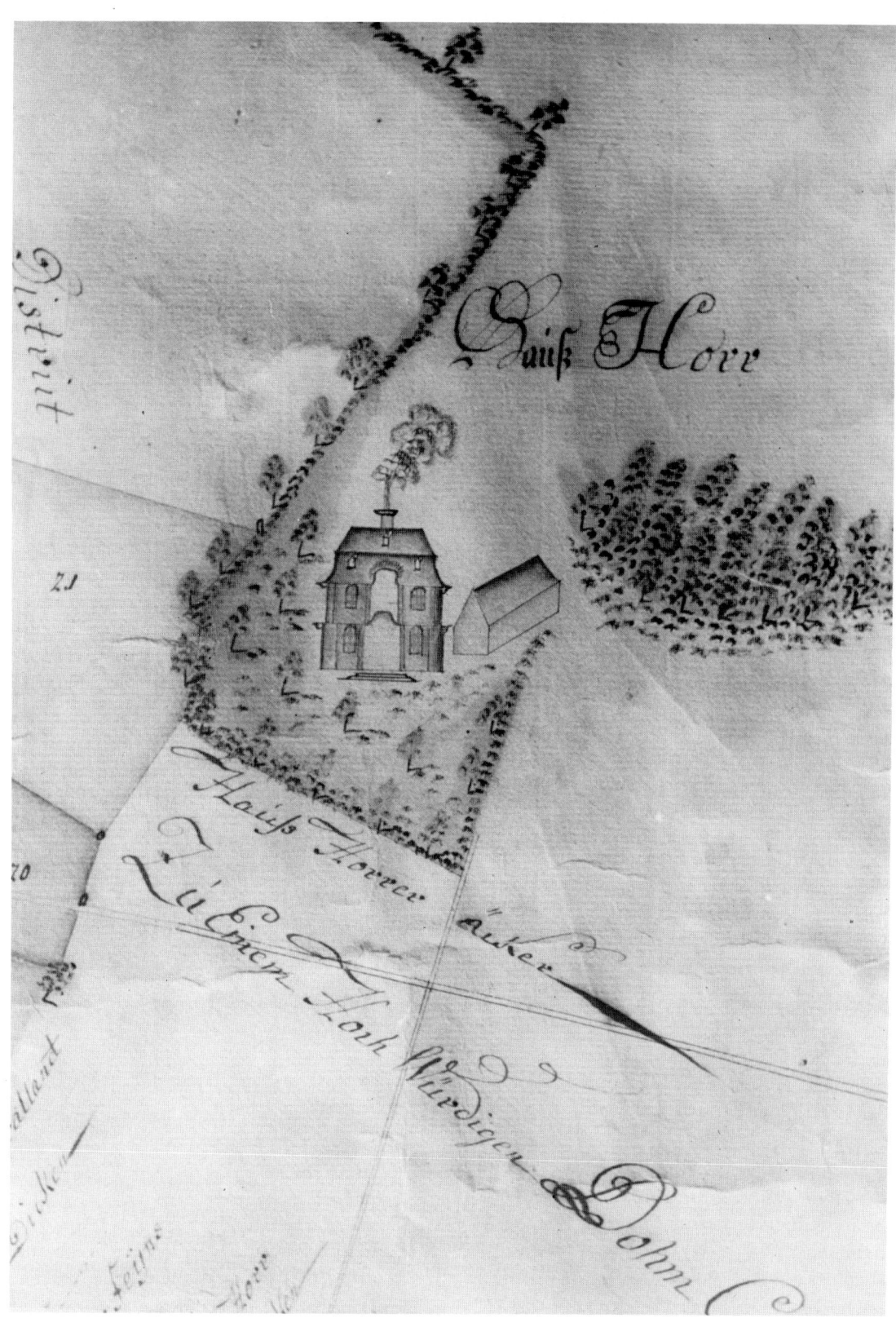

163　Haus Horr bei Neukirchen, Ansicht von der Gartenseite nach einer alten Vorlage.

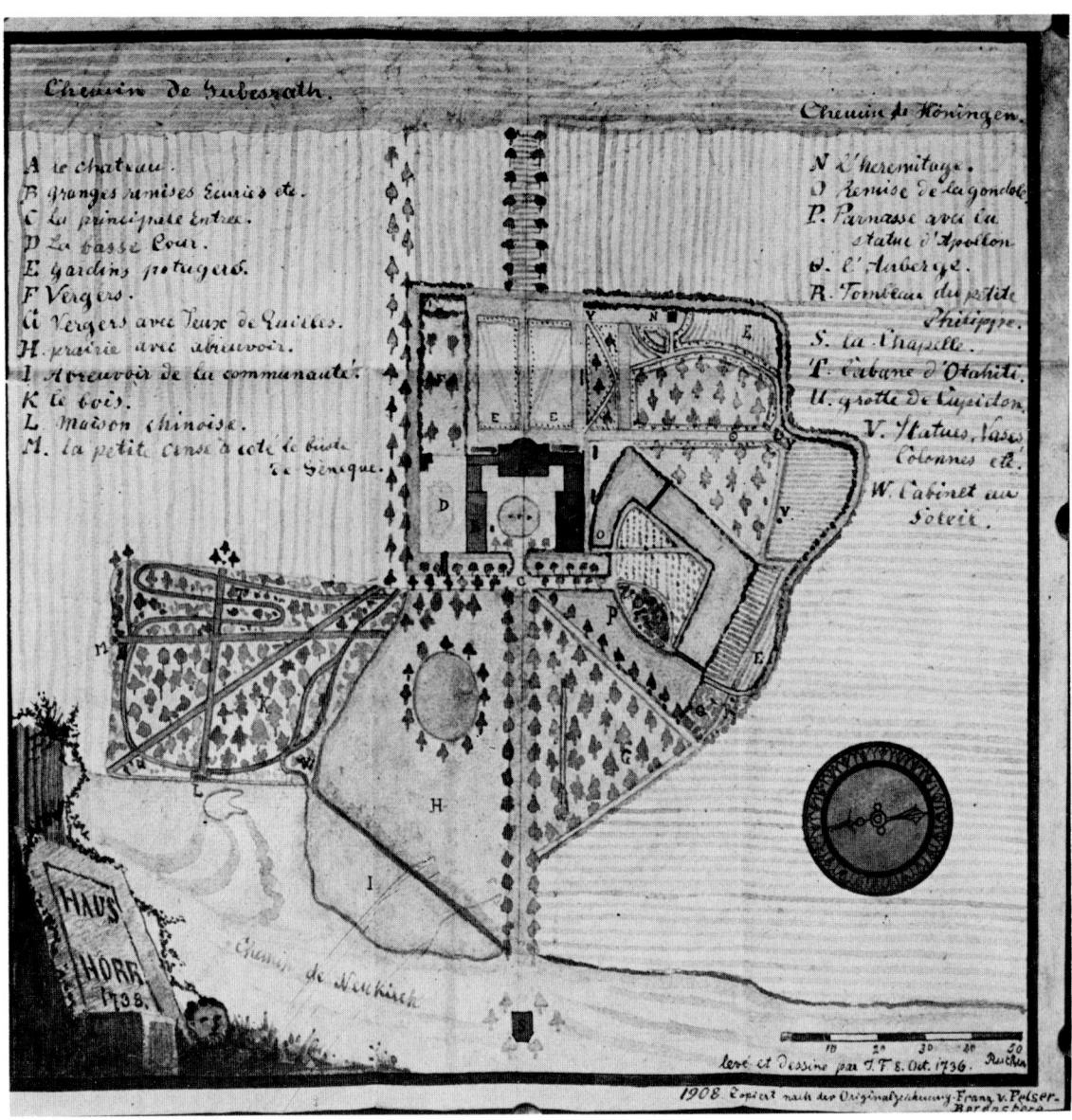

A le chateau.
B granges remises Ecuries etc.
C la principale Entrée.
D la basse Cour.
E gardins potagers.
F Vergers.
G Vergers avec Jeux de Quilles.
H prairie avec abreuvoir.
I Abreuvoir de la communauté.
K le bois.
L maison chinoise.
M la petite cense à coté de bois
          de Senique.

N L'heremitage.
O Remise de la gondole.
P Parnasse avec la
          statue d'Apollon.
Q L'Auberge.
R Tombeau du petit
          Philippe.
S la Chapelle.
T Cabane d'Otahiti.
U grotte de Cupidon.
V Statues, Vases
          Colonnes etc.
W Cabinet au
          Soleil.

Chemin de Hubesroth.
Chemin de Köningen.

HAUS HORR 1735.

Chemin de Neukirch.

levé et dessiné par J. F. 8. Oct. 1736. Ruthen.

1908. Copiert nach der Originalzeichnung. Franz v. Pelser-Berensberg.

164   Haus Horr bei Neukirchen, Lageplan von Schloß und Park aus dem Tagebuch der Freifrau von Francken zu Horr aus dem
Jahre 1794/95.

es bequeme Wohnlichkeit mit kultivierter baulicher Gestaltung verbindet. Das zweistöckige, rechteckige Gebäude ist aus Ziegeln erbaut und siebenachsig angelegt. An den Ecken wird die früher mit Hausteinen vorgenommene Verquaderung durch hervortretende Ziegelsteinquaderfelder simuliert. Ein stark gebrochenes Mansardendach bildet den Abschluß nach oben. In der Mitte, flankiert von jeweils drei Fenstern, befindet sich eine barock mit Sandstein umrahmte Eingangstür, über der das Wappen des Franz Joseph Grafen Wolff Metternich zu Gracht, Vorst, Strauweiler,

Herrn zu Liblar, Odenthal usw., sowie der Isabella Theresia Freifräulein von Gymnich zu Gymnich eingelassen ist. Beide heirateten am 2. 3. 1737 einander.

c) Das Jagdhaus zu Grimlinghausen (Abb. 183).

In Grimlinghausen stand früher ein Jagdhaus des Pfalzgrafen Philipp Wilhelm, das dieser um 1660 erbaut hatte. Der Standort dieser Anlage ist heute nicht mehr genau bekannt. In der Jülichschen Beschreibung von Welser gibt es eine kleine Abbildung, die wenigstens einen gewissen Hin-

224

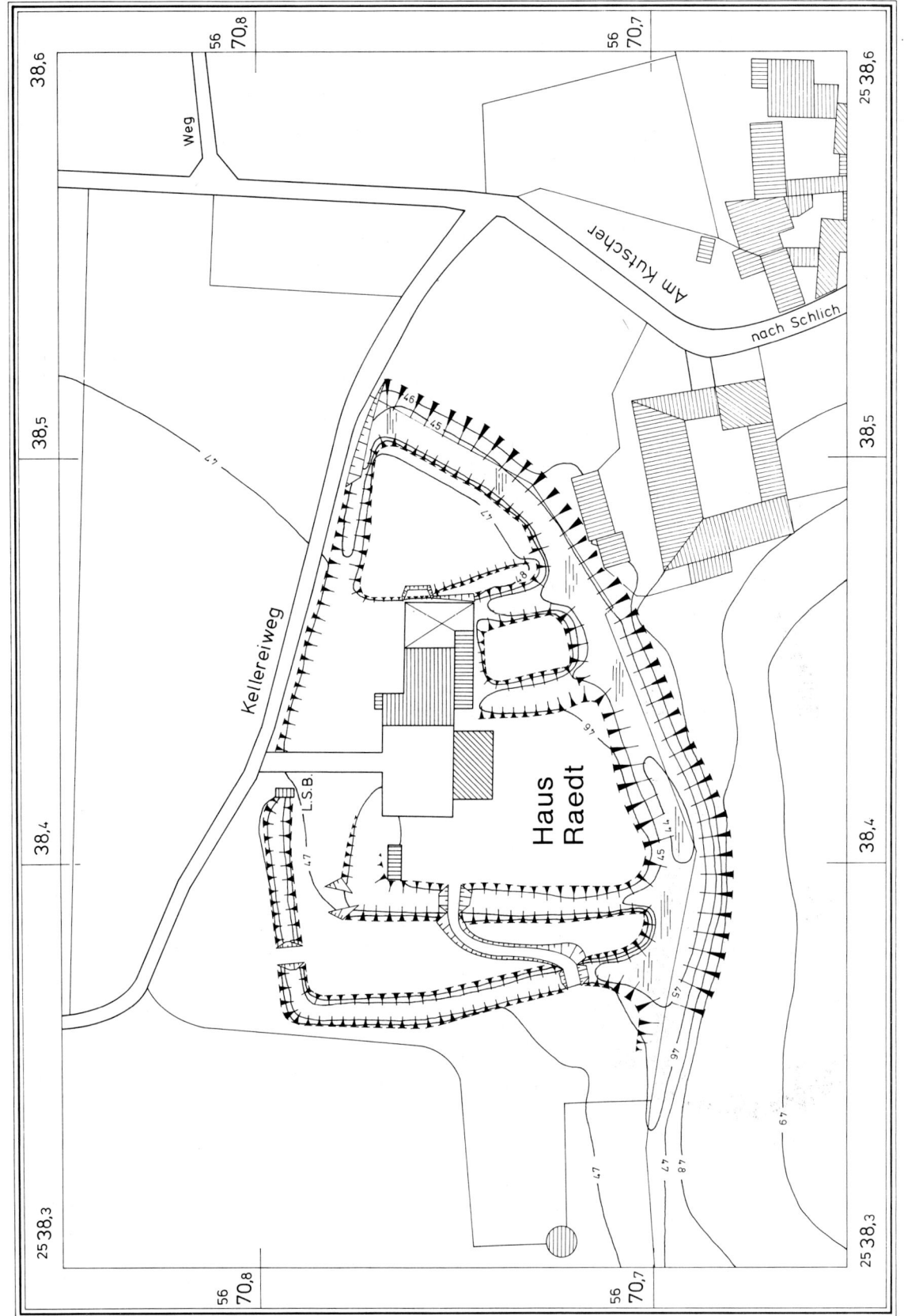

165　Haus Raedt bei Liedberg, Wasserburg mit Vorburgen und Wirtschaftshof, Lageplan 1976.

166 Haus Raedt bei Liedberg. Herrenhaus.

167   Haus Raedt bei Liedberg. Wappen des Franz-Joseph Grafen Wolff-Metternich (links) und seiner Gemahlin Theresia von Gymnich zu Gymnich über dem Portal des Herrenhauses.

weis auf das Aussehen der Anlage bietet. Danach handelte es sich um einen rechteckigen, auf drei Seiten bebauten Jagdhof, dessen Mittelteil das eigentliche Herrenhaus war, ein schlichter dreigeschossiger Bau. Eine Umwehrung läßt die Abbildung vermissen. Nach der nicht von einem Gebäude geschlossenen Seite bildet lediglich eine Mauer mit einem kleinen Torhaus einen gewissen Abschluß.

5.3 Hofesfesten

Nach den Niederungsburgen (Motten) und den Wasserburgen tritt mit den Hofesfesten nunmehr der dritte weitverbreitete Befestigungstyp des späten Mittelalters und der frühen Neuzeit in unser Gesichtsfeld. Hofesfesten kommen in allen Teilen des Kreisgebietes in großer Zahl vor. Als besonders befestigte Höfe sind diese Anlagen geradezu

typische Elemente des ländlichen Siedlungsbildes am gesamten Niederrhein. In ihrem Erscheinungsbild unterscheiden sie sich sowohl von den Niederungsburgen und den Wasserburgen als auch von den zahllosen übrigen Höfen, die über keinerlei Befestigungselemente verfügen. Dennoch ist es in vielen Fällen nicht leicht möglich, präzise Abgrenzungen der Hofesfesten gegenüber den verschiedenen Burgenformen des Niederrheins vorzunehmen. Es müssen jeweils mehrere Kennzeichen miteinander verbunden vorkommen, damit man von einer Hofesfeste sprechen kann. Sie seien im folgenden kurz aufgeführt.

Hofesfesten stellen, wie der Name ausdrückt, befestigte Hofanlagen dar, bei denen in irgendeiner Form Elemente des Befestigungswesens aufgenommen und architektonisch gestaltet worden sind. Viele Hofesfesten lassen sich ganz einfach daran erkennen, daß sie von wasserführenden Gräben eingeschlossen werden. Nicht selten verbindet sich mit solchen Wassergräben ein innen parallel verlaufender Wall, der eine zusätzliche Sicherung der dahinter gelegenen Hofanlage gewährleistet. Besonders massiv ausgeführte Toreinfahrten, oft genug nur über eine den Wassergraben kreuzende Brücke erreichbar, eröffnen den Weg ins Hofinnere. Manchmal sichert ein festes Torhaus oder eine Fallgatteranlage solche Toreinfahrten; oder aber eine rechteckige Torgasse, beiderseits durch mächtige Holztore verschließbar, verwehrt ungebetenen Besuchern den Zugang.

Unübersehbar tritt bei vielen dieser Tore die Verwandtschaft zu regelrechten Burgtoren, wie sie bei niederrheinischen Wasserburgen verbreitet sind, in Erscheinung.

Betritt man nun das Innere einer Hofesfeste, so fällt sogleich ihr entscheidendes Merkmal ins Auge, durch welches sie sich von allen anderen Burgentypen grundlegend unterscheidet: Hofesfesten sind einteilige Anlagen: Um einen weiten rechteckigen oder quadratischen Innenhof gruppieren sich auf allen vier Seiten, seltener nur auf drei oder gar zwei Seiten, die Wohn- und Wirtschaftsbauten des Hofes. Sie können entweder winklig fest miteinander verbunden sein; doch kennt man auch Hofesfesten, in denen die vier Hofseiten mit separat stehenden Baulichkeiten besetzt sind. In jedem Fall stellt die Einteiligkeit der Anlagen das entscheidende Kriterium der Hofesfesten dar. Vergeblich sucht man bei ihnen die traditionelle Aufgliederung in Vor- und Hauptburg, wie sie sowohl bei den Niederungsburgen (Motten) als auch bei den Wasserburgen bisher durchgehend anzutreffen war. Hofesfesten sind einteilige befestigte Großhöfe mit umgebenden Wassergräben und – manchmal – auch Wällen.

Hinzu tritt noch ein weiteres charakteristisches Element: Häufig erscheint in den Hofesfesten, nicht selten fest mit dem übrigen Baubestand verbunden, ein festes Haus oder ein fester Turm. Entweder freistehend und eine der vier Hofseiten ausfüllend oder aber mit anderen Wohn- oder Wirtschaftsbauten fest verbunden, von ihnen flankiert, verkörpern diese festen Häuser in den Hofesfesten das herrschaftliche Element, das hier, wie die bauliche Integration andeutet, auch funktional fest mit dem Wirtschaftshof verbunden ist. Bei den Hofesfesten hat sich eben nicht, wie bei Niederungsburgen und Wasserburgen, das herrschaftliche Element räumlich und funktional in

der Hauptburg verselbständigt; es blieb vielmehr aufs engste mit den Wirtschaftsfunktionen der Großhöfe verflochten; es blieb innerhalb des ökonomischen Mechanismus dieser Anlagen stets unmittelbar präsent.

Formal sind unter den Hofesfesten zwei Gruppen zu unterscheiden, die bereits Hans Welters 1940 bei der Behandlung der Wasserburg im Siedlungsbild der oberen Erftlandschaft erkannt hat. Ein Teil von ihnen wird in den frühneuzeitlichen Quellen als „adliche seeß" bezeichnet, diente also als Adelssitz und genoß damit eine rechtliche Sonderstellung gegenüber allen anderen festen Höfen auf dem Lande. Es fällt auf, daß unter diesen „adlichen seeß" feste Häuser oder Türme besonders häufig vertreten sind. Die zweite Gruppe von Hofesfesten wird in den Quellen als „adliche höff" bezeichnet, was zwar den Adel als Eigentümer solcher Anlagen ausweist, nicht aber eine Bewohnung und unmittelbare Bewirtschaftung solcher Höfe durch den Adel selbst bedeutet; er ließ diese Höfe vielmehr durch Verwalter, Pächter oder andere Beauftragte bewirtschaften, die auch auf den Höfen selbst wohnten, manchmal in den festen Häusern oder Türmen, die einst der Adel innegehabt hatte.

Es fällt auf, daß die meisten Hofesfesten im Kreis Neuss Bauformen der späten Renaissance, vor allem aber des Barocks zeigen. Sie dokumentieren sich vor allem in den geschweiften Barockhauben der Türme, in der Gestaltung der Portale sowie in der Fenster- und Türenform vieler dieser Anlagen. Unzweifelhaft entstanden viele Hofesfesten demnach in der Periode des 17. und 18. Jahrh., doch wirft diese Feststellung sogleich die Frage auf, ob es sich dabei um Neugründungen von Höfen oder um Erneuerung älterer Hofanlagen handelt, ein Problem, das auf die Geschichte dieses Typs von ländlichen Befestigungen abzielt. Und hier beginnen in der Tat die eigentlichen Probleme, die sich mit den Hofesfesten verbinden. In vielen Fällen geben sich Hofesfesten durch ihre ortsferne Lage innerhalb der Gemarkungen oder an der Peripherie alter Dörfer ohne weiteres als relativ spät hinzugekommene Elemente der ländlichen Siedlung zu erkennen. In anderen Fällen hingegen muß mit Recht hinter dem Baubestand des 17. oder 18. Jahrh. eine ältere, vielleicht spätmittelalterliche Anlage vermutet werden, ohne daß sich der Nachweis dafür leicht erbringen ließe.

Für den Kreis Neuss wären wir sicher über die Geschichte der Hofesfesten besser unterrichtet, wenn es für diesen Raum eine so gute Untersuchung auf historsich-topographischer Grundlage gäbe, wie sie von Hans Welters für das Gebiet der oberen Erft, also den Kreis Euskirchen, schon vor Jahrzehnten geliefert wurde. Diesbezügliche Studien fehlen aber für den Kreis Neuss, und sie lassen sich durch die hier vorgetragenen Ausführungen auch nicht nachholen; denn es verbietet sich, in dem hier gesteckten Rahmen historische Analysen für die zahlreichen Hofesfesten des Kreises Neuss vorzunehmen. Wir beschränken uns darauf, die Geschichte der Hofesfesten auf dem Hintergrund archäologischer Forschungen in solchen Anlagen am Niederrhein zu beleuchten und eine kleine Gruppe ausgewählter Beispiele aus dem Kreis Neuss zu behandeln. Die Geschichte der Hofesfesten ist, wie wir sahen, nicht einfach zu verfolgen. So einheitlich diese Gruppe auch in ihrem äußeren Erscheinungsbild wirkt, so verschiedenartig kann doch andererseits im Einzelfall die Entstehungs- und Entwicklungsgeschichte der Hofesfesten verlaufen sein. Grundsätzlich sind zwei Formen der Entstehung von Hofesfesten denkbar: Entweder die Hofesfesten wurden von Anfang an als einteilige Anlagen begründet, sozusagen einteilig erfunden. In diesem Falle wäre zu fragen, wann die ältesten Hofesfesten als einteilige Anlagen nachzuweisen sind: Lassen sie sich bereits bis ins ausgehende Mittelalter zurückverfolgen, oder wurden sie in einteiliger Form erst in der frühen Neuzeit, im 17./18. Jahrh., begründet?

Die zweite Form der Entstehung von Hofesfesten faßt diese einteiligen Anlagen als Rückbildung oder Verfallsform ehemals zweiteiliger Wasserburgen auf. Hans Welters interpretiert viele der Hofesfesten an der oberen Erft auf diese Weise: Durch Beseitigung des Vorburg und Hauptburg trennenden Grabens oder gar durch Neuerrichtung nach zweiteiligem Schema, aber ohne Beibehaltung der Trennung von Vor- und Hauptburg seien viele Hofesfesten entstanden.

Wir gehen wohl nicht fehl, wenn wir die beiden grundverschiedenen Entstehungstheorien für die Hofesfesten nicht für unvereinbare Gegensätze halten, sondern beide nebeneinander als mögliche Entstehungsformen der Hofesfesten gelten lassen: Ein Teil von ihnen mag jenem, ein anderer Teil

diesem Entstehungsschema folgen. Bevor wir zu dieser Frage einige neuere archäologische Ergebnisse beisteuern, seien zwei von Welters bereits erkannte Fakten nachgetragen, die mit zum typischen Erscheinungsbild der Hofesfesten gehören. Er bemerkte, daß Abbildungen von Hofesfesten in dem bekannten Codex Welser aus dem 17. Jahrh. weitgehend fehlen und daß diese schlichten Burgenformen folglich im 17. Jahrh. nur geringes Ansehen genossen. Das wird man angesichts des ungewöhnlichen Reichtums an Wasserburgen im Kreis Neuss auch von den hiesigen Hofesfesten annehmen dürfen. Die zweite Beobachtung betrifft die Bedeutung der Befestigungseinrichtungen bei den Hofesfesten. Sie sind sämtlich sehr schwach und zum militärischen Gebrauch so gut wie unnütz. Ob es sich um feste Herrenhäuser, um Tore, Wälle oder Gräben handelt – stets fällt die geringe Wehrtüchtigkeit dieser Einrichtungen auf Hofesfesten ins Auge. Die Schwachheit dieser Einrichtungen, oft genug auch ihre dilettantische Anlage, deuten klar darauf hin, daß bei ihrer Schaffung an eine wirkliche kriegerische Verwendung gar nicht gedacht worden war. Es handelt sich vielmehr um traditionelle Befestigungselemente, wie sie seit Jahrhunderten verwendet wurden, und die man mehr der allgemeinen Übung wegen, nicht aber eines echten militärischen Bedürfnisses halber installierte. Auch dieser lässige Umgang mit fortifikatorischen Einrichtungen deutet zweifelsfrei darauf hin, daß die Mehrzahl der Hofesfesten im Kreis Neuss verhältnismäßig spät entstanden ist. Echte Elemente der mittelalterlichen Burgenbaukunst erscheinen nur sehr selten bei ihnen, und sicher darf daraus geschlossen werden, daß die Hofesfesten zu einer Zeit ihre Blüte erlebten, in der das flache Land bereits völlig befriedet war, in der sich also der Territorialstaat längst in allen Lebensbereichen durchgesetzt hatte, in der er die Gewährleistung der öffentlichen Ordnung und des Landfriedens durch das engmaschige Netz der staatlichen Funktionen und der Verwaltung lückenlos sichergestellt hatte. Dies war zweifellos im 17. und 18. Jahrh. der Fall, und es dachte in dieser Zeit niemand mehr ernstlich daran, die eigene Sicherheit allein auf sich gestellt zu gewährleisten. Sie war längst zur Aufgabe des Staates geworden, der seit vielen Jahrhunderten das Befestigungsrecht monopolisiert hatte, so daß es den Besitzern von Hofesfesten, selbst wenn sie es gewollt hätten, niemals möglich gewesen wäre, wirkliche Festungen zu schaffen. Sie vertrauten sich, wie die Schwäche der Befestigungen bei Hofesfesten deutlich erkennen läßt, viel lieber der herrschenden staatlichen Ordnung an und zogen es vor, ihre Betriebe wirtschaftlich zu führen. Auf diesem Hintergrund erklärt sich die wehrtechnische Schwäche der Hofesfesten zwanglos, und es ergibt sich zugleich der deutliche Hinweis, daß die überwiegende Zahl von ihnen erst spät, im 17. und 18. Jahrh., begründet wurde.

Gleichwohl läßt sich andererseits der Zusammenhang einiger weniger Hofesfesten mit mittelalterlichen Burgenformen nicht leugnen. In einigen Fällen deutet ein unmittelbar neben der Hofesfeste gelegener Burghügel den Zusammenhang mit einer mittelalterlichen zweiteiligen Niederungsburg an, und die Hofesfeste bildet lediglich den Überrest einer einst zweiteiligen Anlage, bei der nur die Wirtschaftsfunktionen überlebt hatten. Eine solche Entwicklung ist beim Alt-Waldscheider Hof, beim Hof Hasselrath zwischen Stommeln und Sinnerdorf, Erftkreis, oder auch bei Haus Rott in Troisdorf, Rhein-Sieg-Kreis zu beobachten. In Haus Rott blieb von der einstmals zweiteiligen Wasserburg des 13. und 14. Jahrh. nach der Zerstörung der Hauptburg mit dem Turm nur die Vorburg übrig, in der die agrarwirtschaftlichen Funktionen konzentriert waren. An der Stelle eines älteren Wirtschaftshofes entstand hier im 17. Jahrh. ein von Wassergräben umzogener Wirtschaftshof, eine echte Hofesfeste, mit Herrenhaus und Wirtschaftsgebäuden, die um einen viereckigen Hof angeordnet waren. Aus der mittelalterlichen Zweiteiligkeit der Anlage war die frühneuzeitliche Einteiligkeit hervorgegangen. Im Kreis Neuss mag ein ähnlicher Entwicklungsgang auf Gut Hombroich vorliegen (dazu oben S. 103 ff.). Neben der neuzeitlichen Anlage finden sich noch heute die Überreste des alten Mottenhügels, der auf eine zweiteilige Niederungsburg hindeutet, die dem einteiligen Zustand zeitlich voraufgegangen ist. Es wäre von höchstem Interesse, diesen in Resten noch am heutigen Befund ablesbaren Entwicklungsgang von der Zweiteiligkeit zur Einteiligkeit einmal archäologisch durch geeignete Grabungen nachzuprüfen und seinen zeitlichen Ablauf im einzelnen zu untersuchen.

Die Möglichkeit, derartige archäologische Forschungen durchzuführen, bot sich 1976 im Rheinischen Braunkohlenrevier durch Zufall, allerdings nicht im Neusser Raum, sondern weiter westlich im Kreis Aachen. Hier wurde in Eschweiler-Lohn das Rittergut Hausen durch den Braunkohlentagebau Zukunft-West erfaßt. Im Juni 1976 wurde Gut Hausen abgerissen, Anfang 1977 fiel sein Gelände den Baggern zum Opfer. Zwischen Abriß und beginnendem Abbau nahmen Archäologen Untersuchungen zur Geschichte dieser einteiligen Anlage vor, die in ihrem Erscheinungsbild ganz dem Typus der spät entstandenen barocken Hofesfesten entspricht. Von Wassergräben umgeben, wies Gut Hausen einen vierseitigen geschlossenen Baubestand auf, in den von der Südwestseite ein barockes Tor Einlaß gewährte, das dem 18. Jahrh. zuzuweisen ist. Darauf deuten vor allem die barocke Schweifhaube sowie das Wappen über der Toreinfahrt hin. Im Westen, Osten und Süden waren die alten Wassergräben der Anlage, wenn auch gelegentlich in verschliffener Form, noch gut kenntlich. Von jeher fiel der Rest eines recht altertümlich wirkenden Gebäudes aus Bruchsteinen auf, welches außerhalb der Hofgebäude, und zwar neben deren südöstlichem Abschnitt, gelegen war. Die Grundfläche dieses Bauwerkes maß etwa 14 × 11 m; es war von einem Wassergraben von 15–20 m Breite umgeben. Die Mauerstärke des Bauwerkes maß etwa 1 m. Maße und Bauweise dieser Anlage weisen deutlich darauf hin, daß es sich dabei um einen festen Turm einer älteren Befestigungsanlage handelt, die der Hofesfeste des 18. Jahrh. vorausgegangen war. Die Baufluchten des alten Turmes stimmten zudem nicht mit denen der Hofesfeste überein, so daß allein von hier aus Änderungen des Bauplanes und der Ausrichtung der Gebäude zwischen der älteren Anlage und der Hofesfeste erschlossen werden müssen.

Die im alten Turm durchgeführten Grabungen ergaben, daß es sich bei diesem Bauwerk um eine mehrperiodige Anlage handelt, deren Ursprünge etwa in der Zeit um 1300 gesucht werden müssen. Darauf deutet jedenfalls die älteste, im Turm gefundene Keramik hin.

Eine zweite Überraschung ergab sich in Gut Hausen, als die Hofesfeste des 18. Jahrh. abgerissen wurde. Unter ihr kamen die Überreste einer älteren Hofanlage zum Vorschein, die offenkundig parallel zu dem Burgturm existiert hatte. Man

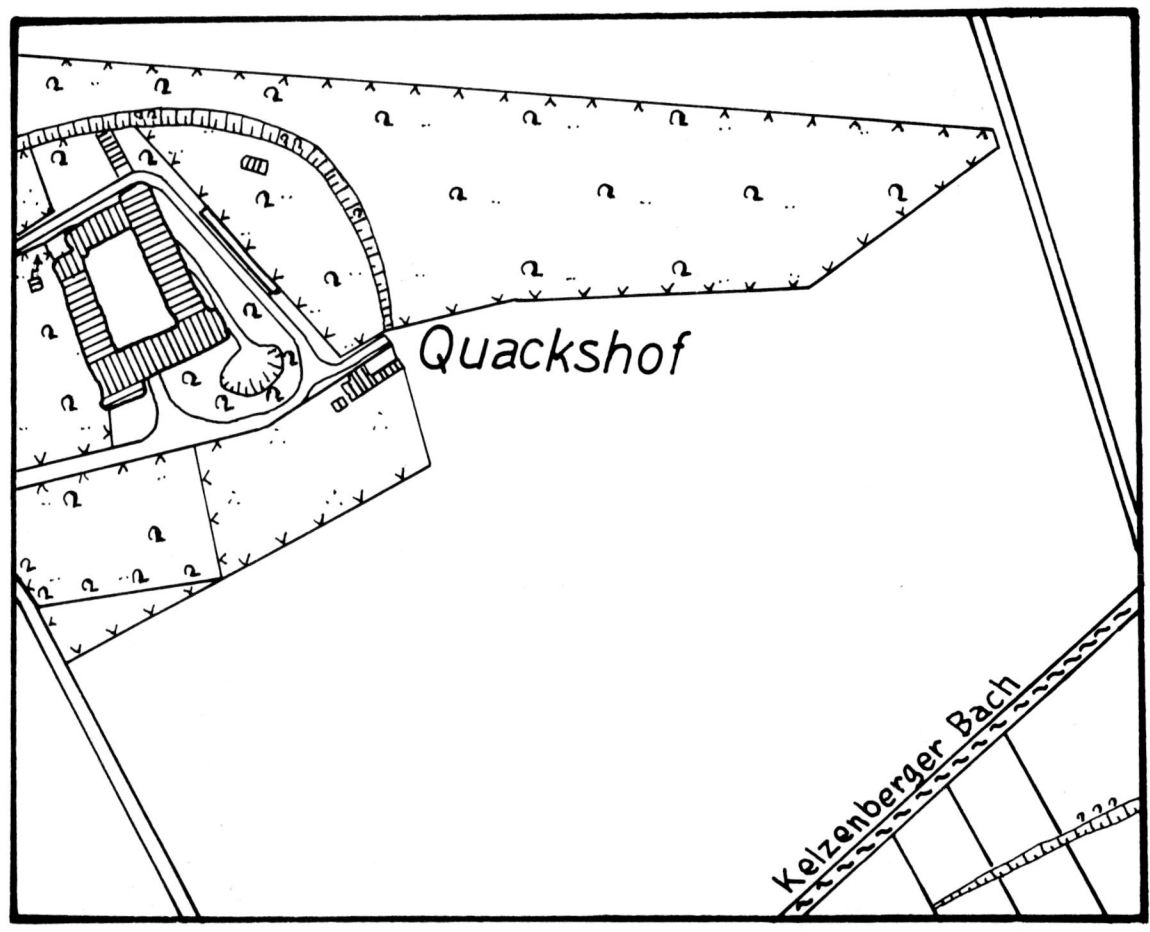

168   Der Quackshof bei Jüchen, Lageplan im Maßstab 1 : 10 000.

fand Reste einer aus Bruchsteinen aufgeführten Umfassungsmauer, an deren Ecken wahrscheinlich Rundtürme gestanden hatten. Ein Eingang zu dem alten Burgareal fand sich im Südwesten, nahe dem alten Burgturm, der ihn offensichtlich bewacht hatte. Den älteren Hof trennte vom zugehörigen Burgturm ein tiefer Graben, den eine Holz- oder Steinbrücke überspannt haben dürfte. Sie verband die beiden Teile dieser klar zweiteiligen Burganlage miteinander. Wir finden also in der älteren Periode von Gut Hausen eine klar ausgebildete Zweiteiligkeit der Anlage, die sich in der klassischen Weise aus der Hauptburg mit dem Burgturm und der Vorburg mit dem Hof, dem Wirtschaftsbetrieb, zusammensetzt. Bei der Neuerrichtung von Gut Hausen im 18. Jahrh. wurde auf die Baufluchten der älteren zweiteiligen Anlage keine Rücksicht mehr genommen: Man überbaute die alten Umfassungsmauern rücksichtslos

mit den neuen Gebäuden, in deren Untergrund sie jetzt erst wiederentdeckt wurden, ja man gab bewußt das ältere Prinzip der Zweiteiligkeit auf, und zwar zugunsten einer größeren einteiligen Hofesfeste.

Die archäologischen Untersuchungen haben also im Falle von Gut Hausen den klaren Nachweis erbracht, daß in der Tat ältere zweiteilige Wasserburgen zu jüngeren einteiligen Hofesfesten umgewandelt wurden. Die Hintergründe dieser Veränderungen liegen auf der Hand: Das ältere Prinzip der militärischen Sicherung der Wasserburgen durch starke Befestigungseinrichtungen wie den Turm der Hauptburg trat in jüngerer Zeit völlig zurück hinter dem Grundsatz einer möglichst ertragreichen Bewirtschaftung des Gutshofes. Die Wehrfunktion der ehemaligen zweiteiligen Wasserburg fiel fort zugunsten einer erhöhten Wirtschaftlichkeit des landwirtschaftlichen Be-

231

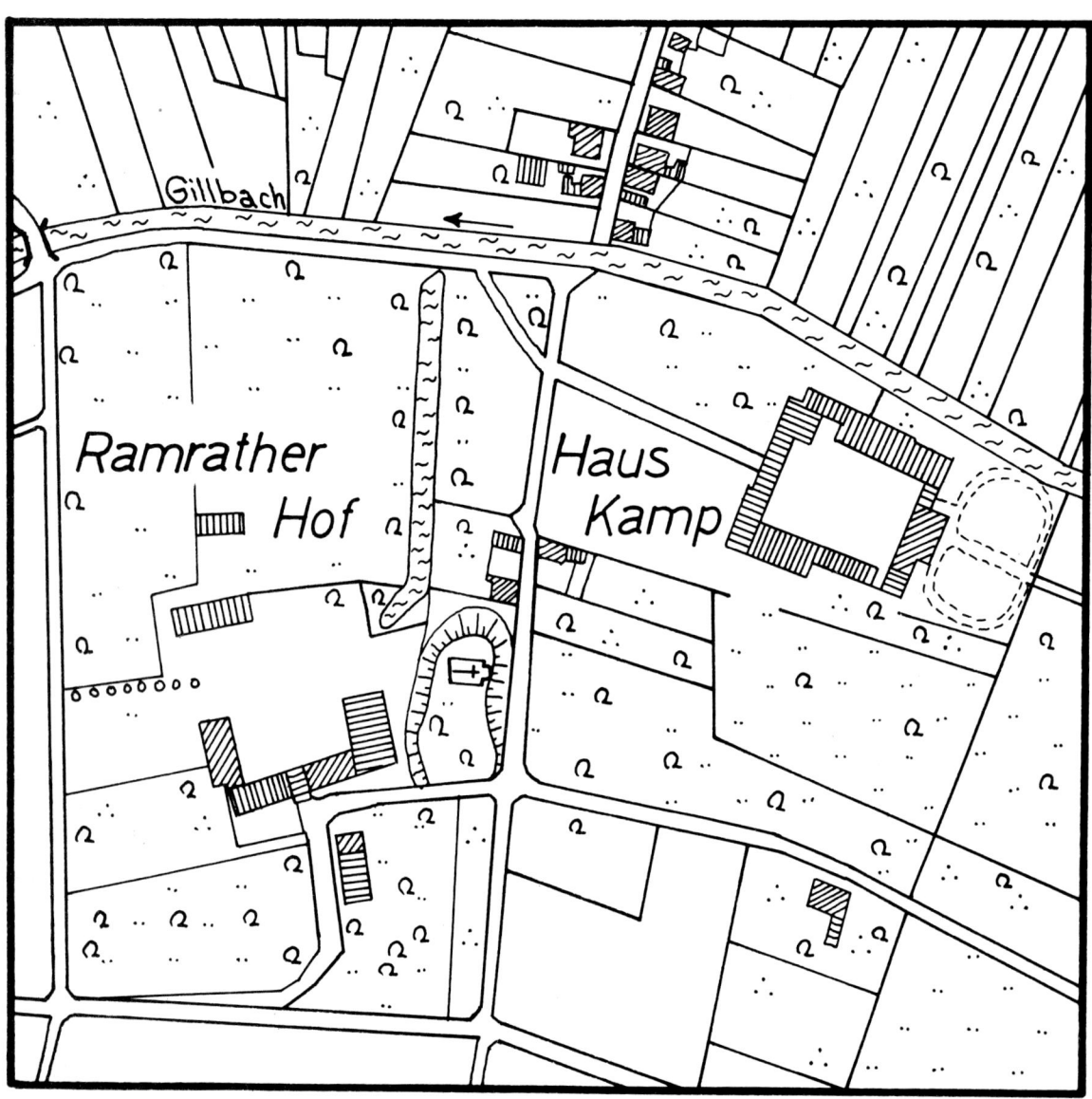

169 a   Der Ramrather Hof bei Ramrath. Lageplan im Maßstab 1 : 10 000.

triebes, die im 17. und 18. Jahrh. in den Vordergrund getreten war.

Diese Entwicklung in Gut Hausen steht im
Einklang mit den allgemeinen Tendenzen der
Agrarwirtschaft im ausgehenden 17. und im 18.
Jahrh. Sie sind gekennzeichnet von der allmählichen Erholung der landwirtschaftlichen Betriebe
nach dem Ende des großen Dreißigjährigen Krieges, wie sie sich z. B. in der Abnahme der Wü-
stungserscheinungen während dieses Zeitab-
schnitts äußert. Zugleich unternahmen Bauern
wie adelige Hofbesitzer erhebliche Anstrengun-
gen, um ihre Höfe rationeller zu betreiben und

ertragreicher zu bewirtschaften. Die um diese Zeit
erschienenen theoretischen Abhandlungen zur
Agrarökonomie beginnen, auch in der Praxis,
Früchte zu tragen.

Wir gehen sicher nicht fehl, wenn wir die am
Beispiel von Gut Hausen aufgezeigten Entwick-
lungstendenzen der Hofesfeste auch auf den Neusser Raum übertragen, in dem es, wie bereits oben
ausgeführt, ebenfalls zahlreiche Anlagen dieser
Art gegeben hat. Da noch keine von ihnen bisher
archäologisch untersucht wurde, läßt sich aus dem
Kreis Neuss keine Parallele zu den Befunden von
Gut Hausen beisteuern. Nur wenig nördlich des

Kreises Neuss aber ist in den vergangenen Jahren eine andere wichtige Hofanlage archäologisch untersucht worden, auf der sich zusätzliche Hinweise für die Bedeutung der Hofesfesten am linken Niederrhein gewinnen ließen. Eine Gruppe von Laienarchäologen hat das Verdienst, den zum Abbruch bestimmten Hof von Haus Gelinde bei Rheinberg durch kleine Grabungen und Sondagen so gut untersucht zu haben, daß man heute eine umfassende Kenntnis von der wirtschaftlichen und sozialen Bedeutung dieser Hofesfeste besitzt. Ein Aquarell von Haus Gelinde aus dem Beginn des 20. Jahrh. zeigt, daß es sich um eine dreiflügelige Hofanlage handelt, die von Wassergräben umgeben war. Im oben besprochenen Sinne war Haus Gelinde also eine Hofesfeste, deren Baubestand, nach den bis heute vorhandenen Gebäuden zu urteilen, vor allem dem 18., in einzelnen Teilen vielleicht auch noch dem 17. Jahrh. angehört. Es muß bezweifelt werden, daß der Hof schon immer diese Form besessen hat. Auch hier sind ältere Baustadien und Formen der Hofesfeste denkbar, reicht doch ihre Geschichte bis in die erste Hälfte des 13. Jahrh. zurück, wie ein urkundliches Zeugnis von 1235 erkennen läßt. Die archäologischen Forschungen erfaßten indessen nur einen sehr kleinen Ausschnitt des Hofgeländes, so daß die Baugeschichte des Hofes während der älteren Zeit ungeklärt blieb.

Ein archäologischer Schnitt durch den Befestigungsgraben an der Stelle, wo einst die Küche des Wohnbaus gelegen hatte, erbrachte indessen andere Überraschungen. Es fand sich eine Fülle von Bauernkeramik und Porzellan, die den Lebenszuschnitt und das soziale Niveau auf einer niederrheinischen Hofesfeste des 18. Jahrh. in allen Facetten widerspiegelt. Mehrere Zentner an keramischem Material wurden gewonnen und von den Laienausgräbern selbst in jahrelanger Restaurierungsarbeit wiederhergestellt. Vor den Augen der Fachforschung entstand auf diese Weise ein großartiges Bild vom Hausinventar einer niederrheinischen Hofesfeste, wie es bisher in dieser Vielfalt und Geschlossenheit noch nirgends im Rheingebiet zutage gekommen war. Die Keramikfunde von Haus Gelinde sind nicht älter als das 17. Jahrh., die Masse von ihnen gehört dem 18. Jahrh. an. Das Fehlen mittelalterlicher Ware mag darauf hinweisen, daß Haus Gelinde in der bis heute erhaltenen Form erst spät am jetzigen

Standort begründet wurde, vielleicht, wie einige Autoren glauben, als Verlegung durch den Bau der Fossa Eugeniana im Jahre 1626. Um in diesem Punkte sicherzugehen, müßten allerdings noch größere Flächen untersucht werden.

Die Keramik von Haus Gelinde zeigt eine Fülle verschiedener Formen und Macharten. Sie enthält stapelweise Teller der niederrheinischen Bauernkeramik, zum Teil regelrechte Sätze, große Vorratsgefäße, Töpfe aller Art, Tassen, Schüsseln, Siebe, Kannen, Humpen, Krüge, Milchsatten und anderes mehr. Neben der niederrheinischen Bauernkeramik aus verschiedenen nahegelegenen Fertigungsstätten wie Issum, Tönisvorst, Hüls, Sevelen, Sonsbeck, erscheinen aber auch zahlreiche Gefäße aus Fayence und Majolica ausländischer Herkunft. Selbst Porzellane sind vertreten. Die zuletzt genannten Gruppen belegen den hervorragenden sozialen Rang der Bewohner dieser Hofesfeste, die durchaus keine einfachen Bauern waren, sondern in ihrem Lebensniveau dem adelig-großbürgerlichen Milieu in den niederrheinischen Städten durchaus angeglichen waren. Dies spiegelt sich auch in den von Haus Gelinde geborgenen Trinkgläsern, von denen einige mit Sicherheit aus Böhmen stammen und die somit den gehobenen Lebensstil auf einer niederrheinischen Hofesfeste unterstreichen. Auswärtiges Gut erscheint auch in Form holländischer Tonpfeifen, die in reicher Auswahl gefunden wurden und die im 18. Jahrh. grassierende Sitte des Tabakrauchens, der vor allem der Adel verfallen war, augenfällig belegen.

Gut Hausen und Haus Gelinde umreißen somit den historischen, kultur- und sozialgeschichtlichen Hintergrund, auf dem sich auch die Hofesfesten im Kreis Neuss charakterisieren lassen. Grabungen wie an diesen beiden Plätzen wären auch im Kreis Neuss nötig, und sie werden eines Tages auch stattfinden, wenn sich die oben beschriebenen hervorragenden Ergebnisse einer Archäologie des Mittelalters und der Neuzeit herumgesprochen haben werden.

Im Kreis Neuss entspricht eine kleine Gruppe von Hofesfesten in besonderer Weise dem charakterisierten Typus. Einige Beispiele mögen das belegen. Etwa 2,5 km nordwestlich von Jüchen liegt zwischen den kleinen Orten Schaan und Kamphausen am Oberlauf des Kelzenberger Baches der sog. Quackshof (Abb. 168). Es handelt

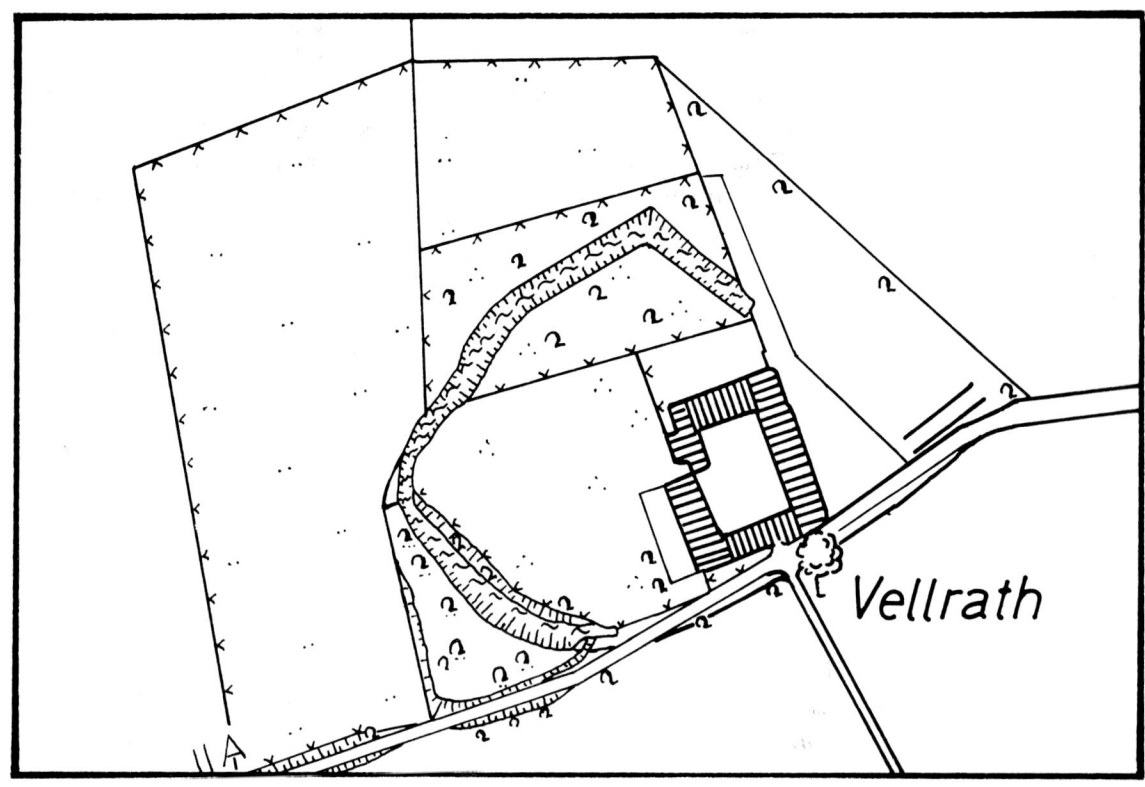

169 b   Vellrath bei Hemmerden, Lageplan im Maßstab 1 : 10 000.

sich um einen vierseitig geschlossenen großen Wirtschaftshof, der mit Wassergräben umgeben war. Darauf deuten die im Norden und Westen der Hofanlage heute noch vorhandenen Überreste der einstigen Wassergräben hin: eine bogenförmig von Nordwesten nach Nordosten verlaufende, deutlich ausgeprägte Geländeterrasse von 1–2 m Höhe bezeichnet den Innenrand des einstigen Wassergrabens, der die Anlage umgab. Charakteristisch für den Quackshof ist seine isolierte Lage in der Feldmark. Er wurde zwischen den nächstgelegenen Siedlungskernen, jedoch als Einzelhof errichtet, und zwar auf dem hochwasserfreien trockenen Hochufer nördlich des Kelzenberger Baches, gleichzeitig aber noch in unmittelbarer Nähe der Bachaue, nur 250 m vom Bachlauf entfernt. Der sicher recht alte Hof gewinnt durch diese Lage Zugang zu zwei Ökologen, die für seine wirtschaftlichen Funktionen wichtig waren: zu den fruchtbaren Lößböden im Norden und zur Talaue des Kelzenberger Baches im Süden.

Rund 1,5 km nordwestlich von Hoeningen liegt, am südlichen Ortsrand von Ramrath, der sog. Ramratherhof (Abb. 169 a), eine einst von Wassergräben umgebene Hofesfeste. In der Tranchot-Karte, Blatt 51 Holzheim, ist unmittelbar südlich des Gillbaches ein rechteckiges Hofareal ausgewiesen, das zu jener Zeit mit einem dreiseitigen, nach Osten zum Weg offenen Gebäudekomplex bebaut war. Heute steht auf dem Gelände ein nach Norden hin offener Gebäudekomplex. Das Herrenhaus ist ein zweigeschossiger, sechsachsiger Bau des 18. Jahrh. mit geschweiftem Giebel, an dem das Baudatum 1792 angegeben ist. Das Hoftor, das vom Kloster Langwaden stammt, trägt die Jahreszahl 1789. Die heutigen Wirtschaftsgebäude sind ganz neu. Daß es sich um eine alte Hofanlage handelt, ist unter anderem an einer Grabenzuleitung zu erkennen, die von Norden, vom nahen Gillbach, auf den Ramratherhof zuführt und die einst die Wassergräben um den Hof speiste. Bemerkenswert ist auch die Tatsache, daß unmittelbar östlich neben dem Hof eine kleine Kapelle, die Lambertuskapelle (Abb. 169 a), steht, ein kleiner flachgedeckter Saalbau mit Rechteckchor aus Tuffsteinmauerwerk und römischen Zie-

234

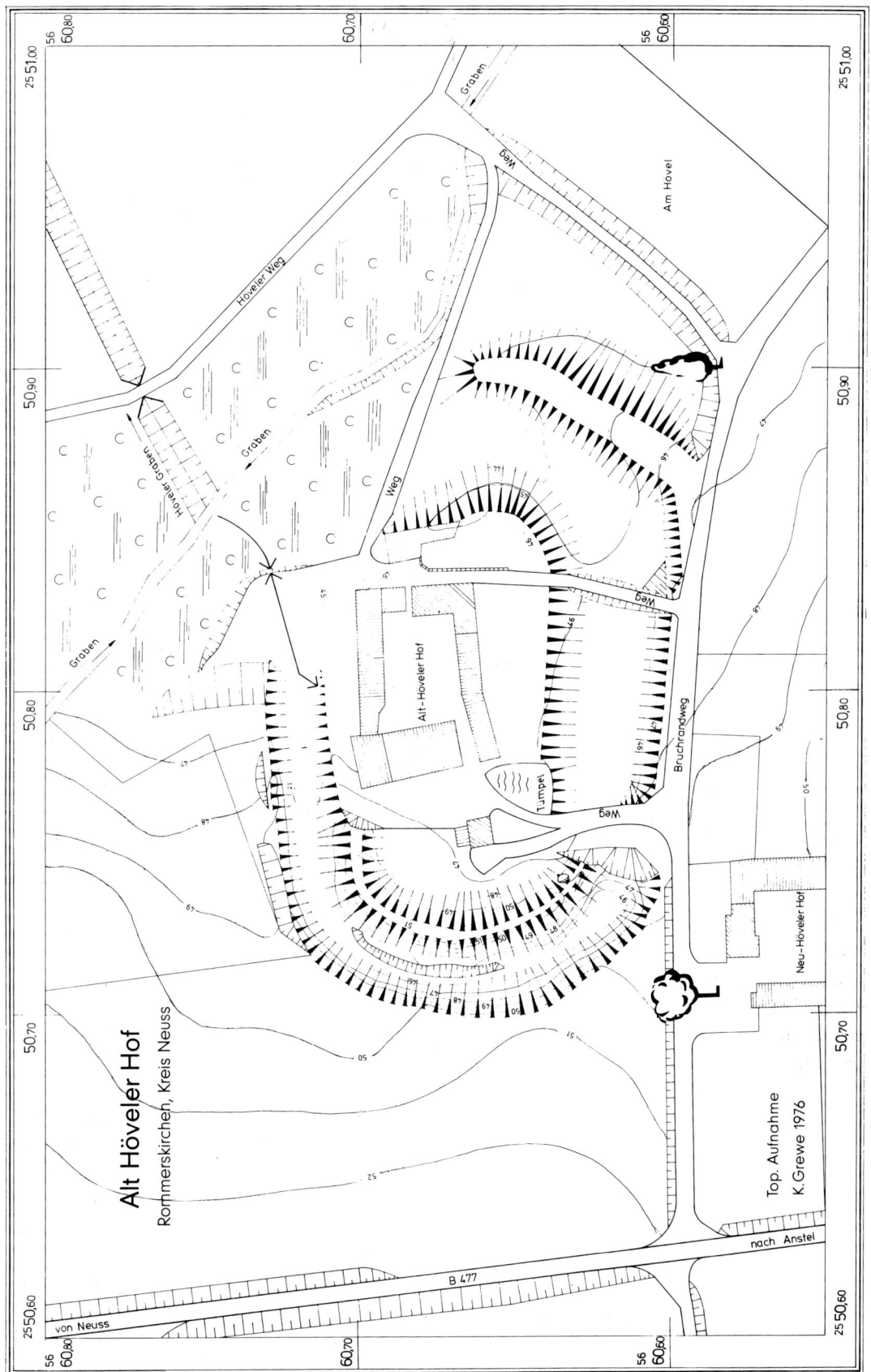

170 Die Höveler Höfe bei Frixheim-Anstel, Lageplan 1976.

235

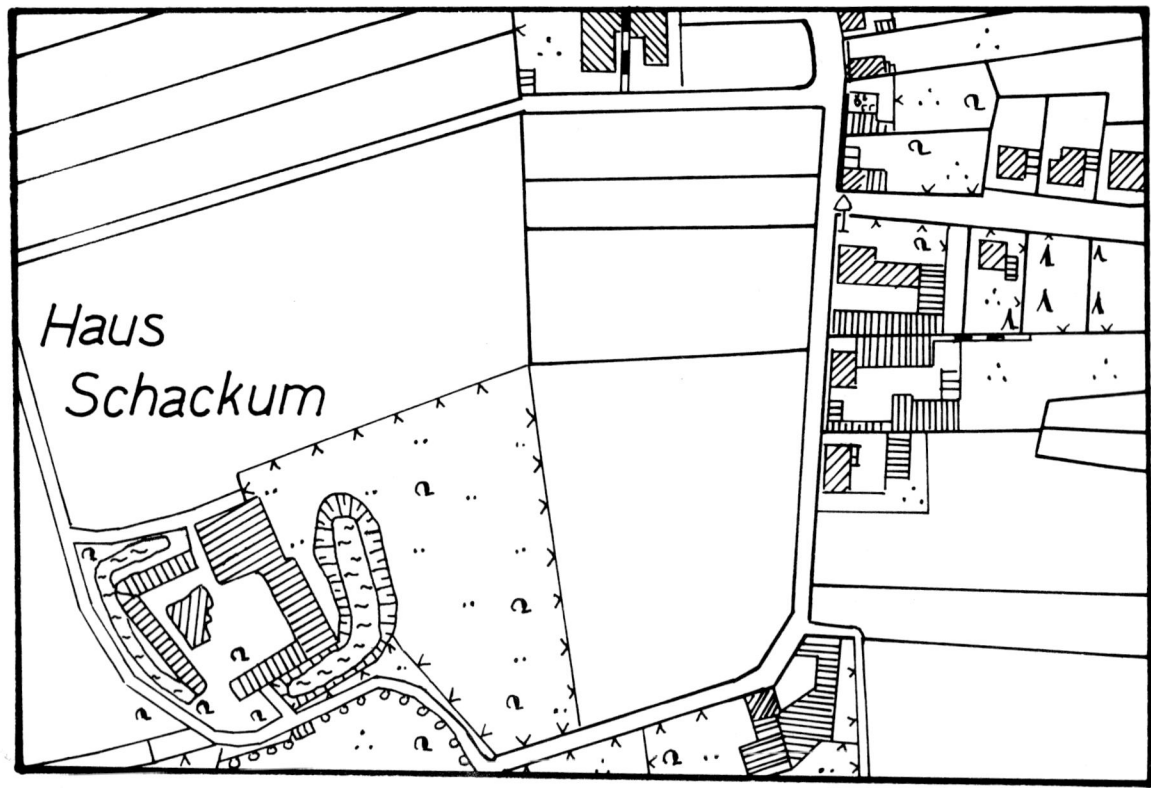

171 Haus Schackum in Meerbusch-Büderich, Lageplan im Maßstab 1 : 10 000.

geln und Inschriftensteinen als Spolien. Ihren Ursprung findet diese Kapelle sicher als Eigenkirche des danebenliegenden Hofes, der damit weit ins Mittelalter zurückgehen dürfte. Der gegenwärtige Bau stammt aus dem 12. Jahrh. und liegt auf einem kleinen, künstlich angeschütteten Hügel über dem Tal des Gillbaches. Es ist nicht auszuschließen, daß es sich bei diesem Hügel um den Rest eines Burghügels handelt und daß somit der Ramratherhof vielleicht auf eine zweiteilige Niederungsburg des Mittelalters zurückzuführen ist. Klarheit können in diesem Punkte indessen nur archäologische Untersuchungen bringen. Periphere Lage zum nahen Ortszentrum und unmittelbare Anbindung der ehemaligen Hofesfeste bilden auch beim Ramratherhof charakteristische Merkmale.

Fast einen klassischen Fall einer Hofesfeste bildet Vellrath (Abb. 169 b), rund 1,5 km nordwestlich der Ortsmitte von Hemmerden gelegen. Bereits die Tranchot-Karte aus dem frühen 19. Jahrh. zeigt hier einen vierseitigen geschlossenen großen Wirtschaftshof. Bis heute umschließen diesen Hof im Norden, Westen und Südwesten

wasserführende Grabenabschnitte, die zu einem einst geschlossenen Wassergraben gehören, der früher die gesamte Hofesfeste umgeben hat. Nur im Osten und Süden sind die früheren Grabenzüge später zugeschüttet worden. Dieser rundliche Grabenzug führte einst in etwa 40 m Abstand um den eigentlichen Hof herum, schloß also noch ein nicht unbeträchtliches Gelände um den Hof herum mit ein. Der Hof Vellrath hingegen war seinerseits mit einer zweiten, eng um seine Mauern herumgeführten Grabenanlage umschlossen, die nur auf der Südflanke, vielleicht durch den hier später angelegten Weg, unterbrochen war. Vellrath gehört damit zur relativ seltenen Gruppe der Hofesfesten mit doppelter Grabenumwehrung.

Noch heute beeindruckt das Befestigungssystem der Hövelerhöfe in der Gemarkung Frixheim-Anstel (Abb. 170). Die etwa 1,7 km nördlich von Anstel und unmittelbar östlich der heutigen Bundesstraße 477 gelegene Hofesfeste, ein vierseitig geschlossener großer Wirtschaftshof, ist auf der West- und der Nordseite von einem noch heute bis zu 8 m hohen Wall und einem

236

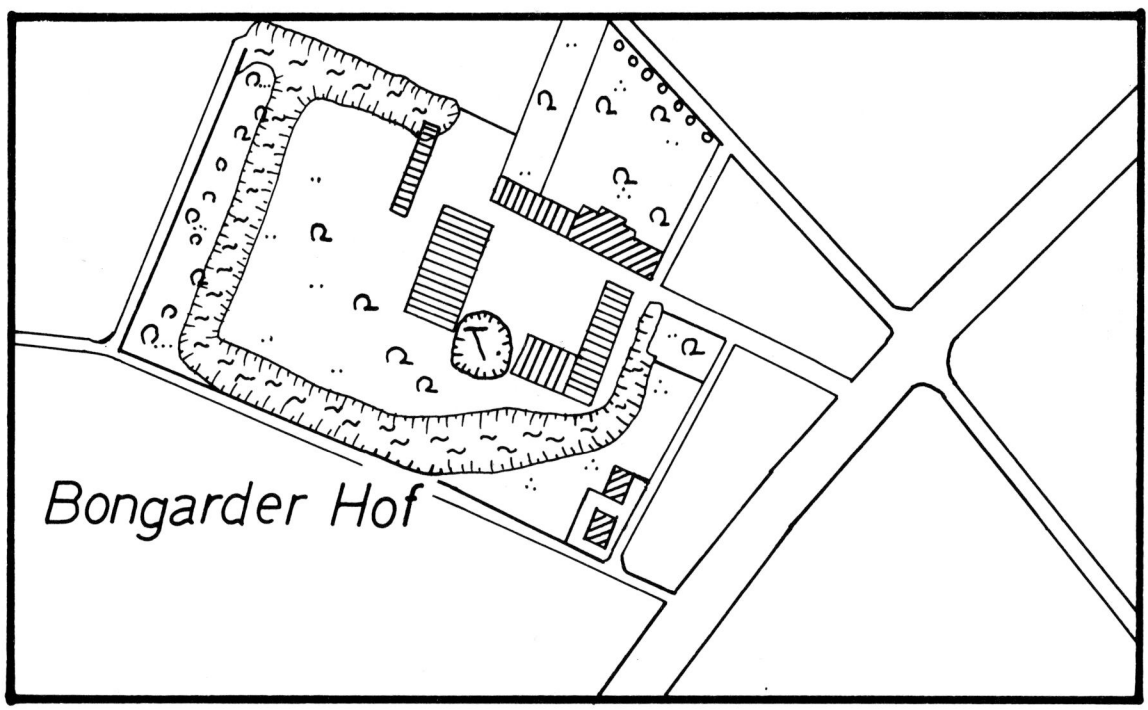

172   Der Bongarder Hof bei Rommerskirchen, Lageplan im Maßstab 1 : 10 000.

diesem vorgelagerten breiten Graben umschlossen. Das Südende des westlichen Wallabschnitts ist mit Sicherheit gekappt, und man muß sich vorstellen, daß der Wall samt Graben ursprünglich auch die Südflanke des Hofareals beschützte, wo moderner Wegebau und sonstige Veränderungen des Geländes ihn beseitigt haben. Denkt man sich die Anlage um den zerstörten südlichen Teil komplettiert, so entsteht eine hufeisenförmige Umwallung, die im Norden, Westen und Süden um den innen gelegenen Hof herumgeführt war. Es bleibt die Frage, wie die Anlage auf der Ostseite ausgesehen hat. Hier finden sich auch bei sorgfältiger Geländebegehung keine Hinweise darauf, daß Wall und vorgelagerter Graben auch die Ostflanke des Hofareals einst umgeben hätten. Wahrscheinlich war die Ostseite offen, und zwar nicht ohne Grund: Nach Osten wird das Hofgelände durch den Steilabfall begrenzt, mit dem hier die Gillbach-Lößplatte gegen die Zone der Altrheinläufe abfällt. Eine Gefährdung des Hofes konnte nur von Westen, vom Gillbach her, nicht aber von Osten, vom versumpften Altrheingebiet her erfolgen. Und so stellt die Hofesfeste der Hövelerhöfe geradezu ein Musterbeispiel für eine

streng zweckgebundene Umwehrung eines großen Wirtschaftshofes im Mittelalter dar.

Daß die Hövelerhöfe tatsächlich noch zu Beginn des 19. Jahrh. mit einem hufeisen- oder halbkreisförmigen Wall umgeben waren, der nach Osten, zur Terrassenkante gegen das Bruch offen war, belegt das Blatt 60 Rommerskirchen der Tranchot-Karte, das auch noch eine andere Form des Wirtschaftshofes im Innern der Umwallung darstellt. Auch der heute südwestlich vor der Wallanlage liegende Baukomplex war damals noch nicht erbaut, ein deutliches Zeichen dafür, daß das historische Zentrum innerhalb des Halbkreiswalles zu suchen ist. Quellenzeugnisse von 1191 und 1290 belegen, daß der Hövelerhof im Mittelalter bereits Bestand hatte. Die Analyse des Namens läßt auch erkennen, in welchem Zusammenhang der befestigte Hof entstanden ist. Der Name bewahrt den Namen des mittelalterlichen Huvil-Waldes, der sich zwischen dem Gohrbruch im Osten und dem Gillbach im Westen zusammen mit dem Walde Sitroth erstreckte und der seit etwa 800 wiederholt in den Urkunden und Schenkungen zugunsten des Klosters Werden bei Essen erwähnt wird. An anderer Stelle ist ausgeführt, in

237

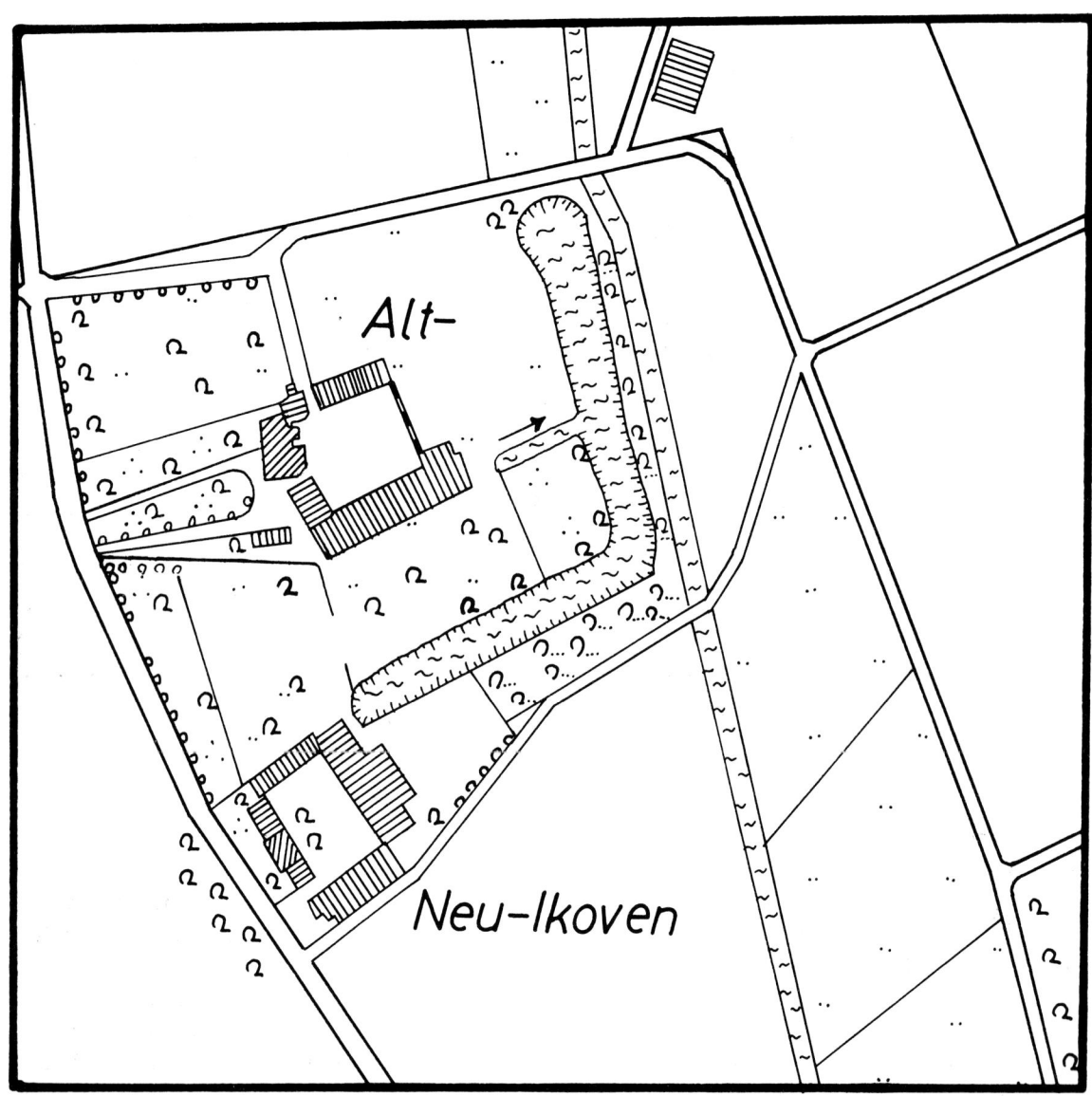

173   Alt- und Neu-Ikoven bei Oekoven, Lageplan im Maßstab 1 : 10 000.

welcher Weise mit den Schenkungen an Werden zugleich auch ein breitangelegter Rodungsprozeß in diesem Raume greifbar wird, der zur fortschreitenden Verkleinerung und schließlich zum gänzlichen Verschwinden der beiden Wälder Huvil und Sitroth führte, die heute nur noch aus Orts- und Landschaftsnamen erschlossen werden können.

Daß der Huvil-Wald der Zeit um 800 tatsächlich bis zur Terrassenkante zum Gohrbruch, also von der Gillbach-Lößplatte zur Altrhein-Niederung reichte, bezeugt der Name Hövelerhöfe: Es sind Höfe im Huvil-Wald. Der Name ist also als Huvil-Hof oder Huvil-Höfe zu entschlüsseln, wo-

bei offengelassen werden soll, ob es sich ursprünglich um eine Hofgruppe handelte, von der nur ein Hof überlebte, oder ob von Anfang an nur ein Hof vorhanden gewesen ist. Damit erhält der Hövelerhof seinen siedlungsgenetischen Zusammenhang: Er entstand im Zuge der großen Rodungen, die den Huvil-Wald seit karolingischer Zeit fortschreitend dezimierten. Als Einzelhof oder kleiner Weiler mag diese Rodung vielleicht nicht in den frühen Abschnitt dieser Rodungen gehören, sondern erst später, im 10. oder 11. Jahrh. entstanden sein. Im ausgehenden 12. Jahrh. ist sie jedenfalls quellenmäßig belegbar.

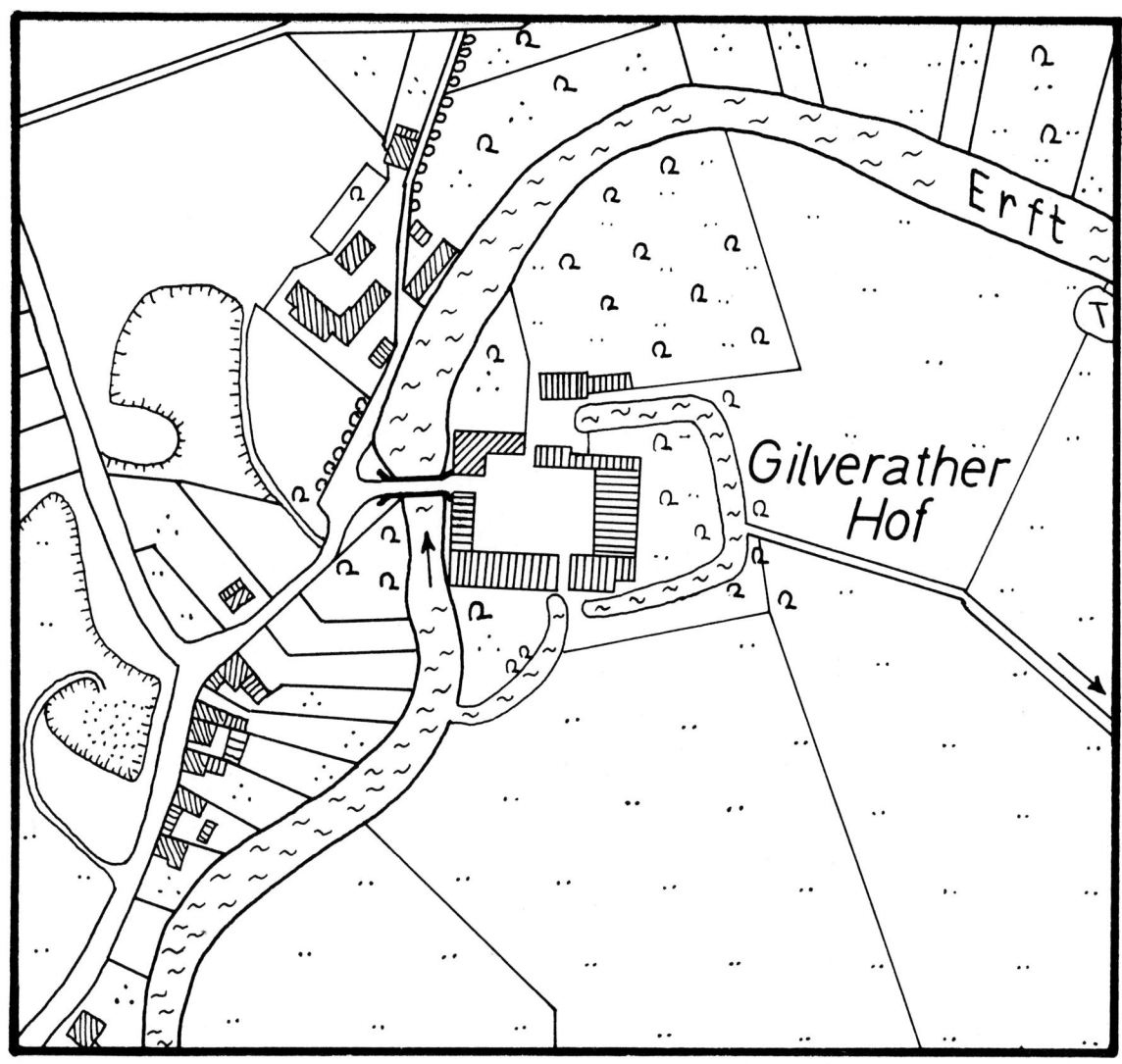

174 Der Gilverather Hof bei Gilverath, Lageplan im Maßstab 1 : 10 000.

Als Befestigungstypus stellt die halbkreisförmige Umwallung der Hövelerhöfe eine einmalige Erscheinung im Kreis Neuss und darüber hinaus dar; denn im Gegensatz zu den schwach befestigten Hofesfesten der frühen Neuzeit weisen die Hövelerhöfe mit ihrem enormen Wall, den oben sicher noch eine Palisade oder ein Wehrgang bekrönte, ein militärisch hochwirksames und durchaus ernst zu nehmendes Befestigungssystem auf. Die Umwehrung der Hövelerhöfe bei Anstel stellt demnach die Urform der späteren schwachen Befestigungen der frühneuzeitlichen Hofesfesten dar, und sie belegt zugleich, daß solche massiven Einrichtungen zur Selbstverteidigung der Landbewohner durchaus schon im Mittelalter üblich

waren. In Form von Dorfbefestigungen aus Wall und Graben sind dergleichen Selbstverteidigungseinrichtungen im Rheinland auch für das Mittelalter geläufig, wie die mittelalterliche Umwehrung des Dorfes Dom-Esch bei Euskirchen zeigt. Wir halten deshalb fest, daß sich bei den Hövelerhöfen ein urtümlicher und sehr wohl wirksamer Typ einer ländlichen Eigenbefestigung bis heute erhalten hat, der uns in der Mehrzahl der Fälle am linken Niederrhein nur noch in seiner degenerierten Form, den späten Hofesfesten des 17./18. Jahrh. entgegentritt.

Diesen Typus verkörpert wiederum H a u s S c h a c k u m (Abb. 171) bei Meerbusch-Büderich, eine vierseitige Hofanlage mit heute im Hof ste-

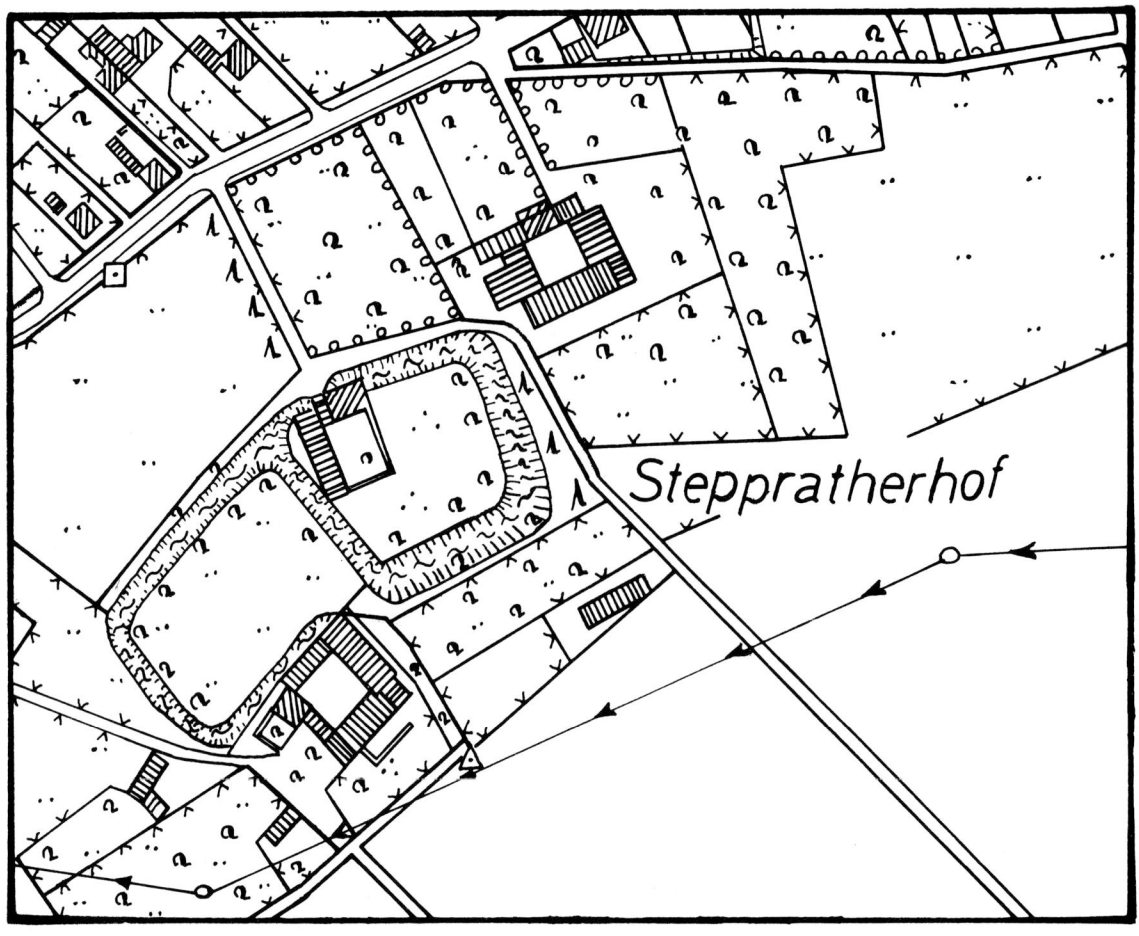

175 Der Stepprather Hof bei Kleinenbroich, Lageplan im Maßstab 1 : 10 000.

hendem Wohnhaus, die im Schackumer Feld, ungefähr 1,5 km westlich der Ortsmitte von Büderich an der Peripherie des Dorfes liegt. Im Osten, Südosten und im Westen und Nordwesten sind Abschnitte des 8 bis 10 m breiten flachen Wassergrabens erhalten, der die Anlage einst allseits umgab. Das gesamte Hofareal liegt in einem Wiesengelände zu ebener Erde, so daß keine Hinweise auf eine vielleicht früher vorhanden gewesene Anlage vom Typ der Niederungsburgen vorliegen. Haus Schackum gehört historisch zur Gruppe der Rittersitze, wie sie unweit davon in Büderich mit dem Dyckhof in Niederdonk vertreten sind.

In Rommerskirchen, das durch das reich ausgestattete Frauengrab unter der Pfarrkirche als fränkische Gründung ausgewiesen ist, findet sich eine ganze Anzahl von Hofesfesten des hier behandelten Typs. Knapp 5 km nordwestlich von Rommerskirchen liegt z. B., frei in der Feldmark, der B o n g a r d e r h o f (Abb. 172), eine große Hofanlage mit vierseitigem Baubestand. Die Tranchot-Karte aus dem frühen 19. Jahrh. zeigt den Hof noch als zweigeteilte Anlage. Die Hauptburg liegt nach Westen zu und ist von einem rechteckigen Grabenzug umgeben. Innerhalb dieses Wassergrabens findet sich ein vierseitig geschlossener Hofkomplex, der von Osten her zugänglich war. Im Osten davor liegt ein besonders durch Wassergräben abgeteilter Weide- und Gartenbereich. Im späten Mittelalter war der Hof im Besitz einer ritterbürtigen Familie namens Bongard. Wahrscheinlich hat sie aus dieser Zeit das Prinzip der Zweiteiligkeit bewahrt, von dem der heutige Geländebefund im Gegensatz zu den Verhältnissen am Beginn des 19. Jahrh. allerdings nichts mehr erkennen läßt.

240

Zwischen Rommerskirchen und Nettesheim, nördlich des Bahnhofs Rommerskirchen, zeigt die Tranchot-Karte den H e r m e s h o f, eine vierseitig geschlossene Hofanlage, die ein Wassergraben umgibt. Er ist seinerseits durch einen Stichgraben mit dem nahen Gillbach verbunden, der das nötige Wasser für die Hofgräben spendete. Von den Gräben ist heute kaum noch etwas zu erkennen. Der Hermeshof ist für das 15. Jahrh. urkundlich belegt, gehört also zweifellos zur Gruppe der alten Hofesfesten im Neusser Raum. Ein Pendant zum Hermeshof findet sich wenig weiter südlich am Gillbach in Rommerskirchen, südlich der Bahnlinie. Der dort befindliche S t e i n b r i n k e r h o f, in der Tranchot-Karte zu Beginn des 19. Jahrh. als „Steinbrucherhof" bezeichnet, hat bis heute große Teile seiner einstigen Grabenumwehrung behalten. Die Tranchot-Karte zeigt die Wassergräben nicht mehr auf allen Seiten des geschlossenen Vierseithofes, läßt aber zweifelsfrei erkennen, daß der Hof ursprünglich allseits mit Wassergräben umrundet war. An der südwestlichen Peripherie von Rommerskirchen liegt mit dem D ü x - m a n n s h o f am Todtenbach, einem Gillzufluß von Westen, eine weitere Hofesfeste. Die Tranchot-Karte zeigt im Norden und Westen Wassergräben, ebenso im Süden als Abschluß eines großen Obstgartens. Reste der Grabenumwehrung des Hofes blieben bis heute vor allem auf der Südostseite des Hofes erhalten.

Die behandelten drei Hofesfesten von Rommerskirchen haben die typischen Merkmale dieses Siedlungstyps miteinander gemeinsam: alle drei liegen unmittelbar an Bächen, von denen aus die Grabenumwehrungen gespeist werden und im Notfall das Umland der Höfe unter Wasser gesetzt werden kann; alle drei auch siedeln sich in den peripheren Zonen der nächstgelegenen Dorfkerne an, wahren also deutlich eine topographische Sonderstellung im Verhältnis zu den geschlossenen ländlichen Siedlungskernen. Sie erweisen sich damit als spätere Niederlassungen als die geschlossenen Siedlungskerne. Sie sind in einem jüngeren Abschnitt des mittelalterlichen Landausbaus zu den alten Dorfkernen hinzugekommen und als sekundäre Elemente der ländlichen Siedlung deutlich kenntlich geblieben. In diesen spät begründeten Hofesfesten spiegelt sich demnach die Spätphase des mittelalterlichen Landausbaus im Rheinland, wie sie auch in anderen Teilen des Rheinlandes zu beobachten ist: An der Stelle der Neusiedlung in Form von Dörfern tritt im spätesten Abschnitt des mittelalterlichen Rodungs- und Siedlungsprozesses die Einzelhofsiedlung, die die noch verbliebenen Nutzungsräume in Anspruch nimmt. Zusammenhänge dieser Art wurden unlängst von Walter Janssen für die Eifel beobachtet und beschrieben.

Wie im Hinblick auf die Wasserburgen, so bildet der Gillbach auch für die Hofesfesten besonders reichhaltiges Anschauungsmaterial. Zwei weitere Beispiele aus diesem Raum sollen die bisherigen Beobachtungen ergänzen. In Frixheim-Anstel ist 1 km nordwestlich des Ortsteiles Anstel, nördlich der Straße von Anstel nach Evinghoven, G u t A l s h o f als Hofesfeste zu beachten. Die Tranchot-Karte zeigt auf Blatt 60 Rommerskirchen einen quadratischen und in sich geschlossenen vierseitigen Hofkomplex, in dessen Nordwestecke offensichtlich ein Festes Haus, ein Burgturm o. ä. angegeben ist. Die ganze Anlage liegt auf einer Insel im Gillbach, die sicher nicht ohne menschliche Einwirkung zustande gekommen ist. Der in weitem Bogen von Osten nach Westen verlaufende Seitenarm des Gillbaches macht einen recht künstlichen Eindruck. Die auf der Tranchot-Karte eingetragene Anlage ist nicht identisch mit dem heutigen Gut Alshof, das 250 m weiter südlich als die historische Hofstätte liegt. Durch die Regulierung des Gillbaches in moderner Zeit wurde die Schlinge des Gewässers beseitigt. Der alte Alshof nördlich des Gillbaches ist inzwischen abgetragen worden.

Zu den klassischen Hofesfesten des Gillgebietes gehört ferner A l t - I k o v e n (Abb. 173), etwa 2 km nordöstlich der Ortsmitte von Oekoven gelegen. Die Anlage liegt wenig nördlich von Evinghoven auf dem westlichen Ufer des Gillbaches. Den nach Norden, Westen und Süden mit Gebäudetrakten bebauten Hof umgibt in ziemlich weitem Abstand im Osten und Süden ein Wassergraben, der sich früher mit Sicherheit auch auf der westlichen und nördlichen Flanke des Hofgeländes fortsetzte. Im Nordwesten der Anlage war, wie die Tranchot-Karte ausweist, früher ein besonderes quadratisches Gelände durch eigene Grabenzüge abgeteilt, was auf eine ursprünglich zweiteilige Anlage hindeutet. Alle Wassergräben wurden von dem unmittelbar östlich vorbeifließenden Gillbach gespeist.

An der Erft repräsentiert der G i l v e r a t h e r H o f (Abb. 174) bei dem Weiler Gilverath nordöstlich von Kapellen den Typus der Hofesfesten. In einer weiten Ausbuchtung der Erft nach Nordwesten liegt, unmittelbar auf dem Ostufer des Flusses, der vierseitige geschlossen bebaute große Hof. Nach Westen, zur Erft hin, bedurfte es keiner künstlichen Befestigung: Der Fluß bildet hier selbst eine natürliche Sicherung, vollends, wenn man sich die heute von Westen über die Erft auf den Hof zuführende Brücke für die älteren Perioden wegdenkt. Zusätzliche Sicherungen waren indessen nach Norden, Osten und Süden erforderlich. Auf diesen Flanken wurden folgerichtig Wassergräben angelegt, die sich zu einem nach Westen offenen hufeisenförmigen Gebilde zusammenfügen. Die westlichen Enden dieses Wassergrabens reichten in älterer Zeit zweifellos noch weiter an die Erft heran, waren vielleicht sogar mit dem Fluß unmittelbar verbunden. Vom Anlagetypus her erinnert die hufeisenförmige Gestalt des Wassergrabens ein wenig an die Führung des Walles bei den Hövelerhöfen. In beiden Fällen schließen natürliche Sicherungen die Hufeisenöffnungen ab, dort der Steilhang, hier der Erftlauf.

Die Reihe der Hofesfesten im Kreis Neuss ließe sich beliebig verlängern. In vielen Fällen läßt sich ein Charakter als Hofesfeste lediglich vermuten, nicht aber aus dem überlieferten Kartenmaterial oder aus dem Geländebefund beweisen. Die systematische Bearbeitung der Hofesfesten als eines eigenständigen ländlichen Befestigungstyps des Mittelalters und der frühen Neuzeit müssen wir uns hier versagen. Statt dessen seien die charakteristischen Merkmale der Hofesfesten nochmals kurz zusammengefaßt. Unter Hofesfesten sind einteilige große Hofanlagen zu verstehen, die durch Wassergräben, Wälle, befestigte Tore, Feste Häuser oder Türme besonders gesichert und befestigt sind. Ihre wehrhaften Einrichtungen halten sich jedoch, was Größe und militärische Verwendbarkeit angeht, in engen Grenzen. Sie besitzen vielfach nur noch symbolischen Wert oder sind als zweckentleerte Beibehaltung älterer Traditionen des Befestigungswesens aufzufassen. Im Vordergrund steht bei den Hofesfesten die Zweckgebung als Wirtschaftsbetriebe. Es handelt sich durchweg um große landwirtschaftliche Güter, die von ihren Besitzern oder Verwaltern möglichst effektiv bewirtschaftet wurden. Als solche liegen sie in der Regel fern von den altgewachsenen dörflichen Siedlungskernen. Ihre topographisch deutlich abgesetzte Sonderstellung im Verhältnis zu jenen deutet darauf hin, daß die Hofesfesten meist später zu älteren Siedlungskernen hinzutraten und sich peripher zu ihnen anlagerten oder gar ganz allein als Einzelhöfe in die Gemarkungen der Dörfer vorstießen. Mit Wasserburgen und Niederungsburgen haben die Hofesfesten die räumliche Nähe zu fließenden Gewässern, im Kreis Neuss besonders zu Erft und Gillbach, gemeinsam. Sie verkörpern also kein eigenständiges Lageprinzip, sondern setzen fort, was Niederungsburgen und Wasserburgen bereits in älterer Zeit an Ausnutzung natürlicher Sicherungen durch Wasserläufe gebracht hatten. Im Vergleich zu jenen fällt bei den Hofesfesten stets die Schwäche ihrer Befestigungseinrichtungen auf.

Hofesfesten erscheinen, auch im Kreis Neuss, entweder als Adelssitze oder aber zumindest als Adelshöfe, die von Verwaltern oder Pächtern bewirtschaftet werden. Ihre Entwicklungsgeschichte ist nicht einzügig zu denken, sondern es sind nachweislich verschiedene Entstehungsweisen gegeben. Eine große Gruppe von Hofesfesten wurde, wie auch der jeweilige Baubestand andeutet, erst im ausgehenden 17. oder besonders häufig im 18. Jahrh. errichtet, und zwar ohne daß am gleichen Platze bereits ältere Vorgängerhöfe vorhanden gewesen wären. In diesem Sinne verkörpern die neu angelegten Hofesfesten den letzten Ausläufer der großen Kolonisationsbewegung in den Flußtalungen des Niederrheingebietes. Einteiligkeit ist bei dieser Gruppe von Hofesfesten das ausschließlich herrschende Bauprinzip. Eine zweite, zahlenmäßig wahrscheinlich geringere Gruppe von Hofesfesten geht auf ältere Hofanlagen am gleichen Platz zurück. Im Kreis Neuss ließ sich dieser Sachverhalt bisher nicht durch Grabungen erhärten, weil sich die Archäologie dort bislang noch nicht dieser Problematik angenommen hat. Wohl aber liegen archäologische Befunde aus den Nachbarräumen vor, so aus dem westlichen Rheinland mit Gut Hausen bei Eschweiler-Lohn und vom Niederrhein aus Haus Gelinde bei Rheinberg. Es ist demnach sicher, daß manche Hofesfesten Rückbildungen ursprünglich zweiteiliger Anlagen – also von Wasserburgen oder Niederungsburgen – darstellen. Wirtschaftliche und politische Gründe mögen dafür maßgebend gewesen sein, daß das uralte Prinzip der zweiteiligen Burg aufgegeben und durch die simple Einteiligkeit, verbunden mit erheblicher räumlicher Ausweitung der Hofareale, ersetzt wurde. Diese Entwicklung spiegelt das Zurücktreten militärischer Notwendigkeiten und die Betonung der ökonomischen Zwecke der Großhöfe wider. Gleichzeitig spiegelt der Vorgang auch soziale Veränderungen, indem die Sicherheit der Untertanen des absolutistisch strukturierten Territorialstaates in der frühen Neuzeit nicht mehr dem burgenbauenden Adel, sondern ausschließlich der fürstlichen Verwaltung anvertraut war. Der Adel als die im Mittelalter ursprünglich allein burgenbauende Schicht hatte die Aufgaben der Selbstverteidigung, des Schutzes seiner Leute und der Wahrung des Landfriedens im Laufe der Zeit völlig an die Landesherrschaft verloren. Damit waren letzthin auch Burgen in der Hand des Adels überflüssig geworden. Die Landesherrschaft hatte folgerichtig dieses Recht für sich monopolisiert. Einen letzten Abglanz dieser Jahrhunderte umfassenden historischen, sozialen und verfassungsrechtlichen Entwicklung spiegelt die Umwandlung zweiteiliger Burgen des Mittelalters in schwach befestigte Hofesfesten des 17./18. Jahrh. noch wider. Insofern eignen sich auch die scheinbar so unbedeutenden Wehranlagen vom Typ der Hofesfesten dazu, ein Stück verfassungsgeschichtlicher Entwicklung am Niederrhein und im Kreis Neuss im besonderen zu erforschen.

5.4 Höhenburgen

Die kurkölnische Landesburg Liedberg (Abb 176–182).

In den bisherigen Kapiteln wurde ein Bild der niederrheinischen Burgen entworfen, das ausschließlich von den Wasserburgen und ihren artverwandten Vorläufern, den Niederungsburgen oder Motten, und ihren Nachfahren, den grabenumwehrten Höfen, bestimmt ist. Angepaßt an die Landschaftsformen des unteren Niederrheins, bezogen auf die Flüsse und übrigen Wasserläufe und Gewässer dieses Raumes, bildete sich die Wasserburg mit ihren nächsten Verwandten als die spe-

zifische Burgenform schlechthin heraus. Und dennoch durchbrechen vereinzelt andere Burgenformen dieses vertraute Bild. Sie entstehen, auch am Niederrhein, stets dort, wo Kuppen oder kleine Berge aus den Niederungsgebieten aufragen, wo steile Hänge, und seien es auch nur Prallhänge des Rheines natürliche Sicherheit zu bieten versprechen. Bereits die römische Okkupationstruppe bediente sich dieser Höhen zur Anlage von Militärlagern, wie die Militärlager von Vetera Castra auf dem Fürstenberg bei Xanten beweisen. Von den Höhen des Fürstenberges aus bot sich eine unvergleichliche Weitsicht nach Osten und Norden, von wo der Feind erwartet werden mußte.

Auch die mittelalterlichen Burgenbauer nutzten die am Niederrhein vorhandenen Höhen und Kuppen zur Anlage von Burgen. Burg Elten auf dem Eltenberge, die Burg auf dem Monterberg, das herzogliche Schloß zu Kleve – diese Anlagen deuten darauf hin, daß die mittelalterlichen Dynasten es im Grunde vorzogen, ihre Burgen auf natürliche Höhen zu setzen, statt ihnen in mühevoller und aufwendiger Arbeit erst eine künstliche Überhöhung durch einen Mottenhügel zu verschaffen. Gewiß lassen sich diese wenigen Höhenburgen des Niederrheins nicht mit den Burgen an Rhein und Mosel vergleichen, die steil aufragende Felsformationen auf der Spitze bekrönen. Ohne Zweifel aber war das Grundprinzip der Ausnutzung von starken Höhenunterschieden zu Befestigungszwecken auch am Niederrhein geläufig. Diese Bemerkungen mögen also dazu dienen, das sicher zu Recht von der Wasserburg bestimmte Bild des niederrheinischen Burgenbaus um eine weitere Komponente zu bereichern.

Daß der Liedberg im Nordwesten des Kreises Neuss auf Burgenbauer immer wieder äußerst einladend gewirkt hat, ergibt sich aus der Tatsache, daß er mindestens drei Wehranlagen trägt, die wahrscheinlich als eigenständige Burgen verschiedener Zeitepochen zu deuten sind. Von wo man sich auch dem Liedberg nähert – stets steigt der Sandsteinhorst als breiter, mehr als 20 Meter aus dem Umland hervorragender Bergrücken eindrucksvoll aus der Ebene empor. Er ragt so als geologisches Relikt aus viel älterer Zeit in eine Landschaft, die von den zwischeneiszeitlichen Vorgängen von Rhein und Maas abmediert wurde. In der Archäologie verbindet sich mit dem Begriff Liedberg nicht in erster Linie das Problem

176   Schloß Liedberg aus der Luft von Südwesten. Freigegeben Reg.-Präs. Düsseldorf Nr. 06/1583.

177   Schloß Liedberg und Ortslage Liedberg aus der Luft von Südosten. Freigegeben Reg.-Präs. Düsseldorf Nr. 06/856.

seiner Burgen, sondern die Vorstellung von einer der wichtigsten niederrheinischen Lagerstätten für gut brauchbares Gestein. Liedberger Sandstein wurde vom Anfang menschlicher Kulturentwicklung an bis in unsere Tage hinein als Material für Werkzeuge und Geräte sowie als Baustoff geschätzt. Aus dem quarzitischen Sandstein des Liedberges fertigten die altsteinzeitlichen und mittelsteinzeitlichen Menschengruppen des Niederrheingebietes mannigfache Steingeräte, z. B. Faustkeile, die allenthalben im Kreis Neuss vorkommen. Die römischen Baumeister schätzten den Liedberger Sandstein nicht nur in Form quaderförmiger Bausteine; weil man ihn leicht bearbeiten konnte, schufen sie aus ihm auch Bauteile mit plastischen Dekorationen und Darstellungen, wie die Schuppensäule von Mönchengladbach, die im Rheinischen Landesmuseum Bonn aufbewahrt wird, beweist. Aber nicht nur die weitverstreuten römerzeitlichen Bauteile aus Liedberger Sandstein bezeugen die Ausbeutung des Sandsteinhorstes durch die Römer. Im Untergrund des Liedberges haben sich bis heute Stollen und Schächte erhalten, von denen einige, wie eine neue Studie von Klaus Grewe ergibt, bis in römische Zeit zurückreichen. Freilich überlagern Abbauspuren aus jüngeren Epochen (Mittelalter und Neuzeit) die römerzeitlichen Steinbrüche; doch ist römischer Sandsteinabbau und sicher auch die Gewinnung von Quarzsand gesichert. Zahlreiche Kirchen der Umgebung, Profanbauten aller Art, aber auch einzelne Bauteile wie Treppenstufen, Fensterleibungen, Tröge und Wasserbassins belegen, wie beliebt Liedberger Sandstein zu allen Zeiten als vielseitig verwendbares Material gewesen sein muß. Die Ausbeutung von Sandstein und Quarzsand am Liedberg stellte ohne Zweifel einen wichtigen Wirtschaftsfaktor dar. Erst das 19. Jahrh. brachte den allmählichen Niedergang dieses Wirtschaftszweiges. Geblieben ist bis heute lediglich das Gewirr von unterirdischen Stollen, Schächten und Gängen, bei deren Einsturz zur Zeit des Abbaus mehrfach Menschen zu Tode kamen.

In West-Ost-Richtung mißt der Liedberg etwa 700 m Länge, in Nord-Süd-Richtung rund 300 m Breite (Abb. 179). In seiner Morphologie heben sich deutlich zwei Kuppen heraus, deren jede eine eigene Befestigung trägt. Auf dem am Westende liegenden sog. Mühlenberg mit 77 m Höhe über NN befindet sich die sog. „Römerwacht", eine bis

heute noch weitgehend unerforschte Befestigung, die aus einem kreisförmigen Graben mit Verflachung im Nordosten besteht. Es wurde bereits darauf hingewiesen (vgl. oben S. 118 f.), daß es sich bei dieser Anlage vermutlich um einen speziellen Typ der Niederungsburgen handelt. Wenn diese Interpretation stimmt, was sich nur durch entsprechende Ausgrabungen überprüfen läßt, dann wäre hier ein für die wasserreichen Flußniederungen erdachter Burgentyp ohne Rücksicht auf ganz andersartige Geländeverhältnisse auf einen Höhenzug übertragen worden. Über die Entstehungszeit dieser Anlage ist nichts bekannt. Nachrichten über Mauerwerk, welches in ihrem Zentrum angegraben worden sein soll, lassen sich nicht überprüfen.

Auf der Kuppe am Ostende des Liedberges, rund 80 m über NN, befindet sich die zweiteilige kurkölnische Landesburg Liedberg, der im folgenden unser Interesse gelten soll (Abb. 178 u. 180). Bevor wir uns aber dieser Anlage im einzelnen zuwenden, soll noch kurz auf weitere Befestigungen auf dem Liedberg eingegangen werden. Ein in Nord-Süd-Richtung quer über den Liedberg ziehender Wall mit nach Westen vorgelagertem Graben wurde bereits früher erwähnt (vgl. S. 118 f.). Auch in seiner heutigen stark verschliffenen Form repräsentiert diese Befestigung den letzten Überrest einer älteren Befestigung auf dem Liedberg. Einer Deutung als Vorburg der „Römerwacht" steht entgegen, daß der Graben dem Wall nach Westen, also zur Innenseite einer gedachten Vorburg, vorgelagert ist. Das durch diese Abschnittsbefestigung zu schützende Gelände muß daher eher östlich des Walles, im östlichen Teil des Liedberges vermutet werden, der durch die landesherrliche Burg zumindest teilweise jünger überbaut und damit zerstört ist. Es kann nicht ganz ausgeschlossen werden, daß Wall und Graben zu einer Vorgängeranlage der kurkölnischen Burg gehören, von der allerdings sehr wenig bekannt ist. Immerhin trennen diesen Wall nur etwa 180 m von der Vorburg der kurkölnischen Landesburg.

Dunkel bleibt auch die Geschichte des sog. Mühlenturmes, der die Siedlung an ihrem Südrand flankiert (Abb. 181. 182). Seine ungewöhnlich starke Ausführung verbietet es, ihn lediglich als Turm einer Windmühle aufzufassen, auch wenn er eine solche Nutzung durchaus zuläßt. Er

178   Schloß Liedberg, Turm von Westen.

179   Schloß Liedberg und seine Umgebung, Lageplan 1975.

248

St.br.

59

Weg

Schloß

Br.
Ruine

Stein-
br.

Weg

Weg

Weg

Weg

0 10   50   100 m

25 38,0   38,1   38,2   25 38,3

56
70,1

70,0

69,9

69,8

56
69,7

25 38,0   38,1   38,2   25 38,3

ist zweischalig gebaut und läßt somit bereits am Architekturbefund verschiedene Bauphasen erkennen: Unter der Backstein-Ummantelung erscheint urtümliches Mauerwerk aus Liedberger Sandsteinquadern. Spätere Ausbesserungen und Veränderungen zeigen, daß bereits an diesem Turm immer wieder gebaut wurde. Hinter der 2 m starken Mauer liegt dann der runde Innenraum des Turmes, der einen Durchmesser von 4,30 m aufweist. Es kann gar keinen Zweifel daran geben, daß in diesem zylinderförmigen Turm ein Teil einer älteren, längst abgetragenen Burg zu sehen ist, und sei es auch nur eine einfache Turmburg gewesen, in deren heute noch erhaltenen sieben Geschossen der Burginhaber selbst gewohnt hat. Eine Nutzung des Turmes als Wohnturm liegt durchaus nahe.

Auffällig ist auch, daß dieser Turm unmittelbar neben der Pfarrkirche von Liedberg liegt. Nach der Zerstörung eines älteren Kirchenbaus, der als Schloßkapelle diente, durch Heinrich von Budberg im Jahre 1673 wurde 1707 die jetzt noch stehende Kirche aufgeführt. Es liegt aber nahe, den Ursprung dieser kleinen Kirche in einer recht alten Eigenkirche zu suchen, die zu einem frühen Hofbezirk gehört haben könnte, welchem auch der Mühlenturm als Wohnturm zuzuweisen wäre. Diese Vermutungen bedürfen indessen, wie so manche andere Frage auf dem Liedberg, einer archäologischen Erforschung.

Obgleich nur noch in Resten erhalten, bietet Schloß Liedberg auch heute noch ein eindrucksvolles Zeugnis dynastischer und territorialer Politik des Mittelalters am Niederrhein. Ringmauer, Torbau, Herrenhaus und Mittelturm bilden seine wichtigsten Elemente. Die Umfassungsmauer paßt sich mit Rundungen und knickenden Abschnitten in idealer Weise dem Geländerelief der Bergkuppe an. Die Hauptburg nutzt, uralten Prinzipien der Befestigungskunst folgend, den östlichen Teil des Liedberg-Spornes mit seinen ursprünglich steil abfallenden Hängen aus. Auf der Südwestseite legt sich das Hochschloß wie ein Riegel vor den großen inneren Schloßhof. Ein fast 30 m breiter Abschnittsgraben, der beiderseitig an die Hangflanken anschließt, sichert die Hauptburg gegen die im Südwesten vorgelagerte Vorburg. Den zweigeschossigen Schloßbau erweisen seine Bauformen als Gebäude des 17. Jahrh. Er ist fortschreitendem Verfall preisgegeben. Während

dieser Bau ein wenig in den Hintergrund tritt, beherrscht ihn der vorspringende mächtige quadratische Torturm fast vollständig (Abb. 176). Dieser auch Mittelturm genannte Bau, noch heute viergeschossig und mit einer barocken Haube bekrönt, besteht aus Sandsteinquadern. Er gehört noch dem 14. Jahrh. an. Ein feiner Spitzbogenfries kragt oben vor und trägt das oberste Geschoß des Turmes, welches aus Tuff erbaut wurde. Die Kantenlänge des Turmes beträgt rund 10 m, außen gemessen, seine Mauerstärke rund 1,60 m. Wehrhafter Charakter ist ihm also nicht abzusprechen.

Nach außen war dem Mittelturm ein Torhaus mit spitzbogigen Toröffnungen und einer 6,40 m langen Torgasse vorgesetzt. Es verband ursprünglich die den Graben überwölbende Steinbrücke zwischen Vor- und Hauptburg mit dem Innenraum des Schlosses. Dieser Bau wurde 1896 abgebrochen, so daß dem heutigen Besucher von Schloß Liedberg unvermittelt der wuchtige Mittelturm entgegentritt, wenn er die Vorburg durchmessen hat.

Wie der Mittelturm, so scheint auch die Umfassungsmauer, die den gesamten Schloßhof umschließt, dem 14. Jahrh. anzugehören. Große Sandsteinblöcke bilden ihren Unterbau; im Oberbau wurde Backstein verwendet (Abb. 178). Wie die Stadtmauern von Bonn, Köln, Neuss, Zons oder Münstereifel entlasten die Ringmauer innen große rund- und spitzbogige Blenden. Auf der Mauerkrone befindet sich ein breiter, mit Sandsteinplatten belegter Wehrgang. Ihn schließt nach außen eine Brüstung ab, die jedoch nur lose der Mauer vorgesetzt ist, so daß sie an vielen Stellen bereits zerfallen ist. Der mittlere östliche Teil der Ringmauer ist neun Stufen niedriger als die übrigen Teile, offensichtlich, weil der in diesem Bereich besonders abschüssige Steilhang genügend natürliche Sicherheit bot. Im Norden wird die Ringmauer von Strebepfeilern verstärkt.

Die nach Südwesten der Hauptburg vorgelagerte rundlich-unregelmäßige Vorburg schließt ein Gelände ein, das der Fläche nach etwa doppelt so groß wie die Hauptburg ist. Ein guter Teil dieses Raumes wird durch den teilweise mit gemauerten Wänden versehenen Graben eingenommen. Die Umfassungsmauer der Vorburg zieht sich, immer wieder knickend, in geradlinigen Abschnitten um die ganze Vorburg herum. Lediglich

180 Schloß Liedberg, Turm, Palas und Vorburgmauern mit Tor von Norden.

181 Liedberg, ehemalige Schloßkirche und heutige Pfarrkirche von Osten.

auf der südöstlichen Flanke ist sie heute zerstört und abgetragen. Nach Nordwesten weist sie einen vorspringenden viereckigen Dreiviertelturm auf. Im Westen befindet sich ein Kammertor mit Tor-

gasse, durch das der von der Pfarrkirche kommende Weg in die Burg führt. Hinweise auf die einstige Bebauung des Vorburggeländes ergeben sich aus dem heutigen Befund nicht mehr. Es ist

182 Liedberg, der Mühlenturm von Osten.

jedoch als sicher vorauszusetzen, daß innen an der
Umfassungsmauer der Vorburg Gebäude gestanden haben, in denen man wohl in erster Linie
Wirtschaftsbauten vermuten darf. Bautrümmer
und Tonscherben deuten auf diese Gebäude hin.

Die historische Überlieferung zu Liedberg ist
weniger breit als etwa die zu Zons. Für das
12. Jahrh. ist eine Familie von Edelherren zu
Liedberg überliefert, zu der man sicher eine Burg
wird annehmen dürfen. Es ist nicht auszuschlie-

ßen, daß der sog. Mühlenturm einen letzten Rest des Stammsitzes dieser Familie darstellt. Die Herren von Liedberg beherrschten vor allem das Gebiet zwischen unterer Erft und Niers, wo sie den Schwerpunkt ihres Hausbesitzes hatten. Sie starben bereits im 12. Jahrh. aus. Der letzte männliche Vertreter dieser Familie, Hermann v. Liedberg, erscheint in der Überlieferung des Klosters Meer bei Büderich, weil eine seiner Töchter, Hildegund, die Gründerin des Klosters Meer und dessen erste Äbtissin wurde. Auf nicht ganz geklärten Wegen gelangte Liedberg dann in der zweiten Hälfte des 13. Jahrh. an die Grafen von Jülich. Erzbischof Siegfried von Westerburg (1275 bis 1297) aber bestritt den Jülichern diesen Besitz aus Gründen, die uns nicht überliefert sind. In den nun folgenden Auseinandersetzungen blieb Kurköln siegreich. 1279 wurde der Liedberg von kurkölnischen Rittern besetzt und blieb von da an in ständigem Besitz Kölns, wenn es auch seine Rechte später mit 5000 Mark endgültig erkaufen mußte. Liedberg war damit zur kurkölnischen Landesburg geworden. Als Vertreter des Landesherren residierte hier der Amtmann als Vorsteher des kurkölnischen Amtes Liedberg.

In der um die Landesburg liegenden Siedlung ließen sich vor allem Dienstmannen und Burgleute mit ihren Familien nieder. Anders als etwa in Zons war Liedberg kein großer wirtschaftlicher Aufstieg beschieden. Erst im 16. Jahrh. kamen einige Neubürger nach Liedberg. Der Ort erhielt vom Landesherren erweiterte Rechte, was auch zur Neuansiedlung von Gewerbetreibenden geführt hat und einen begrenzten wirtschaftlichen Aufschwung mit sich brachte. Die landesherrliche Burg aber blieb in Liedberg stets der Mittelpunkt aller Entwicklungen. Mit ihr verknüpften sich Funktionen der Verteidigung des Territoriums gegen Jülich, der Wahrung des Landfriedens und der Zuflucht für die Landbewohner in Zeiten der Not. Darüber hinaus war die Burg zentraler Verwaltungsmittelpunkt für das Amt Liedberg.

Noch 1642 flüchteten während des Dreißigjährigen Krieges nach der Schlacht bei St. Tönis die Bewohner der umliegenden Ortschaften vor den geschlagenen kaiserlichen Soldaten und den sie verfolgenden Hessen und Franzosen in die Burg Liedberg. Liedberg konnte sich glücklicherweise durch Zahlungen von der Plünderung freikaufen.

183   Das fürstliche Jagdschloß zu Grimlinghausen. Darstellung im Codex Welser von 1723.

Verzeichnis der Abbildungen

Abb. 1 (S. 14)   Die Lage des Kreises Neuss im Rheinland.

Abb. 2 (S. 19)   Das Gewässersystem des Kreises Neuss. Eine flache Geländeschwelle scheidet das Rhein-Erft-Gewässersystem im Osten von dem der Maas im Westen.

Abb. 3 (S. 21)   Geologische Formationen im Kreis Neuss.

Abb. 4 (S. 23)   Die Lage des spätrömischen Kastells Haus Bürgel (nach: Der niedergermanische Limes [1974] S. 149, Bild 56).

Abb. 5 (S. 24)   Die Ruine der Kapelle in Haus Bürgel, um 1900. Wiedergegeben mit Genehmigung von Heinrich Kirberg, Monheim.

Abb. 6 (S. 25)   Heutiges Landschaftsbild an der Erft im Süden von Neuss, unweit der Erprather Burg in Neuss-Weckhoven.

Abb. 7a (S. 26)   Landschaftsbild am Rhein nördlich Neuss: Schloß Meer bei Büderich vor der Zerstörung.

Abb. 7b (S. 27)   Die Wüstung Rüblinghoven bei Norf aus der Luft. Das Gelände des karolingisch bezeugten Ortes erbrachte karolingische und hochmittelalterliche Keramik. Sichtbar blieben im Luftbild bis heute die verfüllten Gräben einer zweiteiligen Wasserburg.
                     Luftbild: Rheinisches Landesmuseum Bonn. Freigegeben: Reg.-Präs. Düsseldorf Nr. 16/25/3262.

Abb. 8 (S. 30)   Die Topographie des römischen Neuss (nach: H. v. Petrikovits, Novaesium [1957] S. 8).

Abb. 9 (S. 31)   Plan des konstantinischen Kastells Haus Bürgel (nach: W. Haberey, Bonner Jahrb. 157, 1957, S. 299).

Abb. 10 (S. 34)   Römisch-fränkische Altsiedlung im Kreis Neuss, 4. bis 8. Jahrhundert n. Chr.

Abb. 11 (S. 35)   Grabbeigaben aus dem Grab eines fränkischen Herren in Morken, Kreis Bergheim/Erft. Um 600 n. Chr.

Abb. 12 (S. 36)   Die Grabausstattung einer vornehmen fränkischen Frau aus Rommerskirchen, Kreis Neuss: Goldblattkreuz, Floral- und Rosettenfibeln, Kette mit almandinverzierten Goldanhängern. Frühes 8. Jahrhundert n. Chr.

Abb. 13a (S. 38)   Fränkisches Gräberfeld von Kaarst, Kreis Neuss. Inventar von Grab 10 (nach: J. Brandt, Archäologisches Korrespondenzbl. 8, 1978, Heft 2, S. 146, Abb. 1).

Abb. 13b (S. 38)   Fränkisches Gräberfeld von Kaarst, Kreis Neuss. Inventar der Gräber 1–3 (nach: Bonner Jahrb. 159, 1959, S. 442, Abb. 58).

Abb. 14 (S. 39)   Römische Besiedlung im Raum südlich Neuss zwischen Erft und Rhein (nach: Festschr. Edith Ennen [1972] S. 294).

Abb. 15 (S. 39)   Wald und Siedlung im Raum südlich Neuss zwischen Rhein und Erft im 7. und 8. Jahrhundert (nach: Festschr. Edith Ennen [1972] S. 297).

Abb. 16 (S. 44)   Durchschnittliche Bevölkerungszahlen für das 6. Jahrhundert n. Chr. (schraffiert) und das 7. Jahrhundert n. Chr. mit eingetragenen Mittelwerten. Die Ziffern geben die Fundorte der maßgebenden Gräberfelder der Merowingerzeit an: 1 Hailfingen/Württ. 2 Köln-Junkersdorf. 3 Herten. 4 Bülach. 5 Marktoberdorf. 6 Köln-Müngersdorf. 7 Grimmelshofen. 8 Pulling. 9 Eisenach b. Trier. 10 Beggingen-Löbern. 11 Lörrach-Stetten. 12 Basel (nach: Hoops, Reallexikon d. german. Altertumskde., 2. Aufl., hrsg. v. H. Jahnkuhn u. a., Bd. 2 [1976] S. 350, Abb. 73).

Abb. 17 (S. 45) Rodung und Landausbau im Kreis Neuss vom 9.–13. Jahrhundert.

Abb. 18 (S. 49) Die Waldbedeckung in fränkischer und karolingischer Zeit im Kreis Neuss, 7. und 8. Jahrhundert n. Chr.

Abb. 19 (S. 51) Frühmittelalterliche Ringwälle und Topographie von Essen-Werden (nach: Führer zu vor- und frühgeschichtlichen Denkmälern, hrsg. v. Röm.-German. Zentralmus. Mainz, Bd. 15 [1969] S. 170).

Abb. 20 (S. 55) Die territoriale Gliederung des Kreises Neuss im Mittelalter.

Abb. 21 (S. 57) Plan der Rennenburg bei Winterscheid, Rhein-Sieg-Kreis, typisches Beispiel eines mittelalterlichen Ringwalls in Spornlage, 11./12. Jahrhundert (nach: Bonner Jahrb. 160, 1960, S. 363, Abb. 1).

Abb. 22 (S. 59) Verbreitung früh- und hochmittelalterlicher Höhenburgen und Niederungsburgen am Niederrhein (nach: M. Müller-Wille, Führer zu vor- und frühgeschichtlichen Denkmälern, hrsg. v. Röm.-German. Zentralmus. Mainz, Bd. 15 [1969] S. 55).

Abb. 23 (S. 61) Der Teppich von Bayeux, entstanden um 1080. Darstellung einer Niederungsburg (Motte) mit Burghügel, Zugbrücke und Burgturm.

Abb. 24 (S. 65) Schloß Broich in Mülheim/Ruhr. Grundriß der karolingischen Anlage (nach: G. Binding, Die spätkarolingische Burg Broich [1969] S. 9, Abb. 5).

Abb. 25 (S. 69) Der Teppich von Bayeux, entstanden um 1080. Darstellung der Niederungsburg (Motte) von Bayeux/Normandie.

Abb. 26 (S. 70) Die Burg der Grafen von Flandern zu Gent, der sog. „Gravensteen". Gesamtplan der Anlage um 1080 (nach: Château Gaillard I [1964] S. 164, Fig. A).

Abb. 27 (S. 70) Die Hardtburg bei Stotzheim, Kreis Euskirchen, eine der besterhaltenen Motten im Rheinland. Lageplan des heutigen Zustandes.

Abb. 28 (S. 72) Burg Uda in Oedt, Kreis Viersen, Grundriß des 14. Jahrhunderts (nach: Kirche und Burg in der Archäologie des Rheinlandes [1962] S. 173).

Abb. 29 (S. 72) Burg Medemblik/Niederlande, Grundriß aus dem Ende des 13. Jahrhunderts (nach: J. G. N. Renaud, Berichten van de rijksdienst 23, 1973, S. 456, Fig. 20).

Abb. 30 (S. 80) Verbreitungskarte der Niederungsburgen (Motten) im Kreis Neuss.

Abb. 31 (S. 81) Modell der Niederungsburg Husterknupp im Rheinischen Landesmuseum Bonn. Diese Vorstellung vom Aussehen einer rheinischen Niederungsburg trifft auch für das letzte Ausbaustadium der Niederungsburg bei Haus Meer zu.

Abb. 32 (S. 82) Die Niederungsburg Husterknupp vor Beginn der Ausgrabungen von Osten. Foto: Schmitz-Franke, Köln-Rodenkirchen.

Abb. 33 (S. 33) Niederungsburg Husterknupp, Flachsiedlung, Haus 3 von Südosten (nach: A. Herrnbrodt, Husterknupp [1958] Taf 27a).

Abb. 34 (S. 84) Niederungsburg Husterknupp, Flachsiedlung, Haus 3, Außenwand in Schwellriegel-Bauweise (nach: A. Herrnbrodt, Husterknupp Grabungsbericht im Rheinischen Landesmuseum Bonn).

Abb. 35 (S. 84) Niederungsburg Husterknupp, Flachsiedlung, Haus 3, Schwellriegel-Konstruktion der Außenwand mit Resten der Stabbohlen von der Wand (nach: A. Herrnbrodt, Husterknupp [1958] Taf. 35b).

Abb. 36 (S. 85) Niederungsburg Husterknupp, Flachsiedlung, Haus 2, Detail der westlichen Längsseite, Eingrabung der Pfosten (nach: A. Herrnbrodt, Husterknupp, Grabungsbericht im Rheinischen Landesmuseum Bonn).

Abb. 37 (S. 86) Niederungsburg Husterknupp, Hochmotte – Periode III D, Mauerwerk hinter der Holz-Erde-Mauer (nach: A. Herrnbrodt, Husterknupp [1958] Taf. 42a).

Abb. 38 (S. 87) Niederungsburg Husterknupp, Versuch der Rekonstruktion der Flachsiedlung – Periode I (nach: A. Herrnbrodt, Husterknupp [1958] Taf. 1).

Abb. 39 (S. 88) Niederungsburg Husterknupp, Versuch der Rekonstruktion der Kernmotte –

	Periode II (nach: A. Herrnbrodt, Husterknupp [1958] Taf. 2).
Abb. 40 (S. 89)	Niederungsburg Husterknupp, Versuch der Rekonstruktion der Hochmotte – Periode III C mit Holz-Erde-Mauer (nach A. Herrnbrodt, Husterknupp [1958] Taf. 3).
Abb. 41 (S. 91)	Kloster und Niederungsburg Haus Meer bei Meerbusch-Büderich, Topographie (nach: M. Müller-Wille, Rheinische Ausgrabungen 1 [1968] S. 54).
Abb. 42a (S. 92)	Niederungsburg Haus Meer, Burghügel vor Beginn der Ausgrabungen. Im Gelände war nur eine flache Erhebung im sumpfigen Gelände des verlandeten Rheinarms sichtbar.
Abb. 42b (S. 92)	Niederungsburg Haus Meer, Beginn der Grabungen im Jahre 1964: Mit zwei Probeschnitten soll geklärt werden, ob es archäologische Befunde an diesem Platz gibt. Schon wenig unter der Erdoberfläche zeigen sich die ersten Hölzer der Holz-Erde-Mauer.
Abb. 43 (S. 93)	Niederungsburg Haus Meer, Höhenschichtenplan von Vorburg und Hauptburg mit Grabungsbefund in der Nordostecke der Anlage.
Abb. 44 (S. 94)	Niederungsburg Haus Meer, Holz-Erde-Mauer mit vorgelagertem Graben (oben) im Nordabschnitt der Anlage.
Abb. 45 (S. 95)	Niederungsburg Haus Meer, Nordwestecke des Stabbaus I der Periode A.
Abb. 46 (S. 96)	Niederungsburg Haus Meer, Holz-Erde-Mauer im Nordabschnitt der Anlage und Holzpackungen der Periode B über den Holzhäusern der Periode A.
Abb. 47 (S. 97)	Niederungsburg Haus Meer, Aufsicht auf Gebäude V in Periode A.
Abb. 48 (S. 97)	Niederungsburg Haus Meer, Gebäude V, Nordwand. Detail der Stabkonstruktion.
Abb. 49 (S. 98)	Niederungsburg Haus Meer, Vorburgfundamentierung, aufgenommen von Osten nach Westen.
Abb. 50 (S. 98)	Niederungsburg Haus Meer, Schnitt durch die Vorburgfundamentierung.
Abb. 51 (S. 99)	Niederungsburg Haus Meer, Lage der Boote 1 und 2 im Nordwesten der Anlage.
Abb. 52 (S. 98)	Niederungsburg Haus Meer, Lage des Bootes 4 im ehemaligen Graben westlich der Hauptburg.
Abb. 53 (S. 100)	Kloster Meer, Grabung 1963 des Rheinischen Landesmuseums Bonn, H. Borger; Fundament der ehemaligen Klosterkirche von Westen, in der Bildmitte die südliche Langhausmauer.
Abb. 54 (S. 101)	Kloster Meer, Grabung H. Borger 1963, Fundamente des ehemaligen Brunnenhauses mit Brunnen von Südwesten.
Abb. 55 (S. 103)	Kloster Meer, Grabung Borger 1963, mehrperiodiges Brunnenhaus mit Brunnen von Süden.
Abb. 56 (S. 104)	Niederungsburg Fusseberg bei Gut Hombroich an der Erft, südwestlich von Holzheim, von Norden.
Abb. 57 (S. 104)	Niederungsburg Fusseberg bei Gut Hombroich an der Erft, südwestlich von Holzheim, von Süden.
Abb. 58 (S. 105)	Niederungsburg Fusseberg oder Hombroicher Hof bei Gut Hombroich an der Erft (nach: K. Grewe und W. Janssen 1979).
Abb. 59 (S. 106)	Niederungsburg Helpenstein bei Neukirchen-Helpenstein (nach: K. Grewe und W. Janssen 1979).
Abb. 60 (S. 107)	Niederungsburg Helpenstein bei Neukirchen. Baggeranschnitt im Zuge des Bahnbaus.
Abb. 61 (S. 108)	Die Erprather Burg oder Kyburg in Neuss-Weckhoven, Burgturm von Süden.
Abb. 62 (S. 109)	Die Erprather Burg, Lageplan des Mündungsgebietes des Gillbaches in die Erft. Maßstab 1:10 000.

Abb. 63 (S. 110)	Die Erprather Burg oder Kyburg in Neuss-Weckhoven, Blick vom Vorburggelände (Vordergrund) auf den Turm.
Abb. 64 (S. 112)	Haus Selikum, Lageplan in der Erftschlinge südöstlich von Neuss (nach: R. Brandts 1962).
Abb. 65 (S. 113)	Haus Selikum in Neuss, Blick auf das Herrenhaus in seiner heutigen Gestalt (1977).
Abb. 66 (S. 114)	Haus Selikum bei Neuss, Blick in den Wirtschaftshof in der Vorburg (1977).
Abb. 67 (S. 115)	Oben: Die Niederungsburg Gubisrath, Lageplan. Unten: Haus Neuenburg und die Überreste seiner Niederungsburg (beide nach K. Grewe und W. Janssen 1979).
Abb. 68 (S. 116)	Niederungsburg Flaßrath bei Jüchen, Lageplan (nach K. Grewe und W. Janssen 1979).
Abb. 69 (S. 121)	Verbreitungskarte der Landesburgen und übrigen Wasserburgen im Kreis Neuss.
Abb. 70 (S. 122)	Schloß Hülchrath von Südosten. Freigegeben Reg.-Präs. Düsseldorf Nr. 06/1345. Das Wiesengelände am unteren Bildrand ist das Gebiet der mittelalterlichen Siedlung Hülchrath.
Abb. 71 (S. 123)	Schloß Hülchrath von Südwesten. Freigegeben Reg.-Präs. Düsseldorf Nr. 06/1346.
Abb. 72 (S. 124)	Schloß Hülchrath von Nordosten. Stich von Hogenberg, die Belagerung von 1583 darstellend.
Abb. 73 (S. 125)	Lageplan von Hochschloß und Vorburg Hülchrath nach dem Aufmaß von L. Arntz aus dem Jahre 1892 (nach: Th. Wildeman 1959).
	A Hauptturm
	B Neue Flankenbastion von etwa 1609
	C Wahrscheinliche Lage des älteren Wohnturmes aus Tuff, Dm. etwa 8,50 m
	D, E Ursprüngliche Flankierungstürme des Palas
	F Hauptraum des Palas
	G Flankierungsturm der großen Wehrgangsfront auf dem Nordwestsektor
	H Altes Vorburgtor, führte zur mittelalterlichen Siedlung
	I Neues Vorburgtor ab 1608
Abb. 74 (S. 126)	Schloß Hülchrath, Lageplan von Burg und Siedlung Hülchrath. Maßstab 1:10 000.
Abb. 75 (S. 127)	Modell von Schloß und Siedlung Hülchrath, Zustand von 1737, ausgestellt im Museumszentrum Burg Linn, Krefeld.
Abb. 76 (S. 128)	Schloß Hülchrath, jüngerer Zugang zur Vorburg, 17. Jahrhundert.
Abb. 77 (S. 129)	Schloß Hülchrath, Torturm des Hochschlosses von der Hofseite nach L. Arntz 1892.
Abb. 78 (S. 129)	Schloß Hülchrath, älterer Torbau der Vorburg nach P. Clemen, Kunstdenkmäler der Rheinprovinz.
Abb. 79 (S. 130)	Schloß Hülchrath, älterer Torbau der Vorburg von Westen.
Abb. 80 (S. 131)	Schloß Hülchrath, Nordostseite der Hauptburg mit viereckigem Torturm und Rundturm.
Abb. 81 (S. 132)	Schloß Hülchrath, Torturm des Hochschlosses von der Hofseite.
Abb. 82 (S. 133)	Schloß Hülchrath, sekundär vermauerter jüdischer Grabstein im Mauerwerk des Torturmes.
Abb. 83 (S. 134)	Schloß Hülchrath, sekundär vermauerter jüdischer Grabstein im Mauerwerk des Torturmes.
Abb. 84 (S. 137)	Schloß Hülchrath, Südostansicht nach dem Gemälde von F. A. Reuter um 1795 in Schloß Paretz bei Potsdam, nach 1945 verschollen.

Abb. 85 (S. 137)	Schloß Hülchrath, Innenhof des Hochschlosses um 1795 nach dem Gemälde von F. A. Reuter, aufbewahrt in Schloß Paretz bei Potsdam.
Abb. 86 (S. 138)	Schloß Rheydt, 2. Vorburg, Tor von außen und innen.
Abb. 87 (S. 138)	Schloß Rheydt, Schloß von der Hofseite mit Arkaden.
Abb. 88 (S. 140)	Zons von Südwesten. Freigegeben Reg.-Präs. Düsseldorf Nr. 06/1042.
Abb. 89 (S. 141)	Zons von Südosten. Freigegeben Reg.-Präs. Nr. 06/882/28.
Abb. 90 (S. 142)	Grundriß von Zons nach der Karte der Uraufnahme von 1818 (nach: Aenne Hansmann 1973).
Abb. 91 (S. 143)	Zons, von der Rheinseite gesehen. Kupferstich aus Braun-Hogenberg, Städtebuch II, 1575.
Abb. 92 (S. 144)	Zons, nördliche Stadtumwehrung mit Kapelle und Zollturm.
Abb. 93 (S. 145)	Zons, Innenseite der nördlichen Stadtumwehrung mit Zollturm, von Westen.
Abb. 94 (S. 146)	Zons, Juddeturm an der Nordwestecke der Vorburg von Nordwesten; in dem Freigelände und unter dem Haus links verlief früher der Vorburggraben.
Abb. 95 (S. 147)	Zons, östliche Stadtumwehrung mit Wachtürmchen „Pfefferbüchse" und Zollturm.
Abb. 96 (S. 148)	Zons, Blick in die Rheinstraße nach Westen mit Wachtürmchen „Pfefferbüchse" und Zollturm im Hintergrund.
Abb. 97 (S. 149)	Zons, Ruine des Südtores der Vorburg von außen.
Abb. 98 (S. 150)	Zons, Torgasse zum Südzwinger von Süden.
Abb. 99 (S. 151)	Zons, typisches Mauerwerk aus Basalt und Ziegeln aus dem 14. Jahrhundert, Außenmauer des Südtores der Vorburg.
Abb. 100 (S. 154)	Neuss, Stadtansicht nach Hogenberg 1590. Am Nordende der Stadt (rechts) finden sich keine Hinweise mehr auf die ehemalige Burg des Erzbischofs von Köln.
Abb. 101 (S. 156)	Neuss, Fundbergung 1974.
Abb. 102 (S. 159)	Burg und Stadt Grevenbroich. Darstellung aus dem Besitzatlas des Deutschordenshauses Elsen aus dem 18. Jahrh. Die Burg ist ganz links im Bild sichtbar. Die Ansicht ist von Osten gezeichnet.
Abb. 103 (S. 161)	Modell von Stadt und Burg Grevenbroich, ausgestellt im Museumszentrum Burg Linn, Krefeld.
Abb. 104 (S. 162)	Schloß Grevenbroich um 1870.
Abb. 105 (S. 162)	Schloß Grevenbroich um 1890.
Abb. 106 (S. 163)	Siegel der Schöffen von Grevenbroich mit Darstellung einer mittelalterlichen Burg, 14. Jahrhundert. Im Schild der Jülicher Löwe.
Abb. 107 (S. 164)	Schloß Grevenbroich, Torhaus von außen.
Abb. 108 (S. 164)	Schloß Grevenbroich, Palasbau mit vorgesetztem Turm heute. Hofseite, von Norden aufgenommen.
Abb. 109 (S. 165)	Schloß Grevenbroich im 19. Jahrhundert von Südosten.
Abb. 110 (S. 166)	Schloß Dyck, Luftbild von Süden. Freigegeben Reg.-Präs. Düsseldorf Nr. 06/789.
Abb. 111 (S. 167)	Schloß Dyck, Lageplan des heutigen Zustandes. Maßstab 1:10 000.
Abb. 112 (S. 168)	Schloß Dyck, Ansicht des 18. Jahrhunderts.
Abb. 113 (S. 169)	Schloß Dyck heute, Ansicht von Südosten.
Abb. 114 (S. 170)	Schloß Dyck, Brückenhäuschen.
Abb. 115 (S. 171)	Schloß Dyck, Wappen im Wachhäuschen.
Abb. 116 (S. 172)	Schloß Dyck, Wappen der Familie Salm-Reifferscheid
Abb. 117 (S. 173)	Schloß Dyck, Madonna von Grupello in der Kapelle.
Abb. 118 (S. 173)	Schloß Dyck, Ritterlicher Heiliger in der Kapelle.
Abb. 119 (S. 174)	Schloß Dyck, Kapelle, Stuckdecke.

Abb. 120 (S. 175)	Schloß Dyck, Kapelle, Putte, Holzschnitzerei.
Abb. 121 (S. 175)	Schloß Dyck, Chinesische Tapete des 18. Jahrhunderts (Ausschnitt).
Abb. 122 (S. 176)	Schloß Dyck, Barocktapeten. Detail.
Abb. 123 (S. 177)	Schloß Dyck, Barocktapeten, Detail.
Abb. 124 (S. 178)	Schloß Dyck, Barocktapeten, auf Leinwand gemalt. Zustand vor der Restaurierung.
Abb. 125 (S. 180)	Haus Fürth bei Liedberg, Lageplan im Maßstab 1:10 000.
Abb. 126 (S. 181)	Haus Fürth bei Liedberg, Ansicht von Nordwesten.
Abb. 127 (S. 182)	Haus Fürth bei Liedberg, Ansicht von der Hofseite.
Abb. 128 (S. 182)	Haus Fürth bei Liedberg, Ansicht von Westen.
Abb. 129 (S. 184)	Lageplan von Haus Bontenbroich in Jüchen. Maßstab 1:10 000.
Abb. 130 (S. 186)	Schloß Millendonk, Ansicht aus der Luft von Südwesten 1963. Freigegeben Reg.-Präs. Düsseldorf Nr. 06/777/12.
Abb. 131 (S. 187)	Schloß Millendonk, Lageplan. Maßstab 1:10 000.
Abb. 132 (S. 188)	Schloß Millendonk, Südansicht des 19. Jahrhunderts.
Abb. 133 (S. 189)	Schloß Millendonk, Ansicht der Hauptburg von Südosten.
Abb. 134 (S. 190)	Schloß Millendonk, Ansicht des Torturmes der mittleren Vorburg von Südosten.
Abb. 135 (S. 191)	Schloß Millendonk, Ansicht der Hauptburg von Südosten, nach Duncker.
Abb. 136 (S. 193)	Haus Neuenhoven, Ansicht von Südwesten.
Abb. 137 (S. 194)	Haus Neuenhoven, Lageplan im Maßstab 1:10 000.
Abb. 138 (S. 195)	Haus Gierath, Wohnturm aus Backstein.
Abb. 139 (S. 196)	Fleckenhaus in Liedberg-Glehn, Ansicht aus der Luft von Südwesten. Freigegeben Reg.-Präs. Düsseldorf Nr. 06/1581.
Abb. 140 (S. 197)	Fleckenhaus in Liedberg-Glehn, Ansicht von der Hofseite, von Nordwesten.
Abb. 141 (S. 198)	Fleckenhaus in Liedberg-Glehn, Inschrift über dem Portal zum Herrenhaus.
Abb. 142 (S. 200)	Der Dyckhof in Meerbusch-Büderich, Lageplan im Maßstab 1:10 000.
Abb. 143 (S. 201)	Der Dyckhof in Meerbusch-Büderich, Blick von außen auf Turm und Herrenhaus, im Vordergrund der Graben.
Abb. 144 (S. 202)	Der Dyckhof in Meerbusch-Büderich, Blick auf Turm und Herrenhaus vom Hofinnern aus.
Abb. 145 (S. 204)	Burg Noithausen bei Grevenbroich, Darstellung aus dem Besitzatlas des Deutschordenshauses in Elsen aus dem 18. Jahrhundert.
Abb. 146 (S. 205)	Burg Noithausen bei Grevenbroich, Darstellung aus dem Besitzatlas des Deutschordenshauses in Elsen aus dem 18. Jahrhundert.
Abb. 147 (S. 206)	Burg Noithausen bei Grevenbroich, barocker Torbogen der ehemaligen Hauptburg.
Abb. 148 (S. 207)	Burg Noithausen bei Grevenbroich, Satyrhaupt am Sockel der gedrehten Säulen des Barocktors der ehemaligen Hauptburg.
Abb. 149 (S. 209)	Burg Hackenbroich bei Dormagen, Ansicht nach einem Gemälde in Schloß Dyck.
Abb. 150 (S. 210)	Burg Hackenbroich bei Dormagen, Ansicht des Torturmes von Süden.
Abb. 151 (S. 210)	Burg Hackenbroich bei Dormagen, Ansicht von Torturm und Westbau von Südwesten.
Abb. 152 (S. 211)	Wevelinghoven, sog. „Altes Schloß" am Weg nach Hemmerden, Gelände der sog. „Wölkersburg", der ältesten Befestigung des Ortes (nach: K. Grewe und W. Janssen 1979).
Abb. 153 (S. 212)	Wevelinghoven, Niederungsburg „Im Zubend" im Tal der Erft, unmittelbar neben der kath. Pfarrkirche St. Martin (nach: K. Grewe und W. Janssen 1979).
Abb. 154 (S. 213)	Wevelinghoven, Niederungsburg „Im Zubend", heutiger Zustand: der Mot-

tenhügel ist noch gut erhalten, die nach Nordwesten liegende Vorburg weitgehend abgetragen.

Abb. 155 (S. 214)	Burg und Siedlung Wevelinghoven im 17. Jahrhundert.
Abb. 156 (S. 215)	Haus Busch bei Wevelinghoven, Beispiel für eine zweiteilige Wasserburg mit Wirtschafts- und Repräsentationsteil.
Abb. 157 (S. 216)	Wevelinghoven, Ansicht der evangelischen Kirche im 19. Jahrhundert, von Nordwesten.
Abb. 158 (S. 217)	Haus Neuenhoven bei Jüchen, Lageplan 1976.
Abb. 159a (S. 218)	Haus Vellbrüggen in Norf, Burgturm, in den Baubestand des Hofes eingebunden.
Abb. 159b (S. 218)	Haus Vellbrüggen in Norf, Lageplan im Maßstab 1:10 000.
Abb. 160 (S. 219)	Norf und seine Burgen im Ortskern, Norfer Hof und Müggenburg. Lageplan im Maßstab 1:10 000.
Abb. 161 (S. 221)	Haus Horr bei Neukirchen, Herrenhaus von der Hofseite.
Abb. 162 (S. 222)	Haus Horr bei Neukirchen, Herrenhaus von der Gartenseite mit dreiseitigem Mittelrisalith.
Abb. 163 (S. 223)	Haus Horr bei Neukirchen, Ansicht von der Gartenseite nach einer alten Vorlage.
Abb. 164 (S. 224)	Haus Horr bei Neukirchen, Lageplan von Schloß und Park aus dem Tagebuch der Freifrau von Francken zu Horr aus dem Jahre 1794/95.
Abb. 165 (S. 225)	Haus Raedt bei Liedberg, Wasserburg mit Vorburgen und Wirtschaftshof, Lageplan 1976.
Abb. 166 (S. 226)	Haus Raedt bei Liedberg, Herrenhaus.
Abb. 167 (S. 227)	Haus Raedt bei Liedberg. Wappen des Franz-Joseph Graf Wolff Metternich (links) und seiner Gemahlin Theresia von Gymnich zu Gymnich über dem Portal des Herrenhauses.
Abb. 168 (S. 231)	Der Quackshof bei Jüchen, Lageplan im Maßstab 1:10 000.
Abb. 169a (S. 232)	Der Ramrather Hof bei Ramrath. Lageplan im Maßstab 1:10 000.
Abb. 169b (S. 234)	Vellrath bei Hemmerden, Lageplan im Maßstab 1:10 000.
Abb. 170 (S. 235)	Die Höveler Höfe bei Frixheim-Anstel, Lageplan 1976.
Abb. 171 (S. 236)	Haus Schackum in Meerbusch-Büderich, Lageplan im Maßstab 1:10 000.
Abb. 172 (S. 237)	Der Bongarder Hof bei Rommerskirchen, Lageplan im Maßstab 1:10 000.
Abb. 173 (S. 238)	Alt- und Neu-Ikoven bei Oekoven, Lageplan im Maßstab 1:10 000.
Abb. 174 (S. 239)	Der Gilverather Hof bei Gilverath, Lageplan im Maßstab 1:10 000.
Abb. 175 (S. 240)	Der Stepprather Hof bei Kleinenbroich, Lageplan im Maßstab 1:10 000.
Abb. 176 (S. 244/5)	Schloß Liedberg und seine Umgebung, Lageplan 1975.
Abb. 177 (S. 246)	Schloß Liedberg aus der Luft von Südwesten. Freigegeben Reg.-Präs. Düsseldorf Nr. 06/1583.
Abb. 178 (S. 247)	Schloß Liedberg und Ortslage Liedberg aus der Luft von Südosten. Freigegeben Reg.-Präs. Düsseldorf Nr. 06/856.
Abb. 179 (S. 249)	Schloß Liedberg, Turm von Westen.
Abb. 180 (S. 251)	Schloß Liedberg, Turm, Palas und Vorburgmauern mit Tor von Norden.
Abb. 181 (S. 252)	Liedberg, ehemalige Schloßkirche und heutige Pfarrkirche von Osten.
Abb. 182 (S. 253)	Liedberg, der Mühlenturm von Osten.
Abb. 183 (S. 254)	Das fürstliche Jagdschloß zu Grimlinghausen. Darstellung im Codex Welser von 1723.

BILDNACHWEISE

Kreisbildstelle Neuss (Grevenbroich): Abb. 44.
45. 46. 53. 54. 55. 72. 75. 76. 91. 97. 98. 99. 102.
103. 104. 105. 106. 113. 114. 115. 116. 117. 118.
119. 120. 122. 123. 127. 128. 134. 135. 136. 138.
140. 141. 145. 146. 147. 148. 149. 155. 163. 166.
167. 180. 181. 182.

Rheinisches Landesmuseum Bonn: Abb. 4. 7b. 8.
9. 11. 13a. 13b. 21. 24. 27. 28. 32. 33. 34. 35. 36. 37.
38. 39. 40. 41. 43. 58. 59. 67. 68. 152. 153. 156. 158.
165. 170. 179.

Landeskonservator Rheinland: Abb. 56. 57. 60.
77. 78. 79. 80. 81. 82. 83. 86. 87. 109. 121. 124. 132.
150. 151. 157. 164. 178.

Verfasser: Abb. 6. 7. 10 (Entwurf). 14. 15. 17
(Entwurf). 18 (Entwurf). 20 (Entwurf). 30 (Entwurf). 42a. 42b. 47. 48. 49. 50. 51. 52. 61. 62. 63.
64. 65. 66. 69. (Entwurf). 74. 101. 111. 125. 129.
131. 137. 142. 143. 144. 154. 159a. 159b. 160. 168.
169a. 169b. 171. 172. 173. 174. 175.

Römisch-Germanisches Zentralmuseum Mainz:
Abb. 19. 22.

Krapohl-Verlag Hülchrath: 82. 83. 92. 93. 94. 95.
96. 107. 108. 126. 133. 161. 162.

P. J. Tholen (Bonn): Abb. 1. 2. 3. 10. 17. 18. 20. 30.
69.

H. Kirberg (Monheim): Abb. 5.

J. Hoops, Reallexikon für germanische Altertumskunde, 2. Aufl.: Abb. 16.

F. Stenton, the Bayeux Tapestry (1957): Abb. 23.
25.

Château Gaillard I: Abb. 26.

Berichten van de rijksdienst voor het oudheidkun-
dig bodemonderzoek (Amersfoort): Abb. 29.

Aero-Foto A. Schwarzer, Mönchengladbach:
Abb. 70. 71. 88. 89. 110. 130. 139. 177. 178.

Th. Wildeman, Niederrhein, Jahrbuch 4: Abb. 73.
77. 84. 85.

Aenne Hansmann, Zons: Abb. 90

K. Horst, Photograph (Grevenbroich): Abb. 112.

Codex Welser 1723: Abb. 183.

Fotograph Schafgans (Bonn): Abb. 12. 31.

Foto-Braun (Viersen): Abb. 132.

AUSGEWÄHLTE LITERATUR

Allgemeine Literatur.

Beiträge zur niederrheinischen Burgenkunde. Niederrheinisches Jahrbuch 4, 1959 (mit Beiträgen u. a. von H. Spiegel, H. Hinz, G. Droege und anderen).

Die Burgen im deutschen Sprachraum, ihre rechts- und verfassungsgeschichtliche Bedeutung, hrsg. v. H. Patze, 2 Bde. (Sigmaringen 1976 = Vorträge und Forschungen, hrsg. v. Konstanzer Arbeitskreis für mittelalterliche Geschichte Bd. 19).

Burgen aus Holz und Stein mit Beiträgen von Walter Janssen, Werner Meyer, Olaf Olsen, Jacques Renaud, Hugo Schneider, Karl W. Struve. Burgenkundliches Kolloquium in Basel 1977 (Olten 1979).

Clemen, P., Die Kunstdenkmäler der Rheinprovinz III (Düsseldorf 1894).

Dannenbauer, H., Adel, Burg und Herrschaft bei den Germanen. In: Histor. Jahrb. 61, 1941. – Neudruck: Wege der Forschung II (Darmstadt 1960) 66–134.

Dehio, G., Handbuch der Deutschen Kunstdenkmäler, Nordrhein-Westfalen, 1. Band: Rheinland. Bearb. v. Ruth Schmitz-Ehmke (Berlin 1967).

Droege, G., Über die Rechtsstellung der Burgen und festen Häuser im späteren Mittelalter. Niederrhein. Jahrb. 4, 1959, 22–27.

Handbuch der Historischen Stätten Deutschlands, Bd. III Nordrhein-Westfalen, hrsg. v. F. Petri, G. Droege, K. Flink (Stuttgart 1970).

Hinz, H., Über frühe Burgen und Siedlungen am Niederrhein. In: Niederrhein. Jahrb. 4, 1959, 7–21.

Janssen, Wilhelm, Burg und Territorium am Niederrhein im späten Mittelalter. In: Die Burgen im deutschen Sprachraum, hrsg. v. H. Patze, Bd. 1 (Sigmaringen 1976) 283–324.

Janssen, Wilhelm, Stadt und Stadtherr am Niederrhein im späten Mittelalter. Rhein. Vierteljahrsbll. 42, 1978, 185–208.

Kirche und Burg in der Archäologie des Rheinlandes. Ausstellungskatalog. Kunst und Altertum am Rhein 8 (Düsseldorf 1962).

Kirchhoff, H. G. Zeugen der Vergangenheit. Mittelalterliche Baukunst im Landkreis Grevenbroich (Duisburg, München 1968).

Kirchhoff, H. G., Heimatchronik des Kreises Grevenbroich (Köln 1971).

Kisky, H., Burgen, Schlösser und Hofesfesten im Kreis Euskirchen, 2. Aufl. (Euskirchen 1961).

Lacomblet, Th. J., Urkundenbuch für die Geschichte des Niederrheins. 2. Neudruck der Ausgabe Düsseldorf 1840 (Aalen 1966).

Der Landkreis Grevenbroich. In: Die Landkreise in Nordrhein-Westfalen Bd. 5 (Bonn 1963).

Otremba, E., Der Kreis Grevenbroich. Gesellschaft und Wirtschaft in räumlicher Ordnung, bearb. v. Wirtschafts- und sozialgeograph. Institut der Universität Köln (1970).

Rheinischer Städteatlas, hrsg. v. Amt f. rheinische Landeskunde Bonn. Erschienen bisher Lieferungen I 1 (1972) bis IV 25 (1978).

Topographische Karte im Maßstab 1:50 000, hrsg. v. Landesvermessungsamt Nordrhein-Westfalen, verwendet als Kreiskarte Kreis Neuss 1:50 000.

Topographische Karte im Maßstab 1:25 000, hrsg. vom Landesvermessungsamt Nordrhein-Westfalen, die den Kreis Neuss betreffenden Karten.

Deutsche Grundkarte im Maßstab 1:5000, bearb. v. Katasteramt des Kreises Neuss, die den Kreis Neuss betreffenden Blätter.

Topographischer Atlas Nordrhein-Westfalen, hrsg. vom Landesvermessungsamt Nordrhein-Westfalen (Düsseldorf 1968), bes. Abschnitt VIII: Düsseldorf-Köln, S. 124–140.

Tranchot-Karte: Die Kartenaufnahme der Rheinlande durch Tranchot und von Müffling 1801–1828. Publikation der Gesellschaft für Rheinische Geschichtskunde 12,2

N. F., hrsg. v. Landesvermessungsamt Nordrhein-Westfalen (Bonn-Bad Godesberg 1966 ff.).

W e l t e r s, H., Die Wasserburg im Siedlungsbild der Oberen Erftlandschaft. Diss. Phil. Bonn (Bonn 1940).

Zum Kapitel 1: Der Naturraum.

B a u e r, Gerta, Landschaftsökologische Grundlagen für den Kreis Grevenbroich. In: Niederrhein. Jahrb. 12, Beiträge zur Landesentwicklung 25 (1973).

B o d e n k a r t e von Nordrhein-Westfalen, Maßstab 1:50 000, hrsg. vom Geologischen Landesamt Nordrhein-Westfalen in Krefeld, Blätter L 4704 Mönchengladbach, L 4904 Grevenbroich, L 4906 Neuss.

B r a u n, F.-J., Die geologische Geschichte der Landschaft und des Rheinstromes im unteren Niederrheingebiet. In: Brückenschlag am Niederrhein (Düsseldorf 1965).

Das rheinische B r a u n k o h l e n g e b i e t, eine Landschaft in Not. Denkschrift des Rheinischen Vereins f. Denkmalpflege und Heimatschutz (Neuss 1953).

G a t z e n, R., Die Ackerbaulandschaft der nördlichen Ruhr-Erft-Scholle. Forschungen zur deutschen Landeskunde 96 (Remagen 1957).

H o p p e, Christine, Die großen Flußverlagerungen des Niederrheins in den letzten zweitausend Jahren und ihre Auswirkungen auf die Lage und Entwicklung der Siedlungen. Forschungen zur deutschen Landeskunde 189 (Bad Godesberg 1970).

K n ö r z e r, K.-H., Die Pflanzengesellschaften der Wälder im nördlichen Rheinland zwischen Niers und Niederrhein und experimentelle Untersuchungen über den Einfluß einiger Baumarten auf ihre Krautschicht. Geobotanische Mitteilungen Heft 6 (Köln 1957).

N e u s s als Landschaft. Eine Darstellung der schützenswerten Landschaft in Neuss und ihre naturkundlichen Grundlagen, hrsg. v. d. Vereinigung der Heimatfreunde Neuss e. V. (Neuss o. J.).

P a a s, Bodenkarte Nordrhein-Westfalen, Blatt L 4906, Neuss Kommentar (Krefeld 1972).

P a f f e n, K. H., Natur- und Kulturlandschaft am deutschen Niederrhein. Berichte zur deutschen Landeskunde 20, 1958.

P a f f e n, K. H., S c h ü t t l e r, A., M ü l l e r - M i n y, H., Die naturräumlichen Einheiten auf Blatt 108/109 Düsseldorf-Erkelenz (Bad Godesberg 1961).

T h o m é, K. N., Raumgestaltung um Neuss durch natürliche Landschaftsformung. In: Neuss als Landschaft (wie oben) 11–37.

D e r s., Die Begegnung des nordischen Inlandeises mit dem Rhein. In: Geolog. Jahrb. 76, 1958, 261–308.

D e r s., Entstehung der niederrheinischen Gewässer. In: Niederrhein. Jahrb. 5, 1963.

Zum Kapitel 2: Der Gang der Besiedlung.

A l t - und M i t t e l s t e i n z e i t l i c h e Fundplätze Fundplätze des Rheinlandes, mit Beiträgen von S. K. Arora, G. Bosinsky, K. Brunnacker u. v. a. Kunst und Altertum am Rhein 81 (Köln 1978).

B ö h n e r, K., Bonner Jahrb. 155/156, 1955/56, 509–512 über das reiche Frauengrab von Rommerskirchen. – Desgl. auch in: Aus der Schatzkammer des antiken Trier, 2. Aufl. (Trier 1959) 205 f.

D e r s., Das Grab eines fränkischen Herren aus Morken im Rheinland. Kunst und Altertum am Rhein 4 (Köln 1959). – Desgl. in: Neue Ausgrabungen in Deutschland, hrsg. v. W. Krämer (Berlin 1958).

D e r s. zur fränkischen Besiedlung am Niederrhein: Rheinische Vierteljahrsbll. 15/16, 1950/51 mit Karte.

B o r g e r, H., Die Ausgrabungen an St. Quirin zu Neuss in den Jahren 1959–1964. In: Rheinische Ausgrabungen I (1968) 170–240.

B r a n d t, Johanna, Fränkische Gräber aus Kaarst, Kr. Neuss. In: Archäologisches Korrespondenzblatt 8, 1978, S. 146. – Dazu auch: Bonner Jahrb. 159, 1959, 442 über frühere Reihengräberfunde aus Kaarst.

B u t t l e r, W., H a b e r e y, W., Die bandkeramische Ansiedlung bei Köln-Lindenthal. Römisch-Germanische Forschungen 11 (1936).

B ö h m e, H. W., Germanische Grabfunde des 4. bis 5. Jahrhunderts. Münchner Beiträge zur Vor- und Frühgeschichte 19 (München 1974).

Corsten, R., Siedlung und Mission der Frankenzeit zwischen Maas und Rhein. Heimatkalender des Selfkantkreises Geilenkirchen-Heinsberg, 13. Jg., 1963, 11–15 und Jg. 14, 1964, 11–15.

Dittmaier, H., Rheinische Flurnamen (Bonn 1963).

Driehaus, J., Rheinische Urgeschichte. Führer durch die urgeschichtliche Abteilung des Rheinischen Landesmuseums Bonn (Düsseldorf 1968).

Ennen, Edith, Höroldt, D., Vom Römerkastell zur Bundeshauptstadt, 3. Aufl. (Bonn 1976).

Fremersdorf, F., Das fränkische Reihengräberfeld von Köln-Müngersdorf (Berlin 1955).

Gläßer, E., Zur Entwicklungsgeschichte ländlich-agrarer Siedlungen im Kölner Norden. Ein Beitrag zur Orts- und Flurgenese im Rheinland. Düsseldorfer Geograph. Schriften 4 (Köln 1976).

Haberey, W., über Haus Bürgel, in: Bonner Jahrb. 157, 1957, 127 ff. mit der älteren Literatur.

Hinz, H., Kreis Bergheim. Archäologische Funde und Denkmäler des Rheinlandes 2 (Düsseldorf 1969).

Ders., Xanten zur Römerzeit, 3. Aufl. (1967).

Janssen, Walter, Zur Differenzierung des früh- und hochmittelalterlichen Siedlungsbildes im Rheinland. In: Die Stadt in der europäischen Geschichte, Festschrift Edith Ennen (Bonn 1972) 277–325.

Ders., Studien zur Wüstungsfrage im fränkischen Altsiedelland zwischen Rhein, Mosel und Eifelnordrand. Beiheft 35 d. Bonner Jahrb. (Bonn, Köln 1975).

Janssen, Walter, Kirchhoff, H.-G., Wiegelmann, G., Elfgen und Belmen. Zwei Dörfer im Grevenbroicher Braunkohlengebiet (Neuss 1974).

Kuper, R., Lüning, J., Stehli, P., Bagger und Bandkeramiker. Steinzeitforschungen im rheinischen Braunkohlengebiet (Bonn 1974).

Kuper, R., Die Erde erzählt (Köln 1974).

Loewe, Gudrun, Kreis Kempen-Krefeld. Archäologische Funde und Denkmäler 3 (Düsseldorf 1971).

Lorenz, W., Gohr, Nievenheim, Straberg. Quellen zur Geschichte des Amtes Nievenheim, seiner Bewohner und Siedlungen. 1. Teil (Bonn, Köln 1973).

Meier-Arendt, W., Die Steinzeit in Köln (1974).

Müller-Miny, H., Geographisch-landeskundliche Erläuterungen zur Tranchot-Müfflingschen Kartenaufnahme der Rheinlande 1801–1828 – mit Bezug auf die heutigen Blätter der Topographischen Karte 1:25 000. In: Nachrichten aus dem öffentlichen Vermessungsdienst Nordrhein-Westfalen 10. Jg., H. 2, Dezember 1977.

Der Niedergermanische Limes. Materialien zu seiner Geschichte, hrsg. v. J. E. Bogaers und C. B. Rüger. Kunst und Altertum am Rhein 50 (Köln 1974).

Petrikovits, H. v., Das römische Rheinland. Archäologische Forschungen seit 1945. Arbeitsgemeinschaft für Forschung des Landes Nordrhein-Westfalen, Heft 86 (Köln, Opladen 1960).

Ders., Die römischen Streitkräfte am Niederrhein. Kunst und Altertum am Rhein 13 (Düsseldorf 1967).

Ders., Urgeschichte und römische Epoche bis zur Mitte des 5. Jahrhunderts n. Chr. In: Rheinische Geschichte, hrsg. v. F. Petri und G. Droege, Bd. I 1 (Düsseldorf 1978).

Pirling, Renate, Das römisch-fränkische Gräberfeld von Krefeld-Gellep. German. Denkmäler der Völkerwanderungszeit, Reihe B, Bd. 2 (Berlin 1966).

Dies., Das römisch-fränkische Gräberfeld von Krefeld-Gellep 1960–1963. Germanische Denkmäler der Völkerwanderungszeit, Reihe, B, Bd. 8 (Berlin 1974).

Rheinisches Landesmuseum Bonn, Auswahlkatalog Bd. 1: Urgeschichte, bearb. v. H. E. Joachim (Köln, Bonn 1977).

Rotthoff, G., Studien zur mittelalterlichen Geschichte im Raum Krefeld. Rhein. Vierteljahrsbll. 41, 1977, 1–39.

Rütten, F., Steeger, A., Studien zur Siedlungsgeschichte des niederrheinischen Tieflandes. In: Rhein. Vierteljahrsbll. 2, 1932.

Stampfuß, R., Vor- und Frühgeschichte des unteren Niederrheins. In: Brückenschlag am Niederrhein (Düsseldorf 1965).

Wilhelmi, K., Beiträge zur einheimischen Kultur der jüngeren vorrömischen Eisenzeit und der älteren römischen Kaiserzeit zwischen Niederrhein und Mittelweser. Bodenaltertümer Westfalen 11 (Münster 1967).

Wortmann, D., Vom römischen Neuss. Rheinische Kunststätten 10, 1971.

Zum Kapitel 3: Historische Grundlagen.

Alpertus Mettensis, Schriften (MGH SS IV 717).

Binding, G., Binding E., Archäologisch-historische Untersuchungen zur Frühgeschichte Duisburgs. Duisburger Forschungen 12. Beiheft (Duisburg 1969).

Brandts, R., Haus Selikum. Schriftenreihe des Stadtarchivs Neuss, Bd. 1 (Neuss 1962).

Bremer, J., Das kurkölnische Amt Liedberg (Mönchengladbach 1930).

Ders., Die reichsunmittelbare Herrschaft Millendonk (Mönchengladbach 1939).

Ders., Die reichsunmittelbare Herrschaft Dyck (Grevenbroich 1959).

Ewig, E., Die Civitas Ubiorum, die Francia Rinensis und das Land Ribuarien. Rhein. Vjbll. 19, 1954, 1 ff.

Ders., Die fränkischen Teilungen und Teilreiche 511–613. Abhandl. der Mainzer Akademie d. Wissenschaften 1952.

Gebhardt, B., Handbuch der deutschen Geschichte, Bd. 1 (Stuttgart 1954) 8. Aufl. (1973).

Giersberg, H. H., Geschichte der Pfarreien des Dekanates Grevenbroich (Köln 1883).

Jäschke, K.-U., Burgenbau und Landesverteidigung um 900. Überlegungen zu Beispielen aus Deutschland, Frankreich und England (Sigmaringen 1975).

Janssen, Wilhelm, Mittelalterlicher Burgenbau am Niederrhein. Zum Verhältnis von archäologischem Befund und schriftlicher Bezeugung. Zeitschrift für Archäologie des Mittelalters 3, 1975, 121–123.

Janssen, Wilhelm, Burg und Territorium am Niederrhein. In: Burgen im deutschen Sprachraum, hrsg. v. H. Patze Bd. 1 (Sigmaringen 1976) 238–324 (= Vorträge und Forschungen, Bd. XIX 1).

Janssen, Wilhelm, Stadt und Stadtherr am Nie-

derrhein im späten Mittelalter. Rhein. Vjbll. 42, 1978, 185–208.

Kirchhoff, H. G., Heimatchronik des Kreises Grevenbroich, Heimatchroniken der Städte und Kreise des Bundesgebietes, Bd. 40 (Köln 1971).

Kirchhoff, H. G., Horst, K., Zeugen der Vergangenheit. Mittelalterliche Baukunst im Landkreis Grevenbroich (Duisburg, München 1968).

Kirchhoff, H. G., Wanderungen im Kreis Grevenbroich, 3. Aufl. (Grevenbroich 1970).

Kisky, H., Studien zur Ausstrahlung kurkölnischer Hofkunst des 18. Jahrhunderts am Niederrhein I, in: Annalen des Historischen Vereins für den Niederrhein 167, 1965, 106–123.

Lewald, U., Burg, Kloster, Stift. In: Burgen im deutschen Sprachraum, hrsg. v. H. Patze Bd. 1 (Sigmaringen 1976) 155–180. (= Vorträge und Forschungen Bd. XIX, 1).

Löwe, H., Deutschland im fränkischen Reich. Gebhard, Handbuch der deutschen Geschichte, Bd. 1: Frühzeit und Mittelalter, Teil II. dtv-Ausgabe (Stuttgart 1973).

Neuss, Burgund und das Reich. Mit Beiträgen von J. Lange, W. Treue, H. Gilliam, N. Bömmels, K. Braeckeler, M. Tauch, J. Loschelder, A. Weller (Neuss 1975).

Neuss im Wandel der Zeiten. Beiträge zur Stadtgeschichte von P. Stenmanns. J. Lange, N. Bömmels, K. Kreiner und H. Gilliam, 2. Aufl. (Neuss 1970).

Picot, S., Kurkölnische Territorialpolitik am Rhein unter Friedrich von Saarwerden (1370–1414). In: Rheinisches Archiv 99 (Bonn 1977).

Urkunden und Akten der Neuenahrer Herrschaften und Besitzungen Alpen, Bedburg, Hackenbroich, Helpenstein, Linnep, Wevelinghoven u. Wülfrath sowie der Erbvogtei Köln, bearb. v. G. Aders (1977) (= Inv. nichtstaatl. Archive 21).

Werdendes Abendland an Rhein und Ruhr. Ausstellung in Villa Hügel 4. Aufl. (Essen 1956).

Vogel, W., Die Normannen und das fränkische Reich (1906).

Wisplinghoff, E., Geschichte der Stadt Neuss. Von den mittelalterlichen Anfängen bis zum Jahre 1794 (Neuss 1975).

Von Wieruszowski, Helene, Reichsbesitz und Reichsrechte im Rheinland (500–1300). Bonner Jahrb. 131, 1926, 114–153.

Zettel, H., Das Bild der Normannen und der Normanneneinfälle in westfränkischen, ostfränkischen und angelsächsischen Quellen des 8. bis 11. Jahrhunderts (München 1977).

Zöllner, E., Geschichte der Franken bis zur Mitte des 6. Jahrhunderts (München 1970).

Stenton, F., The Bayeux Tapestry (1957).

Zum Kapitel 4: Burgentypen

Binding, G., Die spätkarolingische Burg Broich in Mülheim an der Ruhr (Düsseldorf 1968).

Burg, Stichwort in: Hoops, Reallexikon der Germanischen Altertumskunde, 2. Aufl., Bd. 4, Liefer. 1/2, 1979, 117–216.

Jankuhn, H., Die sächsischen Burgen der karolingischen Zeit. In: Vorträge und Forschungen XIX, 1, hrsg. v. Hans Patze (Sigmaringen 1976) 359–382.

Janssen, Walter, Meyer, W., Olsen, O., Renaud, J. G. N., Schneider, H., Struve, K. W., Burgen aus Holz und Stein. Burgenkundliches Kolloquium in Basel 1977 (Olten 1979).

Janssen, Walter, Grewe, K., Die Vermessung archäologischer Denkmäler im Jahre 1978 und ihre Bedeutung für die archäologische Denkmalpflege. In: Ausgrabungen im Rheinland '78 = Sonderheft Januar 1979 der Zeitschrift „Das Rheinische Landesmuseum Bonn", 230–248.

Kisky, H., Schlösser und Herrensitze im Rheinland nach alten Stichen und Vorlagen. (Frankfurt 1960).

Ders., Burgen, Schlösser und Hofesfesten im Kreise Euskirchen. (Euskirchen 1960).

Ders., Studien zur Ausstrahlung kölnischer Hofkunst am Niederrhein. In: Annalen d. Histor. Vereins für den Niederrhein 167, 1965, 106–123.

Lewald, Ursula, Burg, Kloster, Stift. In: Vorträge und Forschungen XIX, hrsg. von Hans Patze (Sigmaringen 1976) 155–180.

Müller-Wille, M., Mittelalterliche Burghügel im nördlichen Rheinland. Beih. 16 der Bonner Jahrb. (Köln, Graz 1966).

Renaud, J. G. N., Die Frühburgen des benachbarten holländischen Maasgebietes. In: Der Niederrhein Jg. 1953, 50–62.

Steeger, A., Zur Baugeschichte früher niederrheinischer Wasserburgen. In: Der Niederrhein Jg. 1953.

Uslar, v. R., Studien zu frühgeschichtlichen Befestigungen zwischen Nordsee und Alpen. Beih. 11 der Bonner Jahrb. (Köln, Graz 1964).

Ders., Bergische Ringwälle. In: Romerike Berge 1, 1950.

Welters, H., Die Wasserburg im Siedlungsbild der oberen Erftlandschaft (Bonn 1940).

Wildeman, Th., Rheinische Wasserburgen und wasserumwehrte Schloßbauten, Rheinischer Verein für Denkmalpflege und Heimatschutz (1954).

Zum Kapitel 5: Burgen im Kreis Neuss

Vorbemerkung:
Aus der umfangreichen ortskundlichen Literatur mußte eine strenge Auswahl getroffen werden. Es wird hierzu auf die im allgemeinen Teil der Literaturhinweise aufgeführten Werke verwiesen, in deren Anmerkungen und Literaturverzeichnissen sich weiterführende Hinweise finden.

Archäologie eines Bauernhofes. Katalog des Regionalmuseums Xanten (1976). Bearb. v. D. Soechting.

Blum, Helene, 600 Jahre Stadt Zons 1373–1973. 2. Aufl. (Neuss 1974).

Bömmels, N., Die ehemaligen Rittergüter in den Kreisen Grevenbroich und Neuss. In: Almanach für den Kreis Neuss 1979, 32–51.

Borger, H., Das Prämonstratenserinnenkloster St. Laurentius zu Meer. In: Der Niederrhein 32, 1965, 41–46.

Brandt, Johanna, Einiges und Wichtiges über den Liedberg. In: Festschrift f. Waldemar Haberey (Mainz 1977) 9–18.

Bremer, J., Das kurkölnische Amt Liedberg (Mönchengladbach 1930).

Ders., Die reichsunmittelbare Herrschaft Dyck. Jahrb. der Rhein. Denkmalpflege 24, 1962.

Ders., Die reichsunmittelbare Herrschaft Millendonk (Mönchengladbach 1939).

Gerresheim, H.-W., 900 Jahre Gierath-Gubberath, Festschrift. (Gierath 1965).

Grewe, K., Auf Sand gebaut. Die Geschichte des Liedberger Stein- und Sandabbaus. In: Rheinische Ausgrabungen '76 (Bonn 1977) 154–160.

Groß, M., Janssen, Walter, Bonner Jahrb. 178, 1978, 745–747, über neue archäologische Beobachtungen in Zons.

Hansmann, Aenne, Geschichte von Stadt und Amt Zons (Düsseldorf 1973).

Herrnbrodt, A., Der Husterknupp. Eine niederrheinische Burganlage des frühen Mittelalters (Köln, Graz 1958), Beihefte 6 der Bonner Jahrb.

Horn, H. G., Monheim – Haus Bürgel. In: Der niedergermanische Limes (Köln 1974) 147–149.

Janssen, Walter, Knörzer, K.-H., Die frühmittelalterliche Niederungsburg bei Haus Meer. Schriftenreihe des Kreises Grevenbroich Nr. 8, o. J. (1971).

Kisky, H., Schlösser und Herrensitze im Rheinland (Frankfurt 1960).

Ders., Zur Wiederherstellung der barocken Turmhaube auf dem Dyckhof. Büdericher Heimatblätter, Heft 3, 1961.

Ders., Zons, Rheinische Kunststätten (Neuss 1962).

Ders., Schloß Dyck, Rheinische Kunststätten 1963, Heft 1, (Neuss 1963).

Ders., Hülchrath, Rheinische Kunststätten 1964, Heft 9, (Neuss 1964).

Ders., Schloß Dyck, Rheinische Kunststätten (Neuss 1967).

Ders., Studien zur Ausstrahlung Kölnischer Hofkunst am Niederrhein. Annalen des Histor. Vereins für den Niederrhein 167, 1965, 106–123.

Lange, J., Zwischen Reckberg und Römerbrücke (Neuss 1972).

Lorenz, W., Gohr, Nievenheim, Straberg. Quellen zur Geschichte des Amtes Nievenheim, seiner Bewohner und Siedlungen. 1. Teil (Bonn, Köln 1973).

Mattern, H., Schloß Dyck. Rheinische Kunststätten, Heft 1, 1963; Neuaufl. 1967.

Müller-Wille, M., Mittelalterliche Burghügel im nördlichen Rheinland. Beiheft 16 d. Bonner Jahrb. (Köln, Graz 1966).

Neuen, G., Pulheim im Wandel der Zeiten. Heimat- und Ortsgeschichte zur Pulheimer Kulturwoche 1966 (Pulheim 1966).

Neuss im Wandel der Zeiten. Beiträge zur Stadtgeschichte. 2. Aufl. (Neuss 1970) bes. 72 ff.

Pütz, B., Nor-apa. Norpe. Norf. Ein Dorf wächst in Jahrtausenden (Norf 1974).

Rheinischer Städteatlas, hrsg. v. Amt für rheinische Landeskunde Bonn, Lieferung IV Nr. 25 (1978) betr. Zons.

Schmidt, J. H., Burg Hülchrath, Rheinische Kunststätten Heft 9 (Neuss 1964).

Ders., Schloß Millendonk, Rheinische Kunststätten Heft 7 (Düsseldorf 1937).

Schnorr, W., Zur Geschichte der Gemeinden und des Amtes Rommerskirchen-Nettesheim (Köln 1974).

Schumacher, E., Die Alteburg in Essen-Werden. Nachträge. In: Bonner Jahrb. 178, 1978, 605–624.

Schwellnus, W., Ausgrabungen auf dem Rittergut Hausen bei Lohn, Stadt Eschweiler, Kreis Aachen. In: Rheinische Ausgrabungen '76 (Bonn 1977), 161–163.

Soechting, D., Archäologie eines Bauernhofes – Keramik des 18. Jahrh. von Haus Gelinde bei Rheinberg, Kreis Wesel. In: Rheinische Ausgrabungen '76 (Bonn 1977) 177–183.

Steeger, A., Zur Baugeschichte früher niederrheinischer Wasserburgen. In: Der Niederrhein Jg. 1953, 35–49.

Welters, H., Stommeln, 962–1962. Die Geschichte eines rheinischen Dorfes, aufgezeichnet anläßlich der Jahrtausendfeier seiner ersten urkundlichen Nennung (Stommeln 1962).

Ders., Die Wasserburg im Siedlungsbild der Oberen Erftlandschaft (Bonn 1940).

Wildeman, Th., Schloß Hülchrath auf den Paretzer Bildern, Niederrheinisches Jahrbuch Bd. IV, 1959, 73–97.

Wisplinghoff, E., Geschichte der Stadt Neuss. Von den mittelalterlichen Anfängen bis zum Jahre 1794 (Neuss 1975).

A

Aachen 13, 48, 52, 230
Adendorf 173
Ahr, Burg 60
Aldenhoven 26
Alfter 172
Alshof, Gut 241
Alteburg b. Bad Münstereifel 50
Alte Burg b. Nörvenich 119
Alt-Ikoven 241
Alt-Walscheiderhof 67, 116, 230
Amsterdam 13
Andernach 52, 60, 63, 149
Anrath 60
Anstel 37, 40, 74, 220, 236, 239, 241
Antwerpen 13
Asberg, Ortsteil v. Moers, s. Moers-Asberg
Asciburgium, röm. Kastell, s. Moers-Asberg
Aspel 60

B

Bad Münstereifel 50, 62, 63, 149, 250
Barrenstein 40
Basel 22, 48, 52
Beckrath 44
Bedburdyck 192, 198
Bedburg 40, 63, 174, 185
Belmen 46
Berg, Grafschaft 58
Berg, Alte Burg 60
Berg, Neue Burg 60
Bergheim 16, 30, 60, 144, 149
Binsfeld 185
Bitburg 52
Bockum 60
Bongarderhof b. Rommerskirchen 240
Bonn 31, 32, 52, 54, 60, 75, 79, 85, 157, 179, 246, 250
Bontenbroich b. Jüchen 74, 183–185
Brauweiler, Abtei 60
Broich 26
Broich, Schloß b. Mülheim/Ruhr 52, 64

Brühl 75, 179, 221
Buchholz 44, 46
Budichim, s. Butzheim
Büderich, Ortsteil v. Meerbusch 20, 33, 41, 50, 60, 64, 90–103, 199, 239, 240
Budica, s. Büttgen
Bürgel, römisches Kastell 29, 33, 139, 143
Büttgen 33, 40, 41, 46, 60, 73, 127
Butzheim 26, 33, 60

C

Cambrai 52
Castrum Bruche, s. Grevenbroich
Castrum Mere, s. Meerbusch
s. Haus Meer
Châlons 48
Chorbusch 18, 20, 208, 216, s. auch Gohrbruch
Colonia Claudia Ara Agrippinensium, s. Köln
Colonia Ulpia Traiana, s. Xanten
Crismeke, s. Korschenbroich

D

Delrath 37
Derikum 46
Derikumerhof 46
Deutz 31, 60
Diedenhofen 58
Divitia, s. Deutz
Dom-Esch 239
Dormagen 26, 29, 32, 33, 37, 60, 146
Düsseldorf 179, 192
Düxmannshof b. Rommerskirchen 241
Duisburg 52, 63, 64
Durnomagus, s. Dormagen
Dyck, Schloß 60, 67, 74, 75, 165–180, 185
Dycker Schelsen 172
Dickhof b. Büderich 199–203, 240
Dycker Weinhaus 179

E

Elfgen 26, 40, 46
Elsen, Deutschordenshaus 203, 204

Elten, Burg und Stift 60, 243
Eltenberg 243
Erft, Fluß 13, 16, 18, 20, 22, 23, 33, 40, 43, 44, 50,
64–66, 79, 103, 106, 114, 120, 157, 211, 216, 242,
254
Erftkreis 15
Erkelenz 44
Erprath 73, 111, 114, 116
Erproide, s. Erprath
Eschweiler 230, 242
Essen/Ruhr 48
Essen, Stift 48
Essen-Werden, Abtei 40, 48, 50
Euskirchen, Kreis und Stadt 67, 229, 239
Evinghoven 26, 37, 241

F

Falkenlust, Schloß b. Brühl 221
Fischlaken a. d. Ruhr 50
Flaßrath, Hof b. Jüchen 117, 118
Fleckenhaus in Glehn 199
Frens b. Horrem 174
Friedestrom, Burg in Zons, s. dort
Frimmersdorf 33, 40, 56, 60, 64, 79, 81, 82, 157
Frimmersdorf-Süd, Tagebau 79
Frixheim 33, 37, 236
Frixheim-Anstel, Gemeinde 37, 241
Fürth, Haus 46, 60, 74, 180–183, 192
Fürtherberg 46
Fusseberg, Motte b. Holzheim 67, 103–106

G

Galgenberg, Motte b. Helpenstein, auch Hoffberg
genannt, s. Helpenstein
Garzweiler 20, 25, 60
Geldern 58, 60, 172, 192
Gelduba, s. Krefeld-Gellep
Gelinde, Haus 233
Gennep 60
Gent 68
Gierath, Burg b. Bedburdyck 198–199
Gierath, Dorf 198
Giesenkirchen 60
Gill-Bach 15, 20, 26, 30, 33, 37, 40, 43, 111, 120,
220, 234, 236, 237, 241, 242
Gilverath 242
Gilverather Hof b. Gilverath 242
Gindorf 26

Glehn 33, 40, 46, 199
Godesburg b. Bonn 157
Gohr 26, 33, 37, 60, 118
Gohrbruch 37, 40, s. auch Chorbusch
Gravensteen, Burg in Gent 68
Grefrath 44
Grevenbroich 16, 23, 40, 60, 62, 63, 74, 160–165,
203, 204
Grevenforst 40
Grimlinghausen 22, 29, 31, 60, 108, 111, 224, 225
Gubberath 198
Gubisrath, Motte b. Neukirchen 40, 116
Gustorf 26, 33, 60
Gut Hausen 230–232, 233, 242

H

Hackenbroich 60, 74, 172, 208–209
Hamarithi-Wald 40, 43
Hardtburg b. Stotzheim 60, 67, 135
Hasselrath, Hof 230
Haus Bontenbroich 74, s. auch Bontenbroich
Haus Bürgel, b. Monheim 22, 31, 139, 155
Haus Anstel 37, 40, 74, 220
Haus Busch, b. Wevelinghoven 214
Haus Fürth 74, 180–183, 192
Haus Gelinde, b. Rheinberg 233, 242
Haus Horr, b. Neukirchen 220–222
Haus Horst 183
Haus Leusch, b. Hoeningen 74, 220
Haus Meer, b. Büderich 28, 60, 62, 64–67, 79,
90–103, 107, 111, 168, 171
Haus Muchhausen 74, 220
Haus Neuenhoven 74, 183, 192–197
Haus Noithausen 74, 203–208
Haus Raedt, b. Liedberg 222–224
Haus Rath 26, 44, 185
Haus Rott, b. Troisdorf 73, 230
Haus Schackum, b. Büderich 239, 240
Haus Schlickum, b. Glehn 183, 199
Haus Selikum 73, 111–116
Haus Vellbrüggen 217–220, s. auch Vellbrüggen
Heimbach 60
Heinsberg 60
Helpenstein, Motte u. Ort 107–111
Hemmerden 20, 25, 33, 40, 211
Heristal/Maas 48
Hermeshof b. Nettesheim 241
Herrath 44
Herzbroich 44

Hochstaden, Burg, s. Husterknupp
Hoeningen 26, 33, 37, 74, 220, 234
Hoffberg, s. Helpenstein
s. Galgenberg
Hövelerhöfe b. Anstel 40, 236–238, 239, 242
Hoisten 60
Holzbüttgen 26, 46
Holzheim 20, 33, 40, 50, 60
Holzweiler 60
Hombroich, Gut 67, 103, 106, 230
Hombroich, Motte 67, 103–106
Horr, Haus b. Neukirchen 220–222
Horrem 155, 174
Horst, Haus 183
Hrodbertinga hova, s. + Rüblinghoven
Hosch, Burg b. Gohr 118
Hüchelhoven 37
Hülchrath, Schloß u. Ort 40, 60, 63, 67, 75,
120–139, 155, 163, 165, 185, 192
Hüls 233
Husterknupp, Motte b. Frimmersdorf 40, 56, 60,
64–67, 71, 79–90, 101, 102, 107, 111, 157, 168, 171,
214
Huvil-Wald 18, 40, 43, 48, 50, 220, 237, 238

I, J

Ingelheim 48, 54
Issum 233
Jüchen 20, 25, 33, 40, 41, 43, 118, 165, 183, 198,
233
Jülich 52, 58, 60, 62, 63, 113, 120, 129, 143, 144,
145, 147, 161, 171, 172, 192

K

Kaarst 33, 40, 60, 74
Kaiserswerth 50, 63, 64, 202
Kamphausen 44, 233
Kapellen 26
Karlsforst 41
Kaster 60, 62, 63, 67
Katzem 32
Kelzenberg 26, 44
Kelzenberger Bach 26, 168, 175, 233, 234
Kempen 60
Kessel/Niederlande 160
Kiburg, s. Erprath
Kielburg, s. Erprath
Kleinenbroich 24, 44

Kleve 58, 60, 243
Kloster Langwaden 234
Knechtsteden, Kloster 37
Köln 13, 16, 22, 30–33, 41, 42, 47, 48, 52–54, 58,
60, 62, 63, 73, 79, 109, 110, 114, 120, 127, 129, 139,
144, 146, 153, 155, 157, 171, 172, 173, 192, 250, 254
Kölner Bucht 17
Köln-Müngersdorf 33
Königsdorf 60
Königswinter 52, 172
Kornelimünster 172
Korschenbroich 24, 41, 185
Krefeld 13, 41, 67
Krefeld-Gellep 29, 32, 41
Kuckum 41
Kyburg, Burg b. Erprath, auch Kielburg,
s. Erprath

L

Langwaden, Kloster 234
Lauvenburg, b. Kaarst 74
Lechenich 62, 63, 75, 120, 149, 153, 161
Leiden/Niederlande 135
Leusch, Haus in Hoeningen 74, 220
Liedberg Schloß und Ort 15, 16, 26, 60, 63, 67,
106, 118, 119, 173, 180, 185, 222, 243–254
Linn 60, 63, 67, 129, 135, 136, 202
Löwen a.d. Dyle 54
Lohhof 40
Lohn, s. Eschweiler-Lohn 230
Lübisrath 40
Lüttenglehn 46
Lüttich/Belgien 52
Luxemburg 58

M

Mainz 22, 48, 52, 58
Malberg, Burg 139
Mechernich 52
Meerbusch, s. Büderich
Meer, Kloster u. Haus 28, 60, 62, 64–67, 79,
90–103, 107, 111, 168, 171, 203, 254,
s. auch Haus Meer
Meerbusch-Büderich, s. Büderich
Meersen 52
Metz 52, 62
Millendonk, Schloß 74, 136, 185–192
Moers-Asberg, röm. Lager 29

Mönchengladbach 13, 52, 246
Mönchengladbach-Rheydt 33, 44
Monheim, s. Haus Bürgel
Monheim-Baumberg, s. Haus Bürgel
Monschau 73
Monterberg 60, 62, 243
Morken 33, 37, 41, 42, 81
Muchhausen, Haus 74, 220
Müggenburg in Norf 74, 216, 217
Mülheim/Ruhr 183
Müllenark 60
Münchrath 23, 103
Münchrath, Motte Fusseberg 67, 103–106
Münstereifel, s. Bad Münstereifel

N

Neersen 192
Nettesheim 26, 33, 74
Nettesheim-Butzheim 37, 241
Neuenberg, Gut b. Rosellen 67, 116
Neuerburg 144
Neuenhoven, Haus b. Bedburdyck 74, 183,
192–197
Neukirchen 40, 116, 220
Neurath 40
Neuss
-, Burg 63, 71, 155–160
-, Kreis 13, 16–18, 20, 22, 24–28, 30, 33, 37, 40–43,
46–48, 50, 60, 64, 67, 74, 76, 77, 79, 120, 127, 155,
160, 165, 173, 208, 228, 229, 232, 233, 239, 242,
243, 246
-, Novaesium, röm. Besiedlung 22, 29, 32, 33
-,Stadt 13, 22, 26, 33, 41, 54, 60, 144, 146, 147, 153,
215, 250
Nideggen 62
Niederdonk, Ortsteil v. Büderich, s. Büderich
Niers, Fluß 18, 20, 23, 33, 43, 44, 66, 254
Nievenheim 20, 33, 37, 50, 60
Nimwegen 60, 63
Nörvenich 119
Noithausen 203
Noithauserhaus 74, 203–208
Norbisrath 40
Nordkanal 20
Norf 20, 33, 37, 46, 60, 74, 208, 214–220
Norferhof 46
Novaesium, s. Neuss

O

Odenkirchen 60
Oedt, Burg Uda 60, 71
Oekoven 33, 46
Oekoverhof 46
Orsoy 149
Osterath 44
Otzenrath 60

P

Paris, 47, 54
Pastoratsberg b. Essen-Werden 50
Petersberg b. Königswinter 50
Pulheim 33, 60

Q

Quackshof b. Jüchen 233, 234
Quinheim b. Neuss 33, 108

R

Raderbroich 44
Raedt, Haus 222–224
Ramrath 40, 234
Ramratherhof 234, 236
Randerath 60
Rath, Haus 26, 44, 185
Reckberg b. Neuss 31
Reims 48
Reifferscheid 172
Rheinberg 233, 242
Rheinhausen 29
Ribemont 52
Rheydt 24, 44, 75 s. auch Schloß Rheydt
Röckrath 44
Roer, Fluß 192
Rommerskirchen 33, 37, 41, 42, 60, 118, 240, 241
Rosellen 116
Rott, Haus b. Troisdorf 73, 230
Rotterdam 13
Robbelrath 44
+ Rüblinghoven 40, 48, 50
Ruhr, Fluß, s. Roer

S

Saffenberg 60
Salm, Grafschaft 172

Saarn, Zisterzienserinnen-Abtei 183
Schaan b. Jüchen 233
Schakum, Haus 239, 240
Schechtelhausen, s. Dycker Schelsen
Scherfhausen 26
Schevenhütte b. Stolberg 52
Schiefbahn 60
Schlickum, Haus b. Glehn 183, 199
Schloß Broich b. Mülheim/Ruhr 52, 64
Schloß Falkenlust 221
Schloß Dyck 60, 67, 74, 75, 165–180, 185
Schloß Millendonk 74, 185–192
Schloß Rheydt 75, 136, 185, 188
Schwarzrheindorf 52
Selikum 73, 111–116
Sevelen 233
Siegburg 60
Sieglar 73
Sinnersdorf 33, 208
Sitroth, Wald 18, 40, 43, 48, 237, 238
Sittarder Hof 40
Soest 48
Sonsbeck 233
Steinbrinkerhof b. Rommerskirchen 241
St. Gallen/Schweiz 56
Stommeln 20, 33, 37, 60
Straberg 37, 60
Straßburg 52

T

Tönisvorst 233
Tomburg b. Rheinbach 60, 71
Tribur 54
Trier 48, 52, 53, 54, 58
Troisdorf 73, 230

U

Übach-Palenberg 32
Ückerath 37

Uerdingen 60, 202
Uplage 60
Utrecht 52

V

Vanikum 37, 118
Vellbrüggen, Haus 217–220
Vellrath, Hof b. Hemmerden 236
Verdun 52, 58
Vetera Castra, röm. Lager b. Xanten 243
Viersen 33

W

Wallrath 44
Wanlo 41, 44
Wassenberg 60
Wehl 40, 50
Weckhoven 40
Werden, Abtei b. Essen/Ruhr 40, 48, 50, 237
Werthausen 29
Wevelinghoven 26, 37, 60, 209–214, 216
Weyer 52
Weyerhof 119
Wickrath 24, 44, 46, 75, 192
Wickrathberg 44, 46
Wickrathhahn 44, 46
Widdeshoven 37
Worringen, Ortsteil v. Köln 33, 37, 60, 139, 144

X

Xanten 22, 30, 243

Z

Zons 22, 37, 60, 62, 63, 67, 71, 73, 75, 120, 127,
139–155, 161, 165, 250, 253
Zülpich 60, 62, 63

Römisch-fränkische Altsiedlung im Kreis Neuss und den angrenzenden Gebieten bis zum Beginn der Karolingerzeit (Listen zu Abb. 10, S. 34)

1. Fränkische Reihengräberfelder

1 Krefeld-Gellep
2 Krefeld-Stratum
3 Lank-Latum
4 Langst-Kierst
5 D'df.-Oberlörik
6 D'df. Oberkassel
7 Kaarst, Buscherhöfe
8 Neuss, Alter Friedhof
9 Neuss, Münsterplatz
10 Neuss, Obertor
11 Grimlinghausen (Quinheim?)
12 Glehn
13 Kapellen
14 Norf
15 Jüchen

16 Dormagen
17 Köln-Worringen
18 Oekoven
19 Butzheim
20 Rommerskirchen
21 Frimmersdorf
22 Pütz, Hahnerhof
23 Morken
24 Pütz, Grottenherten
25 Stommeln
26 Pulheim
27 Mögl., Waldhausenerstr.
28 Mögl., Schulstr.
29 Bedburg

2. Ortsnamen auf -heim

30 Stratum
31 Latum
32 Oppum
33 Schweinheim (Osterath)
34 Hs. Stockum (Neersen)
35 Holzheim
36 Nievenheim
37 Uedesheim
38 Derikum
39 Elvekum
40 Schlicherum
41 Horrem b. Dormagen

42 Pulheim
43 Butzheim
44 Frixheim
45 Nettesheim
46 Eckum
47 + Gorheim (wüster Hof b. Eckum)
48 Vanikum
49 Bettikum
50 + Quinheim (b. Grimlinghsn.)
51 Selikum
52 Ossum

3. Ortsnamen auf -dorf

53 Sinnersdorf
54 Roggendorf SW Worringen
55 Ingendorf SW Stommeln
56 Epsendorf b. Glehn

57 Gusdorf
58 Gindorf
59 + Reisdorf (weg durch BK 1960)
60 Frimmersdorf

4. Ortsnamen auf -hoven/-inghoven

61 Weckhoven
62 + Rüblinghoven (Hrodbertinga hova)
63 Wevelinghoven
64 Widdeshoven
65 Oekoven
66 Uekinghoven
67 Evinghoven
68 Delhoven
69 Aldenhoven NW Hemmerden
70 Neuenhoven

71 Königshoven BM
72 Hüchelhoven S Rommerskirchen
73 Thenhoven
74 Volkhoven S Worringen
75 Gut Gommershoven BM, SO Neurath
76 Gut Gerretzhoven, BM,
    SW Rommerskirchen
77 Ikoven S. Hoeningen
78 Bösinghoven N Osterrath
79 Hoven N Mögl.

5. Sonstige Altnamen, teils römisch, teils vorrömisch,
   teils fränkisch (-ich, -ithi, -en, -weiler, -ingen, -kir-
   chen)

80 Weiler NW Köln
81 Linn
82 Nierst (-sextus)
83 Kierst (-sextus)
84 Langst (sextus)
85 Strümp (11. Jh. Streimpeche)
86 Ilverich (904 Elfriche)
87 Büderich (1009 Botreche)
88 D'df. Lörik (1201 Lureche)
89 Heerdt
90 Willich
91 Kaarst
92 Neuss-Novaesium
93 Lank (11. Jh. Lancho)
94 Büttgen
95 Korschenbroich (1127 Crismeke)
96 Glehn
97 Pesch
98 Jüchen (866 Jochunda)
99 Orken b. Grevenbroich (1285 Overkenne)
100 Hemmerden (Hamarithi)
101 Belmen

102 Elfgen
103 Elsen
104 Kapellen
105 Garzweiler
106 Titz
107 Morken
108 + Birsmich (1027 Birsmeke,
     westl. Wevelinghoven)
109 Gellep-Gelduba
110 Norf (Nor-apa)
111 Speck
112 Wehl
113 Gohr
114 Anstel
115 Rommerskirchen
116 Zons
117 Dormagen-Durnomagus
118 Worringen (Buruncum?)
119 Lindweiler NW Köln
120 Auweiler NW Köln
121 Neersen
122 Fischeln

RODUNG UND LANDAUSBAU IM KREIS NEUSS UND DEN ANGRENZENDEN GEBIETEN VOM 9. BIS 13. JAHRHUNDERT (LISTEN ZU ABB. 17, S. 45)

1. Ortsnamen auf -busch

1 Buschhof NNO Anrath
2 Strümperbusch b. Strümp
3 Buscherhöfe ONO Kaarst
4 Meerbusch N Büderich
5 Buscherhöfe SW Büttgen
6 Buscherhöfe OSO Glehn
7 Busch N Hemmerden

8 Haus Busch O Wevelinghoven
9 Buschhof N Büttgen
10 Stommelerbusch NO Stommeln
11 Herkenbusch SO Grevenbroich
12 Buschhof W Schiefbahn
13 Buschhausen zw. Neuss und Kaarst

2. Ortsnamen auf -rath/ -rade/ -rott

13a Brüngesrath S Hs. Arff
14 Clörath W Anrath
15 Anrath
16 Steinrath SW Fischeln
17 Bettrath N Mögl.
18 Osterath
19 Rottes NW Büttgen
20 Lanzerath NW Holzheim
21 Grefrath NW Holzheim
22 Röckrath W Holzheim
23 Vockrath SW Holzheim
24 Erprath/Erft
25 Münchrath N Hülchrath
26 Mühlrath NW Hülchrath
27 Hülchrath/Erft
28 Gilverath NO Kapellen
29 Lübisrath O Neukirchen
30 Gubisrath SO Neukirchen
31 Ramrath SW Gohr
32 Norbisrath SO Langwaden
33 Ückerath W Nievenheim
34 Delrath NO Nievenheim
35 Hasselrath NO Stommeln
36 Mutzerath NO Stommeln
37 Allrath b. Frimmersdorf
38 Neurath b. Frimmersdorf
39 Epprath N Kaster

40 Gut Nanderath SO Neurath
41 Rath SW Hüchelhoven
42 Vellrath NW Hemmerden
43 Rubbelrath SW Glehn
44 Wallrath NW Bedburdyck
45 Flaßrath NW Bedburdyck
46 Rath NW Bedburdyck
47 Gierath SW Bedburdyck
48 Gubberath SW Bedburdyck
49 Herberath NO Jüchen
50 Priesterath S Jüchen
51 Sasserath N Hochneukirch
52 Güdderath NW Hochneukirch
53 Haus Raedt NO Liedberg
54 Lützerath NW Immerath
55 Spenrath NO Immerath
56 Otzenrath NO Immerath
57 Immerath
58 Huppelrath S Immerath
59 Jackerath
60 Röttgen W Büderich
61 Rothaushof NO Kleinenbroich
62 Stepprather Hof in Eickerend NNO Kleinenbroich
63 Raderbroich
64 Schönrather Hof N Korschenbroich

3. Ortsnamen auf -broich

65 Haus Broich SO Anrath
66 Am Bruch NW Neersen
67 Broicher Hof S Willich
68 Hellenbruchs Hof N Schiefbahn
69 Diepenbroich N Schiefbahn
70 Unterbroich SO Schiefbahn
71 Broicherdorf W Kaarst
72 Broicher Seite W Büderich
73 Necklenbroich W Büderich
74 Hellenbroich W Neuss
75 Raderbroich NO Korschenbroich
76 Herzbroich N Korschenbroich
77 Kleinenbroich
78 Neersbroich SW Korschenbroich
79 Trietenbroich SW Korschenbroich

80 Neersbroich S Neersen
81 Hardterbroich, Stadt Mögl.
82 Bonnenbroich, Stadt Mögl.
83 Jüchenerbroich NO Jüchen
84 Bontenbroich NNO Jüchen
85 Grevenbroich
86 Broich N Bedburg
87 Tüschenbroich O Kapellen
88 Hackenbroich
89 Niederbruch NNO Fischeln
90 Gut Hombroich SW Holzheim
91 Broich S Gohr
92 Bruchhaus N Stommeln
92a Neusser Broich
92b Brockhof b. Ilverich

4. Ortsnamen auf -feld

93 Rheinfeld NO Dormagen
94 Hinterfeld SO Kaarst
95 Lötterfeld SW Büderich
96 Schürkesfeld N Strümp
97 Felderhof N Stommeln

98 Kreuzfelder Hof N Rommerskirchen
99 Gut Ingenfeld ONO Neurath
100 Kleinfelder Hof S Grevenbroich
101 Hövesfeld b. Schiefbahn
102 Krefeld

5. Ortsnamen auf -donk

103 Donk SO Anrath
103a Süsdonk SO Anrath
104 Donk SO Viersen
105 Donk NNO Mögl.

106 Hülsdonk NNW Schiefbahn
107 Niederdonk SW Büderich
108 Schloß Millendonk
109 In der Lommendonk NO Mögl.

6. Ortsnamen auf -heide

110 Kütterheide b. Fischeln
111 Heide b. Fischeln
112 Görgesheide NW Osterath
113 Hoterheide b. Osterath
114 Ivangsheide b. Osterath
115 Heide O Kaarst
116 Dickerheide SO Willich
117 Moosheide O Willich
118 Alperheide NO Willich
119 Willicherheide N Willich
120 Münchheide

121 Niederheide W Schiefbahn
122 Giesgesheide SO Anrath
123 Vennheide S Anrath
124 Hochheide NW Anrath
125 Sitterheide NO Anrath
126 Fadheide O Anrath
127 Heidbergmühle O Lank-Latum
128 Heide NO Kleinenbroich
129 Morgensternsheide NW Neuss
130 Neukircherheide SO Neukirch.
131 Rosellerheide

7. Ortsnamen auf -berg

132 Weißenberg NW Neuss
133 Reuschenberg S Neuss
134 Stürzelberg am Rhein
135 Straberg
136 + Geddenberg N Bedburg (weg durch BK)
137 Welchenberg S Grevenbroich
138 + Fürtherberg SW Grevenbr.
    (weg durch Bk)

139 Stolzenberg N Garzweiler
140 Keyenberg
141 Kelzenberg N Jüchen
142 Wickrathberg
143 Finkenberg S Wickrathberg
144 Liedberg
144a Gut Neuenberg b. Rosellen

8. Ortsnamen auf -hausen/ -inghausen

145 Grimlinghausen
146 Illinghausen
147 Hackhausen
148 Neuenhausen S Grevenbr.
149 Muchhausen SO Wevelingh.
150 Heckhauser Hof NW Kapellen
151 Gut Bickhausen

152 Scherfhausen S Glehn
153 Steinhausen W Glehn
154 Hackhausen W Jüchen
155 Kamphausen SO Odenkirchen
156 Bönninghausen W Willich
157 Noithausen
157a Buschhausen NW-Teil von Neuss

9. Ortsnamen auf -scheid

158 Macherscheid
159 Alt-Waldscheid

10. Ortsnamen auf -hahn/ -hain/ -hagen

160 Hahnenhof NO Stommeln
161 Hahnerhof No Titz
162 Hagwinkel NW Neersen
163 Fichtenhain S Fischeln

164 Hahnerhof SO Jüchen
165 Hahnerhof NO Jüchen
165a Hagerhof N Schiefbahn

11. Ortsnamen auf -holz/ -loh/ -hardt

166 Drösholz NW Glehn
167 Lohhof NO Neukirchen
168 Hohenholz S Königshoven
169 Sittarder Hof SW Gohr

170 Holz WSW Jüchen
171 Buchholz N Bedburg
171a Holzbüttgen
172 Hardt SO Willich

12. Ortsnamen auf -stein

173 Barrenstein SO Grevenbr.
174 Helpenstein SW Holzheim

278

13. Ortsnamen auf -wald

175 Forstwald W Fischeln
176 Büttgerwald

14. Ortsnamen auf -forst

177 Vorst SW Kaarst

15. Ortsnamen auf -rheidt/ -rheydt

178 Rheidt S Rommerskirchen
179 Rheydt b. Mögl.

NIEDERUNGSBURGEN VOM TYP DER MOTTEN IM KREIS NEUSS UND IN DEN ANGRENZENDEN GEBIETEN (LISTE ZU ABB. 30, S. 81)

 1 Krefeld-Stratum
 2 Büderich, Haus Meer
 3 Neuss-Weckhoven, Erprather Burg
   oder Kyburg
 4 Hombroicher Hof
 5 Hoffberg bei Helpenstein
 6 Holzheim
 7 Haus Schlickum, ältere Periode Motte?
 8 Alt-Waldscheider Hof, zerstört
 9 Neuenberg bei Rosellen
10 Gohr, Burg Hosch, zerstört

11 Gubisrath
12 Husterknupp bei Frimmersdorf, abgetragen
13 Hasselrath, zerstört
14 Kaster, ältere Periode Motte
15 Bedburg, Burg Garsdorf, abgetragen
16 Vanikum bei Rommerskirchen, zerstört
17 Flaßrath, zerstört
18 Wevelinghoven, „Im Zubend"
19 Liedberg, westliche Anlage
20 Hülchrath, ältere Periode Motte?
21 Keyenberg

Landesburgen, Wasserburgen, Höhenburgen und Schlösser in geistlicher Hand im Kreis Neuss und den angrenzenden Gebieten (Liste zu Abb. 69, S. 121)

1. Landesburgen

1 Hülchrath
2 Neuss
3 Zons

4 Grevenbroich
5 Kaster
6 Linn

2. Wasserschlösser und schloßähnliche Anlagen

7 Haus Bontenbroich
8 Schloß Millendonk
9 Schloß Rheydt
10 Schloß Dyck
11 Haus Fürth
12 Haus Neuenhoven
13 Gierath
14 Fleckenhaus in Glehn
15 Haus Schlickum
16 Haus Horst
17 Dyckhof in Büderich

18 Haus Gripswald
19 Schloß Pesch
20 Haus Noithausen
21 Burg Hackenbroich, zerstört
22 Haus Arff
23 Altes Schloß Wevelinghoven, „Wölkersburg"
24 Haus Anstel
25 Muchhausen
26 Haus Leusch
27 Haus Busch
28 Haus Selikum

3. Anlagen im Maison-de-plaisance-Stil

29 Haus Raedt
30 Jagdhaus Grimlinghausen
31 Haus Horr

4. Höhenburgen

32 Liedberg

5. Schlösser in geistlicher Hand

33 Schloß Meer
34 Schloß Langwaden

35 Kloster Knechtsteden
36 Kloster St. Niklas